国家社科基金项目研究成果

西部限制开发区域配套政策研究

XIBU XIANZHI KAIFA QUYU
PEITAO ZHENGCE YANJIU

陈 映 等〇著

西南财经大学出版社
Southwestern University of Finance & Economics Press
中国·成都

图书在版编目（CIP）数据

西部限制开发区域配套政策研究/陈映等著．—成都：西南财经大学出版社，
2018.10
ISBN 978-7-5504-3715-9

Ⅰ.①西…　Ⅱ.①陈…　Ⅲ.①西部经济—区域开发—经济政策—研究—中
国　Ⅳ.①F127

中国版本图书馆 CIP 数据核字（2018）第 213528 号

西部限制开发区域配套政策研究
陈映　等著

责任编辑：汪涌波
封面设计：何东琳设计工作室
责任印制：朱曼丽

出版发行	西南财经大学出版社(四川省成都市光华村街 55 号)
网　　址	http://www.bookcj.com
电子邮件	bookcj@ foxmail.com
邮政编码	610074
电　　话	028-87353785　87352368
照　　排	四川胜翔数码印务设计有限公司
印　　刷	成都金龙印务有限责任公司
成品尺寸	170mm×240mm
印　　张	19.25
字　　数	355 千字
版　　次	2018 年 10 月第 1 版
印　　次	2018 年 10 月第 1 次印刷
书　　号	ISBN 978-7-5504-3715-9
定　　价	96.00 元

前　言

　　配套政策是推进形成主体功能区的重要支撑。各区域资源禀赋独具特色，发展条件迥然相异，其所承担的主体功能理应有所差别。但长期以来在地域空间领域的宏观调控中，却并没有较好地体现出这种差异性。主体功能区规划改变了完全按照行政区制定区域政策和评价地区经济社会发展成效的做法，根据不同区域的主体功能定位和发展方向，从科学发展的角度以及适宜性评价的角度，制定和实施"区别对待""分类指导""协调发展"的差别化的调控政策，从而实现对不同类型区域科学的空间管控，达到缓解资源环境承载力约束和增强区域自身发展能力双赢的政策效果。

　　按照国家主体功能区规划，限制开发区域是保障国家农产品安全和生态安全，在国土空间开发中必须限制进行大规模、高强度工业化、城镇化开发的农产品主产区和重点生态功能区。限制开发区域资源开发受控，产业发展受限，利用特色资源进行经济开发的权利受制约，是以"内部"利益损失生产、创造"外部效益"，用自身的限制开发来保障国家生态安全和农产品安全，必须实行保护优先、适度开发和点状发展。特殊的区域特征以及所承担的主体功能，决定了限制开发区域尤其需要配套政策支撑。

　　限制开发区域广泛分布在我国西部地区，在地理空间上与革命老区、少数民族聚居区、边疆地区、国家连片扶贫地区高度重合，地域面积辽阔，涉及人口众多。在我国以"七区二十三带"为主体的农业战略格局中，"四区十一带"位于西部；在我国以"两屏三带"为主体的生态安全战略格局中，有"两屏两带"分布于西部。作为我国重要的农业空间和生态空间，西部限制开发的大多数农业地区和生态地区既是资源富集区又是经济欠发达地区，既是大江大河水源涵养区又是生态脆弱区和环境敏感区。因此，在推进西部限制开发区域建设过程中，既要处理点上特色产业发展与面上生态功能发挥的关系，处理区内有限发展与生态保护的关系，也要处理区际提供保护与享受保护的关系。特殊的区域特征以及所承担的主体功能，决定了西部限制开发区域发展中所面临的问题更多、矛盾更突出，亟须强有力的配套政策支撑，且其差别化政策的制定和有效实施所面临的困难也更多、更大。基于对西部限制开发区域配套政策探讨的重要的理论意义和实践价值的认识，本书拟通过对这一典型区域的研究，从政策支持的角度处理好上述重要关系，以期在这个影响西部和全国区域发展的重大问题上提出一些自己的见解，为破解世界性和世纪性的"环发"矛盾难题提供一定的启示。

本书是国家社会科学基金项目"西部限制开发区配套政策研究"的最终研究成果，其研究思路与总体框架由陈映研究员设计。全书共分为九章，第一、二、三章为总论，对主体功能区配套政策、限制开发区域配套政策以及西部限制开发区域配套政策进行了探讨；第四章到第八章为分论，对西部限制开发区域的利益补偿政策、产业发展政策、生态补偿政策、精准扶贫政策以及绩效考核评价体系进行了研究；第九章实证分析了"桂黔滇"喀斯特石漠化防治生态功能区的配套政策。各章执笔人为：第一章，陈映、陈颜；第二章，陈映；第三章，陈映、沙治慧；第四章，陈映；第五章，陈映；第六章，陈映、马爽；第七章，何飞；第八章，陈映、沙治慧；第九章，陈映、万心月。涂妍、杨筠、杜建军、罗淞、刘倩、刘子才、王学人、卢阳春、贾义元等参与了书稿的讨论并收集提供了相关资料；陈映完成了书稿的审定；陈映、沙治慧、万心月、马爽承担了书稿的校对工作。

本书的出版凝聚着课题组全体成员的心血和努力，同时也得到了四川省社会科学院产业经济研究所各位同仁的关心和大力支持，谨向他们表示衷心的感谢！

在写作过程中，本书参考了相关领域的大量研究文献，尽管我们尽可能地将这些文献进行标注，但仍然可能会有遗漏。在此，谨向已标注和未标注的参考文献的作者们表示诚挚的谢意！

感谢西南财经大学出版社的汪涌波老师，是他严谨认真的工作态度和一丝不苟的编辑作风，才使本书编撰中的失误减少到了最低程度，并促成本书如期出版。

鉴于笔者经验不足及自身水平有限，书中难免会有不足甚至错误，恳请专家和读者批评指正。

"学术追求无止境。"有些问题虽然书中已经提及，但尚未展开深入的探讨。对西部地区限制开发区域配套政策这一课题，我们仍将长期关注并跟踪研究。

陈　映

2018 年 7 月

目　录

1 主体功能区配套政策概述 ················· 1

1.1 概念界定和主体功能区划分 ············· 1

1.1.1 概念界定 ····················· 1

1.1.2 主体功能区划分 ················· 5

1.1.3 主体功能区的类型 ··············· 8

1.2 主体功能区规划及政策的理论基础 ········ 11

1.2.1 地域分异理论 ·················· 11

1.2.2 区域分工理论 ·················· 13

1.2.3 区域协调发展理论 ··············· 13

1.2.4 生态经济理论 ·················· 14

1.2.5 人口、资源和环境相协调理论 ········· 14

1.2.6 区域空间结构理论 ··············· 15

1.2.7 区域空间管治理论 ··············· 16

1.2.8 区域可持续发展理论 ·············· 16

1.3 部分国家或地区空间规划和政策的经验及启示 ·· 17

1.3.1 部分国家或地区空间规划和政策 ······· 17

1.3.2 国外空间规划和政策的启示 ·········· 19

1.4 主体功能区配套政策的国内探索 ········· 20

1.4.1 主体功能区配套政策体系的探讨 ······· 20

1.4.2 主体功能区分类管理政策的探讨 ······· 21

1.5 主体功能区规划的空间政策目标 ·········· 22

　　1.5.1　空间开发格局清晰 ·········· 23

　　1.5.2　空间结构得到优化 ·········· 26

　　1.5.3　空间利用效率提高 ·········· 27

　　1.5.4　区域发展协调性增强 ·········· 27

　　1.5.5　可持续发展能力提升 ·········· 27

1.6 推进形成主体功能区的政策取向和政策重点 ·········· 27

　　1.6.1　我国现行区域政策存在的突出问题 ·········· 28

　　1.6.2　推进形成主体功能区政策的基本取向 ·········· 30

　　1.6.3　不同区域层面分类政策的设计和管理职责 ·········· 32

　　1.6.4　现有区域政策与主体功能区政策的衔接与配合 ·········· 32

　　1.6.5　各类主体功能区配套政策重点 ·········· 33

1.7 主体功能区分类管理政策 ·········· 34

　　1.7.1　财政政策 ·········· 34

　　1.7.2　投资政策 ·········· 36

　　1.7.3　产业政策 ·········· 37

　　1.7.4　土地政策 ·········· 38

　　1.7.5　农业政策 ·········· 39

　　1.7.6　人口政策 ·········· 40

　　1.7.7　民族政策 ·········· 40

　　1.7.8　环境政策 ·········· 41

　　1.7.9　应对气候变化政策 ·········· 43

　　1.7.10　绩效考核评价体系 ·········· 43

2 限制开发区域配套政策分析 ·········· 45

2.1 限制开发区域的划分 ·········· 45

　　2.1.1　划分标准 ·········· 45

　　2.1.2　指标选择 ·········· 46

2.1.3　划分的评价方法 ·· 47

2.1.4　划分类型 ··· 47

2.2　限制开发区域的主体功能定位和发展方向 ··········· 51

2.2.1　限制开发区域面临的主要问题和矛盾 ··········· 51

2.2.2　限制开发区域的主体功能定位和发展方向 ····· 54

2.2.3　限制开发区域的建设内容 ··························· 58

2.3　限制开发区域配套政策的国际经验和国内实践 ······ 60

2.3.1　限制开发区域配套政策的国际经验 ·············· 61

2.3.2　限制开发区域配套政策的国内实践 ·············· 64

2.4　限制开发区域配套政策的基本导向和设计重点 ······ 67

2.4.1　限制开发区域配套政策制定原则 ················· 67

2.4.2　配套政策制定必须处理好的关系 ················· 68

2.4.3　配套政策的基本导向和引导重点 ················· 69

2.5　限制开发区域分类管理政策 ······························· 71

2.5.1　财政政策 ·· 72

2.5.2　投资政策 ·· 72

2.5.3　产业政策 ·· 73

2.5.4　土地政策 ·· 74

2.5.5　农业政策 ·· 74

2.5.6　人口政策 ·· 75

2.5.7　民族政策 ·· 75

2.5.8　环境政策 ·· 76

2.5.9　应对气候变化政策 ···································· 76

2.5.10　绩效考核和评价体系 ······························ 77

3　西部限制开发区域配套政策设计 ··············· 78

3.1　西部地区自然条件及国土空间开发总体评价 ········· 78

3.1.1　西部地区自然条件 ··································· 78

3.1.2 国土空间开发总体情况及优化思路 ……………… 80

3.2 西部肩负经济发展与生态环境保护双重重任 ……………… 81

3.2.1 西部地区经济发展面临巨大压力 ……………… 81

3.2.2 西部地区生态环境保护形势严峻 ……………… 84

3.2.3 破解西部地区"环发"矛盾需关注的重点 ……………… 85

3.3 西部限制开发区域的主体功能定位 ……………… 90

3.3.1 空间范围和区域特征 ……………… 90

3.3.2 功能定位和发展方向 ……………… 95

3.4 西部限制开发区域现有配套政策分析 ……………… 99

3.4.1 西部限制开发区域配套政策实施情况 ……………… 99

3.4.2 西部限制开发区域配套政策绩效评价 ……………… 110

3.5 西部限制开发区域的政策需求和政策引导重点 ……………… 121

3.5.1 发展制约与政策需求 ……………… 122

3.5.2 政策引导重点 ……………… 122

3.6 西部限制开发区域分类管理政策 ……………… 123

3.6.1 财政政策 ……………… 123

3.6.2 投资政策 ……………… 124

3.6.3 产业政策 ……………… 124

3.6.4 土地政策 ……………… 125

3.6.5 农业政策 ……………… 125

3.6.6 人口政策 ……………… 126

3.6.7 民族政策 ……………… 126

3.6.8 环境政策 ……………… 126

3.6.9 应对气候变化政策 ……………… 127

4 西部限制开发区域利益补偿政策 ……………… 128

4.1 限制开发区域利益补偿的理论依据 ……………… 128

4.1.1 限制开发区域利益补偿的相关界定 ……………… 128

4.1.2 限制开发区域利益补偿的理论依据 ……………… 131

4.2 西部限制开发区域现有补偿政策实施效果评价 ……… 134

4.2.1 现有补偿政策取得了积极的成效 ……………… 134

4.2.2 利益补偿存在的主要问题 ………………………… 140

4.3 西部限制开发区域利益补偿的基本思路 …………… 144

4.3.1 西部限制开发区域利益补偿的政策需求 ……… 144

4.3.2 西部限制开发区域利益补偿的基本思路 ……… 147

4.4 西部限制开发区域利益补偿框架 ……………………… 149

4.4.1 西部限制开发区域利益补偿的领域 …………… 149

4.4.2 西部限制开发区域利益补偿的对象 …………… 153

4.4.3 西部限制开发区域利益补偿的类型 …………… 153

4.4.4 西部限制开发区域利益补偿的重点 …………… 154

4.5 西部限制开发区域利益补偿的重要机制：生态补偿机制 … 155

4.5.1 建立政府和市场相结合的综合补偿机制 ……… 156

4.5.2 推动地区间建立横向生态补偿机制 …………… 157

4.5.3 制定科学的生态补偿政策 ……………………… 158

4.5.4 设立生态补偿专项基金 ………………………… 159

4.5.5 联动推进生态补偿和精准脱贫 ………………… 159

4.5.6 建立和完善生态补偿配套制度体系 …………… 160

4.6 西部限制开发区域利益补偿的主要手段 …………… 160

4.6.1 调整和完善财政转移支付制度 ………………… 160

4.6.2 实施财政和税收优惠政策 ……………………… 162

4.6.3 增强限制开发区域利益补偿的资金保障 ……… 162

4.7 西部限制开发区域利益补偿的保障措施 …………… 163

4.7.1 强化规划的战略引领和刚性约束 ……………… 163

4.7.2 充分整合并不断完善现有相关政策 …………… 163

4.7.3 建立相对稳定和动态调整的长效机制 ………… 163

4.7.4 严格利益补偿的实施和监管 ················· 164

4.7.5 为利益补偿提供法律支撑 ················· 164

5 西部限制开发区域产业发展政策 ················· 165

5.1 产业政策是推进形成主体功能区的重要政策 ········· 165

5.1.1 我国产业政策的作用还没有充分发挥出来 ······· 165

5.1.2 主体功能区建设要求实施区域化的产业政策 ····· 166

5.2 西部限制开发区域尤其需要产业政策的支撑 ········· 167

5.2.1 西部限制开发区域产业发展现状 ············· 167

5.2.2 国家对西部限制开发区域产业发展的要求 ······· 168

5.2.3 西部限制开发区域的产业政策需求 ··········· 168

5.3 西部限制开发区域产业政策实施效果评价 ··········· 168

5.3.1 产业政策与区域实际结合还不够 ············· 169

5.3.2 产业政策由于行政区划而缺乏一致性 ········· 169

5.3.3 区际产业发展的体制机制还未建立起来 ······· 169

5.3.4 产业政策对生态环境保护的作用亟须加强 ······· 170

5.3.5 农产品主产区利益补偿机制还有待完善 ······· 170

5.3.6 产业政策尚未与其他区域政策形成叠加效应 ····· 170

5.4 西部限制开发区域产业政策制定 ················· 170

5.4.1 产业政策总体思路 ····················· 171

5.4.2 产业政策原则 ······················· 171

5.4.3 产业政策引导重点 ····················· 173

5.5 西部限制开发区域产业政策框架和内容 ············· 174

5.5.1 产业政策框架 ······················· 174

5.5.2 产业政策内容 ······················· 177

5.6 西部限制开发区域"产业飞地"发展模式 ··········· 179

5.6.1 "飞地经济"的内涵及特点 ··············· 180

5.6.2 "产业飞地"对限制开发区域的现实意义 ······· 181

5.6.3 "产业飞地"模式选择 ·············· 182

5.6.4 推进"产业飞地"模式的应对之策 ·········· 183

5.7 西部限制开发区域特色优势产业选择 ·········· 183

5.7.1 特色优势产业选择原则 ·············· 184

5.7.2 特色优势产业选择方法 ·············· 185

5.7.3 发展特色优势产业的政策建议 ·········· 188

6 西部限制开发区域生态移民政策 ·········· 191

6.1 关于生态移民政策的文献梳理 ·········· 191

6.1.1 国外对生态移民的研究 ·············· 192

6.1.2 国内对生态移民的研究 ·············· 193

6.2 西部限制开发区域生态移民政策及实施效应评价 ·· 197

6.2.1 西部限制开发区域生态移民政策的典型例证 ···· 198

6.2.2 西部限制开发区域生态移民政策成效评价 ······ 202

6.3 西部限制开发区域生态移民配套政策设计原则 ····· 205

6.3.1 生态移民政策设计原则 ·············· 205

6.3.2 制定生态移民政策必须处理好的关系 ········ 206

6.4 科学制定西部限制开发区域生态移民规划 ·········· 207

6.4.1 若尔盖草原湿地生态功能区生态移民规划重点 ·· 207

6.4.2 桂黔滇喀斯特石漠化防治生态功能区生态移民规划

重点 ·········· 209

6.5 西部限制开发区域生态移民配套政策 ·········· 211

6.5.1 土地分配政策 ·················· 212

6.5.2 税费优惠政策 ·················· 213

6.5.3 户籍管理政策 ·················· 213

6.5.4 补贴补偿政策 ·················· 213

6.5.5 迁入地经济发展政策 ·············· 214

6.6 有序实施生态移民政策的保障措施 ·········· 215

6.6.1　加强生态移民统筹规划 ⋯⋯⋯⋯⋯⋯⋯⋯⋯⋯ 215

6.6.2　设立稳定的生态移民专项基金 ⋯⋯⋯⋯⋯⋯⋯ 216

6.6.3　加大产业扶持和劳务培训力度 ⋯⋯⋯⋯⋯⋯⋯ 217

6.6.4　对移民各环节进行严格把关 ⋯⋯⋯⋯⋯⋯⋯⋯ 217

6.6.5　扎实有序推进生态移民安置工作 ⋯⋯⋯⋯⋯⋯ 218

6.6.6　营造生态移民顺利推进的良好社会环境 ⋯⋯⋯ 218

7　西部限制开发区域精准扶贫政策 ⋯⋯⋯⋯⋯⋯⋯⋯⋯⋯ 219

7.1　扶贫政策的梳理 ⋯⋯⋯⋯⋯⋯⋯⋯⋯⋯⋯⋯⋯⋯⋯ 219

7.1.1　国内外扶贫政策梳理 ⋯⋯⋯⋯⋯⋯⋯⋯⋯⋯⋯ 220

7.1.2　我国扶贫政策实施的效果评价 ⋯⋯⋯⋯⋯⋯⋯ 225

7.2　西部限制开发区域的精准扶贫 ⋯⋯⋯⋯⋯⋯⋯⋯⋯ 226

7.2.1　西部限制开发区域扶贫背景 ⋯⋯⋯⋯⋯⋯⋯⋯ 226

7.2.2　学术界对西部地区精准扶贫的研究 ⋯⋯⋯⋯⋯ 228

7.2.3　西部限制开发区域精准化扶贫实施总体情况 ⋯ 230

7.2.4　西部限制开发区域精准扶贫政策需求 ⋯⋯⋯⋯ 231

7.3　西部限制开发区域精准扶贫政策设计 ⋯⋯⋯⋯⋯⋯ 231

7.3.1　政策设计总体思路和要求 ⋯⋯⋯⋯⋯⋯⋯⋯⋯ 231

7.3.2　西部限制开发区域精准扶贫政策重点 ⋯⋯⋯⋯ 234

7.3.3　西部限制开发区域精准扶贫的对策建议 ⋯⋯⋯ 237

8　西部限制开发区域绩效考核评价体系 ⋯⋯⋯⋯⋯⋯⋯⋯ 239

8.1　主体功能区规划要求形成差异化的绩效考核评价体系 ⋯⋯⋯ 239

8.1.1　我国区域绩效考核评价现状 ⋯⋯⋯⋯⋯⋯⋯⋯ 240

8.1.2　主体功能区划要求凸显差异化的绩效考核目标 ⋯ 240

8.1.3　主体功能区绩效考核评价的意义 ⋯⋯⋯⋯⋯⋯ 242

8.2　限制开发区域绩效考核评价 ⋯⋯⋯⋯⋯⋯⋯⋯⋯⋯ 243

8.2.1　考核目标 ⋯⋯⋯⋯⋯⋯⋯⋯⋯⋯⋯⋯⋯⋯⋯⋯ 243

8.2.2　考核指标 ⋯⋯⋯⋯⋯⋯⋯⋯⋯⋯⋯⋯⋯⋯⋯⋯ 244

8.2.3 考核程序 ·························· 244

8.3 西部限制开发区域绩效考核评价的内容 ········· 244

8.3.1 西部限制开发区域绩效考核评价原则 ······· 244

8.3.2 西部限制开发区域绩效考核评价主要内容 ····· 246

8.4 构建科学合理的绩效考核评价指标体系 ········· 246

8.4.1 绩效考核评价指标体系设计总体要求 ······· 247

8.4.2 绩效考核评价指标体系设计 ··········· 248

8.4.3 绩效考核评价过程再造 ·············· 252

8.5 在激励与约束制度框架下进行绩效考核评价 ······ 253

8.5.1 强化考核成果的运用 ··············· 253

8.5.2 突出以人为本的养育管理模式考核 ······· 253

8.5.3 建立和完善动态监管与生态审计制度 ······ 254

9 实证分析：桂黔滇喀斯特石漠化防治生态功能区配套政策研究 ····· 255

9.1 桂黔滇石漠化防治生态功能区概况 ··········· 255

9.1.1 区域基本情况 ··················· 255

9.1.2 自然及资源条件 ················· 259

9.1.3 经济社会发展 ··················· 260

9.2 桂黔滇石漠化防治生态功能区生态保护和建设评价 ··· 261

9.2.1 生态保护与建设取得了积极成果 ········· 262

9.2.2 生态保护与建设仍面临诸多困难 ········· 263

9.3 桂黔滇石漠化防治生态功能区主体功能定位和发展方向 ·· 265

9.3.1 区域生态价值 ··················· 265

9.3.2 主体功能定位和发展方向 ············· 266

9.4 桂黔滇石漠化防治生态功能区建设内容 ········· 267

9.4.1 生态保护与建设 ················· 268

9.4.2 产业发展 ······················ 272

9.4.3 扶贫攻坚 ⋯⋯⋯⋯⋯⋯⋯⋯⋯⋯⋯⋯⋯⋯ 273

9.4.4 基本公共服务体系建设 ⋯⋯⋯⋯⋯⋯⋯⋯ 273

9.5 桂黔滇喀斯特石漠化防治生态功能区政策体系构建 ⋯⋯⋯ 274

9.5.1 政策需求 ⋯⋯⋯⋯⋯⋯⋯⋯⋯⋯⋯⋯⋯⋯ 274

9.5.2 政策目标 ⋯⋯⋯⋯⋯⋯⋯⋯⋯⋯⋯⋯⋯⋯ 277

9.5.3 政策重点导向 ⋯⋯⋯⋯⋯⋯⋯⋯⋯⋯⋯⋯ 278

9.6 桂黔滇石漠化防治生态功能区分类管理政策 ⋯⋯⋯⋯⋯ 280

9.6.1 财税政策 ⋯⋯⋯⋯⋯⋯⋯⋯⋯⋯⋯⋯⋯⋯ 280

9.6.2 投资政策 ⋯⋯⋯⋯⋯⋯⋯⋯⋯⋯⋯⋯⋯⋯ 281

9.6.3 产业政策 ⋯⋯⋯⋯⋯⋯⋯⋯⋯⋯⋯⋯⋯⋯ 282

9.6.4 土地政策 ⋯⋯⋯⋯⋯⋯⋯⋯⋯⋯⋯⋯⋯⋯ 282

9.6.5 生态补偿政策 ⋯⋯⋯⋯⋯⋯⋯⋯⋯⋯⋯⋯ 283

9.6.6 精准扶贫政策 ⋯⋯⋯⋯⋯⋯⋯⋯⋯⋯⋯⋯ 283

9.7 桂黔滇石漠化防治生态功能区配套政策的保障措施 ⋯⋯⋯ 284

9.7.1 加强组织保障 ⋯⋯⋯⋯⋯⋯⋯⋯⋯⋯⋯⋯ 284

9.7.2 加强资金保障 ⋯⋯⋯⋯⋯⋯⋯⋯⋯⋯⋯⋯ 285

9.7.3 加强技术支撑 ⋯⋯⋯⋯⋯⋯⋯⋯⋯⋯⋯⋯ 285

9.7.4 加强绩效评价 ⋯⋯⋯⋯⋯⋯⋯⋯⋯⋯⋯⋯ 286

9.7.5 完善法律法规 ⋯⋯⋯⋯⋯⋯⋯⋯⋯⋯⋯⋯ 286

参考文献 ⋯⋯⋯⋯⋯⋯⋯⋯⋯⋯⋯⋯⋯⋯⋯⋯⋯⋯⋯⋯ 287

1 主体功能区配套政策概述

主体功能区建设需要强有力的配套政策支撑。主体功能区建设要求按功能区划构建区域发展格局，对不同功能区的发展方向、发展内容、发展模式、发展规模、发展政策、发展机制以及发展时序进行准确定位，据此制定相应的政策和评价指标，充分体现了以人为本谋发展、打破行政区域谋发展以及尊重自然规律谋发展的理念，使谋求发展的方向更加明确，生态保护更有约束力，政绩考评更有针对性，区域政策更具操作性。[①] 根据不同区域的功能定位进行"分类指导、区别对待"，制定和实施差别化的区域政策，为我国统筹经济发展和生态环境保护提供了新的视角，为衡量区域发展提供了多元化的评判标准，必将对优化产业布局、引导人口集聚以及塑造新型区域关系等产生积极影响。[②]

1.1 概念界定和主体功能区划分

1.1.1 概念界定

1.1.1.1 功能区

在区域经济学中，"功能区"即承担某类特殊功能的区域，表现出功能的内聚性，区内各空间单元相互依赖，关注的是空间各组成部分的功能联系而非同质性。[③] 划分功能区所要考虑的因素主要有：区位、自然资源、环境容量、经济结构、人口集聚等方面的情况或特点。功能区分为工业区、农业区、商业

---

① 陈映. 四川限制开发区域的主体功能定位及配套政策探讨 [J]. 西南民族大学学报（人文社会科学版），2010（5）：132.

② 任旺兵，等. 全国主体功能区决策支持系统研究 [M]. 北京：科学出版社，2014：17.

③ 张可云. 主体功能区的操作问题与解决办法 [J]. 中国发展观察，2007（3）：26.

区等一般功能区和自然保护区、防洪泄洪区、各类开发区等特殊功能区；功能区也有着不同的区域层次，分为国家层面、省级层面以及单个城市空间层面的功能区。国家层面的功能区，如国家粮食主产区、国家自然保护功能区、国家高新技术开发区等；省级层面的功能区，如省级粮食主产区、省级经济技术开发区等；单个城市空间层面的功能区，如商业区、工业区、城市等。功能区承担的功能包括单一功能和综合功能。功能区具有"平衡—适应—选择"的发展趋势，通过在特定区域内或特定区域间划出一定范围的"试验区"，实行更为优惠的政策支持以及相对灵活的管理体制，从而有效吸引生产要素的功能区划定①，旨在满足特定区域特定时期的某些需求，或解决经济社会领域中出现的某些问题，不涉及经济社会发展大格局的调整。

1.1.1.2　主体功能区

主体功能区是针对新时期中国空间结构变化的基本特征以及在解决区域发展面临的诸多问题的背景下提出来的。中华人民共和国成立以来尤其是改革开放以来，我国国土空间开发战略总体上体现了因地制宜、发挥优势等原则，区域协调发展也有了突破性进展。然而，长期实行的以 GDP 为导向的绩效考核只注重 GDP 增长而忽视国土空间协调，资源无序开发和低效率利用、生态环境急剧恶化等一系列矛盾和问题导致严重的空间结构失衡，具体表现为：经济分布与资源分布空间失衡，经济分布与人口分布失衡，人口分布与环境分布空间失衡，部分生态环境脆弱地区的人口承载力不断下降，资源环境面临巨大压力。② 同时，以行政区为基本地域单元所进行的经济开发活动，以及无视千差万别的区域发展基础和条件的统一的区域政策，严重制约了区域经济社会的发展。不改变固有的区域发展思路，不创新区域空间开发理念，是不可能从根本上解决经济社会发展的空间失衡问题的。因此，我国迫切需要制定一个这样的规划或战略，其目标体现在时空要求的两个方面，即在空间尺度上解决总体布局问题，在时间序列上解决长远部署问题。其规划的性质既具有战略指导性，又不失控制约束性；既体现科学性，又具有可操作性。主体功能区规划和战略就承担了如此的功能。③ 主体功能区划，以服务国家自上而下的国土空间开发与保护政府管制为宗旨，依据地理学综合区划理论，对各个地域单元在全国或

---

① 邹宗根. 中国功能区研究 [D]. 天津：南开大学，2014：204.

② 陈映，杜建军. 区域经济学视角中的资源节约 [J]. 西南民族大学学报（人文社会科学版），2011（12）：143.

③ 樊杰. 解析我国区域协调发展的制约因素 探究全国主体功能区规划的重要作用 [J]. 中国科学院院刊，2007（3）：194-201.

省份等不同空间尺度中开发和保护进行功能定位。可见，主体功能区划是兼具应用性、前瞻性和创新性的一种综合地理区划，同时也是未来国土空间布局的蓝图。①

"主体功能区"提出以后，学术界对此展开了大量的研究，已有了诸多的研究成果。如，魏后凯（2007）认为，主体功能区是借鉴国际经验并结合中国发展实际提出的一个创新的概念。它属于一种典型的经济类型区，区内发展条件和经济特点相对一致，且按照其在不同区域层次中所承担的主体功能而进行划分。② 朱传耿等（2007）认为，地域主体功能区划以空间分异理论为依据，在不同区域自然生态系统和经济社会发展水平等的基础上，划分出具有某种特定主体功能的空间单元。③ 顾朝林等（2007）认为，主体功能区是一种以区域问题为导向的区域政策区，是一种"政策空间"。④ 可以看出，上述对"主体功能区"的界定尽管研究的出发点不同，研究的视角有差异，但其共同点在于"主体功能区"是一种附加了某一特定职能的经济类型区。

主体功能区是基于区域资源环境承载能力、现有开发密度、未来发展潜力以及在不同层次区域中的地位和作用等，对主体功能、发展方向和开发模式等进行确定的类型区；它与一般的功能区、特殊的功能区都有所不同，但并不是说它就排斥一般功能、特殊功能的存在和作用的发挥。⑤ 与一般意义上的功能区相比，主体功能区的划分依据、规划目标以及政策保障等皆有所不同；主体功能区既指自然属性的空间地域，也是自然和社会属性统一的活动载体；主体功能区内部的区域同质性和区域异质性并存；主体功能区突出主体功能、主导作用，但也不排斥一般功能和特殊功能、辅助功能或附属功能发挥作用；主体功能区具有层级性，是根据空间管治目标和空间管控能力在不同的空间尺度上进行划分的，有国家层面的、省级层面的，也有以市或县级为基本单元进行划分的；主体功能区有功能的非排他性，在某一主体功能区内部可能存在其他的主体功能区单元；主体功能区类型、范围、边界在较长时期内应尽量保持相对稳定，但也必须随着资源环境的变化以及其在全国或区域层次中处的地位和作用的变化而动态地进行调整（见表1.1）。

① 樊杰. 中国主体功能区划方案 [J]. 地理学报, 2015 (2): 187.

② 魏后凯. 对推进形成主体功能区的冷思考 [J]. 中国发展观察, 2007 (3): 28.

③ 朱传耿, 等. 地域主体功能区划理论与方法的初步研究 [J]. 地理科学, 2007 (2): 137.

④ 顾朝林, 张晓明, 刘晋媛, 等. 盐城开发空间区划及其思考 [J]. 地理学报, 2007 (8): 789.

⑤ 高国力. 我国主体功能区规划的特征、原则和基本思路 [J]. 中国农业资源与区划, 2007 (6): 10-11.

表 1.1 功能区和主体功能区比较

	功能区	主体功能区
划分的依据	区域发展过程中，特定时期的需求	资源环境承载能力、现有开发密度、发展潜力等
划分的目标	通过解决特定问题来实现特定目标	经济、社会与资源的可持续发展
承担的功能	承担某一项或某几种功能	承担某一主体功能
实现功能的政策保障	反映特定时期、特定区域的政策重点，政策手段单一	综合运用财税、投资、产业等政策
实现功能所涉及的区域	功能实现在特定区域进行	需要各功能区协调配合与通力合作
特点	缺乏整个经济社会的前瞻性和系统性思考	注重对整个经济社会的前瞻性、系统性思考

与单一的行政区划、自然区划或经济区划不同（见表 1.2），主体功能区划既是宏观层面国民经济和社会发展总体规划制定的基础，也是微观层面进行城镇、产业等布局和建设的前提；既要考虑资源环境承载力等自然要素，又要

表 1.2 我国不同类型区划的比较

区划名称	理论依据	划分原则	指标体系	类型划分	区划方案类型
自然区划	自然地域分异理论	相似性	自然要素	地貌、植被、气候等	自然地理分区方案
农业区划	自然地域分异理论与劳动分工理论	差异性	农业生产自然属性	农业类型区	农业区划
经济区划	经济地域分异理论	主导因素	经济要素	经济分工与发展	经济区划
生态区划	自然地域分异理论	主导因素	生态经济要素、生态环境敏感性、生态服务功能等	自然生态特征、生态敏感性	生态区划
功能区划	生态保护、经济开发的地域分异	对资源、经济和环境综合评价	资源要素、经济要素、社会要素	开发导向和开发强度	主体功能区划

资料来源：陈雯，段学军，陈江龙，等. 空间开发功能区划的方法 [J]. 地理学报，2004（增刊）：53-58；郑度，郭全胜，张雪芹，等. 中国区划工作的回顾与展望 [J]. 地理研究，2005（3）：330-344. 根据上述文献综合整理而得。

考虑现有开发密度、发展潜力等经济要素，还要考虑既有行政辖区等因素。①
主体功能区划具有较强的指导性和约束性、明确的时限性和阶段性、显著的针
对性和可操作性。

1.1.2 主体功能区划分

1.1.2.1 划分原则

对主体功能区进行划分，应依据主体功能区的内涵和基本特征，坚持以人
为本、资源节约、环境保护等原则，引导人口与经济活动在国土空间优化布
局，逐步实现科学、合理的空间开发秩序。

一是国土部分覆盖原则。由于我国仍有很多的问题区域，市场机制还不健
全，基层政府的管控能力和手段还十分有限，只能将暂时符合标准的区域划入
各类主体功能区，因此只能覆盖部分国土面积，待时机成熟后再进行动态调
整。但从长远看，应该实现国土全覆盖。

二是适度突破行政区原则。主体功能区划分，本应彻底打破行政区划和空
间格局，但由于历史、社会等诸多因素的共同作用，我国要在短时期内进行大
范围的行政区划调整是不可能的，在具体操作实践过程中，只能适度突破行政
区划界限，建立和健全跨行政辖区的协调机制，明确实施办法和实施主体。

三是自上而下原则。主体功能区划较强的指导性和约束性、明确的时限性
和阶段性、显著的针对性和可操作性，决定了必须采用自上而下的划分方法，
即强调顶层设计，体现中央确定和划分功能区的权威性和强制性，省级及以下
政府在中央的划分框架标准下进行操作。与此同时，也鼓励和支持省以及省以
下先行先试，进行自下而上的探索和实践，积累经验，并在全国进行复制和
推广。②

主体功能区划必须坚持国土空间非均衡开发理念，按照上述原则构建国家
和省两级主体功能区划分体系，以确保政策实施的有效性和可操作性。

1.1.2.2 划分标准

虽然国家已经明确提出了四类主体功能区的划分依据，但是考虑到我国幅
员辽阔，东西南北地质、地貌、气候、土壤、水资源等自然条件以及其开发程
度和发展潜力等因素差别较大的实际，除国家层面的主体功能区外，要在各省

---

① 国家发展改革委宏观经济研究院国土地区研究所课题组. 我国主体功能区划分及其分类政
策初步研究 [J]. 宏观经济研究，2007（4）：3-4.

② 高国力. 关于我国主体功能区划若干重大问题的思考 [N]. 中国经济时报，2006-09-01
（008）.

（区、市）层面上进行主体功能区规划，还必须明确一些重要问题。围绕主体功能区划分的标准，学术界进行了深入的探讨。

高国力等（2007）提出，我国主体功能区的划分既要科学，又应考虑建设过程中的可操作性和可调控性。具体而言，要坚持国土部分覆盖、基本依托行政区、自上而下和上下互动、动态调整、科学性与可行性兼具等原则。且必须以中央政府和省级政府为主，构建起国家和省级两级主体功能区规划体系。中央政府确定国家层面主体功能区全国统一标准，各省（市、区）根据其现有空间开发状况以及本省（市、区）在全国空间开发格局中的分工定位和作用，明确提出本省（市、区）的主体功能区规划标准。国家和省两级在制定标准时的指导思想和主导原则必须一致，但在标准的重点内容、阈值高低方面不一定完全一致。国家和省两级均以县级单位作为主体功能区划的空间单元。①

李军杰（2006）认为，确定主体功能区划分标准的前提，必须充分理解资源环境承载能力、现有开发密度和发展潜力三个概念的含义和三者之间的相互关系。资源环境承载能力，指资源和环境所能够持续支撑的经济社会发展的最大规模，应作为最优先考虑的因素；现有开发密度，表明一个区域的已开发水平，地区开发密度越高，资源环境压力就越大；发展潜力，代表一个区域可能具备的发展空间，但发展潜力是由多种因素共同决定的，因此某一特定区域即使具有较大的承载能力，但如果不具备区位以及资源禀赋等优势，那么意味着它在将来也难以达到较高的开发密度。在上述三个概念中，限制开发区域主要是由资源环境承载能力这个单一指标来决定的，如果承载能力低于某一阈值，该区域就必须划为限制开发区域，即使其现有开发密度较低，或者发展潜力较大，也概莫能外。② 显然，这一划分方法突出了生态和环境保护导向。但是，还有许多问题需要解决。如，阈值的大小该如何确定呢？是由国家统一确定抑或是由各地自行确定？如果阈值定得太低，限制开发区域的范围就将扩大，这与我国当前经济发展的实际并不吻合；而阈值定得太高，则限制开发区域的范围可能又太小，难以实现科学的、可持续发展的目标。

总体而言，上述划分思路从宏观层面上讲是较为科学和合理的，尤其是明确了划分的层级和单元、实施的主体以及中央与地方的权限和职责等，值得借

---

① 高国力. 我国主体功能区规划的特征、原则和基本思路 [J]. 中国农业资源与区划，2007（6）：10—11.

② 李军杰. 确立主体功能区划分依据的基本思路——兼论划分指数的设计方案 [J]. 中国经贸导刊，2006（11）：45—46.

鉴和运用。在此基础上，课题组认为，应将资源环境承载能力、现有开发密度和发展潜力作为主体功能区划分的一级指标。同时，为了更好地符合各地的发展实际，可在这三大类要素之下，选择相应的二级或三级指标来加以细分。这样，既可以达成促进全国范围内可持续发展的总体目标，也可以充分适应我国疆域辽阔、区情千差万别的现实需求。此外，在主体功能区的划分单元确定上，为了使整个划分工作保持科学性和有序性，减少主观随意性，可以选择县级行政区为基本单元，这样，划分主体功能区所需的各项统计数据，尤其是涉及现有开发密度和发展潜力等方面的数据，就相对易于获得且较为真实可信。

1.1.2.3 划分的指标体系

建构指标体系是实施主体功能区构想要解决的重要问题之一。[①] 选择主体功能区划指标，既要注重科学性、合理性，更要注重可获取性和针对性。在主体功能区指标体系的选择上，学者们认为数量不必过多，层次不应过繁，以避免相互间交叉和降低其准确性。可从资源环境承载能力、现有开发密度以及发展潜力三个方面选择一些有代表性的指标。如，杨伟明（2007）指出，主体功能区划分应主要考虑上述三个方面的因素。[②] 樊杰（2007）认为，主体功能区划的指标体系应由上述三类指标构成，这种多维、多指标项的主体功能区划对技术路线的要求很高，是对经典区划理论方法的创新与发展。[③]

李军杰（2006）为了较为形象地阐明上述三项主要评价指标之间的内在关系，把单个区域经济的动态发展过程比作一辆处于行驶过程中的汽车，将资源环境承载能力比作汽车油箱里的"汽油"、现有开发密度比作"车况"、发展潜力比作汽车"发动机的最大功率"，并从汽车运行的规律来阐释三者之间的关系：若"车况"好，同等数量的"汽油"可支撑汽车行驶更长的里程；在"车况"和"汽油"既定的情况下，"发动机的最大功率"对汽车行驶起着至关重要的作用。同理，如果工业化城镇化开发程度适中，经济发展方式、产业结构合理，那么同样的资源环境容量可支撑更长时间的经济增长。[④]

高国力（2007）认为，可在国内外既有的生态环境和可持续发展等指标体系研究的基础上，选择资源环境承载能力、现有开发密度和发展潜力三方面

---

① 陈秀山，张若. 主体功能区从构想走向操作 [J]. 决策，2006（12）：10.
② 杨伟明. 关于推进形成主体功能区的若干问题 [N]. 中国经济导报，2007-07-03（B02）.
③ 樊杰. 我国主体功能区划的科学基础 [J]. 地理学报，2007（4）：344.
④ 李军杰. 确立主体功能区划分依据的基本思路——兼论划分指数的设计方案 [J]. 中国经贸导刊，2006（11）：45-46.

分层次的指标,明确不同类型主体功能区的划分范围。①

在上述研究成果的基础上,课题组认为,我国主体功能区划的指标体系应选择资源环境承载能力、现有开发密度和强度、发展潜力三方面的代表性指标,尤其是突出资源和环境的一些关键性指标。

——资源环境承载能力,指生态系统所能承受的人类活动的限度,包括区域环境承载力、资源环境综合承载力、资源环境要素承载力。其中,资源环境承载力的三个基本要素为承载体、承载对象、承载率。选择土地资源、水资源、主要污染物排放总量、生态功能四项指标,共同组成资源环境承载能力。

——现有开发密度,主要指工业化、城镇化的开发强度,用工业化和城镇化等主要经济社会发展指标来衡量,包括人均 GDP、工业增加值占 GDP 的比重、城市人口占总人口的比重。

——发展潜力,指在维持良好自然生态系统的前提下,特定区域所能承载的经济规模和人口规模。可用区位交通条件、矿产资源储量潜在价值、市场化程度、人均受教育年限四项指标来代表。②

1.1.3 主体功能区的类型

1.1.3.1 基于不同视角的分类

根据上述基本概念和划分标准,下面就开发内容、开发方式、开发层次等对主体功能区进行划分。

（1）按提供主体产品的类型划分

以提供主体产品的类型为基准,将主体功能区划分为城市化地区、农产品主产区和重点生态功能区。城市化地区以提供工业品和服务产品为主体功能,也提供农产品和生态产品;农产品主产区以提供农产品为主体功能,也提供生态产品、服务产品和部分工业品;重点生态功能区以提供生态产品为主体功能,也提供一定的农产品、服务产品和工业品。城市化地区、农产品主产区、重点生态功能区虽然首要任务不同、保护内容不同、主体功能不同、开发方式不同、支持重点不同,但其在全国经济社会发展中的地位却同等重要。

（2）按开发方式划分

基于资源环境承载能力、现有开发强度以及未来发展潜力,以是否适宜或

---

① 高国力. 我国主体功能区规划的特征、原则和基本思路 [J]. 中国农业资源与区划,2007 (6)：8-13.

② 李军杰. 确立主体功能区划分依据的基本思路——兼论划分指数的设计方案 [J]. 中国经贸导刊,2006 (11)：46.

如何进行大规模高强度工业化、城镇化开发为基准，将不同区域分为优化开发、重点开发、限制开发和禁止开发区域，其开发方式各不相同（见表1.3）。

表1.3 主体功能区类型及特点

类型	资源环境承载力	开发密度	发展潜力
优化开发区域	减弱（+-）	高（++）	较高（+）
重点开发区域	高（++）	较高（+）	高（++）
限制开发区域	低（-）	低（-）	低（-）
禁止开发区域	很低（--）	很低（--）	很低（--）

资料来源：根据《全国主体功能区划》整理而得。

（3）按照开发层级划分

按照开发层级，主体功能区分为国家和省级两个层面。国家层面的主体功能区是全国"两横三纵"城市化战略格局、"七区二十三带"农业战略格局、"两屏三带多点"生态安全战略格局的主要支撑；省级主体功能区是全国主体功能区的重要组成部分。[①]

1.1.3.2 主体功能区功能定位和发展方向[②]

（1）优化开发区域

——区域特征。优化开发区域属城市化地区，经济发达、人口密集、开发强度高、资源环境压力大。国家层面的优化开发区域，综合实力较强，经济规模较大，城镇体系比较健全，科技创新力领先。国家层面优化开发区域包括：环渤海地区、长江三角洲地区以及珠江三角洲地区。

——功能定位。优化开发区域是带动全国经济社会发展的龙头区域、全国人口和经济的重要密集区、全国重要的创新区域以及提升国家竞争力的重要区域，我国在更高层次上参与国际分工及有全球影响力的经济区。

——发展方向和开发原则。优化开发区域将"优化发展"贯穿于经济社会发展的方式、形态、格局等各方面。包括空间结构、城镇布局、人口分布、产业结构以及发展方式等的优化。

---

① 国务院法制办公室. 国务院关于印发全国主体功能区规划的通知（国发〔2010〕46号）[EB/OL]. (2011-06-08) [2018-07-08]. http://www.gov.cn/zhengce/ content/2011-06/08/content _1441.htm.

② 国务院法制办公室. 国务院关于印发全国主体功能区规划的通知（国发〔2010〕46号）[EB/OL]. (2011-06-08) [2018-07-08]. http://www.gov.cn/zhengce/ content/2011-06/08/content _1441.htm.

（2）重点开发区域

——区域特征。重点开发区域属城市化地区，经济发展基础较好，资源环境承载力较强，发展潜力较大。国家层面的重点开发区域经济发展基础较好，科技创新能力较强，发展潜力较大，城镇体系初步形成，对促进全国区域协调发展意义重大。①

——功能定位。重点开发区域是全国集聚人口和经济的重要区域，全国重要的经济增长极，促进区域协调发展的重要支撑。国家层面的重点开发区域有18个。

——开发原则和发展方向。重点开发区域应完善城市规模结构，促进人口加快集聚，构建现代产业体系，完善基础设施，保护生态环境，有效把控开发时序。

优化开发区域、重点开发区域同属城市化地区，虽开发强度、开发方式有所不同，但开发内容总体上相同。

（3）限制开发区域

——区域特征。限制开发区域分为农产品主产区和重点生态功能区两类。前者农业发展条件好，也具备进行工业化城镇化开发的适宜条件，但从保障国家农产品安全需要出发而对其进行限制性开发；后者生态系统脆弱、生态功能重要，资源环境承载能力较低，从保障国家生态安全的需要出发限制其进行大规模、高强度的工业化城镇化开发。

——功能定位。限制开发区域是国家层面农产品主产区，是保障农产品供给安全的重要区域、农村居民安居乐业的美好家园、社会主义新农村建设的示范区；国家重点生态功能区是保障国家生态安全的重要区域、人与自然和谐相处的示范区。②

——发展方向和开发原则。限制开发区域的农产品主产区应优化农业生产布局和农业开发方式，控制开发强度，进一步增强农产品生产能力。积极推进农业规模化和产业化，支持农产品加工、流通、储运设施建设。以县城为重点推进城镇建设和非农产业发展，并适度集中和集约布局；重点生态功能区以保

---

① 国务院法制办公室. 国务院关于印发全国主体功能区规划的通知（国发〔2010〕46号）[EB/OL].（2011-06-08）[2018-07-08]. http://www.gov.cn/zhengce/ content/2011-06/08/content _1441.htm.

② 国务院法制办公室. 国务院关于印发全国主体功能区规划的通知（国发〔2010〕46号）[EB/OL].（2011-06-08）[2018-07-08]. http://www.gov.cn/zhengce/ content/2011-06/08/content _1441.htm.

护和修复生态环境、提供生态产品为首要任务，适度发展与资源环境相匹配的产业，逐步引导超载人口迁移。

（4）禁止开发区域

——区域特征。禁止开发区域是自然生态系统独特、珍稀动植物物种集中分布、自然遗迹和文化遗址价值特殊、禁止进行工业化城镇化开发的重点生态功能区。

——功能定位。禁止开发区域是国家依法保护的自然和文化资源保护地、珍稀动植物基因资源保护地。

——发展方向和开发原则。禁止开发区域依照法律法规进行强制性保护，严禁一切不符合主体功能定位的开发活动，引导人口逐步有序外迁。①

1.2　主体功能区规划及政策的理论基础

主体功能区是基于区域间自然、生态、经济、社会等的差异而划分的，其目的在于推进各具特色的主体功能区自然、经济和社会协调发展。主体功能区划及配套政策是依据地域分异理论等在区域规划和区域政策理论上的创新和突破。

1.2.1　地域分异理论

地域分异，是指地表自然环境及其组成要素在特定地理空间上保持特征的相对一致性，而在另外的空间上却表现出明显的差异和有规律的变化。包含下面几层含义：一是地球表面自然、经济、人文等共同作用的综合表现；二是地域分异具有大小不同的空间尺度，具有等级层次性，即全球性、区域性、地方性的各种结构；三是地域分异体现出某种规律性。影响地域分异的因素包括自然、经济和社会三个方面，地域分异规律是在人们认识自然的过程中逐步深化的。②

德国近代地理学区域学派奠基人赫特纳（Alfred Hettner，1927）认为，地理区划就是将地理空间整体分解成为各个单元，各单元在空间上相连，类型则

---

① 国务院法制办公室. 国务院关于印发全国主体功能区规划的通知（国发〔2010〕46号）[EB/OL]. (2011-06-08)〔2018-07-08〕. http://www.gov.cn/zhengce/ content/2011-06/08/content _1441.htm.

② 宋一淼. 主体功能区管理问题研究 [D]. 成都：西南财经大学，2008：45.

可分散分布。霍迈尔（H. G. Hommeyer）提出区划主要单元逐级分区概念，开创了现代自然地域划分的先河。Metriam（1989）首次将生物作为分区指标，对美国的农作物带等进行了细分。英国地理学家赫伯森（A. J. Herbertson, 1905）提出世界自然区方案，主张进行全球生态地域划分。罗士培（P. M. Roxby）、翁斯台（J. F. Unstead）类型和区域两类区划的主张，发展了自然区划理论。[①] 20世纪40年代以后，俄罗斯学者对综合自然区划的理论和实践进行了比较系统的研究和总结。然而，早期的国外地理学区划主要集中于对自然界表面的认识，指标也仅采用气候、地貌等单一要素，而没有将人的活动充分考虑进去，即还没有从经济学、生态学和社会学的角度去研究地域分异规律。[②] 随着经济社会的快速发展，人口、资源、环境和发展问题对区划研究工作提出了更高要求。20世纪70年代中期美国学者罗伯特·贝利（Robert G. Bailey, 1976）将地理学家的尺度、界线和单元等引入生态系统研究，基于生态系统的视角对美国生态区域进行了划分，并从可持续发展的角度阐明了划分理念，丰富和发展了地域分异理论。

国内学者根据地域规模和作用范围的不同，将地域分异规律分为全球性规模的地域分异规律、大陆和大洋规模的分异规律、区域性规模的地域分异规律、地方性的地域分异4个等级，并认为地域分异规律是进行自然区划的基础，对合理开发和利用自然资源、因地制宜进行生产力布局有着重要的指导作用。

地域分异理论是地域主体功能区划的基础和前提。主体功能区划的主要依据包括：一是自然环境的地域分异。即根据不同国土空间的自然生态状况、资源禀赋、环境容量确定不同的开发内容和选取不同的开发方式；二是经济环境的地域分异。包括经济结构特点以及经济社会发展方向等，依据上述二者的差异性明确不同区域的主体功能定位及其空间布局；三是人文环境的地域分异，表现为由于区位、人口集聚等方面的特征而形成的地域分异，其差异直接影响着区域主体功能的选择。全国主体功能区划充分考虑了各功能区上述三个方面的因素，尤其是将资源环境作为首先考虑的关键因素，据此划分出相对的"同质区"和"异质区"。如，国家层面的优化开发区多分布于经济社会发展水平和对外开放程度都较高的东部沿海地区，而限制开发区域则多分布于生态环境脆弱、经济社会发展较为落后的西部地区。这种经济发展地域分异格局与

---

① 郑度，葛全胜，张雪芹，等. 中国区划工作的回顾与展望 [J]. 地理研究，2005（3）：330-331.

② 张和平，姜涛. 主体功能区划分国外溯源 [J]. 知识经济，2011（10）：45-46.

我国自然环境的地域分异格局基本一致。① 依据地域分异规律理论，从四类主体功能区的地域特点出发，因地制宜，分类指导，制定和实施差异化的分类管理政策，选择不同的区域政策组合工具，有助于引导不同类型区域科学发展。

1.2.2　区域分工理论

亚当·斯密、李嘉图、赫克歇尔、俄林等从对直接生产条件的比较入手，提出了成本优势学说和要素禀赋理论；克鲁格曼等则重点分析了规模经济、报酬递增、产业集群等所引致的交易成本节约，并基于间接成本的视角建立起了以报酬递增等为分工依据的区域分工理论。

区域优势是区域分工的重要依据。优化开发区域和重点开发区域具有生产社会物质财富的绝对成本优势，而限制开发区域和禁止开发区域具有生产自然生态财富的绝对成本优势，限制开发区域某些特殊产品生产有着相对成本优势；从要素禀赋理论来看，国家对不同主体功能区在功能属性上的区域分工以及差别化的配套政策，即对四类主体功能区的开发方式、开发强度、开发时序实行不同的管控标准和手段，有助于促进区域协调发展。

主体功能区划的重大创新在于将资源环境承载力纳入影响经济增长的内生变量的范畴，把自然生态财富的生产和社会生态财富的生产当作社会大生产中同等重要的任务，并强调必须协调与平衡两类财富生产。这就是说，在对区域施加主体功能的背景下，区域之间首先是两类财富生产的分工，然后才进行产业选择、发展路径等的分工。②

从需求的角度讲，限制开发区域和禁止开发区域在区域分工中所承担的保护自然生态环境、提供农产品和生态产品（清新的空气、清洁的水源、宜人的气候）的任务，存在机会成本和明显的正外部性。因此，四类主体功能区之间的区域分工和利益协调不能完全依赖于市场机制，必须采用政府干预下的协议性分工，通过制定和完善利益补偿政策对利益受损地区予以补偿，以协调区域利益关系。

1.2.3　区域协调发展理论

主体功能区规划及其配套政策是以区域经济协调发展为目标提出和制定的，彰显了区域协调发展的理念。一方面，四类主体功能类型划分体现出差异

---

① 朱传耿，等. 地域主体功能区划——理论、方法、实证 [M]. 北京：科学出版社，2007：53-59.

② 杜黎明. 主体功能区划与建设——区域协调发展的新视野 [M]. 重庆：重庆大学出版社，2007：14.

化，制定和实施差异化的分类管理政策，目的在于实现优势互补和协调发展。优化开发区域、重点开发区域主要提供农产品和生态产品，也提供一定的服务产品和部分工业品。限制开发的农产品主产区以提供农产品为主体功能，也提供生态产品、服务产品和部分工业品；限制开发的重点生态功能区以提供生态产品为主体功能，也提供一定的农产品、服务产品和工业品。禁止开发区域主要提供生态产品。① 不同区域主体功能定位各异，但并非厚此薄彼，而是为了实现分工合作和优势互补。另一方面，是为了打破行政区划壁垒，促进有限的资源要素向目标区域流动，达到区域间生产力布局的协调，实现从非均衡发展到非均衡协调发展的区域发展目标。

1.2.4 生态经济理论

生态经济理论，是探讨经济、生态两大系统协调发展、共生演进规律的理论，涵盖系统、平衡、效益三方面的内容，反映出三者之间物质、能量、信息的输入与输出的平衡状况；生态经济效益体现出经济效益和生态效益结合所形成的复合效益。上述几个方面共同推动着整个区域生态经济系统的可持续发展。②

生态经济理论将经济发展与生态保护和建设两个相互矛盾的过程统一于区域发展的进程之中，是主体功能区划及其政策的重要理论基础。一是为科学构建主体功能区指标体系提供了理论指导。在资源环境承载力、现有开发密度和发展潜力三者中，前者考虑了生态系统的可持续发展能力，后两者则考虑经济系统的可持续发展能力，这种指标设计体现了区域经济发展与生态协调的思想。二是为解决区域"环境保护与发展"矛盾这一世界性难题提供了理论支撑。主体功能区划及政策打破了行政区划界限，同时关注区域的均质性和差异性，依据生态本底和发展潜力进行功能区划分，并据此制定和实施差异化的配套政策，促进区域生态与经济协调发展。③

1.2.5 人口、资源和环境相协调理论

人口、资源、环境的协调是通过三者在特定区域空间的有效配置来实现的，三者或者在特定的空间按照一定的数量比例进行组合，或者按照一定的方

---

① 国务院法制办公室. 国务院关于印发全国主体功能区规划的通知（国发〔2010〕46号）[EB/OL].（2011-06-08）[2018-07-08]. http://www.gov.cn/zhengce/ content/2011-06/08/content _1441.htm.

② WANG, Song-pei. Establishment and Development of Ecological Economics in China over the Past Three Decades [J]. Ecological Economy, 2015（1）: 3-14.

③ 朱传耿，等. 地域主体功能区划——理论、方法、实证 [M]. 北京: 科学出版社, 2007: 73-74.

式配置到不同的地域空间。然而，我国资源、人口、经济在空间分布上严重失衡，导致部分生态环境脆弱区域资源环境不堪重负。

主体功能区规划及政策就是要通过资源分布、人口分布、经济分布之间的协调来实现空间均衡，使人口分布和经济发展与资源环境承载力相匹配，在经济基础较好、资源环境承载能力较强的优化开发区域和重点开发区域集聚人口和产业，将经济发展条件较差、生态环境脆弱的重点生态功能区的人口和产业向城市化地区有序转移，从而构建起一种能够同时满足人口、资源和环境三方效益最大化的区域空间开发格局。

1.2.6　区域空间结构理论①

空间结构理论主要描述区域各要素的空间组织模式、空间运行规律和机制。过去我国资源导向和自然环境导向的空间结构虽有其内在的合理性，但却忽视了资源环境承载力的区域差异性。如，生态脆弱地区和粮食主产区进行大规模工业化和城镇化开发、按照行政单元组织经济活动中的非理性开发行为，威胁着我国经济社会发展的生态安全和粮食安全。

特定时空尺度下区域的均质性与差异性，是进行主体功能区划的重要依据。以资源环境空间结构为例，山地、盆地相间分布，造成光热水土资源时空组合失调，水资源缺乏，限制了空间开发的密度与强度的提升；喀斯特石漠化地区、干旱和半干旱地区、农牧交错地区生态脆弱，水土资源严重匮乏，不可能进行大规模高强度的工业化城镇化开发，等等②。

空间结构是城市空间、农业空间和生态空间在国土空间开发中的反映。空间结构的变化在一定程度上反映出经济发展方式及资源配置的效率。主体功能区划针对我国工业、生态、农业三大空间结构失衡、资源和要素空间配置效率低下、城市地区开发强度过高、农村地区耕地减少过多、生态地区肆意开发等，提出重塑国土空间结构，让资源条件适宜、经济基础比较好的优化开发区域和重点开发区域建成"高密度、高效率、节约型、现代化"的城市空间，集聚人口和产业，成为人们生产、生活的主要活动区域；让生态脆弱、生态敏感、关系国家粮食安全和生态安全的限制开发区域和禁止开发区域尽可能地恢复自然生态和保障农产品生产。通过城市、农业和生态三大空间的合理布局和利益协调，充分体现"因地制宜"。③

---

①　秦岭. 区域经济学理论与主体功能区规划 [J]. 江汉论坛, 2010 (4)：12-13.

②　宋一淼. 主体功能区管理问题研究 [D]. 成都：西南财经大学, 2008：50-52.

③　杜黎明. 主体功能区划与建设——区域协调发展的新视野 [M]. 重庆：重庆大学出版社, 2007.

1.2.7 区域空间管治理论

区域空间管治是对区域系统以及生产要素所进行的地域管治，旨在通过协调各利益主体之间的权益分配，促进各种生产要素跨区域优化配置，促进重大政策和重大项目的顺利实施，提高空间规划的科学性和可操作性。

空间管治作为主体功能区规划的重要手段，主要体现在：一是确定了城市空间、农业空间和生态空间，有效整合跨行政区域的空间资源，通过国土空间资源的有序开发、适度开发，最终实现区域协调发展，充分体现了区域空间管治的合理性与协调性；二是运用空间管治手段协调多方利益关系；三是充分体现空间管治中的以人为本、人与自然和谐相处的理念，既通过集约开发满足人们的经济需求，又通过限制和禁止开发保护绿水青山，留下足够的生态空间。

1.2.8 区域可持续发展理论[①]

可持续发展是对经济社会发展过程中所付出的资源环境代价的反思后提出来的。可持续涵盖生态、社会、经济和科技等多方面。从可持续发展的生态属性来看，是为了保持生态系统的完整性和生态功能的持续发挥；从可持续发展的社会属性来看，是保持生产方式和生活方式与资源环境承载力的动态平衡，真正实现人类生存质量的全面改善和提高；从可持续发展的经济学属性来看，是改变传统的经济增长方式，不再以资源的浪费和环境的破坏为代价换取经济总量的增加；从可持续发展的科技属性来看，是转向更清洁、更低碳、更高效的技术选择，尽量减少对自然资源的消耗。可持续发展力图把当代与后代、区域与全球、空间与时间、结构与功能有机地统一起来，已成为当今世界普遍关注的问题。可持续发展理论对过去的发展理论提出了质疑，是发展概念在内涵上的一次飞跃。

区域可持续发展必须遵循以下原则：一是发展原则。既注重发展，维护人类的基本权利，又特别关注资源的代际配置、福利的代际公平与环境保护等问题。二是协调性原则。考虑发展过程中经济增长是否与资源环境承载力相协调以及协调的程度如何等，同时处理好区际协调、代际协调以及代内协调。三是公平性原则，包括主体公平、空间公平以及时间公平。"公平"不仅包括不同代之间的代际公平，而且也应包括本代人之间的公平、资源利用的公平、发展机会的公平等。

---

① 陈映. 论共同富裕与区域经济非均衡协调发展 [M]. 北京：人民出版社，2011：44-47.

主体功能区规划以及配套政策，将经济、社会、生态、技术等层面的可持续发展融合为一体。首先，立足于区域分工、依托整个国土空间谋求区域可持续发展。其次，在现有的行政辖区框架下推行跨行政区的空间管治。最后，依据不同区域的主体功能定位建构合理的区域分工体系，以体现生产过程中的技术投入的规模经济和产出效益，为区域可持续发展提供技术支撑。

1.3　部分国家或地区空间规划和政策的经验及启示[①]

推进形成主体功能区，既是为了全国整体的发展，也是为了全国的可持续发展。国外对空间规划及政策的探索和实践，对我国主体功能区配套政策的制定和实施有着重要的启示作用。

1.3.1　部分国家或地区空间规划和政策

1.3.1.1　欧盟地区空间规划及政策

针对区域发展不平衡的实际，欧洲地区空间发展战略把国土空间划分为五个层次254个区块，根据资源环境和人均收入等的差异性，对254个区块实行鼓励性或保护性开发。在区域空间层次规划中，欧盟尤其关注国家、州、县三个层面，不同层次的区域，其政策目标各异，政策工具选取各不相同。如，欧盟划定的保护区域，其配套政策非常严格，也十分成熟。十分注重生态资源的经济价值评价，主张生态地区保护生态所获取的利益补偿应与该区域的经济价值相对应。欧盟十分注重平衡生态环境敏感地区、生物多样型地区保护与开发之间的关系，并强调财政政策、产业政策、环保政策等的衔接和配合使用。在保护生态功能区的过程中，欧盟强调无论是限制性开发条例，还是保护类措施，都不能降低当地居民的福利水平和生活质量。对资源环境承载力较弱区域，欧盟通过适度开发以及人口、产业在空间上的有序转移，来实现空间上的相对均衡。[②]

在欧盟，以德国的空间规划及政策最具影响。德国州一级区域规划中的农地利用区、林区、造林区、防洪滞洪区等与我国的限制开发区域类似。德国统

---

① 陈映. 限制开发区域配套政策的国际经验及启示 [J]. 经济体制改革，2016（4）：167-168.

② 中国城市规划设计研究院学术信息中心. 欧洲空间发展战略 ESDP [EB/OL]. (2005-07-10) [2018-06-08]. http://wenku.baidu.com/view/5e58bf8dd0d233d4b14e69d4.html.

一后，为了规范空间开发秩序，对城市地区、农村地区以及自然景观保护区的功能定位和发展方向进行了明确规定，并制定了差别化的空间政策。其空间政策目标包括：一是经济社会的空间需求必须与生态功能相协调；二是各地应享受均等化的公共服务；三是有效利用各种资源；四是增强地区自我发展能力。为了保障规划和政策的权威性和连续性，德国建立健全了法律法规体系。

1.3.1.2 荷兰的空间规划及政策

荷兰将"创造空间""共享空间"的崭新理念融入空间规划之中。二战后，荷兰共编制和实施了五个空间规划，把空间需求、空间结构、空间质量作为制定国家空间政策的前提。按照这一要求，荷兰明确了不同地区差异化的空间政策取向。荷兰的空间规划十分注重保持空间的多样性和等级性，关注空间发展的公正性和公平性。荷兰强调"节约每一寸土地"，合理控制空间开发强度，避免城市化用地的肆意扩张。荷兰空间规划政策认为，单纯追求经济增长是远远不够的，还必须消除经济增长所带来的负面影响，强调平衡经济增长与空间环境质量之间的关系。

1.3.1.3 美国、日本的空间规划及政策

为了合理开发国土空间，美国对不同区域实行差别化税率，并采取财政融资等手段鼓励企业向落后地区投资；美国实施了平衡的财政支出政策，特别强调为落后区域预留更多的资金；还通过实行长期或短期的贫困援助政策，消除地区的绝对贫困。[①]

针对空间失衡状况，日本编制了覆盖国土的空间规划，将整个国土空间分为"过密地区""整治地区"和"开发地区"三类，并实行差别化的空间政策。[②] 日本还借鉴德国空间规划的经验，制定自然资源开发与利用专项规划。[③]

1.3.1.4 巴西的空间规划及政策

巴西国土规划将全国划分为疏散发展地区、控制膨胀地区、积极发展地区、待开发（移民）区以及生态保护区五个类型区。[④] 其中，生态保护区、待开发区（移民）与我国限制开发区域有一定的相似之处。巴西的生态保护区主要位于亚马逊雨林和中西部地区，其中的亚马逊森林作为世界上最大的热带

---

① 李兴文，张效功. 西方发达国家扶持落后地区发展的财税政策及启示 [J]. 财会研究，2011 (11)：6-7.

② 辽宁省国土规划课题组. 发达国家国土规划的经验与启示 [J]. 国土资源，2009 (5)：38.

③ 李善同，侯永志，冯杰. 部分国家规划体制的特点 [N]. 中国经济导报，2005-02-01 (C02).

④ 袁朱. 国外有关主体功能区划分及分类政策的研究与启示 [J]. 中国发展观察，2007 (2)：54-55.

雨林，既是遗传基因资源宝库，也是"地球之肺"。然而，长期以来的不当开发却导致了自然生态和某些生物种群的灾难性毁灭。为了改变这种状况，巴西实行了严格的保护区制度，强调在保护自然资源和控制生态平衡的前提下进行生产性利用，以实现经济社会的可持续发展。

1.3.2 国外空间规划和政策的启示①

从上述国外空间规划和政策可以总结出：一是各国和地区都高度重视空间规划的公共政策属性，将空间规划作为政府进行社会管理和提供公共服务的重要依据；政府在空间规划编制和政策制定等方面起着主要作用；空间规划和政策旨在解决具有外部性、资源环境、重大基础设施以及重大项目布局等问题。二是明确区域政策内涵、空间对象、政策目标、政策工具等。各国和地区将区域政策定义为改善经济活动地理分布的公共干预工具；将区域政策空间对象主要认定为一些"问题区域"；把区域政策目标设定为缩小地区间经济发展差距，增进居民福利水平的提高和发展机会的平等；将区域政策工具分为微观政策工具、宏观政策工具、政策协调工具，以及奖励型或限制性政策工具。三是强调空间规划和政策应注重原则性和灵活性的统一。空间规划首先应突出原则性和导向性，但对未来的空间安排又必须体现出一定的灵活性，以适应不断变化发展的空间状态。与空间规划相适应，区域配套政策的制定，既应突出原则性，也应体现灵活性。四是区域分类政策的制定和实施离不开法律的支撑和保障作用。国外区域管理立法体系十分健全，区域规划和区域政策的制定和实施，都有相应的法律保障其权威性。②

区域政策较完善的国家或地区，其政策的成功经验体现在：从政策内容上看，经历了从主要侧重经济建设向生态环境可持续以及保持文化多样性转变，政策中的生态因素、社会因素得到高度关注；从配套政策实施来看，注重各类区域政策的衔接和配合使用；从绩效评价来看，生态环保指标和人文指标受到前所未有的重视。我国在推进主体功能区建设时，无论是政策内涵、政策目标的确定，空间对象和政策工具的选取，还是空间开发立法，都可借鉴上述做法和经验。

---

① 陈映. 限制开发区域配套政策的国际经验及启示 [J]. 经济体制改革, 2016 (4)：171.
② 杨荫凯. 国家空间规划体系的背景和框架 [J]. 改革, 2014 (8)：125-130.

1.4　主体功能区配套政策的国内探索[①]

主体功能区提出以后，国家确定了"9+1"政策体系[②]，从宏观层面指明了未来区域政策改革的方向。自主体功能区政策体系提出以后，学术界对此展开了深入的研究和广泛的探讨，积累了大量的有价值的研究成果，为国家主体功能区配套政策的制定提供了有益的启示和参考。

1.4.1　主体功能区配套政策体系的探讨[③]

在配套政策体系设计方面，学者们就基本原则、重点导向、重点内容以及政策实施的保障措施等进行了探讨。高国力（2011）认为，实施主体功能区战略的关键在于设计一套行之有效的分类政策，确保分类政策的落实，并随着实施的情况变化保持对分类政策的及时调整。安树伟、肖金成在谈及我国"十二五"时期区域政策调整时，提出完善的有关区域分类管理政策。[④] 杜平（2008）认为，应针对不同类型功能区制定不同的经济政策。[⑤] 包振娟等（2008）认为，配套政策体系设计应遵循渐进性原则和分类制定原则，应包括综合性政策、分类政策、协调性政策三个重点。[⑥] 杜黎明（2010）认为，应根据政策的不同功能，明确政策的直接作用对象，提高政策的针对性。[⑦] 赖华东、蔡靖方（2007）认为，各类主体功能区的主要工具选择与组合有所不同。优化开发区的主要政策工具有优惠贷款、许可制度、课税；重点开发区的主要政策工具有拨款、优惠贷款、减免税收；限制开发区的主要政策工具有拨款、

---

①　陈映. 限制开发区域配套政策探析——以西部国家层面的限制开发区域为例 [J]. 经济体制改革, 2015（6）：57-58.

②　"9+1"政策体系："9"是指财政政策、投资政策、产业政策、土地政策、农业政策、人口政策、民族政策、环境政策、应对气候变化政策，"1"是指绩效评价考核。

③　陈映. 限制开发区域配套政策探析——以西部国家层面的限制开发区域为例 [J]. 经济体制改革, 2015（6）：57.

④　安树伟, 肖金成, 吉新峰. "十二五"时期我国区域政策调整研究 [J]. 发展研究, 2010（7）：14.

⑤　杜平. 推进形成主体功能区的政策导向 [J]. 经济纵横, 2008（8）：42-46.

⑥　包振娟, 罗光华, 贾云鹏. 主体功能区建设的配套政策研究 [J]. 经济纵横, 2008（5）：23-24.

⑦　杜黎明. 主体功能区配套政策体系研究 [J]. 开发研究, 2010（1）：12-16.

减免税收等；禁止开发区的主要政策工具有拨款等。①

1.4.2 主体功能区分类管理政策的探讨②

为了推进主体功能区战略的顺利实施，关键要深化细化区域政策，设计分类指导的区域配套政策，调整完善相关的法律法规和制度支撑。学者们对主体功能区的分类管理政策进行了深入的研究和探讨。贾康（2009）认为，财政政策目标要与主体功能区的功能定位和发展方向相一致，形成主要针对优化开发区的创新型财政政策、主要针对重点开发区的激励型财税政策、主要针对限制开发区的支持—补偿型财税政策、主要针对禁止开发区的保障—补偿型财税政策。③ 郭凯（2013）以山东省为例，对省级层面主体功能区的产业政策进行了探讨，认为优化开发区的产业政策重点是优化产业结构、大力发展现代服务业、制定严格的产业准入制度；重点开发区的产业政策重点是增强产业凝聚力和竞争优势，节能、减排、绿色发展，大力支持技术创新，为产业的发展提供有利的市场环境；限制开发区的产业政策重点是探索飞地发展模式、开展特色产业扶持基金、建立生态补偿机制、开发绿色产品；禁止开发区域要严格控制产业活动，适度发展生态旅游产业，并建立适当的生态补偿机制。④ 韩德军（2014）以贵州省为例，认为按照主体功能区相关要求，实行差别化的土地政策，采取在生态环境保护基础上的土地资源利用开发方式，促进形成因地制宜的环境友好型土地利用模式。⑤ 郭培坤、王勤耕（2011）构建了主体功能区环境政策体系框架，提出了各类主体功能区环境政策目标、实施手段和保障措施。⑥ 徐沈（2014）认为，各个类型主体功能区域的农业发展应当制定差别化的政策，提高财政政策的均等化转移支付水平；加大政府在农业方面投资的比重；将重大农业项目布局在农产品主产区；完善差别化的土地使用和土地管治办法；对优化开发区农业产业发展质量、农业集约化经营、农业科技研发能力等进行考核，对重点开发区农业基础设施建设等进行考核，对限制开发区主要

---

① 赖华东，蔡靖方. 主体功能区的区域政策工具选择与组合策略——基于主体功能区分类区域政策的思考 [J]. 珠江经济，2007（5）：12-13.

② 陈映. 限制开发区域配套政策探析——以西部国家层面的限制开发区域为例 [J]. 经济体制改革，2015（6）：57-58.

③ 贾康. 推动我国主体功能区协调发展的财税政策 [J]. 经济学动态，2009（7）：55-56.

④ 郭凯. 山东省主体功能区政策体系研究 [D]. 济南：山东师范大学，2013.

⑤ 韩德军. 基于主体功能区规划的欠发达地区土地利用模式优化研究——以贵州省为例 [D]. 北京：中国农业大学，2014.

⑥ 郭培坤，王勤耕. 主体功能区环境政策体系构建初探 [J]. 中国人口·资源与环境，2011（S1）：34-37.

农产品保障、农业资源保障和农业生态环境等进行考核。① 张冬梅（2014）认为，民族地区发展面临自然环境与社会环境的双重约束，仅仅依靠外部帮扶是不现实的，还必须构建起基于民族文化价值观激励、基于资源环境承载力约束、基于整体福利增进、能够增强民族地区自我发展能力的政策体系。②

综上，从目前已有的文献来看，相关研究已取得重大进展，但仍有许多研究空白和研究盲点：大部分配套政策只是针对某一具体省份进行研究，缺少针对更大尺度区域乃至全国的主体功能区配套政策的研究；对区域配套政策的探讨基本上还属于宏观的建议性对策，尚未形成具体细化的实践操作标准③，配套政策需进一步细化、深化。因此，亟须研究构建一个完整的主体功能区政策体系，以推进主体功能区战略顺利实施。④

1.5 主体功能区规划的空间政策目标

空间是经济社会活动的载体，是城市空间、农业空间和生态空间在国土空间上的分布。空间结构变化一定程度上反映了一个国家或地区经济发展方式以及资源配置状况。改革开放以来，随着我国经济的高速发展，城市地区开发强度过高，农村地区耕地减少过多过快，生态地区的肆意开发等造成空间严重失衡，制约着我国经济社会的可持续发展。产生这些问题的一个重要原因是国土空间规划的缺失或薄弱，要么缺乏国土规划和区域规划，要么规划的科学性和可操作性不强、规划约束力不够。因此，亟须顶层设计一个规划或战略，在空间尺度上解决总体布局问题，在时间序列上明确长远部署问题，突出战略指导性和约束性，兼顾科学性和可操作性。主体功能区规划和主体功能区战略应运而生。⑤

主体功能区以一定范围的地域空间为对象确定基本的空间单元，依据空间经济、资源和环境特征分异规律及其综合评价，确定不同类型区域的空间主体功能，据此引导和规范各类功能区的空间开发活动。主体功能区的形成机制，

---

① 徐沈. 中国主体功能区农业发展研究 [D]. 北京：中国农业科学院，2014.

② 张冬梅. 中央支持民族地区政策体系的科学基础探寻 [J]. 西北民族大学学报（哲学社会科学版），2014（6）：118-123.

③ 张胜武，石培基. 主体功能区研究进展与述评 [J]. 开发研究，2012（3）：8.

④ 陈映. 限制开发区域配套政策探析——以西部国家层面的限制开发区域为例 [J]. 经济体制改革，2015（6）：57-58.

⑤ 樊杰. 主体功能区战略与优化国土空间开发格局 [J]. 中国科学院院刊，2013（2）：195-196.

就是通过特定的途径实现城市化地区、农业地区、生态地区合理分区的理想国土空间开发格局的过程。① 党的十七大提出"到 2020 年全国主体功能区布局基本形成，国土空间布局得到优化"的目标；国务院关于印发全国主体功能区规划的通知（国发〔2010〕46 号）进一步明确了推进形成主体功能区的主要目标；国务院关于印发全国国土规划纲要（2016—2030 年）的通知（国发〔2017〕3 号）提出，到 2030 年，主体功能区布局进一步完善，国土空间开发格局不断优化。

1.5.1 空间开发格局清晰

——构建"两横三纵"为主体的城市化战略格局。以沿海、京哈京广、包昆通道为三条纵轴，呼包鄂陆桥通道、沿长江通道为两条横轴，以优化开发、重点开发的城市化地区为主要支撑，以轴上其他城市化地区为重要组成部分的城市化战略格局。到 2020 年，全国"两横三纵"为主体的城市化战略格局基本形成，主要城市化地区集聚全国大部分人口和经济总量（见表 1.4）。②

表 1.4　　　全国"两横三纵"为主体的城市化战略格局

类型	地区名称	区位及范围
优化开发区域	环渤海地区	位于全国"两横三纵"城市化战略格局中沿海通道纵轴和京哈京广通道纵轴的交汇处，包括京津冀、辽中南和山东半岛地区
	长江三角洲地区	位于全国"两横三纵"城市化战略格局中沿海通道纵轴和沿长江通道横轴的交汇处，包括上海市和江苏省、浙江省的部分地区
	珠江三角洲地区	位于全国"两横三纵"城市化战略格局中沿海通道纵轴和京哈京广通道纵轴的南端，包括广东省中部和南部的部分地区
重点开发区域	冀中南地区	位于全国"两横三纵"城市化战略格局中京哈京广通道纵轴的中部，包括河北省中南部以石家庄为中心的部分地区
	太原城市群	位于全国"两横三纵"城市化战略格局中京哈京广通道纵轴的中部，包括山西省中部以太原为中心的部分地区
	呼包鄂榆地区	位于全国"两横三纵"城市化战略格局中包昆通道纵轴的北端，包括内蒙古自治区呼和浩特、包头、鄂尔多斯和陕西省榆林的部分地区

① 俞奉庆. 主体功能区建设研究——以浙江省为例［D］. 上海：复旦大学，2013.
② 国务院法制办公室. 国务院关于印发全国主体功能区规划的通知（国发〔2010〕46 号）［EB/OL］.（2011-06-08）［2018-07-08］. http://www.gov.cn/zhengce/content/2011-06/08/content_1441.htm.

表1.4(续)

类型	地区名称	区位及范围
重点开发区域	哈长地区	位于全国"两横三纵"城市化战略格局中京哈京广通道纵轴的北端，包括黑龙江省的哈大齐工业走廊和牡绥地区以及吉林省的长吉图经济区
	东陇海地区	位于全国"两横三纵"城市化战略格局中陆桥通道横轴的东端，是陆桥通道与沿海通道的交汇处，包括江苏省东北部和山东省东南部的部分地区
	江淮地区	位于全国"两横三纵"城市化战略格局中沿长江通道横轴，包括安徽省合肥及沿江的部分地区
	海峡西岸经济区	位于全国"两横三纵"城市化战略格局中沿海通道纵轴南段，包括福建省、浙江省南部和广东省东部的沿海部分地区
	中原经济区	位于全国"两横三纵"城市化战略格局中陆桥通道横轴和京哈京广通道纵轴的交汇处，包括河南省以郑州为中心的中原城市群部分地区
	长江中游地区	位于全国"两横三纵"城市化战略格局中沿长江通道横轴和京哈京广通道纵轴的交汇处，包括湖北武汉城市圈、湖南环长株潭城市群、江西鄱阳湖生态经济区
	北部湾地区	位于全国"两横三纵"城市化战略格局中沿海通道纵轴的南端，包括广西壮族自治区北部湾经济区以及广东省西南部和海南省西北部等环北部湾的部分地区
	成渝地区	位于全国"两横三纵"城市化战略格局中沿长江通道横轴和包昆通道纵轴的交汇处，包括重庆经济区和成都经济区
	黔中地区	位于全国"两横三纵"城市化战略格局中包昆通道纵轴的南部，包括贵州省中部以贵阳为中心的部分地区
	滇中地区	位于全国"两横三纵"城市化战略格局中包昆通道纵轴的南端，包括云南省中部以昆明为中心的部分地区
	藏中南地区	包括西藏自治区中南部以拉萨为中心的部分地区
	关中—天水地区	位于全国"两横三纵"城市化战略格局中陆桥通道横轴和包昆通道纵轴的交汇处，包括陕西省中部以西安为中心的部分地区和甘肃省天水的部分地区
	兰州—西宁地区	位于全国"两横三纵"城市化战略格局中陆桥通道横轴上，包括甘肃省以兰州为中心的部分地区和青海省以西宁为中心的部分地区
	宁夏沿黄经济区	位于全国"两横三纵"城市化战略格局中包昆通道纵轴的北部，包括宁夏回族自治区以银川为中心的黄河沿岸部分地区
	天山北坡地区	位于全国"两横三纵"城市化战略格局中陆桥通道横轴的西端，包括新疆天山以北、准噶尔盆地南缘的带状区域以及伊犁河谷的部分地区（含新疆生产建设兵团部分师市和团场）

资料来源：根据《全国主体功能区划》整理而得。

——构建"七区二十三带"为主体的农业战略格局。以东北平原、黄淮平原、汾渭平原、河套灌区、甘肃新疆、长江流域、华南等农产品主产区为主体，以其他农业地区为重要组成的农业发展空间战略格局。到 2020 年，全国"七区二十三带"为主体的农业战略格局基本形成，可有效保障国家农产品供给（见表 1.5）。①

表 1.5　　　　全国"七区二十三带"为主体的农业战略格局

七区	二十三带
东北平原主产区	四带：以优质粳稻为主的水稻产业带，以籽粒与青贮兼用型玉米为主的专用玉米产业带，以高油大豆为主的大豆产业带，以肉牛、奶牛、生猪为主的畜产品产业带
黄淮平原主产区	五带：以优质强筋、中强筋和中筋小麦为主的优质专用小麦产业带，优质棉花产业带，以籽粒与青贮兼用和专用玉米为主的专用玉米产业带，以高蛋白大豆为主的大豆产业带，以肉牛、肉羊、奶牛、生猪、家禽为主的畜产品产业带
长江流域主产区	六带：以双季稻为主的优质水稻产业带，以优质弱筋和中筋小麦为主的优质专用小麦产业带，优质棉花产业带，"双低"优质油菜产业带，以生猪、家禽为主的畜产品产业带，以淡水鱼类、河蟹为主的水产品产业带
汾渭平原主产区	两带：以优质强筋、中筋小麦为主的优质专用小麦产业带，以籽粒与青贮兼用型玉米为主的专用玉米产业带
河套灌区主产区	一带：以优质强筋、中筋小麦为主的优质专用小麦产业带
华南主产区	三带：以优质高档籼稻为主的优质水稻产业带，甘蔗产业带，以对虾、罗非鱼、鳗鲡为主的水产品产业带
甘肃新疆主产区	两带：以优质强筋、中筋小麦为主的优质专用小麦产业带，优质棉花产业带

资料来源：根据《全国主体功能区划》整理而得。

——构建"两屏三带"为主体的生态安全战略格局。以青藏高原生态屏障、东北森林带、北方防沙带和南方丘陵山地带以及大江大河重要水系为骨架，以其他国家重点生态功能区为重要支撑，以点状分布的国家禁止开发区域为重要组成的"两屏三带一区多点"为骨架的国家生态安全战略格局。到 2020 年，全国"两屏三带"为主体的生态安全战略格局基本形成，可有效保

---

① 国务院法制办公室. 国务院关于印发全国主体功能区规划的通知（国发〔2010〕46 号）[EB/OL]. (2011-06-08) [2018-07-08]. http://www.gov.cn/zhengce/ content/2011-06/08/content_1441.htm.

障国家生态安全。

通过重塑上述三大空间主体框架，基本形成主体功能定位清晰的国土空间格局，基本实现人口分布与经济布局相协调、人口和经济的分布与生态环境相协调以及城乡和区域间公共服务的均等化，使经济布局更趋集中均衡，城乡区域发展更趋协调，资源利用更趋集约高效，环境污染防治更趋有效，生态系统更趋稳定，国土空间管理更趋精细科学。①

1.5.2 空间结构得到优化

到 2020 年，国土空间开发强度控制在 4.24%，城镇空间控制在 10.21 万平方千米；耕地保有量不低于 1.24 亿公顷，其中基本农田不低于 1.04 亿公顷。到 2030 年，国土空间开发强度控制在 4.62%，城镇空间控制在 11.67 万平方千米；耕地保有量不低于 1.22 亿公顷（见表 1.6）。② 严控各类建设新增面积，适度减少工矿建设空间，增加农村公共设施空间，减少农村居民点占地面积；控制和减少用水总量；扩大绿色生态空间，保证草原、林地、湿地等面积有所增加。

表 1.6　　　　　　　全国陆地国土空间开发的相关指标

指标名称	2015 年	2020 年	2030 年	属性
1. 耕地保有量（亿公顷）	1.24	1.24	1.22	约束性
2. 用水总量（亿立方米）	6180	6700	7000	约束性
3. 森林覆盖率（%）	21.66	>23	>24	预期性
4. 草原综合植被盖度（%）	54	56	60	预期性
5. 湿地面积（亿公顷）	0.53	0.53	0.55	预期性
6. 国土开发强度（%）	4.02	4.24	4.62	约束性
7. 城镇空间（万平方千米）	8.90	10.21	11.67	预期性
8. 公路与铁路网密度（千米/平方千米）	0.49	≥0.5	≥0.6	预期性
9. 全国七大重点流域水质优良比例（%）	67.5	>70	>75	约束性
10. 重要江河湖泊水功能区水质达标率（%）	70.8	>80	>95	约束性
11. 新增治理水土流失面积（万平方千米）	—	32	94	预期性

资料来源：《全国国土规划纲要（2016—2030 年）》（国发〔2017〕3 号），2017-01-03

---

① 杨伟民，袁喜禄，张耕田，等. 实施主体功能区战略，构建高效、协调、可持续的美好家园——主体功能区战略研究总报告 [J]. 管理世界，2012（10）：1-30.
② 中华人民共和国中央人民政府. 国务院关于印发全国国土规划纲要（2016—2030 年）的通知（国发〔2017〕3 号）[EB/OL]. （2017-02-04）[2018-07-08]. http://www.gov.cn/ zhengce/ content/2017-02/04/content_5165309.htm.

1.5.3 空间利用效率提高

从投入产出效率视角开展国土空间利用效率评价，构建与城市空间、农业空间、生态空间相对应的评价指标体系。采用的指标有：城市单位面积生产总值、城市建成区人口密度、粮棉油糖单产水平、生态空间单位面积林木数量、产草量等。

1.5.4 区域发展协调性增强

各地区经济实力显著增强，产业结构调整稳步推进，以城带乡、城乡互动一体化发展格局基本形成，不同区域之间人均纯收入和地区差距不断缩小，人均财政支出大体相当。要素有序自由流动格局逐步形成，基本公共服务均等化取得实效。

1.5.5 可持续发展能力提升

生态退化面积逐步减少，生态系统稳定性增强，生物多样性得到保护，环境明显改善，自然灾害防御水平不断提升，应对气候变化能力明显增强。森林覆盖率 2020 年提高到 23%，2030 年不少于 24%；草原植被覆盖度 2020 年达到 56% 左右，2030 年达到 60% 左右；全国重要江河湖泊水功能区水质达标率 2020 年提高到 80% 左右，2030 年提高到 95% 左右。[①]

为实现主体功能区建设上述空间开发目标，应进一步深化对国土空间高效利用的认识，将空间规划的编制和衔接作为国土空间高效利用的基本手段，完善促进国土空间高效利用的政策体系，促进各项分类政策相互衔接和配合使用，构建起高效、协调、可持续的国土空间开发格局。[②]

1.6 推进形成主体功能区的政策取向和政策重点

主体功能区配套政策，应结合我国国土空间开发目标，充分借鉴国外空间规划及政策经验，并在深入总结我国区域政策经验和教训的基础上形成。

---

① 国务院法制办公室. 国务院关于印发全国主体功能区规划的通知（国发〔2010〕46 号）[EB/OL]. (2011-06-08) [2018-07-08]. http://www.gov.cn/zhengce/ content/2011-06-08/content _1441.htm.

② 肖金成. 高效利用国土空间，实现可持续发展 [J]. 今日国土，2011 (2)：13.

1.6.1 我国现行区域政策存在的突出问题

中华人民共和国成立以来，尤其是改革开放以来，我国区域发展战略和区域政策在促进我国经济社会快速发展的同时，也出现了一些新情况和新问题。如，地区各自为政，国土空间无序开发，资源环境问题日益严重，人地关系矛盾尖锐等，阻碍了地区比较优势的充分发挥，严重制约了区域协调发展。

1.6.1.1 中央政策与地方执行之间存在差异

作为社会利益关系的权威性分配，政策可分为分配性政策和限制性政策两类。在我国，中央制定的政策由各级地方政府负责执行，地方政府在调整中央与地方利益关系上扮演着双重角色，既代表中央政府利益，又代表地方利益。多数情况下，地方政府在执行中央政策的过程中，都能较好地处理中央与地方的利益关系，但也存在着不能兼顾两者利益关系的情况，甚至出现为了地方利益而损害全局利益的情况。之所以出现上述情况，是因为在地方政府的政策目标体系中，经济发展占有十分关键的位置，地方政府对可能会影响经济发展的规制政策等缺乏执行意愿，在分配性和限制性两类政策的执行中，地方政府对可获取较好地方利益的分配性政策执行得较好，而对可能会使地方利益受到抑制的限制性政策的执行却大打折扣。这就造成了中央政策与地方执行上的差异，使中央的政策目标难以实现，甚至可能有违中央政策的初衷。

1.6.1.2 现行区域政策的"叠罗汉"现象突出

区域政策"叠罗汉"现象，是指某个区域在同一段时期内享受多项区域政策。我国地域辽阔，区域间经济发展水平差距十分明显，尤其是20世纪90年代以来，区域差距越来越突出。针对区域发展的这种失衡，中央出台了一系列区域政策，包括西部大开发、东北等老工业基地振兴、中部崛起、东部率先发展等。与此同时，国家也出台了支持民族地区、贫困地区、革命老区、边疆地区等政策。国家各部委也纷纷出台了支持区域发展的分类管理政策。然而，政出多门，导致区域政策目标不明确，中央和地方政府的目标取向存在很大差异；区域政策的重点不够突出，政策未充分体现出区域差异化，难以有效解决各个区域的实际难题；区域政策随意性较强，政策规范性亟须提高；区域间利益关系调整缺乏科学规范的制度框架。因此，应进一步规范区域政策的调控手段，建立健全区域政策体系；增加政策的针对性与可操作性，着力解决区域的关键问题；加快已有政策的落实力度，并注重各种政策的衔接和配合，形成政策合力，提高政策效力。

1.6.1.3 现行分类管理政策存在诸多问题

现行分类政策还不适应构建区域发展新格局的需要，迫切需要进行调整和完善。具体体现在：

一是财政政策还不完善。财政事权和支出责任划分还存在不适应之处：政府职责定位模糊，财政对一些本应由市场调节或社会提供的事务包揽过多。同时，一些本应由政府承担的事务，财政却承担不够；中央和地方财政事权和支出责任划分边界不清，一些本应由中央承担的事务交给了地方，而一些本应由地方承担的事务又推给了中央；在基本公共服务提供方面，中央和地方的部分职责交叉、重叠；省以下财政事权和支出责任划分不尽合理和规范。财政政策的不合理，诱导了地方政府不合理的经济行为。由于缺乏以公共服务均等化为导向的规范的财政转移支付政策，一些生态脆弱地区的基层政府为了维持基本公共服务的运转，乱辟税源，不得不上一些税收来源相对多的工业项目，导致生态环境破坏严重。因此，必须明确中央与地方财政事权和支出责任的划分，从提高中央的财税能力和关注地方政府积极性两个政策目标入手调整央地财政关系。

二是区域投资政策基本上是以投资优惠政策为主，投资优惠政策的边际效用逐步递减，过度的政策优惠扭曲了价格信号，降低了生产成本，降低了资源配置效率，也加大了地区间经济发展的不平衡。目前，我国的投资政策基本是按照领域来安排，尽管也考虑了区域的因素，比如向西部倾斜等，但仍存在一定的问题。单纯按产业或按领域安排投资，忽视了各个区域千差万别的区情，难以有针对性地解决不同区域所面临的急迫问题。如某一领域在全国来看可能是薄弱环节，但并非所有地区都是最薄弱、最需要加强的。然而，只要国家对某一领域加以重视，各地便不管不顾地进行恶性竞争，不但导致资源浪费，也难以从根本上解决区域的燃眉之急。

三是全国统一的产业政策，难以有效引导地区产业发展。我国各地产业发展的条件和基础不同，面临的问题也不同，产业优化的方向自然也就不同。如，在优化开发区域限制的加工贸易、劳动密集、资源密集的产业，在重点开发区域反而是积极支持发展的；在限制开发区域限制发展的许多产业，在重点开发区域也是积极支持发展的。但我国在大多数重点产业（主导产业、高新技术产业）发展上，实行的却是全国统一的政策，没有充分考虑各区域的资源禀赋、经济基础和社会条件的差异，不但没有引导资源在空间上的优化配置，而且由于产业政策缺乏区域针对性或执行力，国家一旦鼓励某个产业发展，各地看到有利可图，便一哄而上，引发了全国性的产业同构现象。

四是按行政区划拨和协议方式出让土地，不符合各地经济发展的实际，造成土地资源浪费和配置扭曲。不同地区集聚产业、吸纳人口的能力不同，对土地的需求大小也就有所不同。然而，长期以来按行政区计划分配土地的方式，既使发展速度快、发展潜力好的地区土地供不应求，也刺激了一些没有需求的地区盲目开发，导致土地资源严重浪费。地方政府过度依赖土地经营和融资，非法用地行为时有出现。① 对农民的征地补偿力度不够，征地程序缺乏透明度，农民参与度低。土地政策没有起到合理引导经济布局和人口布局的作用。

五是环境政策的制定滞后于经济社会发展进程，且与区域经济发展政策存在着脱节。现行环境管理体制不顺、地方保护等使跨区域环保执法阻力加大。区域差异化的环境政策亟须完善，各类环境政策之间的衔接和协调性还相当差。生态环境保护和建设的补偿机制还存在补偿标准、补偿年限以及权责履行等方面的诸多问题。

六是单纯按经济指标进行绩效评价和政绩考核的方式，只关注 GDP、产业结构、利用外资等，诱导和刺激了地方政府的盲目开发活动，难以促进区域科学发展。同时，生态功能地区的生态价值服务功能和农产品主产区的粮食安全保障功能没有充分体现出来。

此外，从政策载体来看，以前的行政方式已不适应新形势发展的要求。主体功能区战略以县级行政区为基本政策单元，同一行政区内可能同时存在国家级和省级功能区，政策执行上必然存在一定差别，需理顺关系；一个功能区涉及多个行政区，需要多个行政区正确处理府际合作关系，协调好利益分配。

1.6.2　推进形成主体功能区政策的基本取向

现行分类管理区域政策存在的上述问题，迫切需要进行修正或完善。在此背景下，《全国主体功能区划》明确了"9+1"的区域分类管理政策，据此引导形成合理的区域空间开发格局。党的十七大报告明确提出："根据构建主体功能区的要求，完善区域政策。"党的十八届五中全会指出："加快建设主体功能区，发挥主体功能区作为国土空间开发保护基础制度的作用。"全国"十三五"规划纲要指出："完善主体功能区政策体系，健全主体功能区配套政策体系。"

构建主体功能区政策体系，必须结合我国区域开发中出现的问题，既满足按主体功能定位完善区域政策的基本取向，又充分体现政策实施过程中的可操作性和可调控性。主体功能区配套政策的制定和实施，必须按照党的十八大的

---

① 全国主体功能区规划编制工作领导小组. 全国主体功能区规划参考资料［Z］. 2008：78-80.

部署，坚持科学发展观，围绕主体功能区战略和任务，分类调控，突出重点，细化主体功能区政策，体现差异化和层级性，并保持动态性和灵活性。① 既发挥市场机制的基础性作用，又发挥政策的导向作用，为主体功能区战略实施营造良好的政策环境。②

1.6.2.1 加大政策力度

按照主体功能区建设要求，坚持改革创新，调整和优化经济结构，引导产业合理布局，加强生态建设和环境保护，统筹城乡区域协调发展，推进基本公共服务均等化，促进各类政策区域化和具体化，充分发挥政策的导向作用。

1.6.2.2 突出政策重点

依据四类主体功能区的功能定位和发展方向明确政策重点，分类指导，区别对待，满足四类功能区差别化的政策需求。

1.6.2.3 优化政策组合

强化不同类型主体功能区政策的针对性，形成差别化的"9+1"的分类管理政策体系。优化政策组合，引导各类功能区正确处理经济发展和生态环境保护的关系，约束地方政府非理性的空间开发冲动，促进区域科学发展。

1.6.2.4 形成政策合力

主体功能区政策制定和实施涉及发改委、财政、国土、环境、农业等多个部门，应明确各部门的分工和职责，加强部门间的协作和配合，形成政策合力。同时，在制定和实施区域分类管理政策过程中，必须完善中央各部委之间、中央与地方之间、地区与地区之间的对话协商机制，③ 确保配套政策的顺利实施。

1.6.2.5 提高政策效率

充分发挥政策的导向作用，逐步完善国土空间科学开发利益导向机制。④ 正确处理政府与市场的关系，既完善政府宏观调控机制，又充分发挥市场机制的基础性作用，形成政府和市场的合力作用。⑤

---

① 张可云，刘琼. 主体功能区规划实施面临的挑战与政策问题探讨 [J]. 现代城市研究，2012 (6)：10-11.

② 国家发展改革委. 贯彻落实主体功能区战略 推进主体功能区建设若干政策的意见（发改规划〔2013〕1154 号）[EB/OL]. http://www.gov.cn/zwgk/2013-06/26/content_2434437.htm.

③ 罗海平，凌丹. 完善我国主体功能区战略政策配套措施 [J]. 特区经济，2013 (10)：19-20.

④ 国家发展改革委. 贯彻落实主体功能区战略 推进主体功能区建设若干政策的意见（发改规划〔2013〕1154 号）[EB/OL]. http://www.gov.cn/zwgk/2013-06/26/content_2434437.htm.

⑤ 孙久文，彭薇. 主体功能区建设研究述评 [J]. 中共中央党校学报，2007 (6)：70.

1.6.3 不同区域层面分类政策的设计和管理职责

国家主体功能区政策、省级主体功能区政策共同构成全国主体功能区政策体系。中央和省级政府分别承担国家和省两级主体功能区分类政策的制定，并履行相应的管理职责。

1.6.3.1 中央政府的政策设计和管理职责

中央政府明确国家层面主体功能区的功能定位、发展方向和开发原则，明确全国分类管理政策的方向和总体要求，科学制定分类政策内容和政策重点，选取激励或约束的政策工具，制定具体的政策实施细则和办法，构建起国家层面主体功能区的分类政策体系，为分类政策有效实施提供保障。同时，指导、监管省级主体功能区的组织和实施。

1.6.3.2 省级政府政策设计和管理职责

省级政府应遵循国家级主体功能区的指导思想、原则以及划分标准，按照国家的要求，结合本省在全国国土空间开发格局中的分工定位，制定和实施本省主体功能区的分类管理政策，政策设计的方向必须和国家的政策保持一致，同时也应根据自身的实际保持政策设计上的灵活性和针对性。[①] 省级政府一方面要积极对接和配合国家级主体功能区分类管理政策的实施；另一方面，为省级主体功能区政策的科学制定和有效实施提供保障。[②]

1.6.4 现有区域政策与主体功能区政策的衔接与配合

我国现有区域政策主要由四大部分组成：一是东、中、西、东北四大板块为依托的区域发展政策；二是支持革命老区、民族地区和边疆地区发展的政策；三是贫困地区扶持政策；四是各类自然保护区政策。我国主体功能区政策包括"9+1"政策体系，这一政策体系和上述区域政策既有联系，又有区别。

从政策制定的目的来看，现行区域政策主要是促进区域协调发展，尤其是四大板块区域之间的协调，侧重于经济发展；而主体功能区政策体系是追求某一特定主体功能区人口、自然环境和经济的空间均衡。

从政策实施对象来看，现行区域政策主要是针对四大区域板块及所辖省级行政区；主体功能区政策主要是具体针对县级行政单元（禁止开发区可以例外）。

---

① 高国力. 我国主体功能区规划的特征、原则和基本思路 [J]. 中国农业资源与区划，2007 (6)：12-13.

② 宋一淼. 主体功能区管理问题研究 [D]. 成都：西南财经大学，2008：130-136.

从政策设计思路来看，现行区域政策虽然是市场行为与政府行为相结合，但划分边界不清，不易于操作；而主体功能区政策强调政府行为与市场行为的明显划分，明确了政府基本上只承担公共服务、公共产品以及支持特定地区发展的公共责任。

从政策操作层面来看，现行区域政策主要是通过实施区域规划、通过中央和地方的博弈来实现的，政策实施中存在不稳定性和不规范性；主体功能区政策通过分级划定主体功能区和分级明确责任权利，提高了政策的稳定性和规范性。

值得说明的是，现有区域政策与主体功能区政策有些可能相互加强，有些可能相互抵消，有些可能相互重叠，有些可以相互补充，有些可以相互替代。要使主体功能区政策有效地发挥作用，必须在对现有区域政策进行系统梳理的基础上，按照目标一致性、体系统一性，主体功能区政策优先、现行区域政策渐进调整等原则，整合既有的政策资源，搞好政策之间的协调和衔接。[1]

1.6.5 各类主体功能区配套政策重点[2]

1.6.5.1 优化开发区域的政策重点

深化改革开放，转型提质发展，强化自主创新，促进产业结构优化，加强资源集约化利用，引导优化开发区域提升国际竞争力。一是设定高出全国平均标准的产业用地门槛；二是制定产业优化和产业转移导向目录；三是制定更加严格的产业效能标准；四是明确产业项目的环境标准；五是税收优惠支持自主创新、循环经济、清洁生产等。

1.6.5.2 重点开发区域的政策重点

在做好相关规划的基础上，加大对基础设施投入、促进产业集群的形成、接纳迁入人口等方面的政策支持力度，促进重点开发区域加快新型工业化城镇化进程。一是有针对性地适当扩大重点开发区域的建设用地供给；二是加大对基础设施建设的投资力度；三是支持重大产业项目及相关配套能力建设；四是增强区域吸纳人口集聚的能力。[3]

---

① 国务院发展研究中心课题组. 主体功能区形成机制和分类管理政策研究 [M]. 北京：中国发展出版社，2008：31-35.

② 国家发展和改革委员会. 贯彻落实主体功能区战略 推进主体功能区建设若干政策的意见（发改规划〔2013〕1154 号）[EB/OL]. http://www.gov.cn/zwgk/2013 - 06/26/content_2434437. htm.

③ 赖华东. 主体功能区分类区域政策研究 [D]. 上海：华东师范大学，2008.

1.6.5.3 限制开发区域的政策重点

重点生态功能区应把增强提供生态产品能力作为首要任务，保护和修复生态环境，因地制宜地发展适宜产业，引导超载人口有序转移，增强生态服务功能；农产品主产区要从保障国家粮食安全和重要农产品供给的大局出发，加大强农惠农富农政策力度，严格保护耕地，稳定粮食生产，发展现代农业，增强农业综合生产能力，保障农产品供给。因此，限制开发区域的政策重点包括：建立导向明确、奖罚分明、动态调整的生态补偿长效机制；促进形成规范的财政转移支付制度；有选择地扶持和培育特色优势产业发展；有序推进生态移民；加强劳动力培训和输出。①

1.6.5.4 禁止开发区域的政策重点

加强对禁止开发区域的监管，依据法律法规和相关规划对区域实行强制性保护，加大对生态环境保护的政策支持力度。一是建立由财政直接支付的生态保护和管护机制；二是引导自然保护区核心区人口有序外迁。重点推进核心区人口的平稳搬迁。在自然保护区核心区和缓冲区内，严禁建设任何生产设施；三是对搬迁人口提供政策支持和专项资金；四是严控区域内基础设施建设；五是在不损害区域主体功能的前提下，允许适度发展旅游产业，实行游客数量控制、人类活动超载预警制度。②

1.7 主体功能区分类管理政策③

实行分类指导、区别对待的差异化的区域政策，是解决区域空间开发问题的最直接手段。制定和实施差异化的分类管理政策，应充分考虑政策的实施条件、能力以及与其他政策协调衔接，并适时进行调整，逐步形成符合主体功能定位的经济社会发展政策导向机制。

1.7.1 财政政策

国家的财政政策应主要针对区域经济活动存在外部性、区域基本公共服务

---

① 侯晓丽，贾若祥. 我国主体功能区的区域政策体系探讨 [J]. 中国经贸导刊，2008 (2)：46-48.

② 国务院发展研究中心课题组. 主体功能区形成机制和分类管理政策研究 [M]. 北京：中国发展出版社，2008：31-35.

③ 国家发展和改革委员会. 全国及各地区主体功能区规划（上）[M]. 北京：人民出版社，2015：47-52.

供给能力差异性、不同区域主体功能定位导致的经济发展权和区域责任转移等问题，并依据不同主体功能区公共服务提供能力以及公共需求增长趋势，按照主体功能区要求和公共服务均等化原则，实现完善国家公共财政体系和转移支付体系、确保四类主体功能区均享有均等化的公共服务、引导资源要素合理向目标功能区流动、完善市场化财税工具和提高政策效率的政策目标。

——促进财政政策目标与各类主体功能区的功能定位和发展要求相一致。综合运用多种财税杠杆，促进优化开发区域加大自主创新力度，调整经济结构，转变发展方式，提升竞争力；财政投入主要用于促进重点开发区加快推进工业化城镇化进程，优化经济结构和壮大发展规模，支持产业集聚集群发展，有序承接产业转移；支持限制开发区域提高生态产品和农产品的生产能力，培育和扶持与资源环境承载力相适应的特色产业发展；支持禁止开发区域进行生态环境补偿和保障公共服务，实施必要的生态移民，加快完善各类自然保护区和国家公园管理体制等。

——完善中央和省以下财政转移支付制度。从以专项转移支付为主、一般转移支付为辅转变为以一般转移支付为主、专项转移支付为辅，加大对生态环境补偿和保障基本公共服务的财政转移支付力度，给予限制开发区域和禁止开发区域相应的利益补偿，并明确转移支付的范围、方式和标准，以保障居民享有的公共服务与其他区域大体相当。

——鼓励探索建立地区间横向援助机制。在流域上游与下游之间、生态受益地区与生态受损地区之间建立生态环境补偿、生态产品购买机制，在农产品主产区和农产品主销区之间建立粮食生产和耕地保护补偿机制，对限制开发的重点生态功能区和农产品主产区因保护生态环境和保障粮食安全所造成的损失予以相应的补偿，以弥补区域经济活动的外部性。

——进一步规范转移支付制度。中央财政要重点向限制开发区域和禁止开发区域转移，增加对限制开发区域、禁止开发区域用于生态环境补偿和公共服务的财政转移支付，为地方政府履行公共服务职责提供财力支持，保障基层地方政府行使公共管理的最低行政运转成本以及一些特殊的运行成本，确保地区所赡养的财政人口的基本工资、福利和支出，保证当地居民享受到均等化的基本公共服务。[①] 加大各级财政对自然保护区的投入力度。

——营造与区域主体功能定位相适应的财税政策环境，鼓励和引导资本、劳动力和技术向优化开发区域流动，鼓励和引导人口从限制开发区域和禁止开

---

① 杜平. 推进形成主体功能区的政策导向 [J]. 经济纵横, 2008 (8): 42-46.

发区域有序迁出。完善市场化财税工具，引导和调节市场主体和居民行为。①

——建立事权和支出责任相适应的制度。明确中央和地方政府的职责分工，中央政府主要考虑不同区域间的利益分配与协调等，地方政府主要考虑本区域各利益主体间的利益分配与协调。提高中央政府财税能力，关注和促进地方政府的积极性，并推进各级政府事权的规范化和法制化进程。

1.7.2 投资政策

国家的投资政策应主要针对资本形成能力不足、市场自发形成的与政府期望的社会资本投向存在差异等问题，逐步形成按功能区安排和按领域安排相结合的投资政策，明确政府投资的方向和重点，按照区域主体功能定位合理引导社会投资，调控投资规模，优化投资结构，提高投资效率，促进资源和要素形成最优配置，实现四类主体功能区内部可持续发展、四类主体功能区之间均衡发展的政策目标。

——按主体功能区安排的投资，主要用于支持国家重点生态功能区和农产品主产区，特别是中西部国家重点生态功能区和农产品主产区的发展。②

——按领域安排的投资，对各类功能区实行不同的政策导向。逐步加大政府投资用于农业、生态环境保护方面的比例。高技术投资应更多地向优化开发区域倾斜；基础设施投资，重点投向国家重点开发区域，尤其是向中西部地区的国家重点开发区域；生态环境保护投资应投向国家重点生态功能区，尤其是投向中西部地区国家重点生态功能区倾斜；农业投资应重点投向农产品主产区，特别是投向中西部地区的农产品主产区。

——有效发挥投资政策的引导作用，引导科技、人才等创新资源流向优化开发区，重点支持产业结构优化升级和利用外资的投资项目；引导资金、劳动力等一般生产要素流向重点开发区，重点支持区域基础设施建设、重大产业投资项目和相关配套项目、产业配套能力；引导农业发展要素流向限制开发的农产品主产区，提高农产品生产能力和保障粮食安全。引导生态资源、生态资本流向限制开发的重点生态功能区和禁止开发区域，支持限制开发区域重点生态工程项目和特色产业发展，重点支持禁止开发区域改善生态环境的投资项目以及公共服务设施建设。

---

① 贾康. 推动我国主体功能区协调发展的财税政策 [J]. 经济学动态, 2009 (7)：54.

② 国务院法制办公室. 国务院关于印发全国主体功能区规划的通知（国发〔2010〕46号）[EB/OL]. (2011-06-08) [2018-07-08]. http://www.gov.cn/zhengce/ content/2011-06/08/content _1441.htm.

——发挥政府投资对民间投资集聚和空间配置的引导和示范作用，鼓励和引导民间资本投向重点开发区域法律法规未明确禁止准入的行业和领域，投向限制开发区域农畜产品加工、旅游等适宜产业以及基础设施、市政公用事业和社会事业等领域。引导商业银行按主体功能定位调整区域信贷投向，鼓励向符合主体功能定位的项目提供贷款，严格限制向不符合主体功能定位的项目提供贷款。

1.7.3 产业政策

国家的产业政策应主要针对全国统一的产业政策引发的产业同构现象，以及产业区际转移、产业结构调整和优化中存在的问题，遵循产业发展规律，明确各个类型功能区的产业发展方向，修订现行产业结构目录，明确各类功能区支持、限制和禁止的产业目录及措施。根据主体功能定位编制产业规划和布局产业项目，必须符合各区域的主体功能定位。严格产业准入，对不符合功能区定位要求的产业项目实行不同的资源利用和生态保护强制性标准。制定相互衔接的产业配套政策，促进功能区内部和功能区之间产业协调发展，促进产业政策区域化。[①]

——促进优化开发区域产业结构优化。以高端、高效和高附加值为目标，鼓励先进制造业、高新技术产业以及现代服务业加快发展，限期转出消耗高、占地多的加工业和劳动密集型产业，提高产业结构层次和产业技术水平，增强产业的国际竞争力。

——推动重点开发区域形成现代产业体系。发挥产业优势，加快发展主导产业，引导产业集群化发展。加快现代农业发展，大力发展新兴产业，全面加快服务业发展，运用高新技术改造和提升传统产业。增强吸引外来资金和技术的能力，有序承接优化开发区域和国际产业转移。积极支持重大产业项目和基础设施项目在区域内布局，加强产业配套能力建设。在资源环境承载能力和市场允许的情况下，优先在中西部国家重点开发区域布局能源和矿产资源的资源加工业项目。

——引导限制开发区域处理好产业发展与生态保护的关系。利用财政转移支付、生态补偿和特色产业发展基金，实施财政贴息、投资补贴以及税收等扶持性政策，有选择地扶持和发展旅游业、环保产业、生态农业等特色产业发

---

① 国务院发展研究中心课题组. 主体功能区形成机制和分类管理政策研究 [M]. 北京：中国发展出版社，2008：140.

展，并引导和鼓励向区内条件较好的区域集聚，扶持建立一批高起点、高标准的特色农产品加工园区。保障农产品生产，加快农业科技成果转化，提高农业生产效益。加快满足人民生活需要的消费性服务业，如商贸流通、医疗卫生、基础教育等基本公共服务业的发展。在生态保护优先的前提下，适度开发矿产资源、水电资源。在严格保护耕地的前提下，适度进行农业开发活动。建立产业发展市场退出机制，关闭妨碍生态系统稳定性的现有产业，或促进其跨区域转移。探索实行"产业飞地"模式，并在体制以及政策等方面给予扶持。

——严格禁止开发区域不符合区域主体功能定位的产业活动。除保留适度的农牧业、旅游业等外，严禁其他生产建设活动。引导自然保护区核心区和缓冲区的人口有序转移。

1.7.4 土地政策

国家的土地政策应主要针对建设用地的行政配置与非市场化方式、"土地生财"的政策弊端、土地开发过快、土地利用效率低下、土地利用结构亟待优化调整、土地收购储备制度运行存在潜在风险、土地用途监管的难度大[①]、耕地保护补偿不力、农地流转面临严峻挑战等问题，按不同主体功能区的用地需求，调整和完善适当扩大或限制建设用地规模的办法，科学确定各类功能区的用地规模，实施差别化的土地管制政策，充分发挥土地政策的约束和引导功能。

——严格控制优化开发区域建设用地增量，立足内部存量土地的开发和集约化利用，逐步降低建设用地增速。优化建设用地结构，强化市场在建设用地配置中的作用，政府逐步退出对土地征用和供应的垄断，严格保护耕地，实现耕地占补平衡，实行严格的土地用途管制。适当扩大建设用地规模，试点实行城乡建设用地增减挂钩，试点实行建设用地增加与吸纳的人口规模挂钩，为集聚人口以及吸纳人口创造条件。

——相对适当扩大重点开发区域建设用地规模，逐步加大市场在土地资源配置中的作用，在保证基本农田不减少的前提下，有针对性地适当扩大建设用地供给，满足国家重大基础设施项目、重大产业项目的用地需求，满足符合当地发展方向的产业项目的用地需求。科学制定地区土地总体规划，为未来城市空间、产业发展、基础设施建设预留出土地，重点突出城乡之间、区域之间便捷的交通联系、公共服务产品半径、基础设施一体化布局以及资源环境保护标准等。

---

① 杜黎明. 主体功能区配套政策体系研究 [J]. 开发研究，2010 (1)：13.

——严格限制开发区域土地用途管制，保护好现有林地、园地、湿地等土地资源。严控农产品主产区建设用地规模，严禁改变基本农田的用途和位置。严禁改变重点生态功能区生态用地用途，除了已经实行的财政转移支付和退耕还林、还草外，在财政上专辟生态环境保护基金，对限制开发区域发展机会损失予以补偿。

——严禁禁止开发区域内自然文化资源保护区的土地开发建设，严禁生态用地改变用途，妥善处理自然保护区内农牧地的产权关系。适当发展旅游业，有规划地提供旅游业相关用地。有序迁出禁止开发区域的人口，将这些土地恢复为自然保护区域用地。建立规范合理的财政维持养护机制，加强对禁止开发区域土地资源的保护和培育。①

1.7.5　农业政策

国家的农业政策应主要针对农业政策涉及面广、各功能区农业生产特点和补贴配套政策差异大、农产品主产区陷入"产粮越多，财政负担越重"的怪圈、耕地补偿机制不健全等深层次问题，按照不同主体功能区在农业发展中承担的不同职责，结合我国农业发展目标和主体功能区空间管控目标，逐步加大国家强农惠农政策力度，并重点向农产品主产区倾斜。

——落实最严格的耕地保护制度。划定永久基本农田，"藏粮于地""藏粮于技"，提升粮食生产能力。探索耕地轮作休耕制度。完善耕地保护补偿激励机制，继续推进新一轮草原生态保护补助奖励政策和新一轮退耕还林还草政策。②

——调整财政支出，加大对农产品主产区的转移支付力度，大幅度增加对农村基础设施和社会事业的投入，大幅度提高耕地占用税收收入、土地出让收益等用于农业发展的比例。

——支持农产品主产区发展具有资源优势的农林产品加工业，将适宜的产业优先布局在农产品主产区内的县城。

——健全农业补贴制度。将农业补贴政策由数量增长为主转到量质并重上来。优化农业的支出结构，明确农业补贴资金指向性。全面推开"三项补贴"

---

① 清华大学中国发展规划研究中心课题组. 中国主体功能区政策研究 [M]. 北京：经济科学出版社，2009：282-286.

② 农业部新闻办公室. 财政部、农业部大力推进建立以绿色生态为导向的农业补贴制度改革 [EB/OL]. http://www.moa.gov.cn/zwllm/zwdt/201612/t20161222_5414975.htm.

改革，创新补贴方式，提高补贴资金使用效率。①

——推进农业供给侧结构性改革，注重发挥市场形成价格作用，保持农产品价格的合理区间，充实主要农产品储备。

1.7.6 人口政策

国家的人口政策应主要针对经济布局与人口布局失衡、人口城镇化和土地城镇化失衡等问题，引导人口在四类功能区之间有序流动、合理分布，建立人口与劳动力、资金与要素同向流动的机制，使各类功能区资源环境承载能力和实际承载的人口、产业和经济活动相适应，保障各类功能区人口之间的发展权和发展机会大致平等。

——优化开发区域和重点开发区域实施积极的人口迁入政策，降低人口迁入门槛，鼓励在区域内有稳定职业和居所的外来人口落户。放宽科技、教育、管理等方面紧缺人才和高技能人员的落户条件，取消迁入人口配偶、未婚子女投靠的条件限制。加强对外来人口的综合管理，解决流动人口及其子女在就业、就医、定居、教育等方面的困难，加强农村转移劳动力的适岗和创业培训，为外来人口提供与当地居民同样的公共服务。增强重点开发区域集聚人口的能力，实现基本公共服务向常住人口全覆盖，加大基本公共服务设施建设力度，推进基本公共服务设施布局、供给规模与人口规模相适应。实行财政转移支付增加规模与吸纳转移人口增量挂钩。

——限制开发、禁止开发区域实施积极的人口退出政策，按照"尊重意愿、自主选择，因地制宜、分步推进"原则稳步推进生态移民，引导区域人口平稳有序转移，一方面向区内的县城和中心镇集聚，另一方面鼓励人口到重点开发和优化开发区域就业和定居。同时，改革户籍管理制度，确保流动人口和本地人口享有均等的基本公共服务和同等的权益。支持转移人口同等享受转入地的教育、社会保障、住房保障、医疗卫生、就业等政策；引导人口自然增长率较高区域居民降低生育水平。引导自然保护区人口逐步有序外迁，确保核心区无人居住，缓冲区、实验区人口大幅减少。

1.7.7 民族政策

国家的民族政策应主要针对促进民族地区发展的差别化扶持政策支持力度

---

① 农业部新闻办公室. 财政部、农业部大力推进建立以绿色生态为导向的农业补贴制度改革 [EB/OL]. http://www.moa.gov.cn/zwllm/zwdt/201612/t20161222_5414975.htm.

不够、政策稳定性和连续性不强、民族地区专项转移支付分配办法不甚合理、民族地区公共服务能力不足等问题，依据不同主体功能区内少数民族聚居区经济社会发展水平和生态环境建设的实际，着力解决少数民族的突出民生问题和特殊困难。规范民族地区专项转移支付，重点支持少数民族集中聚居区基础设施、民生工程、生态环境保护等项目建设。在安排转移支付资金时，充分考虑贫民族地区财力状况，不断加大转移支付力度，减轻地方政府的财政压力。除按照国务院规定应当由中央和地方共同承担的事项外，中央在安排专项转移支付时，不得要求民族地区地方政府承担配套资金。率先在民族地区实行资源有偿使用制度和生态补偿制度，充分发挥政策性金融作用，加大银行、证券、保险对民族地区口岸建设、基础设施互联互通等的支持力度。对民族地区的重点发展领域予以土地、金融、环保、扶贫、税收等政策倾斜。集中力量扶贫攻坚，完善精准扶贫工作机制。积极发展农林、特色旅游、民族文化、民族医药、民族手工艺品等特色优势产业，增强自我发展的"造血"能力。

——扶持优化开发、重点开发区域内少数民族聚居区发展，财政、税收、金融支持民族贸易、少数民族特需商品以及传统手工业品的产业。

——着力解决限制开发和禁止开发区域内少数民族聚居区突出的民生问题和特殊困难。优先安排基础设施和公共服务项目，积极促进少数民族地区的农村劳动力转移就业，促进少数民族群众增收。[1]

1.7.8　环境政策

国家的环境政策应主要针对现有环境政策对经济发展过程中的环境管理偏重于末端治理、污染防治和环境改善未达到预期效果、环境补偿政策不完善等问题，按照不同地区的资源环境承载力、环境容量、生态功能等[2]，有重点、分区域地制定差别化的环境政策。环境政策要遵循综合协调、环保优先以及区域差异等原则，因地制宜地调整环境与经济社会的关系，充分发挥环境政策的激励引导功能和约束功能，促进经济社会发展与环境、生态的支撑能力相匹配。研究采用排污权交易、环境税和生态补偿等复合政策体系[3]，积极推行绿色信贷、绿色保险和绿色证券等。城市化地区应严格完善环境准入标准、环境

① 国家发展和改革委员会. 全国及各地区主体功能区规划（上）[M]. 北京：人民出版社，2015：47-52.

② 朱金鹤，崔登峰. 以限制开发为主的边疆地区主体功能区建设研究——以新疆生产建设兵团为例 [M]. 北京：中国农业出版社，2013：287.

③ 殷平. 主体功能区协调发展理论与实践研究 [M]. 北京：电子工业出版社，2013：108.

淘汰和排污许可证制度。充分发挥市场机制的作用，发挥经济激励性和自愿型环境政策的激励引导作用，以降低执行成本，提高政策工具的效率。更多地采用市场型工具，如环境税、政府采购、许可证交易、环保认证等，对清洁环保技术和其他环境友好型的技术创新予以补贴。①

——优化开发区域要加强城市环境质量监管，优化生产空间、生活空间和生态空间，促进形成有利于污染控制和降低居民健康风险的城市空间格局。实行更严格的污染物排放和环保标准，大幅度减少污染排放，严格限制排污许可证的增发，确定较高的排污权有偿取得价格。推行环保负面清单制度。

——重点开发区域要切实加强城市环境管理，推动建立城市环境功能分区管理制度。划定和严守城市生态保护红线，强化生态保护红线刚性约束，形成生态保护红线管控和激励措施。促进污染物排放总量持续下降，制定产业发展的环保负面清单。实施大气环境、水环境、土壤污染、噪声等综合整治工程。强化环境风险管理，建立区域环境风险评估和风险防控制度。

——限制开发区域应实行更加严格的环境总量控制，尽可能减少开发中的环境污染。财政转移支付主要投向生态保护和建设以及资源合理开发利用等方面。农产品主产区和重点生态功能区要分别按照保护和恢复地力的要求、生态功能恢复和保育原则设置产业准入环境标准②，严禁农业开发活动破坏自然生态系统，严格限制区内"两高一资"产业项目③，治理或关闭污染物排放企业，实现限制开发区域污染物排放总量持续下降，促进环境质量状况不断改善。

——禁止开发区域应按照强制保护原则设置产业准入环境标准，依法迁出或关闭对生态环境造成隐患的现有企业，确保污染物"零排放"。持续推进生态保护补偿及考核评价制度，制定和实施科学的生态补偿制度和专项财政转移支付制度，使保护者得到补偿和激励。完善领导干部自然资源资产离任审计制度，严格执行生态环境损害责任终身追究制。④

———————————

① 国务院发展研究中心课题组. 主体功能区形成机制和分类管理政策研究 [M]. 北京：中国发展出版社，2008：280.

② 国务院法制办公室. 国务院关于印发全国主体功能区规划的通知（国发〔2010〕46 号）[EB/OL]. (2011-06-08)〔2018-07-08〕. http://www.gov.cn/zhengce/ content/2011-06/08/content _1441.htm.

③ 中华人民共和国环境保护部，国家发展和改革委员会. 关于贯彻实施国家主体功能区环境政策的若干意见（环发〔2015〕92 号）[EB/OL]. http://www.mep.gov.cn/gkml/hbb/bwj/201508/t20150803_307652.htm.

④ 中华人民共和国环境保护部，国家发展和改革委员会. 关于贯彻实施国家主体功能区环境政策的若干意见（环发〔2015〕92 号）[EB/OL]. http://www.mep.gov.cn/gkml/hbb/bwj/201508/t20150803_307652.htm.

1.7.9　应对气候变化政策

国家应对气候变化政策应主要针对长期形成的高碳发展模式导致我国面临资源约束趋紧、环境污染严重、生态系统退化、极端天气气候事件发生频率增加、自然灾害频发、农业生产灾害损失加大、重大工程建设和运营安全受到影响等严峻形势，本着因地制宜原则，分别在对城市化地区、农产品主产区、重点生态功能区建立分类指导的应对气候变化的区域政策，在控制温室气体排放，增加森林及生态系统碳汇，增强农林、水资源等重点领域以及重点区域适应气候变化的能力，逐步建立碳排放市场等方面，确定差别化的减缓和适应气候变化的主要目标、重点任务和实现途径。

——优化开发区域要提高产业准入门槛，确立严格的温室气体排放控制标准。倡导低碳生产生活方式和消费方式。优化能源结构，加快发展风电、太阳能等低碳能源。提升应对风暴潮、咸潮、强台风、城市内涝等灾害的能力，增强应对极端天气的防灾减灾能力。

——重点开发区域要坚持走新型工业化道路，降低碳排放强度，大力推动低碳能源的开发和应用，在中西部地区进行低碳发展试点。分别针对中部城市化地区和西部城市化地区的地质灾害，加强防御能力建设。

——农产品主产区要调整和优化农业结构，增强优质农产品的生产能力。提高农业防洪、抗旱、排涝等能力，推广抗逆优良农作物品种。积极保护水资源，大力发展节水设施和节水农业。加强新技术的研究和开发，减缓农业农村温室气体排放，发展沼气、生物质发电等可再生能源，增强农业生产适应气候变化的能力。

——重点生态功能区要继续推进退耕还林还草等重点生态建设工程，增强陆地生态系统的固碳能力。在条件适宜区域利用清洁和低碳能源。制定重点生态功能区产业准入负面清单，限制新上高碳工业项目。以保护和修复生态环境为首要任务，因地制宜发展特色低碳产业；加大气候变化脆弱地区生态工程建设与扶贫力度；依据法律法规逐步实现禁止开发区域"零排放"。[①]

1.7.10　绩效考核评价体系[②]

绩效考核评价体系应主要针对长期以来将 GDP 总量以及 GDP 增速作为地

---

① 国家发展改革委. 国家应对气候变化规划（2014—2020 年）（发改气候〔2014〕2347 号）[EB/OL]. http://www.ndrc.gov.cn/zcfb/zcfbtz/201411/W020141104584717807138.

② 百度百科. 全国主体功能区规划 [EB/OL]. http://baike.baidu.com/item/.

区考核的主要指标、评价指标过于单一、衡量标准太过统一、配套政策千篇一律等问题，按照四类主体功能区的特点和要求，确定差异化的评价指标和政绩考核标准，建立各有侧重的绩效评价体系，科学引导各级政府履行职责。[①]

——对优化开发区域，优化评价经济结构和经济发展方式，强化对资源消耗、环境保护、自主创新外来人口公共服务覆盖面等的评价，弱化对经济增速、招商引资、出口等的评价。

——对重点开发区域，优先评价工业化城镇化发展水平，强化对经济增长、资源消耗、产业结构、吸纳人口、环境保护等的综合评价，弱化对投资增速、吸引外资、出口等指标的评价。

——对限制开发的重点生态功能区，优先评价生态保护情况，强化对提供生态产品能力的评价，主要考核森林覆盖率、森林蓄积量、草原植被覆盖度、生物多样性、大气和水体质量、水土流失和荒漠化治理率、草畜平衡等指标；对农产品主产区，优先评价农业发展情况，强化对提供农产品能力的评价，主要考核农业综合生产能力、农民收入等指标。对限制开发的重点生态功能区和农产品主产区均不考核 GDP、工业、城镇化、财政收入、投资等指标。

——对禁止开发区域，优先评价对自然资源和文化资源的原真性、完整性等保护的情况，主要考核依法管理、污染物"零排放"等指标。[②]

---

① 杜鹰. 我国区域协调发展的基本思路与重点任务 [J]. 求是，2012 (4)：38.
② 杨伟民. 关于推进形成主体功能区的若干问题 [N]. 中国经济导报，2007-07-03 (B02).

2　限制开发区域配套政策分析

按照国家主体功能区划，限制开发区域资源环境承载能力较弱、大规模集聚经济和人口条件不够好，但关系全国农产品供给安全和生态安全，需要在国土空间开发中限制进行大规模高强度工业化城镇化开发的农产品主产区和重点生态功能区。① 限制开发区域属国家保护性开发区域，对其开发内容、开发方式、开发强度乃至开发时序等都必须严加限制。但"限制开发"不是限制发展，为了维护区域自然生态功能和保障国家粮食安全，同时也增强区域自我发展能力，鼓励和支持适度的开发。特殊的区情和所承担的主体功能，决定了限制开发区域尤其需要区域配套政策支撑。②

2.1　限制开发区域的划分

2.1.1　划分标准

按照开发内容，并以提供主体产品的类型为基准，将限制开发区域划分为重点生态功能区和农产品主产区。特定的国土空间必定有一种主体功能，但也并不排斥其他从属功能或辅助功能。重点生态功能区的主体功能是提供生态产品，但也提供农产品、服务产品及工业品等；农产品主产区的主体功能是提供农产品，但也提供生态产品、服务产品及工业品等。

---

① 国务院法制办公室. 国务院关于印发全国主体功能区规划的通知（国发〔2010〕46 号）[EB/OL]. （2011-06-08）[2018-07-08]. http://www.gov.cn/zhengce/ content/2011-06/08/content _1441.htm.

② 陈映. 限制开发区域配套政策探析——以西部国家层面的限制开发区域为例 [J]. 经济体制改革，2015（6）：58-59.

2.1.2 指标选择

如前所述，主体功能区是基于资源环境承载能力、现有开发密度、未来发展潜力而进行划分的。限制开发区域划分的指标体系设计，既要考虑与其他类型主体功能区的一般属性，如现有开发的程度如何以及发展的潜力大小等，但又要体现其特殊性，即重点评价其资源环境承载力，重点分析其对周边区域乃至更大区域范围的生态安全和农产品保障的重大影响。虽然限制开发区域不能只依靠环境承载能力这一单一指标来决定，但考虑到生态破坏所造成的负外部性影响以及修复所耗费的巨大成本，也必须在对限制开发区的确定标准上有所侧重。具体而言，将资源环境承载力（A1）、现有开发强度（A2）、开发潜力（A3）作为一级指标，在一级指标下再分设二级、三级指标，共同构成限制开发区域的指标体系（见表2.1）。

表2.1   限制开发区域的指标体系

一级指标	二级指标	三级指标
资源环境承载力（A1）	资源丰度（B1） 环境容量（B2） 生态环境敏感性（B3） 生态重要性（B4）	人均水资源占有量、人均耕地面积、适宜建设用地面积、气候资源生产潜力、人均林地面积、湿地面积比重、矿产资源的潜在价值； 工业废水处理率、工业废渣处理率、环保经费占GDP比重、空气质量优良级天数、年灾害损失度； 重要生态功能区面积占区域国土面积比重（含基本农田面积占区域国土面积比重）
现有开发强度（A2）	社会经济基础（B5） 土地、水资源利用强度（B6）	人口密度、人均GDP、产业密度（单位面积的GDP）、非农产业比重、城镇化率、等级公路路网密度、建设用地面积比重、水资源利用率
开发潜力（A3）	区位条件（B7） 发展基础（B8） 发展前景（B9）	通达性、货运周转量、客运周转量； 近年GDP年均增长率、固定资产投资占GDP比重； 受中等以上教育人员比例、少数民族人口比重

资料来源：刘传明，李伯华，曾菊新. 湖北省主体功能区划方法探讨［J］. 地理与地理信息科学，2007（3）：64-68；赵永江，董建国，张莉. 主体功能区规划指标体系研究——以河南省为例［J］. 地域研究与开发，2007（6）：39-42. 作者根据上述文献整理而得。

2.1.3 划分的评价方法

在明确上述指标体系的基础上，可运用指标权重赋值方法和综合指数计算方法来对各区域进行主体功能区定位评价。指标权重赋值方法通常分为主观赋值法和客观赋值法两类。主观赋值法，是依据既有经验采取定性分析的方法，相关专家从主观性出发对各指标的相对重要性进行独立判断和打分，经过反复征求意见和咨询，集中专家小组的意见，然后得出符合未来发展趋势的预测结论，如德尔菲法（Delphi Method）；客观赋值法，则是根据一些相对客观的数据进行定量分析。这两种方法各有不足，如前者受人的主观影响较大，而后者的各种数据也并不能准确地体现出事物的复杂性。因此，在确定各指标的权重时，可将这两种方法结合起来使用。

鉴于限制开发区域的指标体系中不同指标的考察侧重点各不相同，且各评价指标相对较为独立，所以可以采用线性加权和函数的方法，计算出合成的总指数，该合成总指数便可较为全面地反映各区域当前的承载力、开发强度和开发潜力。此后，可以参照上述各类总指数的计算结果，以生态环境为 X 轴，以开发现状为 Y 轴，以发展潜力为 Z 轴，建立三维坐标系，从而可对各评价区域空间开发的相对情况进行综合分类。其中，那些生态环境状况相对欠佳、开发潜力不大、现有开发强度不高的地区，便可以考虑列为近期内限制开发区的备选范围；而那些生态环境状况不太好、开发潜力不大、现有开发强度较高的地区，则可以考虑在中长期内列入限制开发区的备选范围。而最终限制开发区的划定，则可在上述分类结果的基础上，并参考相关专家和政府管理部门意见，由决策者确定。

2.1.4 划分类型

按照全国主体功能区规划，限制开发区域分为重点生态功能区和农产品主产区，有国家层面的，有省级层面的，也有省以下层面的。本书主要对国家层面限制开发的重点生态功能区和农产品主产区进行分析。

2.1.4.1 重点生态功能区

重点生态功能区生态系统脆弱或生态功能重要，资源环境承载能力不强，不具备大规模高强度工业化城镇化开发条件，其首要任务是增强生态产品生产能力。国家层面的重点生态功能区的生态系统尤其重要，承担着涵养水源、保持水土、防风固沙和维护生物多样性等生态功能，关系全国或较大区域范围的生态安全，需要在国土空间开发中限制进行大规模高强度工业化城镇化开发，以保持并提高区域生态产品供给能力。① 推进国家重点生态功能区建设、构建起国家生态安全屏障的重要支撑，是优化国土开发空间格局的重要任务。

国家重点生态功能区分为水源涵养型、水土保持型、防风固沙型和生物多样性维护型四种类型，共25个（见表2.2）。《全国主体功能区划》所确定的全国重点生态功能区第一批名单涉及全国436个县，总面积约386万平方千米，占全国陆地国土面积的41%。2016年9月国务院印发的《关于同意新增部分县（市、区、旗）纳入国家重点生态功能区的批复》将国家重点生态功能区的县（市、区）数量增加至676个，国有林区87个林业局新增纳入国家重点生态功能区，占国土面积的比例提高到53%，这一举措有利于进一步提高生态产品供给能力和国家生态安全保障水平。

表2.2 国家25个重点生态功能区

区域	类型	总体评价	调控方向
大小兴安岭森林生态功能区	水源涵养	森林覆盖率高，寒温带森林生态系统完整，松嫩平原和呼伦贝尔草原的生态屏障。但原始森林受到较严重的破坏，出现不同程度的生态退化现象	加强天然林保护和植被恢复，调减木材产量，禁止对生态公益林进行商业性采伐，植树造林，涵养水源，保护野生动物
长白山森林生态功能区	水源涵养	山地垂直生态系统完整，大量珍稀物种资源的生物基因库。但森林破坏导致环境改变，威胁多种动植物物种的生存	禁止非保护性采伐，植树造林，涵养水源，防止水土流失，保护生物多样性
阿尔泰山地森林草原生态功能区	水源涵养	森林茂密，水源丰沛，是额尔齐斯河和乌伦古河的发源地，对北疆地区绿洲开发、生态环境保护和经济发展具有较高的生态价值。但草原超载过牧，草场植被破坏严重	禁止非保护性采伐，合理更新林地。保护天然草原，以草定畜。实施牧民定居
三江源草原草甸湿地生态功能区	水源涵养	长江、黄河、澜沧江的发源地，有"中华水塔"之称，是全球大江大河、冰川、雪山及高原生物多样性最集中的地区之一，其径流、冰川、冻土、湖泊等构成的整个生态系统对全球气候变化有巨大的调节作用。但草原退化、湖泊萎缩，生态系统功能受到严重破坏	封育草原，减少载畜量，涵养水源，恢复湿地，有序实施生态移民
若尔盖草原湿地生态功能区	水源涵养	位于黄河与长江水系的分水地带，湿地泥炭层深厚，对黄河流域的水源涵养、水文调节和生物多样性维护有重要作用。但草原退化、沼泽萎缩、水位下降	停止开垦，禁止过度放牧，恢复草原植被，保持湿地面积，保护珍稀动物

---

① 国务院法制办公室.国务院关于印发全国主体功能区规划的通知（国发〔2010〕46号）[EB/OL].（2011-06-08）[2018-07-08]. http://www.gov.cn/zhengce/content/2011-06/08/content_1441.htm.

表 2.2(续)

区域	类型	总体评价	调控方向
甘南黄河重要水源补给生态功能区	水源涵养	青藏高原东端面积最大的高原沼泽泥炭湿地,在维系黄河流域水资源和生态安全方面有重要作用。但草原退化、沙化严重,森林和湿地面积锐减,水土流失加剧	加强天然林、湿地和高原野生动植物保护,退牧还草,退耕还林还草,实施牧民定居和生态移民
祁连山冰川与水源涵养生态功能区	水源涵养	冰川储量大,对维系甘肃河西走廊和内蒙古西部绿洲的水源具有重要作用。但草原退化严重,冰川萎缩	封育天然植被,降低载畜量,涵养水源,防止水土流失,重点加强石羊河流域下游民的生态保护和综合治理
南岭山地森林及生物多样性生态功能区	水源涵养	长江流域与珠江流域的分水岭,是湘江、赣江、北江、西江等的重要源头区,亚热带植被丰富。但原始森林植被破坏严重,滑坡、山洪等自然灾害频发	禁止非保护性采伐,保护和恢复植被,涵养水源,保护珍稀动物
黄土高原丘陵沟壑水土保持生态功能区	水土保持	黄土堆积深厚、范围广大,土地沙漠化敏感程度高,对黄河中下游生态安全具有重要作用。但坡面土壤侵蚀和沟道侵蚀严重,侵蚀产沙易淤积河道、水库	控制开发强度,以小流域为单元综合治理水土流失
大别山水土保持生态功能区	水土保持	淮河中游、长江下游的重要水源补给区,土壤侵蚀敏感程度高。目前山地生态系统退化,水土流失加剧,加大了中下游洪涝灾害发生率	恢复植被,实施生态移民,降低人口密度
桂黔滇喀斯特石漠化防治生态功能区	水土保持	以岩溶环境为主的特殊生态系统,生态脆弱性极高,土壤流失后生态恢复难度极大。目前生态系统严重退化问题,植被覆盖率低,石漠化面积加大	封山育林育草,种草养畜,实施生态移民,改变耕作方式
三峡库区水土保持生态功能区	水土保持	我国最大的水利枢纽工程库区,具有重要的洪水调蓄功能,水环境质量对长江中下游生产生活有重大影响。目前森林植被破坏严重,水土保持功能减弱,土壤侵蚀量和入库泥沙量增大	植树造林,恢复植被,涵养水源,保护生物多样性。巩固移民成果
塔里木河荒漠化防治生态功能区	防风固沙	南疆主要用水源,对流域绿洲开发和人民生活至关重要,沙漠化和盐渍化敏感程度高。目前水资源过度利用,生态系统退化明显,胡杨木等天然植被退化严重,绿色走廊受到威胁	合理利用地表水和地下水,调整农牧业结构,禁止过度开垦,恢复天然植被,防止沙化面积扩大
阿尔金草原荒漠化防治生态功能区	防风固沙	保存着完整的高原自然生态系统,拥有许多极为珍贵的特有物种。但气候极为干旱,地表植被稀少,土地沙漠化敏感程度极高。目前鼠害肆虐,土地荒漠化加速,珍稀动植物生存受到威胁	控制放牧和旅游区域范围,防范盗猎,减少人类活动干扰
呼伦贝尔草原草甸生态功能区	防风固沙	以草原草甸为主,产草量高,但土壤质地粗疏,多大风天气,草原生态系统脆弱。目前草原过度开发造成草场沙化严重,鼠虫害频发	禁止过度开垦、不适当樵采和超载过牧,退牧还草,防治草场退化沙化

表2.2(续)

区域	类型	总体评价	调控方向
科尔沁草原生态功能区	防风固沙	地处温带半湿润与半干旱过渡带，气候干燥，多大风天气，土地沙漠化敏感程度极高。目前草场退化、盐渍化和土壤瘠薄化严重，为我国北方沙尘暴的主要沙源地，对东北和华北地区生态安全构成威胁	根据沙化程度采取针对性强的治理措施
浑善达克沙漠化防治生态功能区	防风固沙	以固定、半固定沙丘为主，干旱频发，多大风天气，是北京乃至华北地区沙尘的主要来源地。目前土地沙化严重，干旱缺水，对华北地区生态安全构成威胁	采取植物和工程措施，加强综合治理
阴山北麓草原生态功能区	防风固沙	气候干旱，多大风天气，水资源贫乏，生态环境极为脆弱，风蚀沙化土地比重高。目前草原退化严重，为沙尘暴的主要沙源地，对华北地区生态安全构成威胁	封育草原，恢复植被，退牧还草，降低人口密度
川滇森林及生物多样性生态功能区	生物多样性维护	原始森林和野生珍稀动植物资源丰富，是大熊猫、羚牛、金丝猴等重要物种的栖息地，在生物多样性维护方面具有十分重要的意义。目前山地生态环境问题突出，草原超载过牧，生物多样性受到威胁	保护森林、草原植被，在已明确的保护区域保护生物多样性和多种珍稀动植物基因库
秦巴生物多样性生态功能区	生物多样性维护	包括秦岭、大巴山、神农架等亚热带北部和亚热带—暖温带过渡的地带，生物多样性丰富，是许多珍稀动植物的分布区。目前水土流失、地质灾害问题严重，生物多样性受到威胁	减少林木采伐，恢复山地植被，保护野生物种
藏东南高原边缘森林生态功能区	生物多样性维护	山高谷深，天然植被仍处于原始状态，对生态系统保育和森林资源保护具有重要意义	保护自然生态系统
藏西北羌塘高原荒漠生态功能区	生物多样性维护	保存着较为完整的高原荒漠生态系统，拥有藏羚羊、黑颈鹤等珍稀特有物种。目前土地沙化面积扩大，病虫害和溶洞滑塌等灾害增多，生物多样性受到威胁	加强草原草甸保护，严格平衡草畜，保护野生动物
三江平原湿地生态功能区	生物多样性维护	原始湿地面积大，湿地生态系统类型多样，在蓄洪防洪、抗旱、调节局部地区气候、维护生物多样性、控制土壤侵蚀等方面具有重要作用。目前湿地面积减小和破碎化，面源污染严重，生物多样性受到威胁	扩大保护范围，控制农业开发和城市建设强度，改善湿地环境
武陵山区生物多样性及水土保持生态功能区	生物多样性维护	属于典型亚热带植物分布区，拥有多种珍稀濒危物种。是清江和澧水的发源地，对减少长江泥沙具有重要作用。目前土壤侵蚀较严重，地质灾害较多，生物多样性受到威胁	扩大天然林保护范围，巩固退耕还林成果，恢复森林植被和生物多样性
海南岛中部山区热带雨林生态功能区	生物多样性维护	热带雨林、热带季雨林的原生地，是我国小区域范围内生物物种十分丰富的地区之一，也是我国最大的热带植物园和最丰富的物种基因库之一。目前由于过度开发，雨林面积大幅减少，生物多样性受到威胁	加强热带雨林保护，遏制山地生态环境恶化

资料来源：根据《全国主体功能区划》整理而得。

2.1.4.2　农产品主产区

限制开发的农产品主产区，耕地多，农业发展条件好，主体功能是提供农产品，尽管也适宜进行工业化城镇化开发，但从保障国家农产品安全以及中华民族永续发展的需要出发，必须把增强农业综合生产能力作为发展的首要任务，从而应该限制进行大规模高强度工业化城镇化开发。

国家层面的农产品主产区以"七区二十三带"为主体，是保障国家农产品的基本供给、农产品地区的基本公共服务体系、现代化农业建设的示范区以及农产品安全生产基地，是保障农产品供给安全的重要区域，农村居民安居乐业的美好家园，社会主义新农村建设的示范区。[①] 对其进行限制开发是为了切实保护好区域耕地数量和质量，不断保持并提高农产品的综合生产能力。同时，也鼓励适度发展非农产业，实现农村发展、农业增效和农民增收。

2.2　限制开发区域的主体功能定位和发展方向

目前，我国限制开发区域面临一系列突出问题和矛盾，生态质量急剧下降，局部利益与全局利益存在冲突，人口迁移和再安置难度较大，配套政策的制定和实施十分困难，等等。亟须按照全国主体功能区规划的相关要求，明确空间开发原则和空间开发限制的主要方面，确定空间开发时序和空间开发强度，结合区域经济、资源、生态环境的组合特征以及空间功能的自然生态价值和经济开发价值，考虑资源环境的保护、城镇规模的调整、产业的合理布局、基础设施建设和公共服务资源配置以及自然灾害的预防和处理，等等。在此基础上，制定和完善相关配套政策，促进区域可持续发展。

2.2.1　限制开发区域面临的主要问题和矛盾

2.2.1.1　生态环境保护问题

限制开发区域生态环境保护面临巨大压力。农产品主产区农田侵占严重，土壤肥力下降，农业面源污染严重；重点生态功能区生态环境脆弱，生态功能退化。具体表现为：

——水源涵养型。人类活动干扰太大；生态功能衰退，生态系统的抵抗力

---

① 百度文库.全国主体功能区规划［EB/OL］. https://wenku.baidu.com/view/0ef6a2db7f1922791688e8f5.html？from＝search.

稳定性和恢复力稳定性减弱；原始森林过度开发，草原过度放牧导致植被遭到破坏，土壤侵蚀和土地沙化现象加重；湿地面积不断减少甚至消亡；冰川、雪线等发生变化。

——水土保持型。陡坡开垦、矿产开发、城镇建设、草原过牧中不合理的土地利用方式，使地表植被退化，土壤侵蚀严重，石漠化面积扩大。

——防风固沙型。草原开垦、过度放牧、水资源过度开发等导致植被退化和土地沙化，沙尘暴威胁十分严重。

——生物多样型。经济活动频繁，人口增长过快，生物资源过度开发，外来物种入侵等，生物多样性受到严重威胁，许多野生动植物物种濒临灭绝。[①]

2.2.1.2 局部利益与全局利益的矛盾

划分限制开发区域的主要目的是为了制止污染环境和破坏生态的开发活动，这不仅对于限制开发区域的自身长远发展是有利的，而且在相当程度上也是为了确保实现更大区域范围内的生态安全和农产品安全。换言之，环境和生态问题具有的外部性特点，在很大程度上决定了某些地区必然要减弱或放慢"开发"步伐。然而，"受限开发"的成本却主要是由限制开发区域自身来承担，而受益者，包括限制开发区域周边的区域以及优化开发区域和重点开发区域，却享受着限制开发区域牺牲机会成本所带来的收益，这种成本与收益不对称的局面，必然导致限制开发区域的短期和局部利益与周边区域和全国的长期和全局利益之间的矛盾和冲突。在地方政绩考核仍以经济增长为重点的框架体系下，这种矛盾必然变得更加尖锐。

2.2.1.3 现有区域的转型问题

受过去长期过度开发和资源承载力有限两方面因素的共同影响，一些被确定为限制开区的区域在国家主体功能区背景下将被迫调整开发方式，控制开发强度，放缓开发节奏，其经济社会发展将经历一次重大的结构转型。然而，这些区域却面临人口多、迁移难度大、原有产业体系与限制开发区域功能定位相悖、环境污染较重等现实问题，转型发展的难度非常大。尤其是产业结构方面，这些区域的产业大多属于传统资源型产业，受传统技术和落后工艺的限制，对环境的负面影响较大。然而，这些产业又是地区财政收入的主要来源，也为当地提供了更多的就业岗位。既然被划定为限制开发区域，那么这些产业势必面临转型升级换代，乃至"关停并转"或迁移等问题。这样一来，不但

---

① 环境保护部中国科学院. 全国生态功能区划 [EB/OL]. http://www.mep.gov.cn/gkml/hbb/bgg/ 200910/W020080801436237505174.

当地的经济发展会受到很大的影响，而且必然波及当地的就业和居民收入。此外，产业转型和就业转型都难以在短时期内得以实现，那么这些地方转型的难度就会更大。因此，如何使这些区域有序地由现有开发模式向限制开发的主体功能和发展方向过渡，无疑是限制开发区域建设所面临的一大难题。

2.2.1.4 人口迁移与再安置问题

限制开发区域资源环境承载力弱，不适合大规模的集聚经济和人口，却担负着粮食安全和国土生态安全的重任。然而，主体功能区划分之前，各地已经集聚了大量的人口和经济活动，使得区域的劳动力边际生产率下降，劳动效率降低。一方面，为了减少土地资源、水资源等的负荷量，减轻对环境的压力，或为了防范地震、泥石流、洪水等自然灾害的巨大影响，现有一些居住人口过于密集的地区必须有步骤、有规划地将经济活动和人口有序迁出，形成与当地资源和与环境承载能力相匹配的开发格局[①]；另一方面，一些"老少边穷"或少数民族聚居地区，因受地理区位和自然条件的限制，长期处于贫困状态，不适于集聚过多的人口，也必须实行人口的逐步迁出。然而，人口的迁移和安置，却涉及诸多复杂的问题。不仅需要有财政经费的直接支持，还需要承接地提供居住场所和就业机会，况且迁移人口往往也需要心理疏导和感情支持等。此外，迁移的补偿问题，如补偿的标准、补偿的时限等，也需要根据不同地区的具体情况进行确定。所以，限制开发区域的建设不仅仅是一项技术性较强的工作，也是一项带有较强社会性的系统工程。

2.2.1.5 区域差异使配套政策制定和实施的难度加大

限制开发区域类型多样，就重点生态功能区而言，既有因特殊的自然地理情况而形成的限制开发区域，如森林生态功能区、草原（湿地）生态功能区、自然灾害频发地区、荒漠生态功能区和荒漠化防治区等；也有因出于全局考虑等原因而主观确定的限制开发区域，如重要水源补给生态功能区、重要蓄洪地区等；还有因开发的强度过大而导致了环境承载力急剧下降乃至生态平衡遭受破坏的一些限制开发区域，如一些工业基地、矿区等。此外，还包含有部分发展潜力较小的"老少边穷"等特殊地区；就农产品主产区而言，既有国家层面的"七区二十三带"的农产品主产区，也有区域性的粮食主产区。且国家层面的限制开发区域大多与"老少边穷"地区在国土空间上重叠，这些区域的情况千差万别，错综复杂。因此，除需要解决它们所面临的共同性问题外，还需要解决各区域的特殊性问题，这无疑加大了限制开发区域配套政策制定和

实施的难度。

2.2.1.6 运转机制的建设问题

限制开发区域是以自身的限制开发来保障更大区域的生态功能和粮食安全,其发展机会和自主发展能力必然受到很大的限制,这种限制在很大程度上是为了照顾全局利益所做出的牺牲,因此对划定为限制开发区域的地区必须给予适当的补偿,这早已成为决策层和学术界的共识。但问题在于,补偿必须机制化和规范化,方能使限制开发区域维持正常运转。如果补偿完全听从于政策的制定和不断变化调整,这样政策实施起来是相当困难的。事实上,我国目前还没有针对限制开发区域的整体规划,支持生态保护和农业发展的政策基本上是以工程或项目的方式实施的,一般都有明确的时限,政策连续性不强,变数和风险难以避免。如,从补偿经费的来源来看,如果仅由财政每年根据当年的收支情况酌情支付,而不是有稳定的、甚至是法定的经费来源的话,那么,即使下一年度的拨付款项与上年保持一致,但由于物价等的变化,实际的补偿力度也会发生相应的变化,这对确保限制开发区域有稳定的资金支持以推进自身建设来讲,是极为不利的。

上述问题和矛盾产生的原因是多方面的。从客观上讲,是因为这类区域自然生态脆弱,承载人口有限;而从主观上讲,则是受传统的发展观念、发展思路和发展政策等影响的必然结果。尤其是长期以来,国家一般是从各行业、各领域出发来制定政策、分配资金,缺乏从区域整体情况出发、从长远发展需要出发来统筹规划和制定综合性政策。

2.2.2 限制开发区域的主体功能定位和发展方向

限制开发区域的主要任务是保障国家农产品供给安全和生态系统稳定,但也允许适度开发能源和矿产资源,允许发展那些不影响主体功能定位、当地资源环境可承载的产业,允许进行必要的城镇建设。其总体发展方向为:坚持保护优先、适度开发、点状发展,因地制宜发展资源环境可承载的特色产业,加强生态修复和环境保护,引导超载人口逐步有序转移,逐步成为全国或区域性的重要生态功能区和粮食主产区。[①]

---

① 百度文库. 全国主体功能区规 [EB/OL]. https://wenku.baidu.com/view/0ef6a2db7f 1922791688e8f5.html? from =search.

2.2.2.1 重点生态功能区

（1）主体功能定位

以保护和修复生态环境、增强提供生态产品能力为首要任务，成为保障国家生态安全的重要区域以及人与自然和谐相处的示范区。[①]

（2）开发目标

一是确保生态产品数量增加，质量提高。限制开发区域有限开发的性质，决定了在该区域内仍然存在一定的生产活动。但为了让生态保护与生产开发这两个目标结合起来，应当大力依托当地的资源优势，促进生态产品的生产，并不断提高其质量。

二是努力形成点状开发、保有大片开敞生态空间的空间结构。所谓点状开发，就是要改变过去产业"遍地开花"的局面，重点选择区内环境承载力相对较强的区域进行集中开发，从而减少对环境的损害，减少人类活动占有空间，确保有大片开敞的生态空间。

三是发展与资源环境相适宜的特色产业，调整和优化产业结构，促进产业技术创新和转型升级，推动形成资源节约型和环境友好型产业结构。

四是促进人口总量下降、质量提高。通过执行严格的计划生育政策、加强户籍管理以及生态移民等多种方式使人口总量有所下降，以减轻当地环境的负担。此外，通过各种教育培训努力提高人口素质，培养适应区域特色产业发展的专用人才。

五是显著提高公共服务水平，增进区域居民福利水平。限制开发的重点生态地区，不是限制其发展，也不是为保护环境而保护环境，其终极目的在于提高公共服务水平，改善居民的生活水平。因此，要在适度开发的同时，大力发展公共服务事业，以满足居民的日常生活需要，提高其福利水平。

（3）发展方向

基于不同的自然生态特点和功能定位，不同类型的重点生态功能区其发展方向各不相同，但不同的重点生态功能区除承担主体功能外，也承担其他的辅助功能。

——水源涵养型。森林、草原、湿地等分布较多的地区，应朝着以水源涵养为主体功能的方向进行限制性开发，继续加强生态恢复与生态建设，治理土

---

① 百度文库. 全国主体功能区规划 [EB/OL]. https://wenku.baidu.com/view/0ef6a2db7 f1922791688e8f5.html? from=search.

壤侵蚀，巩固退耕还林、退牧还草成果，恢复和重建生态系统，提高水源涵养功能。结合重大生态工程实施，治理水土流失，推进围栏封育，管护和恢复森林、草地、湿地，严格保护自然植被。严禁毁林开荒、开垦草地、过度放牧、无序采矿等。严格监管矿产和水资源开发，控制水污染，禁止导致水体污染的产业发展。整治小流域和农村面源污染。鼓励发展生态产业和环保产业，减轻区内产业开发对生态系统带来的压力。

——水土保持型。西部部分限制开发区域是我国大江大河的发源地，地形落差大，又有大面积的高原和岩溶山地，自然因素加上长时期人为的破坏，使很多地区水土流失严重，对当地的土地资源和生态环境造成了严重危害。对于这些地区，应实施水土保持生态修复工程，节水灌溉，发展节水农业。全面实施保护天然林、退耕还林、退牧还草工程。开展小流域治理和石漠化综合治理，封山禁牧，大量营造水土保持林。保护和恢复自然生态系统，增强区域水土保持能力。对自然资源开发和建设进行生态监管，开展矿山环境整治修复。发展农村新能源，保护自然植被。

——防风固沙型。继续推进防沙治沙生态治理工程，进一步增强生态系统防沙固沙能力。加强对草原生物资源利用的监管，保护和恢复草原植被。转变畜牧业生产方式，通过退耕还林、退牧还草、以草定畜、舍饲圈养、禁牧休牧等措施，减轻对草地生态系统的损害。调整产业结构，禁止在干旱、半干旱地区发展高耗水产业。封禁管理主要沙尘源区和沙尘暴频发区。保障生态用水，保护沙区湿地。

——生物多样维护型。实施重大工程对生物多样性影响的生态影响评价，禁止在自然保护区内进行开发建设，禁止改变自然保护区的土地用途。对于生态环境破坏严重的地区，积极采用生物措施和工程措施进行修复。保护和恢复自然生态系统和重要物种栖息地，建立重要物种繁育基地和救护中心。禁止滥捕野生动物和滥采野生植物，维持物种和种群平衡。防御外来物种入侵对生态系统造成的危害。[①]

与此同时，对重点生态功能区内提供农产品的地区，应加强农田基本建设，调整农村经济结构，优化农业产业结构，提高无公害农产品、绿色食品、有机食品的生产能力。

---

① 国务院法制办公室. 国务院关于印发全国主体功能区规划的通知 [EB/OL]. http://www.chinalaw.gov.cn/ article/fgkd/xfg/fgxwj/201110/20111000351143.shtml.

2.2.2.2 农产品主产区

（1）主体功能定位

国家层面的农产品主产区的功能定位是：保障农产品供给安全的重要区域，农村居民安居乐业的美好家园，社会主义新农村建设的示范区。农产品主产区的首要任务是增强农业综合生产能力，应保护好耕地，稳定粮食生产；在不影响区域主体功能发挥的前提下，适度发展非农产业，并进行集中布局和点状开发。[①] 同时，把国家强农惠农政策落到实处，保障农村经济发展、农民收入增加、农村面貌改善。

（2）发展方向

着力保护耕地，稳定粮食生产，增强农业综合生产能力，提供充足的农产品，确保国家粮食安全和食物安全。[②]

一是着力保护耕地。坚持最严格的耕地保护制度，控制开发强度，优化开发方式，稳定耕地总面积，严格控制各类建设占用耕地。

二是稳定粮食生产。科学确定不同区域农业发展的重点，优化农产品品种结构，合理农业生产布局，培育特色优势农业产业带，引导优势农产品发展，保障农产品供给。通过国家政策的大力扶持，集中力量加快建设一批粮食生产核心区，开发一批资源优势突出、有增产潜力的粮食生产后备区。

三是夯实现代农业发展基础。大力实施农业现代化推进工程，构建现代农业产业体系。以促进农民持续增收为核心，加大农业科技研发力度，促进成果推广转化。

四是提高农业综合生产能力。加大农村土地综合整治力度，加强高标准农田建设，完善基础设施，加强农业机械化建设，提升农机装备服务水平。

五是推进农业产业绿色转型。调整优化粮食生产结构，加快培育种业企业，推进"育繁推"一体化，落实"良种、良肥、良田、良品、良心"配套，集成推广关键技术，促进提质增效。

六是发展农业生产新业态。创新土地流转和规模经营方式，引导土地经营权规范有序流转，支持新型农业经营主体开展农业生产全程托管。推进农业品牌建设，实施"绿色农产品"品牌培育计划，积极探索"互联网+农业"的有

---

① 国家发展和改革委员会. 全国及各地区主体功能区规划 [M]. 北京：人民出版社，2015.

② 国务院法制办公室. 国务院关于印发全国主体功能区规划的通知（国发〔2010〕46号）[EB/OL]. (2011-06-08) [2018-07-08]. http://www.gov.cn/zhengce/ content/2011-06/08/content _1441.htm.

效实现形式，促进农业生产经营向"以销定产"转变。

七是构建农业经营新体系。加快发展专业大户、家庭农场、农民专业合作社、农业企业等新型农业经营主体。大力发展农村金融和保险服务业，全面开展农业社会化服务。

2.2.3 限制开发区域的建设内容

2.2.3.1 限制开发区域的开发管制原则

要真正做到对限制开发区域实行有"限制性"的开发，必须加强政府管制，以防止和杜绝在市场力量引导下可能出现的"无序"或"过度"开发。为此，必须首先明确限制开发区域的开发管制原则，以此来指导限制开发区域的建设。具体而言，应当包括以下一些基本要求：

一是严控开发强度。为促进生态系统良性循环和农产品有效供给腾出更多的空间；使限制开发区域的总体开发强度明显低于优化开发区域和重点开发区域。

二是适度发展产业。在区域资源环境可承载的前提下，支持利用特色资源适度发展农林牧产品生产和加工、资源开发以及旅游等产业；尤其要严格限制高能耗、高污染的重化工业的发展。

三是体现集约集中。在推进城镇化建设的进程中，要以集约开发、集中建设为原则，提升规模经济和范围经济效益。

四是统筹规划协调。在基础设施建设和公共服务体系建设方面，要着眼全局，统筹规划，以更好地适应当地经济发展和居民生活的需要。

五是保持生态完整。生态系统完整性主要是指生态系统在外来干扰下维持自然状态、稳定性和自组织能力的程度，亦即具有自我修复的能力。要努力控制当地的生产总量水平，保持当地植被连续成长性、生态系统的组成完整性、生物总量的丰沛度以及生物多样性等。

2.2.3.2 限制开发区域的建设内容

按照限制开发区域的总体定位和发展思路，限制开发区域的建设应着力从以下几个方面加以推进：

（1）环境保护

对限制开发区域而言，加强生态环境的保护建设是首要的任务。它既关系到农产品的供给安全，也关系到较大区域乃至全国的生态安全。为此，要在限制开发区域的空间开发总体规划的指导下，针对不同区域的生态环境特点，因地制宜地开展生态修复工作，彻底扭转生态环境恶化的势头。如，在农产品主产区，为了保证农业生产的发展，同时又要努力改善环境，可以采取将梯田建设与径流控制相结合的方法来维护生态环境，从而实现退耕还林和生态环境的改善；而在城镇或工业相对较为集中的区域，应当加强对水、大气质量等的监控，提高城市污水垃圾处理能力，坚决淘汰不符合环保标准的高耗能、高污染工艺和设备，以促进生态环境的好转。

（2）产业发展

限制开发区域本身就允许一定范围和规模内的产业体系存在。但是应正确处理好生态环境保护与产业发展的关系。总的来看，尤其要着重处理好产业发展规模和布局这两大问题。从产业发展规模来看，不宜盲目以增加"GDP"为导向来做大产业规模，而是应合理控制产业密度，即当地的 GDP 值/当地土地面积应当明显低于优化开发区域和重点开发区域的水平。在局部区域，如果当地的资源承载力较高，那么也可以积极利用当地的比较优势，积极培育发展特色产业，但是其发展也不应超出当地资源或环境可能承受的限度。只有这样，才可能减少人类生产活动对生态环境可能造成的伤害和破坏；在产业布局方面，要注意引导和鼓励产业向区域内发展条件较好的地方集聚，对于那些造成生态环境损害较大的产业和企业，则要限制其发展，督促其加快技术改造或向外地迁移。由于循环经济可以为优化人类经济系统各个组成部分之间的关系提供整体性的思路，消解环境与发展之间的尖锐冲突，因此在限制开发区域内可以积极按照循环经济原理来发展新产业，调整既有产业，建设产业生态园区、工业生态园区，新上项目从一开始就应按循环经济模式设计。

（3）城镇建设

城镇化是现代化进程中的一个必然组成部分。要加强对于限制开发区域城镇发展和扩张的引导，合理控制其发展规模，使其既能够充分发挥其在区域中的中心作用和辐射作用，但又不至于膨胀得过大过快，以至于对当地的环境形成过大的压力。应根据生态保护的需要，来引导城镇的布局和合并拆迁，并相应扩大生态用地面积。为了更好地发挥城镇的功能，要采取多种措施，使城市实现可持续的扩张。如，加强城市土地规划和控制，节约利用土地；鼓励节能减排的公共运输系统发展；促进形成城市网络。在城镇建设不断进行的同时，也要协调其与乡村的关系，深入实施乡村振兴战略，按照产业兴旺、生态宜居、乡风文明、治理有效、生活富裕的总体要求，建立健全城乡融合发展的体制机制和政策体系，加快推进农业农村现代化。

（4）基础设施和公共服务建设

限制开发区域的稳定运行离不开高效合理的基础设施支撑。考虑到限制开发区域的经济发展水平将受到人为政策限制的不利影响，因此，应当按照均等化的要求来加强当地的社会事业和基础设施建设。这里所谓的均等化要求，就是指要通过财政转移支付等手段，使不同经济发展水平的地区在享受基本公共产品和服务上达到均等。如，通过改善交通条件，可以促进限制开发区域加强与外界的交流沟通，进而促进观光、旅游等产业的发展，促进能源基础设施的建设等，也有助于促进空气质量的好转。在农业地区，加强水利灌溉等设施建设也有助于控制和减少水土流失，更好地利用好水资源；在城镇地区，加强市政基础设施建设，以促进水、土资源等更为充分有效的使用。为了确保限制开发区域的各项政策得到更好的推行，除基础设施建设外，还需要加强公共服务建设。不少限制开发区域都是经济发展较为落后、地方财力较为紧张的地区。在过去相当长一段时期，为了增加地方财政收入，维持当地社会生活的正常运转，限制开发区域生态环境的人为破坏十分严重。因此，中央或省级财政应当继续增加对限制开发区域的支持力度，为限制开发区域的教育、公共卫生、社会保障等方面的公共服务提供更多的资金支持，使限制开发区域的居民能够更好地安居乐业。

（5）法制建设

为了确保限制开发区域建设的顺利推进，应从可持续发展和区域协调发展的需要出发，制定和完善相关的法律法规，如《国土空间开发法》《区域规划法》等，从而严格规范限制开发区域的土地利用、产业发展等，并以此统领经济社会发展规划、城乡规划和土地利用规划，以减少下位法或规划之间的冲突和矛盾。

2.3 限制开发区域配套政策的国际经验和国内实践①

无论是生态补偿、扶持农业地区发展，还是支持落后地区开发，国外在长期的实践中都积累了可供借鉴的经验，其政策安排对我国限制开发区域配套政

---

① 陈映. 限制开发区域配套政策的国际经验及启示 [J]. 经济体制改革，2016（4）：168-171.

策的制定和实施提供了有益的启示和参考。

2.3.1　限制开发区域配套政策的国际经验

2.3.1.1　国外针对类似于限制开发区域的政策安排

（1）针对生态地区的政策安排

生态补偿实践在国外由来已久，许多国家和地区对此进行了有益的探索和实践，并根据不同补偿类型所提供的生态服务的种类及其作用的范围，实施差异化的补偿政策。

一是重要生态地区补偿。对重要生态地区，一般采用政府主导和市场主导两种补偿模式。生态基金、资源税、环境税、受益者缴纳补偿费等是政府主导补偿模式的主要资金来源；市场模式的生态补偿包括"生态保护指标交易"、生态标记、绿色偿付以及生态环境税收等。如，美国湿地保护中所采取的"占补平衡"；美国、欧盟实行的"绿色产品"认证①；法国对水源区的补偿②；哥斯达黎加对上游的森林保护付费；一些国家对水污染、大气污染、噪声污染、土壤污染、垃圾污染等进行征税，所得税款专项用于绿色环保。③

二是流域生态补偿。最为典型的例子是在哥斯达黎加、厄瓜多尔、墨西哥、哥伦比亚等拉美国家开展的为"生态服务付费"。此外，美国纽约市为有效改善水质和水文条件，与其上游卡茨基尔流域之间实行了清洁供水交易④，政府承担了大部分补偿资金，其余补偿基金由卡茨基尔流域下游受益地区的政府、企业以及居民共同承担，对上游地区进行补偿⑤；欧盟跨越国境的易北河的生态补偿通过签订补偿协议，共同保护生态功能区的生态环境⑥；德国为了实现地区公共服务均等化，其生态补偿采取由富裕地区向贫困地区的横向转移支付。

三是水源保护区的生态补偿。运营模式包括企业与民众间模式、政府与民众间模式、两级政府间模式。⑦

---

①　吴越. 国外生态补偿的理论与实践——发达国家实施重点生态功能区生态补偿的经验 [J]. 环境保护，2014（12）：22-23.

②　任世丹，杜群. 国外生态补偿制度的实践 [J]. 环境经济，2009（11）：37.

③　金三林. 国外生态补偿政策四点启示 [J]. 中国城乡桥，2007（8）：33.

④　赵玉山，朱桂香. 国外流域生态补偿的实践模式及对中国的借鉴意义 [J]. 世界农业，2008（4）：15-16.

⑤　中国生态补偿机制与政策研究课题组. 中国生态补偿机制与政策研究 [M]. 北京：科学出版社，2007.

⑥　赵玉山，朱桂香. 国外流域生态补偿的实践模式及对中国的借鉴意义 [J]. 世界农业，2008（4）：15-16.

⑦　吕晋. 国外水源保护区的生态补偿机制研究 [J]. 中国环保产业，2009（1）：65-66.

四是农林生态补偿。如，美国为了保护耕地所推行的土壤银行计划（保护性退耕计划）和"保护性储备计划"；欧盟为保护农业耕地资源成立的欧共体农业环境项目①；瑞士利用农业区的生态补偿区域计划②等农业生态补偿；哥斯达黎加对造林、可持续的林业开采、天然林保护等提供林业生态补偿等；爱尔兰的造林补贴和林业奖励政策③；加拿大实行"永久性草原覆盖恢复计划"④；等等。

五是全球碳贸易。如欧盟实施了碳排放交易方案；⑤ 美国依法约束环境容量和自然资源使用的限量标准和义务配额；澳大利亚的碳排放许可证交易；哥斯达黎加在国际碳汇市场出售林业碳汇；等等。⑥

（2）支持农业地区的政策安排

国外对农业的保护程度相当高，其支持农业地区发展的政策值得我们借鉴。其支持农业发展的方式主要包括：

一是补贴政策。如，美国实行了生产灵活性合同补贴、土地休耕保护计划以及农业灾害补贴三种直补方式。欧盟采取了按种植面积补贴、休耕补贴、环境保护补贴三种直补方式。日本按照不同类型土地的农业生产成本差异，对农民实行直补。⑦ 此外，还对与农业相关的工程建设和公用设施建设等进行直补。

二是支持政策。采取的主要方式有农业税收优惠、长期低息贷款等。如，德国联邦政府提供全额投资支持农村地区经济发展，联邦和州两级政府共同投资支持土地整治、水利建设、山区开发等；美国以财政拨款和信贷等支持农业现代化过程中的投资。

---

① 马爱慧，蔡银莺，张安录. 耕地生态补偿实践与研究进展 [J]. 生态学报，2011（4）：23.

② Herzog F, Dreier S, Hofer G, Marfurt C, Schupbach B, SpiessM, Walter T. Effect of Ecological Compensation Areas on Floristic and Breeding Bird Diversity in Swiss Agricultural Landscapes [J]. Agriculture Ecosystems and Environment, 2005, 108 (3)：189-204.

③ Castro R, Tattenbach F, Gamez L, et al. The Costa Rican Experience with Market Instruments to Mitigate Climate Change and Conserve Biodiversity [J]. Environmental Monitoring and Assessment, 2000, 61 (1)：75-92.

④ S Mccarthy, A Matthews, B Riordan. Economic Determinants of Private Afforestation in the Republic of Ireland [J]. Land Use Policy, 2003, 20 (1)：51-59.

⑤ Zetterberg L, Nilsson K, Ahman M, et al. Analysis of National Allocation Plans for the EU ETS [R]. IVL Swedish Environmental Research Institute, 2004.

⑥ 吴越. 国外生态补偿的理论与实践——发达国家实施重点生态功能区生态补偿的经验 [J]. 环境保护，2014（12）：22-23.

⑦ 胡霞. 关于日本山区半山区农业直接补贴政策的考察与分析 [J]. 中国农村经济，2007（6）：74-77.

三是援助政策。如，美国政府援助农村的资金主要投向基础设施、农业科技与应用、农业信息咨询等。①

四是公共政策。欧美国家普遍实行了支持农村发展的专项公共政策，以促进农村地区加快发展，缩小城乡差距。如，北欧覆盖城乡的社会福利制度，真正做到了让城乡居民享受到同等的社会福利。②

五是立法支农。从不同角度、在不同程度上促进农业增效和农民增收。如美国把增加农民收入作为农业政策的主要目标；法国、加拿大等国也立法支持发展农业、保护农民利益以及促进乡村建设。③

（3）促进落后地区发展的政策安排④

在支持落后地区加快发展方面，国外普遍采用扶持经济、支持基础设施建设、对重大项目进行直接投资以及政策倾斜等方式。

一是实行税收优惠和财政补贴制度。如，美国联邦政府为符合投资条件的项目提供大约40%的投资补助，还扩大州和县（市）政府的税收豁免权；德国联邦政府将各州收取的消费税附加的生态税收中的25%划归各州，剩余部分则作为补助金由工业发达的州拨付给经济落后的州；为了支持南方加快发展，意大利对去南方新办工厂免征10年所得税；法国实行了多种形式的财政补贴和奖励制度，鼓励小城市工业和第三产业向落后地区转移。⑤

二是实行财政转移支付。如，德国将全国增值税的30%～35%中的1/4专门分配给财力较弱的州；日本对"过疏"地区投资建厂企业实行部分税收减免。⑥

三是采取金融手段。一些国家一般采取设立专项基金、提供政府担保贷款、政策性银行定向贷款等方式。如，欧盟的欧投行专为落后地区提供政策性贷款；意大利政府为南部新建、改建、扩建的企业提供优惠贷款；日本设立北海道开发金融公库等。

四是支持基础设施建设。如美国实施的田纳西河流域开发工程；意大利拨

① 李果仁. 欧美日等发达国家和地区财政支农的成功经验及启示 [J]. 决策咨询通讯，2009（5）：87-89.

② 耿铭阳. 发达国家财政支农政策的经验及对中国的启示 [D]. 长春：吉林大学，2010：19.

③ 任世丹，杜群. 国外生态补偿制度的实践 [J]. 环境经济，2009（11）：34-35.

④ 国务院发展研究中心"主体功能区分类管理区域政策研究"课题组. 国外实施主体功能区规划和管理经验与启示 [EB/OL] http://wenku.baidu.com，2007-10-22.

⑤ 刘云中. 国外实施主体功能区的启示 [N]. 中华工商时报，2011-07-13（007）.

⑥ 徐诗举. 日本国土综合开发财政政策对中国主体功能区建设的启示 [J]. 亚太经济，2011（4）：62-63.

专款用于南方的基础设施建设；日本支持落后地区的生产性以及生活和文化性基础设施建设。

五是对重大开发项目进行直接投资。如，美国联邦政府投资支持田纳西河流域工程和阿巴拉契亚区域开发工程；哥伦比亚投资支持水电建设、流域开发工程；巴西专设"亚马逊投资基金"支持亚马逊地区开发工程；等等。

2.3.1.2　国际经验对我国限制开发区域配套政策制定的启示①

国外生态补偿有相关财政、税收、金融等政策支持，有严格的法律作为保障，我国应充分借鉴这些有益经验，进一步完善限制开发区域的生态补偿制度，明确各利益主体的权责，规范、协调各利益补偿主体之间的关系；科学确定利益补偿标准，综合考虑机会成本和经济成本；选择多种补偿方式，实现生态环境服务的市场化；多渠道筹集补偿基金，确保生态补偿落到实处；完善政策法规，为生态补偿提供法律保障。②

国外支持农业地区发展的相关政策，为我国农产品主产区的建设提供了有益的启示。应加大对农业的投入力度，增强农产品主产区农产品的生产能力；完善农业补贴政策，全面推开农业"三项补贴"改革，推进新一轮退耕还林补偿以及草原生态保护奖补制度；③明确财政支农的投向和方式，重点投向农村经济发展和农业保护补偿性支出；依法保障对农业的长效投入，支持农业可持续发展。

国外支持落后地区发展政策的做法和经验，对推进我国限制开发区域建设的启示是：加强基础设施建设，改善区域发展条件；加大均衡性转移支付力度，并实行税收优惠或减免政策等，支持限制开发区域加快发展；加大对限制开发区域的投资力度，增强农产品和生态产品生产能力；根据区域资源优势因地制宜发展特色产业，增强区域"造血"功能；探索多种形式的补偿方式，对区域发展机会损失和利益牺牲予以补偿。

2.3.2　限制开发区域配套政策的国内实践

自主体功能区划实施以来，国内许多区域根据主体功能区划要求，并结合

---

①　陈映. 限制开发区域配套政策的国际经验及启示 [J]. 经济体制改革，2016 (4)：172-172.

②　Clough P. Encouraging Private Biodiversity: Incentives for Biodiversity Conservationon Private Land [R]. The New Zealand Institute of Economic Research, 2000.

③　李果仁. 国外公共财政支出向"三农"倾斜的经验及启示 [J]. 改革与开放，2006 (6)：16.

自身实际进行了大胆实践和有益尝试，积累了诸多经验，为我国限制开发区域配套政策的制定和实施提供了有益的启示。

2.3.2.1 典型省份重点生态功能区配套政策

（1）云南

云南省不断完善财政转移支付制度，特别是加大对一般性财政转移的支付力度，增强重点生态功能区的基层政府提供公共服务和服务民生的财力保障。积极探索建立生态环境补偿费征收机制和有利于生态保护的奖惩机制；政府支持省级重点生态功能区建设的投资主要用于增强生态产品生产能力，且省级支持的建设项目，适当提高省财政补助或贴息比例，降低市（州）财政投资比例，逐步减少县级政府投资比例；因地制宜发展矿产、水能、旅游、农林产品加工以及其他生态型产业；认真落实耕地和林地保护政策，严格林地用途管制，严格限制林地转为农用地和建设用地。增加用于维护生态功能的用地面积，减少建设用地面积，从严限制生态用地改变用途。加大支持天然林和水源涵养林保护等工程的力度，加强以自然修复为主的生态建设；加大对天然林保护、退耕还林、防护林、石漠化治理、湿地保护、陡坡地生态治理、草原保护、退牧还草等重点生态工程建设的资金投入，建立健全森林、水土保持生态效益补偿制度；实行稳妥的人口退出政策，通过工程建设移民、生态移民等有序外迁人口，促成区内人口分布与资源分布的匹配；加大扶贫开发整村推进力度，缓解区域性贫困；加强重点生态功能区应对气候变化的能力，构建功能强大的防护林体系，增加陆地生态系统的固碳能力，充分利用清洁、低碳能源。[①]

（2）青海

青海省不断健全与三江源试验区发展要求相适应的生态补偿制度，发挥制度工程和技术补偿的综合效应。积极扶持生态替代产业，落实生态管护岗位。运用市场机制，以增量收益、基金认购、对口支援、社会捐赠等形式拓展生态补偿资金来源渠道；实行差别化产业政策，支持生态移民后续产业发展；在做好对农牧民补偿的前提下，鼓励以租赁方式将沙地、裸地、石砾地等发展成盐田及矿山等项目；形成有利于自然资源和农牧业物种资源保护的生态环境补偿激励机制；建立资源产权制度，试点探索建立全民所有自然资源管理体制和国土空间用途管制体制；完善资源有偿使用制度；探索建立国家公园制度。[②]

---

① 国家发展和改革委员会. 全国及各地区主体功能区规划（下）[M]. 北京：人民出版社，2015：193-201.

② 国家发展和改革委员会. 全国及各地区主体功能区规划（下）[M]. 北京：人民出版社，2015：497-501.

（3）广西

广西区政府积极探索重点生态功能区转移支付办法，对享受转移支付范围和转移支付具体测算办法进行了完善，将《全国主体功能区规划》和《广西壮族自治区主体功能区规划》确定的限制开发的重点生态功能区所属县（市、区）以及根据石漠化、森林覆盖、重要河流流域等客观因素确定的、具有重要生态保护意义的引导类区域纳入转移支付之列。对国家和省两级限制开发区域以及省引导类所属县（市）转移支付的补助额测算办法为：以上年分配数为基数，按照财力缺口、石漠化防治、森林覆盖等客观因素对增量资金进行分配；对当年新增纳入转移支付范围的限制开发及引导类区域按客观因素进行排序并据此核定补助档次和补助基数，同时按照以上客观因素统一测算分配增量补助资金。① 建立和完善有利于环保的激励性政策，制定分类的污染排放标准，制定分类的排放许可制度，制定分类的水资源利用和水环境保护政策，加大水土保持和水生态保护与修复力度；拓展绿色生态空间，增加陆地碳的储存和吸收。

2.3.2.2 典型省份农产品主产区配套政策

（1）黑龙江

黑龙江省积极加大均衡性财政转移支付力度，加大农业综合生产能力建设投资；保障耕地数量和质量，明确基本农田的用途和位置；贯彻执行国家支持和保护农业发展的政策，保证各级财政对农业的持续投入，执行农业补贴制度，支持农产品主产区发展农产品加工产业；完善农产品主产区农业基础设施，推进农业结构调整和优化，控制和减少农业领域的温室气体排放，增强农产品主产区适应气候变化的能力。②

（2）新疆

新疆区政府对国家级农产品主产区加大财政转移支付力度，农垦系统下属局、场参照农产品主产区的县（市）执行；政府投资用于农业和生态环境保护的力度不断加大，着重解决农业生态环境保护、农业基础设施建设和农业生产中的问题；严格控制农产品主产区建设用地规模，确保耕地和林地的数量和质量；逐步完善支持和保护农业发展的政策，加大强农惠农政策力度，健全农业补偿补贴制度；对进入农产品主产区的产业实行严格的环境准入标准，有效

---

① 宗禾. 广西重新划分享受重点生态功能区转移支付区域 [N]. 中国财经报，2015-12-01 (002).

② 黑龙江省人民政府关于印发黑龙江省主体功能区规划的通知（黑政发〔2012〕29 号）[EB/OL]. http://www.hlj.gov.cn/wjfg/system/2012/05/18/010353529.shtml.

地保护耕地和保障农产品生产能力;加强农业基础设施建设,增强农牧业生产适应气候变化的能力。①

(3) 陕西

陕西省对生态保护和农产品生产贡献突出的区域,由省级财政实施补助奖励;政府预算内投资主要支持农产品主产区的发展,逐步加大用于农业生产的比例。对主产区内中央和省投资支持的建设项目,市、县(区)的投资比例要逐步降低;严控农产品主产区建设用地,禁止改变基本农田的用途和地块位置;引导耕地等农业生产要素集聚,主要向种粮大户、农业专合组织以及家庭农场集聚,通过适度规模经营提高农业生产效益;完善农业奖补制度,对地方政府和农户增产增收进行奖励,对主产区和农户种粮等利益损失予以补贴;适度开发利用水资源,满足基本的生态用水和农业用水需求量;开展气候变化对农业的影响评估。②

2.4 限制开发区域配套政策的基本导向和设计重点

限制开发区域的"限制开发"包括两个方面:经济开发的地域限制性和经济开发活动类型的限制性。但"限制"开发,并不是限制所有的开发活动,更不是限制区域发展,适宜的发展是被允许的,是被鼓励和支持的,也是增强自我发展能力所要求的。限制开发区域承担的任务包括:增强生态服务功能和保护区内的农业生产力;实现区域内居民的福利与全国其他地区保持同步增长。

2.4.1 限制开发区域配套政策制定原则

2.4.1.1 发挥政府主导作用

限制开发区域生态环境属于典型的公共物品,具有"非排他性"和"非竞争性"特征,政府应在生态保护方面发挥主导作用,通过制定相关配套政策,支持区域生态环境保护。

---

① 国家发展和改革委员会. 全国及各地区主体功能区规划(下)[M]. 北京:人民出版社,2015: 646-651.

② 陕西省人民政府关于印发陕西省主体功能区规划的通知(陕政发〔2013〕15号)[EB/OL]. http://www.shaanxi.gov.cn/zfgb/10315.htm.

2.4.1.2 强化区域主体功能

限制开发区域配套政策的制定，如财政转移支付、生态补偿、特色产业扶持、生态移民等政策的制定，都必须体现服务区域生态功能和农业功能的原则。坚持生态环境优先和农业发展优先，绝不能用局部发展去损害全局利益，绝不能再走"先开发、后保护，先污染、后治理"的老路。

2.4.1.3 基本公共服务均等化

作为经济发展相对落后、地方财力十分匮乏的区域，限制开发区域维持基层政权的正常运转、提高地方公共服务水平、保护区域生态环境等工作往往会受到地方财政收入水平的限制。加上这些地区资源开发又受到主体功能定位的限制，吸引外来投资、发展特色产业十分困难。在这种情势下，会促使地方政府采取一些有悖于区域主体功能定位的非理性经济行为，从而影响区域主体功能的发挥。因此，限制开发区域配套政策的制定和实施，必须体现出有利于促进地区间基本公共服务均等化的原则，对地方政府和地区居民因保护生态环境和保障农产品供给所丧失的发展机会予以补偿。这样不仅能减轻人为活动给自然带来的巨大压力，还能充分体现发展为了人民、发展成果由人民共享的社会公平原则。

2.4.1.4 坚持因地制宜

由于我国不同类型限制开发区域生态环境保护或污染对整体环境的影响存在显著的差异，再加上不同限制开发区域的经济社会发展水平不尽一致，保护生态环境付出的代价和成本也不一样。因此，制定和完善限制开发区域配套政策时要更准确地把握特定区域的环境特征和经济社会发展水平等，因地制宜体现出政策的区域差异，合理地调整环境与经济社会关系，促进区域科学发展。

2.4.1.5 资源、环境、人口和经济社会发展相协调的原则

制定和实施限制开发区域配套政策，必须全面、系统、综合地考虑人口、资源、社会、经济、环境等要素，将资源、环境、人口和经济社会协调发展的要求渗透到各项分类管理政策的制定和实施中去，并促进各项政策有机衔接、相互作用，从而形成政策合力。

2.4.2 配套政策制定必须处理好的关系

2.4.2.1 限制开发与适度发展的关系

限制开发区域适宜的发展是被允许的。限制开发，意味着部分发展机会的丧失，可能会在一定时期内影响到区域发展的进度，但是发展终归要建立在适度开发、科学发展的基础上才可能得以持续。因此，从长远来看，限制开发其

实也是为了更好地实现发展目标。因此，配套政策的制定要紧扣"保护优先、适度开发、点状发展"的原则。

2.4.2.2 主体功能与其他功能的关系

在限制开发区域内，尽管维护自然生态环境和保障粮食安全是其最主要的功能，但同时也并不排斥其他辅助或附属功能。限制开发区域既包括资源环境承载力较弱的区域，如水土流失区、石漠化区等；也包括重大生态安全区域，如水源地区、林区等；还包括粮食安全区域，如农产品主产区、农牧业区等。限制开发区域有限制开发的约束，但也拥有适宜开发的条件。如，在生态和资源环境可承受的范围内，某些区域也同样可以发展特色产业，适度开发矿产资源；某些传统产业通过技术升级换代，减少对环境的损害之后，也可以适当地予以保留。

2.4.2.3 点上特色产业发展和面上生态功能发挥的关系

限制开发区域在点上应依托特色优势资源发展特色产业，增强区域自身发展能力；在面上又必须充分发挥区域主体功能，维护生态环境和保障粮食安全。因此必须遵循生态环境和产业发展变化规律，对特色产业发展与生态环境保护进行优化整合，通过生态产业发展、生态产业化等手段和途径，实现二者的协调发展。

2.4.2.4 区域间提供保护与享受保护的关系

如限制某些地区发展，这些区域的利益必将受损，因此必须对这些区域进行生态环境补偿和公共服务补偿，加快建立和完善补偿机制，由享受保护地区，或者说受益地区对做出牺牲和贡献的区域进行适当补偿。

2.4.2.5 相对稳定与动态调整的关系

限制开发区域一经划定后，短时期内不宜随意更改或调整。但是，考虑到各地的实际情况，不必先将限制开发区的范围划得太大，可以先对部分国土进行主体功能区划分，然而再逐步扩大范围。此外，已经划定的限制开发区域，必须坚持保护优先。但随着环境承载力的增强，也可以逐渐地扩大开发范围。因此，配套政策的制定要充分考虑这一因素。

2.4.3 配套政策的基本导向和引导重点

限制开发区域资源开发受控，产业发展受限，地方财政收入和利用本地特色资源发展经济的权利受制约，以"内部"利益损失生产"外部效益"。划分限制开发区域是从更大区域、更广的视角去谋求发展，尤其需要根据其特殊区情，制定有针对性的、差别化的配套政策。①

2.4.3.1 政策的基本导向

限制开发区域配套政策的制定，必须按照党的十八大和十九大精神和部署，坚持以科学发展观、习近平新时代中国特色社会主义思想为指导，按照发挥政府主导作用、服务主体功能、促进公共服务均等化等原则，紧扣"保护优先、适度开发、点状发展"要求，以促进适度有序发展、优化资源要素空间配置、促进区域协调发展等目标，制定和实施分类管理的区域政策，逐步形成经济社会发展符合限制开发的主体功能定位的科学导向机制。

限制开发区域配套政策，必须符合国家主体功能区规划对其进行限制开发的政策要求，但在这一前提条件下，又应依据各个区域的实际体现政策的灵活性和自主性；既应对各项分类管理政策适时进行动态调整，又必须与中央区域政策和地方政策等衔接和协调。加大政策改革创新力度，把相关政策区域化和具体化，充分发挥政策在实现区域主体功能中的引领和推动作用；突出提高农产品供给能力和增强生态服务功能的政策重点，明确鼓励、支持以及限制和禁止性政策措施，通过激励性政策和空间管制性措施，引导区域按照其主体功能定位谋划科学发展②；在配套政策制定和实施过程中，既要发挥各个单项政策独特的功效和作用，又必须促成不同类型的政策工具形成最优的政策组合，充分发挥政策的叠加效应，提高政策效率。③

2.4.3.2 政策引导重点④

限制开发区域面临的重大难题，是如何处理好生态环境保护和经济发展的关系，既增强区域的生态服务功能和提供农产品生产的能力，又促进区域又好又快发展和提高居民的福利水平。⑤ 鉴于此，限制开发区域的政策引导重点如下：

一是形成规范的财政转移支付制度。限制开发区域生态和农业生产能力保护，要求加大对区域的专项财政转移支付力度，以促进生态恢复和环境保护。争取尽快将限制开发区域的经常性生态环境建设资金纳入中央政府财政预算，

---

① 陈映，张顶政. 四川限制开发的农业地区配套政策探讨 [J]. 农村经济，2011（11）：49.

② 陈映. 限制开发区域配套政策探析——以西部国家层面的限制开发区域为例 [J]. 经济体制改革，2015（6）：59.

③ 国家发展和改革委员会. 贯彻落实主体功能区战略推进主体功能区建设若干政策的意见 [Z]. 发改规划〔2013〕1154 号，2013.

④ 陈映. 限制开发区域配套政策探析——以西部国家层面的限制开发区域为例 [J]. 经济体制改革，2015（6）：59.

⑤ 国家发展和改革委员会. 全国及各地区主体功能区规划 [M]. 北京：人民出版社，2015.

并保持资金增速度高于中央财力增速；限制开发区域应改善区域发展条件和提升公共服务水平，要求加大一般性财政转移支付力度，尤其是完善财力十分薄弱的部分基层政府的财政配套。完善中央和省两级财政转移支付制度，积极探索建立省以下财政转移支付机制。

二是建立和完善生态补偿机制。设立生态效益补偿专项基金，由中央财政直接拨付，用于限制开发区域的生态保护和修复。探索向水资源利用、水电开发、旅游开发等直接受益主体收取适当费用的方式来充实生态补偿基金。探索建立地区间横向补偿机制，明确受益方和受损方的权利与责任。建立健全保护生态和农产品生产的税收制度，完善生态环境补偿费征收制度，对限制开发的农业地区和生态地区进行生态环境补偿和公共服务补偿。

三是实行严格的土地管理制度。对限制开发区域土地用途、新增建设用地规模等严加控制。无论是土地使用控制标准，还是土地最低价格，都必须高于全国的平均水平。但对区域内特色产业发展，可适当放宽用地标准。

四是扶持和培育特色产业。在资源环境可承载的前提下，有选择地扶持和培育特色产业。明确强制性的产业准入标准，提高产业准入门槛。探索以财政补贴、税收优惠和金融扶持等方式鼓励和扶持特色优势产业发展。引导有悖于区域主体功能的产业关闭或外迁，探索实行"产业飞地"发展模式。采取生态标记等方式，支持区内绿色产业发展，并提高其市场竞争力。

五是引导人口平稳有序转移。加快制定科学的生态移民规划，设立生态移民专项基金，逐步提高其补助标准。从人口空间布局的角度，考虑人口的梯度转移与再布局政策。通过加大农村教育培训，提高农村人口人力资本水平，从长远考虑实施教育移民战略，即通过教育和培训，向外输出具有一定文化知识和专业技术的技能型劳动者，探索实行多方受益共赢的劳动力转移输出模式。建立起移民迁出地与迁入地的协作机制，完善土地、户籍、就业等政策。[①]

2.5 限制开发区域分类管理政策

完善的配套政策是限制开发区域科学发展的有力保障。必须调整和完善现行区域政策和制度安排，形成经济社会发展符合区域主体功能定位的导向机制以及科学开发的利益机制。

---

① 贾若祥. 我国限制开发区域分类的政策研究 [J]. 宏观经济研究，2006（11）：29-31.

2.5.1 财政政策

财税政策在支持国家重点生态功能区建设中的作用体现在：维护生态系统的完整性，维护和修复生态系统，维持区域生态平衡，支持特色产业发展，等等。财税政策在保证农产品供给方面的作用体现在：保护现有的耕地资源，节约能源和水土资源，保护农业生态环境，加大农业基础设施投入和农业科技投入，等等。而目前我国大部分限制开发区域经济发展十分落后，政府财政增收乏力，地方财力不足，普遍面临基本公共服务所需经费缺口大、特色产业发展资金欠缺、基础设施和生态保护等投入严重不足等困难。这些问题和困难，仅仅依靠县级政府财力的自身积累和自我发展予以解决还很不现实，需要加大对限制开发区域的财政转移力度。一方面解决基层政权运转、基本公共服务资金短缺等问题；另一方面，对因限制其资源开发和产业发展所造成的财税损失进行补偿，妥善解决地区主体功能定位和政府利益导向之间的矛盾和冲突，激励地方政府保护生态环境和提供农产品的积极性。

鉴于此，应以实现基本公共服务均等化为目标，明确财政政策支持限制开发的农业地区和生态地区的近期、中期和长远规划的编制。进一步加大中央和省两级对限制开发区域用于公共服务和生态环境补偿的财政转移支付，均衡区域财力和公共服务能力。中央财政应加大对农产品主产区发展农业的财税支持力度，与此同时，地方政府应做好资金配套工作，并将支农惠农资金有效地发放到地方基层政府手中。加大对农业综合开发和生态建设的投入，明确以提供公共服务为导向的财政支出责任。根据物价上涨和农资价格上涨情况，动态调整农产品主产区的补贴标准，对粮农所增加的农业生产资料成本予以补偿；在重点生态功能区的标准支出中增设"生态环保支出项目"和成本系数，充分考虑到地方政府用于生态环境保护方面的支出，提高转移支付系数，逐步降低直到完全取消税收返还。对退耕还林还草、产业转移、生态移民等生态恢复措施予以重点补偿。建立和健全生态受损区和生态受益区之间、流域上游和下游之间的横向转移支付以及援助机制，并采取资金补助等多种形式，对重点生态功能区因承担生态环境保护责任所做出的牺牲和损失机会成本予以补偿。

2.5.2 投资政策

针对我国大部分限制开发区域存在融资难、但又未有效利用社会资本等问题，将投资政策重点放在加大生态环境建设和保护、增加公共服务设施建设的中央投资等方面。按主体功能区安排的投资，主要用于支持重点生态功能区和农产品主产区基础设施建设、生态修复工程、农业综合生产能力建设、公共服务建设、生态移民以及支持适宜产业发展等；按领域安排的投资，向限制开发区域农业投资和生态环境保护投资倾斜，并逐步加大其比例。① 建议中央政府与省级政府全额投资限制开发区域基础设施项目和公共服务项目②，减轻限制开发区域的资金投入压力。与此同时，鼓励民间资本的进入和市场机制的运作，加大对基础设施、市政公用事业以及社会事业公共环境设施的建设和管理的资金投入。

2.5.3　产业政策

针对我国大部分限制开发区域产业发展中还存在着产业结构不合理、产业发展资源消耗大且综合利用水平低、产业技术水平还有待提高等问题，研究制定产业指导目录及措施，明确鼓励、支持、限制、禁止的产业目录，提出拟实施的重点任务和重大产业项目；由国家出台支持产业发展的投资补贴、税收减免、信贷投放等优惠政策，从特色产业资金支持、特色产业税收优惠、土地优惠等方面培育和扶持具有地方特色的、绿色环保的、符合主体功能定位的特色产业的发展，限制不利于资源环境保护、不符合区域行业准入标准的产业发展；以增强区域自身发展能力和提供居民就业机会为目的，加快发展生态农业、生态林业、生态旅游、可再生能源开发等特色产业③；依托区域资源优势和既有产业基础，形成"一业突破"的区域主导产业极化带动格局，建立区内主导产业扶持与利益共享机制，建立区际资源与产业整合利益补偿和协调机制④；继续探索实行"产业飞地"模式，通过完善相关政策措施，平衡限制开发区域和生态受益区域的产业发展利益；利用财政转移支付和生态补偿等，支持或补偿区内因生态环境保护需要所导致的产业退出；通过推行生态标记等鼓励环境友好型产业加快发展，提升环境友好型产品的市场竞争力，实现生态功能与产业功能的完美结合；加大对特色产业的技术投入，完善特色产业生产服务体系，及时、畅通地向相关企业提供特色产品生产所需的生产资料；完善特色产业信息服务体系，为特色产业发展提供必要的市场供求与价格信息、技术

---

① 国家发展和改革委员会. 全国及各地区主体功能区规划 [M]. 北京：人民出版社，2015.

② 王元京，刘立峰. 如何实施主体功能区基本公共服务均等化政策 [J]. 宏观经济管理，2008 (1)：40-43.

③ 国家发展改革委宏观经济研究院国土地区研究所课题组. 我国主体功能区划分及其分类政策初步研究 [J]. 宏观经济研究，2007 (4)：3-10.

④ 蔡云辉. 论限制开发区的经济突破发展 [J]. 长白学刊，2011 (1)：105-108.

信息等。

2.5.4 土地政策

根据国家对限制开发区域的土地政策导向，以完善生态补偿机制为主，提出拟实施的重点任务和重大项目，充分发挥土地政策的约束作用和引导功能。进行严格的土地用途管制，坚持基本农田保护制度，禁用生态用地和农业用地从事不符合其发展方向的各类开发活动。对土地政策带来的发展机会损失，可通过利益补偿方式进行弥补，除目前已有的财政转移支付、退耕还林还草补偿外，专辟生态和环境保护基金以充实财力①；严控新增用地总量扩张，推进土地集约节约利用。② 保护好耕地、园林、林地、湿地等土地资源，严禁生态用地改变用途；在区域资源环境可承载的前提下，允许符合主体功能定位的、适度的土地开发活动。

2.5.5 农业政策

农产品主产区是保障国家农产品安全的重要基地，应以保障国家粮食安全为目的，以供给农产品和就业生存保障为主，向国家提供生态农产品；重点生态功能区的农业发展以生态调节为主，其他功能为辅。③ 一方面，进一步完善支持和保护农业发展的各项政策，促进农业地区经济社会发展和资源环境可持续利用；另一方面，增强农产品生产能力，保障全国农产品的有效供给。提高农业财政的均等化转移支付水平，合理界定中央和地方政府对农业财政转移支付的支出责任。加大农业财政投入力度，提高农业财政补贴标准④；政府投资应加大在农业、生态环境保护方面的比重，同时按照主体功能定位引导社会资本进入；产业政策方面，应将重大农业项目布局在农产品主产区；土地政策方面，应实行有差别的土地使用和土地管制办法；绩效考核评价方面，主要考虑农产品保障、农业资源保障和农业生态环境等指标。

---

① 国务院发展研究中心课题组. 主体功能区形成机制和分类管理政策研究 [M]. 北京：中国发展出版社，2008.

② 清华大学中国发展规划研究中心课题组. 中国主体功能区政策研究 [M]. 北京：经济科学出版社，2009.

③ 龚迎春，罗静. 主体功能区引领下的农业生态区农业发展模式比较研究 [J]. 河南师范大学学报（哲学社会科学版），2013（6）：41-42.

④ 李艳. 促进河南粮食主体功能区建设的农业公共财政体系研究 [D]. 信阳：信阳师范学院，2014.

2.5.6 人口政策

大多数限制开发区域人口远远超出土地、环境的承载能力，不再适应人类居住，人地矛盾十分突出，必须有序引导人口流动和转移。限制开发区域的人口迁移的方向：一是实施积极的人口迁出政策，通过鼓励和引导区内居民向重点开发区域和优化开发区域平稳有序转移及辅以相关配套政策措施，降低区内人口密度，缓解人与自然的紧张关系[①]；二是引导人口向区内条件较好的县城和中心镇集聚，大力发展生态经济和绿色农业以改善居民的生活水平，加强基础设施和公共服务体系建设以提升公共服务水平。[②] 因地制宜调整限制开发区域的人口政策，按照区域主体功能定位调控人口总量，并进一步优化人口布局，减轻资源环境承载压力，逐步缓解人地矛盾，逐步形成人口分布和经济分布相协调的空间格局。三是将生态移民与扶贫攻坚结合起来。我国限制开发区域与贫困地区在空间上高度重合，可将生态移民政策与扶贫政策结合起来使用，协调配合，既解决生态脆弱地区和重要生态功能区的生态修复和保护问题，又妥善解决生态移民的脱贫致富问题。四是加大对生态移民的扶持力度。设立稳定的生态移民专项基金，既解决移民住房等基本生活问题，又对移民生产、生活中的其他支出也开辟一些渠道予以一定程度的补贴。如，开展针对发达地区劳务需求的技能培训和劳务输出等。五是建立和完善生态移民迁出地和迁入地府际间协作机制。将移民的土地、户籍、就业、社会保障等政策落到实处，避免冲突和减少政府行政运行成本。[③]

2.5.7 民族政策

现有政策没有充分体现不同民族地区的特殊性，因此政策未体现出差别化；现有扶持政策手段和目标之间存在偏差。鉴于此，必须根据民族地区发展的实际，调整和完善特殊帮扶政策措施。一是继续加大财政转移支付力度，并将民族自治地方承担的特殊事权作为转移支付的重要因素。设立少数民族发展资金和边境建设事业补助费等，促进经济社会发展、扶贫开发和生态环境建

---

① 张可云，刘琼.主体功能区规划实施面临的挑战与政策问题探讨［J］.现代城市研究，2012（6）：7-11.

② 杨美玲，米文宝，周民良.主体功能区架构下我国限制开发区域的研究进展与展望［J］.生态经济（中文版），2013（10）：24-29.

③ 高国力.我国限制开发区域与禁止开发区域的利益补偿［J］.今日中国论坛，2008（4）：50-53.

设。二是继续实行民贸企业投资优惠政策和税收优惠政策,切实减轻企业税收负担。三是抓住国家"一带一路"建设的重大机遇,继续实施沿边开放,完善促进边境贸易发展和对外经济合作的优惠政策,搞好各种开发开放试验区建设。四是扶持民族地区产业发展,支持特色优势产业项目和民族特需项目发展,流动资金贷款优惠利率、技术改造贷款财政贴息和税收减免等向民族特需商品生产企业倾斜。五是实行特困民族地区扶持政策,进一步加大项目、资金和政策支持力度,重点支持国家集中连片特困区,尤其是连片特困民族地区的基础设施建设、公共服务设施建设、脱贫致富、兴边富民行动以及人口较少民族发展等。六是加快建立生态补偿机制,选择若干有代表性的民族地区开展资源有偿使用和生态补偿的试点,将资源开发收益部分用于生态环境保护和恢复,部分用于对当地群众的补偿。

2.5.8 环境政策

加大生态环境保护治理力度,转变生态环境治理模式,变"末端治理"为"全过程"控制模式,实现环境改善与经济发展双赢。一是实行严格的环境总量控制标准和污染物排放标准,整治或关闭污染物排放企业,确保排放的主要污染物总量持续下降,有效地改善区域整体环境质量。二是按照保护和恢复地力的要求以及生态功能恢复和保育原则,分别设置农产品主产区和重点生态功能区的环境准入标准,培育和扶持生态、环保、节能产业。三是提高建设项目环评要求,加强环境监管,加强环境影响评价和风险防范,尽快全面实现环境治理恢复保证金制度,并实行较高的提取标准。四是探索实行环境税收制度,通过征收流域生态补偿税、矿产资源开发税、水电资源开发税等,充实生态环境保护资金,同时约束企业的生产行为。五是设立生态保护和建设专项资金,并挖掘多元化的融资渠道。六是继续加大国家生态工程建设力度,加强重点流域水污染和水土污染治理。七是加大对生态环境综合政策的宣传力度,严格环境执法,严格督查问责。

2.5.9 应对气候变化政策

农产品主产区应加强农业基础设施建设,优化农业产业结构和产品结构,提高农作物抗逆能力,加强农业保护性耕作技术的研发和应用,建立农业灾害监测与预警体系,有效地减轻气候变化给农业生产带来的不利影响;重点生态功能区推进新一轮退耕还林还草、天然林养护、风沙源治理、野生动植物保护、石漠化区生态治理等重大生态工程建设,积极开发和充分利用太阳能、风能等清洁、低碳能源，推动绿色低碳循环发展。增加森林碳汇，增加农田、草原和湿地储碳能力。增强重点领域和生态脆弱地区应对气候变化的能力。积极进行低碳发展试点，建立和健全低碳产品、标准、标识和认证体系；开展气候变化对水资源、农业资源和生态环境影响的监测和评估，逐步完善防灾减灾体系，增强防御和抵抗极端天气危害的能力。① 将节能减排降碳目标作为约束性指标分解落实到各级政府和重点企业，建立目标责任考核制度，形成转变经济发展方式的倒逼机制。②

2.5.10 绩效考核和评价体系

实行生态保护优先和农业发展优先的绩效评价，主要考核区域生态环境保护水平、农产品提供能力，即主要看区域为社会提供了多少数量和质量的生态财富以及为社会提供的农产品的数量和质量，这是考核的首要目标；考核基于农业自然资源的特色经济、基于人文历史和民间工艺资源的特色经济的发展水平。③ 考核以地区资源优势为基础，以独特的生产技术、生产工艺、生产流程和管理组织方式为支撑，突出特色产品和特色服务的特色产业的发展状况，着重评价其地区比较优势、参与地域分工的能力以及市场竞争的能力等。对重点生态功能区，主要评价其大气和水土质量、森林覆盖率、森林蓄积率、水土治理和石漠化治理率、草原植被覆盖率、生物多样性等生态环境状况以及公共服务状况等；对农产品主产区，主要评价农业综合生产能力、基本公共服务、农民增收等，弱化对工业化城镇化相关指标的评价，不再考核 GDP、财政收入等指标。按照上述评价导向，限制开发区域政府将不再被经济考核相关指标所困扰，可以将更多的精力集中到生态环境保护与建设、农产品和生态产品提供以及提高基本公共服务能力和水平上来。加快研究资源和环境的核算体系，明确限制开发区域各级政府主要领导的生态资源环境保护目标责任制，将其在任期内是否实现了辖区主体功能的"保值增值"，作为绩效评价和政绩考核的主要内容之一，作为其升迁或降职的重要依据。

---

① 董李勤. 气候变化对嫩江流域湿地水文水资源的影响及对策 [D]. 长春：中国科学院研究生院（东北地理与农业生态研究所），2013：107-110.

② 国家发展和改革委员会. 国家应对气候变化规划（2014—2020 年）[EB/OL]. http://www.ndrc.gov.cn/ zcfb/zcfbtz/201411/W020.

③ 钱龙，邹军新. 限制开发区域的地方政府绩效考核机制研究：主体功能区的视角分析 [J]. 市场论坛，2010（12）：15.

3 西部限制开发区域配套政策设计

我国西部地区地域辽阔，限制开发区域与革命老区、少数民族聚居区、边疆地区、国家连片扶贫地区、生态脆弱区在空间上高度重合，区情十分特殊，保障国家生态安全和粮食安全所面临的问题更突出、制约因素更多、所需付出的努力和代价更大。特殊的区情以及所承担的主体功能，决定了西部限制开发区域更需要强有力的配套政策支撑，差别化政策的制定和有效实施极具重要性和挑战性。①

3.1 西部地区自然条件及国土空间开发总体评价

我国西部地区包括新疆、内蒙古、甘肃、青海、宁夏、陕西、西藏、四川、重庆、云南、贵州、广西十二个省（市、区），占全国国土总面积的72%，占全国总人口的29%，地域辽阔，地广人稀。2016年，地区生产总值占全国比重达到20.1%，常住人口城镇化率达到48.7%。西部地区民族众多、资源丰富、生物多样。同时，西部地区与12个国家接壤，与东南亚一些国家隔海相望，地理区位十分重要。②

3.1.1 西部地区自然条件

3.1.1.1 自然资源丰富多彩

西部地区资源十分丰富，土地资源富裕，能源矿产资源储量大，生物资源多样，旅游资源特色鲜明，文化资源极具开发价值，且各类资源开发潜力大，

---

① 陈映. 限制开发区域配套政策探析——以西部国家层面的限制开发区域为例 [J]. 经济体制改革，2015（6）：55.

② 百度百科. 西部地区 [EB/OL]. http://baike.baidu.com.

为西部特色经济和优势产业发展提供了重要基础和先决条件。

——矿产资源优势明显。西部地区成矿地质条件较好，开发利用潜力巨大。天然气、煤炭等能源资源储量大，尤其是天然气资源，占全国的比重高达87.6%。西部各省份人均矿产资源基本都居于全国前列。西部已形成了塔里木盆地、天山北部及东部地区、柴达木盆地、鄂尔多斯盆地、甘肃河西地区、川渝东北地区、攀西—六盘水地区、桂西地区等重点能源资源富集地区，形成了攀枝花、六盘水、克拉玛依等矿业城市。水资源占全国的80%以上，其中西南地区占全国的70%。丰富的水资源为工农业发展和居民生活提供了必要条件。

3.1.1.2 土地资源

西部拥有丰富的土地资源，拥有较高的人均耕地面积，未利用土地占全国的80%。耕地后备资源充足，占全国的57%；草原面积广大，占全国的62%；生物资源丰富，尤其是西南地区，是全国重要的动植物物种基因库。

3.1.1.3 旅游资源

西部旅游资源类型齐全，极具特色。这里既有世界屋脊喜马拉雅山、高原湖泊、冰山冰川、大漠戈壁、黄土高原、长江三峡、喀斯特地貌等举世闻名的自然景观，也集中了闻名全球的万里长城遗址、敦煌莫高窟、轩辕黄帝陵、古丝绸之路、秦始皇兵马俑、布达拉宫等人文景观，旅游资源开发价值非常大。

3.1.1.4 文化资源

西部地区是我国少数民族集中居住的地区，少数民族在长期的历史变迁中孕育了灿烂的文化，造就了多姿多彩的民族文化，铸就了与众不同的民俗民风。从地域和文化个性上看，形成了黄土高原文化圈、北方草原文化圈、西域文化圈、藏文化圈、巴蜀文化圈、滇黔文化圈等，这些文化圈个性分明、风格独特。[①]

3.1.1.5 自然条件千差万别

西部地域广阔，西南、西北自然生态各具特色，生态环境问题也各不相同。西北多高原、盆地、山地、戈壁、沙漠，干旱少雨，水土流失严重，水资源极为匮乏。沙漠戈壁面积大，土地沙漠化、盐渍化严重，有一半的土地难以利用。加之人口增长过快，加剧了资源环境压力；西南地形地貌复杂，从高原、丘陵到山地、盆地。水资源和生物资源丰富，森林覆盖率高。但水土流失加剧、石漠化面积扩大、地质灾害频发。极其脆弱的生态环境，使西部许多地区开发成本极高，开发后修复成本更高。近年来，随着国家一大批重大生态、

---

① 百度百科. 西部地区［EB/OL］. http://baike.baidu.com.

环境治理建设工程的实施，西部生态环境恶化的势头有所遏制。[①]

3.1.2　国土空间开发总体情况及优化思路

3.1.2.1　西部地区国土空间特点

西部地区国土空间辽阔，但高原雪山、荒漠、盐碱地等居多，适宜开发的土地面积少；水资源总量丰富，但空间分布不均衡，主要分布在西南地区，西北水资源匮乏，制约着人口和经济的均衡分布，还引发诸多生态问题；能源和矿产资源大多分布在生态脆弱或生态功能重要的区域，与主要消费地呈逆向分布；生态类型丰富多样，但生态环境却十分脆弱，大规模高强度的工业化城镇化开发只能在有限的空间集中展开；频繁的自然灾害不仅使工业化城镇化开发成本居高不下，而且成为人民生命财产安全的隐患。

3.1.2.2　西部地区国土空间开发面临的突出问题

西部大开发战略实施以来，三北防护林体系建设、退耕还林、退牧还草、天然林保护、京津风沙源治理、三江源保护、石漠化治理等一系列生态建设工程的实施，减轻了历史上国土空间粗放式开发对于资源环境所造成的破坏，在一定程度上优化了国土空间格局。然而，西部地区国土空间开发仍然面临诸多突出问题，具体表现在：耕地减少过多过快使保障粮食安全的压力增大；不顾资源环境承载能力的开发活动使生态环境问题凸显；空间结构不合理，人口分布与经济活动的空间分布严重失衡，城乡建设用地无序扩张，空间利用效率低下。

3.1.2.3　优化西部地区国土空间开发格局的基本思路

经过改革开放 40 年的发展，支撑我国国土空间开发的土地资源、水资源、能矿资源及生态资源等基础条件发生了巨大变化。随着东部地区资源环境承载能力渐趋饱和，未来的国土空间开发将向中西部地区适宜开发的区域拓展，这既使满足中西部地区的建设空间需求面临巨大压力，也使满足水源涵养的空间需求、保护和扩大绿色生态空间等面临严峻挑战。因此，既要满足工业化城镇化发展对国土空间的巨大需求，又要保障全国或区域性的生态安全，还要为保障国家农产品供给安全而保护耕地，使西部地区国土空间开发处于难以抉择的境地。

基于此，必须根据西部各区域自然条件进行适宜性开发，根据资源环境承载能力进行适度性开发，依据各类区域主体功能定位有节制性地开发，制定和

---

① 百度百科. 西部地区 [EB/OL]. http://baike.baidu.com.

完善区域分类管理政策，逐步形成资源分布、人口分布、经济分布相协调的国土空间开发格局。①

西部地区既有土地肥沃、人口密集、生态环境很好的重点开发地区，也有限制开发的农产品主产区和重点生态功能区，还有依法禁止开发的自然遗迹和文化遗址所在地。因此，在优化国土空间开发格局时，应针对不同地区的功能定位和开发要求，确定不同的资源环境保护级别，明确不同区域的发展方向和重点，选择不同的开发模式。如，在耕地集中分布、农业发展条件好的农产品主产区，应严格控制建设用地规模，提高耕地质量，改善农业生产条件，增强粮食生产能力；在重点生态功能区，要对各类开发活动进行严格管制，严禁改变生态用地用途，严格控制开发强度，恢复生态系统功能，增强生态服务功能。通过人口迁移、劳动力转移，促进人口集中与 GDP 相匹配，促进人口集中与产业集中同步，并通过财政转移支付、生态补偿等弥补其发展机会的损失，从而达到维护生态脆弱地区的生态功能以及保障农业地区的粮食生产的目的。同时，在限制开发的农业地区和生态地区，也要选择资源环境承载能力相对较强的县城和中心镇进行点状式开发和适宜性开发，形成点状开发、面上保护的空间结构。

3.2　西部肩负经济发展与生态环境保护双重重任

中国西部地区是当今世界十分关注的"问题区域"，富饶与贫困、发展与环境的矛盾，在西部特定时空背景下，演化成"经济社会落后—破坏性开发—生态环境恶化—经济社会再落后"的恶性循环。究其原因，既有沧海桑田的自然变迁，又与我国的开发历史、开发模式和开发政策息息相关。促进经济发展和保护生态环境，是西部地区面临的双重任务。

3.2.1　西部地区经济发展面临巨大压力

西部地区发展相对落后，我国绝大多数的贫困人口集中生活于此。国家实施西部大开发战略以来，经济和社会发展取得了突破性进展，生态建设和环境保护成效显著，特色优势产业呈现良好发展势头，基本公共服务逐渐向好，与其他地区特别是发达地区的差距也在不断缩小。然而，西部经济发展仍然落

---

① 国家发展和改革委员会. 全国及各地区主体功能区规划 [M]. 北京：人民出版社，2015.

后，"三农"问题十分突出，产业结构亟须优化，自我发展能力明显不足，扶贫攻坚任务十分艰巨。

目前，西部地区与东部地区在发展上的差距还在扩大。从 GDP 增速来看，2016 年我国西部的西藏、贵州、重庆名列前三，但从人均 GDP 来看，超过 1 万美元的省份东部有 8 个，西部仅 1 个。8 个人均 GDP 低于 4 万元的省份，西部就占了 6 个。排名全国倒数一、二、三的分别是甘肃、云南和贵州，甘肃是全国唯一一个低于 3 万元的省份。西南的云南和贵州则分列倒数二、三位；从产业结构来看，第一产业在东部地区占比为 5%，已达到发达国家水平，而中西部地区在 10% 以上；从城市化水平来看，东部地区已超过 70%，西部地区不到 50%；从基本公共服务来看，东西部地区在公共教育、劳动就业、医疗卫生、公共文化体育、社会保障等领域的差距还相当大。由此可见，西部大开发以来，东西部发展的相对差距略有缩小，但绝对差距明显扩大。不仅如此，西部地区内部经济发展也极不平衡，不同省（市、区）、不同区域的经济发展水平差异较大。东西差距是我国经济社会发展过程中难以回避的突出问题，必须在发展过程中依靠科学发展来予以解决（如图 3.1、图 3.2 图 3.3 所示、见表 3.1）。

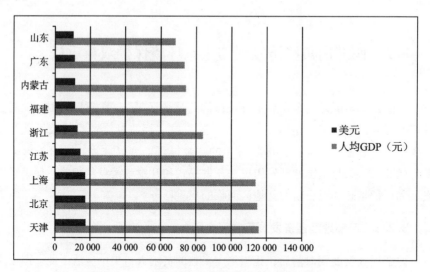

图 3.1 2016 年我国人均 GDP 达 1 万美元的省份

资料来源：2016 年各省人均 GDP 排名、中国人均 GDP 在世界排名（表）[EB/OL]. 中国新闻网，第一财经网，2017-01-17；http://www.mnw.cn/海峡都市报电子版.

表 3.1   2016 年全国各省份人均 GDP 与居民人均收入对比

省份	人均 GDP（元）	位次	居民人均收入（元）	位次
天津	115 613	1	34 074	4
北京	114 690	2	52 530	2
上海	113 731	3	54 305	1
江苏	95 394	4	32 070	5
浙江	83 923	5	38 529	3
福建	74 288	6	27 608	7
内蒙古	74 204	7	24 127	10
广东	73 290	8	30 296	6
山东	68 049	9	24 685	9
重庆	58 199	10	22 034	11
湖北	55 191	11	21 787	12
吉林	54 073	12	19 967	17
陕西	50 528	13	18 874	21
辽宁	50 292	14	26 040	8
宁夏	47 157	15	18 832	22
湖南	46 036	16	21 115	13
海南	44 396	17	20 653	14
青海	43 750	18	17 302	27
河北	42 866	19	19 725	19
河南	42 363	20	18 443	24
新疆	40 466	21	18 355	25
黑龙江	40 362	22	19 838	18
江西	40 220	23	20 110	15
四川	39 835	24	18 808	23
安徽	39 254	25	19 998	16
广西	38 042	26	18 305	26
西藏	35 496	27	13 639	31
山西	35 285	28	19 049	20
贵州	33 242	29	15 121	29
云南	31 358	30	16 720	28
甘肃	27 508	31	14 670	30

资料来源：2016 年各省人均 GDP 排名、中国人均 GDP 在世界排名（表）[EB/OL].中国新闻网，第一财经网，2017-01-17；http://www.mnw.cn/海峡都市报电子版.

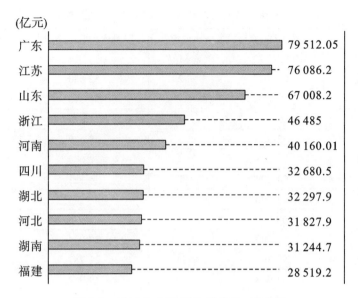

(亿元)

广东	79 512.05
江苏	76 086.2
山东	67 008.2
浙江	46 485
河南	40 160.01
四川	32 680.5
湖北	32 297.9
河北	31 827.9
湖南	31 244.7
福建	28 519.2

图 3.2 2016 年全国 GDP 排名 Top10 省份

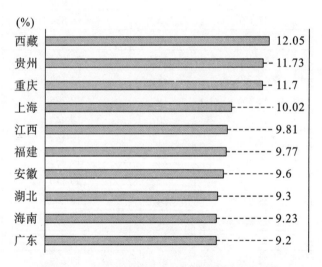

(%)

西藏	12.05
贵州	11.73
重庆	11.7
上海	10.02
江西	9.81
福建	9.77
安徽	9.6
湖北	9.3
海南	9.23
广东	9.2

图 3.3 2016 年全国 GDP 名义增速前 10 名省份

3.2.2 西部地区生态环境保护形势严峻

经济社会发展必须以资源环境为基本前提，在发展中不是把资源环境仅仅当作外部条件，而是作为内在因素纳入要素系列。西部是我国大江大河的发源地，在我国的生态环境系统中处于十分重要的地位，是中国重要的生态屏障，也承载着重要的生态保护职责，其生态环境状况对我国整体生态环境状况有着广泛而深远的影响。然而，西部地区生态环境十分脆弱，全国有一半的生态脆弱县分布在西部，西部土地侵蚀面积占全国总侵蚀面积的83.3%，占西部地区国土面积的60.6%。在这样一个特殊的区域进行开发和建设，极易造成新的生态环境破坏，使本来就脆弱的生态系统进一步恶化。

长期以来，受经济、自然、社会、历史等多方面原因的影响，西部地区生态破坏及退化问题十分严重：土地荒漠化、土壤盐渍化、水土流失、草原退化等十分严重；森林、生物多样性减少；水资源总量减少、质量下降，供需矛盾十分突出；沙尘暴、旱灾、洪涝、泥石流、地震、雪灾等自然灾害频发，危害程度加剧。生态环境的日益恶化，使环境容量降低，经济发展空间被压缩，且增加了生产成本；不仅限制了西部的发展，而且对全国可持续发展构成了严重威胁。

国家西部大开发战略实施以来，西部地区生态保护和建设取得了一定成效，生态保护红线全面划定，生态保护补偿机制基本建立，重点生态区综合治理取得积极进展，水土流失面积大幅减少，生物多样性有所恢复，长江上游生态屏障基本建成，资源利用得到有效控制，节能降耗减排成效突出，生态环境逐步改善。然而，西部地区生态破坏依然严重，整体恶化趋势尚未从根本上得到扭转，生态系统呈现出由结构性破坏到功能性紊乱演变的发展态势。与此同时，随着西部工业化城镇化的加速发展，人口增长过快，对水、土地等资源的需求日益增大，生态环境所承载的压力也越来越大。① 因此，西部地区仍然面临着生态重建和环境保护的巨大压力。

3.2.3 破解西部地区"环发"矛盾需关注的重点

西部地区所面临的"环发"矛盾是一个世界性的难题，要破解这一难题，就必须尊重自然、顺应自然、保护自然，将生态建设和环境保护作为根本和切入点，坚持守住发展和生态两条底线，努力将经济发展与生态环境保护有机结合起来，高度重视发展与资源的协调、开发与环境的协调，筑牢生态安全屏障，加快发展特色优势产业，加强节能减排和环境保护，打赢精准脱贫攻坚战。这既是西部经济快速发展的需要，也是全国经济可持续发展的必然选择。

3.2.3.1 筑牢生态安全屏障

一是继续实施重点生态工程。"十二五"时期，西部地区实施了退耕还

---

① 方兰，王浩，王超亚，等. 西部地区生态环境评价与分析报告 [M]. 北京：社会科学文献出版社，2014：326-348.

林、退牧还草、水土流失综合治理、石漠化治理、风沙源治理、防护林体系建设、生态移民等重点生态工程，取得了丰硕的成果。"十三五"时期，西部地区应继续加强农田林网营造和村镇绿化建设，提高农区和绿洲防护林体系综合防护功能；推进天然林保护二期工程，推进林业职工搬迁和林场撤并调整工程；加快建设河西走廊、天山北坡谷地、南疆河谷荒漠绿洲防风固沙林、黄土高原保水固土林以及长江上游防护林；在西南岩溶石漠化地区、干热河谷地区封山育林，在西北地区开展工程固沙治沙和封禁保护，推进三北防护林体系建设，在长江上游建设国家木材战略储备基地；加快实施祁连山生态保护建设与综合治理、三江源生态保护和建设二期、柴达木地区生态环境综合治理、川西藏区生态保护与建设等工程；加强南疆等地区盐碱地治理；对国家级自然保护区、风景名胜区等保护地进行严格保护和管理，探索进行国家公园试点。开展湿地保护和退耕还湿，继续推进退牧还草；启动实施新一轮退耕还林还草工程，并扩大范围。实施新一轮退耕还林和草原生态保护奖补政策，执行基本草原保护、草畜平衡和禁牧休牧轮牧制度。

二是加快构建生态环境建设机制。西部生态环境建设需要大量的资金投入，而所提供的生态环境这一公共产品短时期内却难以产生较高的经济回报。因此，必须建立起稳定的、制度化的长效机制，以保障生态环境建设的可持续性。①解决资金来源问题，除继续加大财政转移支付力度外，逐步建立一种低成本、多元化、大规模的稳定投融资渠道。②按照"谁开发谁保护、谁受益谁补偿"原则，进一步完善森林、草原、湿地、荒漠、水流、耕地等领域生态保护补偿机制，保障生态产品的产出能力和生态服务功能的充分发挥。加大中央和省两级财政对均衡性转移支付力度，中央财政在均衡性转移支付项下设立国家重点生态功能区转移支付。逐步建立区域间横向生态补偿机制，并探索资金补偿、产业转移、对口协作、园区共建、人才培训等多元化补偿方式。[1] 积极探索水权交易、碳汇交易等市场化生态补偿模式，鼓励社会资本参与生态补偿。加强顶层设计，完善生态保护补偿相关法律法规。③实行资源有偿使用制度，加快自然资源及其产品价格改革。开展用能权、碳排放权、排污权、水权交易试点，并逐步扩大试点范围。支持具备条件的地区建设区域性碳排放权交易中心。探索建立资源开发补偿机制，科学合理地核算资源成本，进一步完善水、土地、森林、草原、矿产等资源税费政策，建立资源开发补偿保证金制

<hr>

① 国家发展和改革委员会. 西部大开发"十三五"规划［EB/OL］. http://www.ndrc.gov.cn/zcfb/zcfbtz/ 201701/W020170123326950412269.pdf.

度。建立健全生态环境影响评价、清洁生产审核、排污许可、环境信息公开等制度，推进企业环境信用评价、环境污染责任保险、绿色信贷试点。大力推进环保、节能、低碳、节水、可再生循环等绿色产品认证，创建西部有机产品认证示范区。建立生态保护修复和污染防治区域联动机制。

三是加大生态环境保护力度。加强长江干流和乌江、嘉陵江及其支流水环境保护，加快建设绿色生态廊道。保护好三峡库区生态环境，筑牢长江上游生态屏障。加大黄河上游生态修复与保护工作力度，启动实施黄河白银段和宁夏段、甘肃"两江一水"、渭河源头等生态环境综合治理工程。对重要河流采取预防性保护措施，加强高原、草原河流以及湖泊综合治理，加大黄土高原区、秦巴山区、武陵山区、滇桂黔石漠化地区、三峡库区等重点区域水土流失治理，全面推进水源涵养区、江河源头区等水源地环境整治，实施地下水保护和超采漏斗区综合治理。开展土壤治理与修复、水污染治理试点，加大大气污染防治力度，加强重点行业脱硫、脱硝、除尘设施建设和运行管理。在粮食主产区、集约化养殖重点区、蔬菜及设施农业重点区域以及重点流域，布局建设一批农业面源污染综合防治示范区，并分阶段、分区域逐步推广。

3.2.3.2 大力发展特色优势农牧业

西部地区具有发展特色优势农牧业的良好基础和条件，应厚植农牧业发展基础，建构现代农牧业产业体系，形成农牧业发展新格局，促进农牧业增效和农牧民增收。

一是完善农业基础设施。加强特色农业基地、林区、垦区、高产稳产饲草基地等的基础设施建设，重点布局节水型农业基础设施，支持山区因地制宜建设"五小水利"工程，继续实施农村电网改造升级。实施粮食收储供应安全保障工程，完善农产品流通骨干网络及服务功能。

二是优化特色农业结构布局。对农业地区、草原牧区、林区山区的产业发展方向进行准确定位，优化农业生产结构，促进农产品向优势产区集中，完善农业主产区投入和农业补贴制度。进一步提高广西、甘肃、新疆和汾渭平原、河套灌区等农产品主产区的粮食生产能力，加快国家玉米、水稻制种基地建设。重点培育西南水稻、油菜、甘蔗、天然橡胶等产业带，培育西南、西北马铃薯产业带，培育西北优质棉基地和优质酿酒葡萄产业带。按照"一地一类、一县一品"的思路，打造一批特色优势农产品示范基地，大力发展具有地理标志和地域独特性的杂粮、果蔬、茶叶、油料、特色经济林、中药材、家禽、草食畜牧业和特色渔业等产业。在林区山区以及农林、农牧交错区着力发展生态友好型农业，推行种养结合等模式，加快发展粮果复合、果茶复合、林下经济等立体高效农业。拓展农业功能，大力发展休闲观光农业。草原牧区着力发展舍饲半舍饲和传统地方特色草食畜牧业，支持不同类型草原地区开展现代牧业示范区建设。在西南石漠化区、西北生态严重退化地区开展耕地轮作休耕制度试点，探索农牧结合、种养结合等模式。探索"北牧南移"，促进国内畜产品供应基本平衡。

三是大力发展安全农产品生产。立足生态本底，鼓励扩大无公害、绿色、安全农产品生产面积，提高家禽家畜养殖和特色渔业比重，推动西部地区农业向生态化、有机化发展，培育农业新的增长点，促进农业提质增效。结合粮食主产区规模化经营，推动传统粮食生产模式向有机模式转换。瞄准国际国内高端市场，形成一批国际知名的农产品品牌。

四是完善现代农业服务体系。构建产前、产中、产后一体的，包括农资现代流通服务、农产品流通和信息服务、农村社区综合服务、农民专业合作社发展指导服务的多元高效农业服务体系。

五是构建新型农业经营体制。创新农业经营方式，实行集约化家庭经营与产业化合作经营相结合，开展农民以土地经营权入股农民合作社、农业产业化龙头企业试点，在经授权的农村改革试验区稳妥开展农户土地承包权有偿退出试点。

3.2.3.3 加强节能降耗和环境保护

尽量减少对各类资源的消耗，节约集约循环利用资源。实施能耗总量和强度"双控"制度，突出抓好工业、建筑、交通运输、公共机构等领域的节能降耗，严格控制高耗能、高排放行业低水平重复建设。推行水资源消耗总量和强度双控行动，严守"三条红线"，严格执行"四项制度"。推进矿山建设绿色化，促进矿产资源回采率、选矿回收率、综合利用率逐步提高。构建绿色、低碳、循环产业体系，推进产业循环式组合，促进企业循环式生产，加快园区循环化改造。支持甘肃白银开展资源再生利用产业化试点，稳步开展城市矿产示范基地建设。继续推进重点流域和区域水污染防治，对排污权有偿使用和交易进行试点。

3.2.3.4 完善防灾减灾救灾体系

针对西部地区自然灾害发生频率高的现状，建立和健全防灾减灾救灾管理体制和运行机制，提高防灾减灾救灾防御能力。加快自然灾害监测预警、信息管理与服务、风险管理、工程防御、应急处置与恢复重建、区域联防联治等能力建设。对威胁县城、集镇和人口密集区等重大山洪地质灾害实施治理，对威胁农村居民的小型山洪地质灾害实行除危排险和搬迁避让。统筹搞好农房抗震改造。加大基层救灾设施建设和装备配备支持力度，加强各类专业救援队伍建设。推进西部地区救灾物资储备库建设，进一步完善救灾物资储备网络体系。加快科技成果在防灾减灾救灾领域的集成转化和推广应用，加大防灾减灾救灾科学知识普及力度。

3.2.3.5 打赢精准脱贫攻坚战

西部地区贫困发生率远高于东部和中部地区，全国60%的贫困县分布在西部，是国家脱贫攻坚的"主战场"和"硬骨头"。西部地区是少数民族地区、边疆地区、革命老区的重合区域，广泛分布着国家连片扶贫地区，其中居住在深山区、石山区、高寒山区的绝对贫困人口占50%，经济发展后劲不足，贫困现象极为严重，与全国发展差距呈现拉大态势，是这些区域的共同特点，扶贫攻坚难度相当大。

针对西部不同区域的贫困特点，把大兴安岭南麓山区、六盘山区、秦巴山区、乌蒙山区、武陵山区、滇桂黔石漠化区、滇西边境山区等特困地区，以及已明确实施特殊政策的西藏、四省藏区、新疆南疆三地州作为扶贫攻坚的主战场，针对不同贫困类型分类施策。创新扶贫开发模式，加大整村推进、易地扶贫搬迁、以工代赈等扶贫开发力度，逐步通过支持转移就业脱贫、实施易地搬迁脱贫、推进教育支持脱贫、实施社保兜底脱贫、实施生态保护脱贫等，形成精准扶贫强大合力，打赢脱贫这场攻坚战。加大对川陕等革命老区的扶持力度，破解老区基础设施瓶颈制约，加快发展特色优势产业，鼓励和支持农民工返乡创业，加大易地扶贫搬迁投入，进行扶贫小额信贷支持。发挥东西部扶贫协作和中央单位定点帮扶的引领示范作用，建立东西部扶贫协作、对口支援与建档立卡贫困村、贫困户的精准对接机制，建立和完善劳务协作对接机制，完善定点扶贫牵头联系机制。强化国有企业帮扶责任，深入推进央企"百县万村"活动、同舟工程，引导民企开展"万企帮万村"精准扶贫行动。广泛动员社会力量帮扶，加强国际减贫交流合作。[①]

---

① 国家发展和改革委员会. 西部大开发"十三五"规划［EB/OL］. http://www.ndrc.gov.cn/zcfb/zcfbtz/ 201701/W020170123326950412269.

3.3 西部限制开发区域的主体功能定位①

3.3.1 空间范围和区域特征

我国西部国家层面的限制开发区域，与"老少边穷"地区在空间上高度重合。作为我国重要的生态空间和农业空间，其区域特征十分明显。

3.3.1.1 农产品主产区

在我国"七区二十三带"为主体的农业战略格局中，"四区十一带"位于西部地区（见表3.2）。

表3.2 西部地区"四区十一带"农产品主产区

名称	粮食带	范围	农业条件
长江流域主产区	以双季稻为主的优质水稻产业带、以优质弱筋和中筋小麦为主的优质专用小麦产业带、优质棉花产业带、"双低"优质油菜产业带、以生猪、家禽为主的畜产品产业带、以淡水鱼类、河蟹为主的水产品产业带	主要分布在成都平原、江汉平原、洞庭湖平原、鄱阳湖平原和长江三角洲地区等平原地区，以及一些缓坡丘陵地带	长江流域地形平坦，平原连片，土壤肥沃耕地后备资源充足。长江流域大部分地处亚热带季风区，气候温暖湿润，四季分明，年积温高，农作物生长期长，许多地区雨热同季，农业生产的光、热、水、土条件优越
汾渭平原主产区	以优质强筋、中筋小麦为主的优质专用小麦产业带、以籽粒与青贮兼用型玉米为主的专用玉米产业带	陕西省渭河平原（关中平原）的地区，包括西安市的蓝田县和户县，咸阳市的武功县、三原县、泾阳县、礼泉县和乾县，宝鸡市的凤翔县、岐山县、扶风县和眉县，渭南市的富平县、蒲城县、大荔县、合阳县、澄城县等	地势平坦，耕地集中连片，土层深厚，土质肥沃，水土流失轻微。属暖温带半湿润气候，气候东西差异较大。气候条件较好，可以满足一年两熟或两年三熟的需要。农业开发历史悠久，农业机械化程度高
河套灌区主产区	以优质强筋、中筋小麦为主的优质专用小麦产业带	位于内蒙古自治区西部，包括河套—土默川平原农业主产区、西辽河平原农业主产区、大兴安岭沿麓农业产业带	地处干旱的西北高原，降雨量少、蒸发量大，但靠近黄河，有灌溉水源。灌区地形平坦，西南高，东北低。灌区光照充足，昼夜温差大
甘肃新疆主产区	以优质强筋、中筋小麦为主的优质专用小麦产业带和优质棉花产业带	分布在山前冲积—洪积平原，或者是河流沿岸冲积平原，或沿黄河地带、天山山麓北坡和南坡、河西走廊、塔里木盆地和准噶尔盆地的边缘	有灌溉水源，土壤肥沃，热量条件较好，光照充足

资料来源：根据《全国主体功能区规划》和西部相关省份主体功能区规划内容整理而得。

---

① 陈映. 限制开发区域配套政策探析——以西部国家层面的限制开发区域为例 [J]. 经济体制改革，2015（6）：55-56.

（1）长江流域主产区。包括"六带"：即以双季稻为主的优质水稻产业带、优质棉花产业带、以优质弱筋和中筋小麦为主的优质专用小麦产业带、"双低"优质油菜产业带、以生猪、家禽为主的畜产品产业带、以淡水鱼类、河蟹为主的水产品产业带。该主产区主要分布在成都平原、江汉平原、洞庭湖平原、鄱阳湖平原和长江三角洲地区等平原地区，以及一些缓坡丘陵地带。长江流域地形平坦，平原连片，土壤肥沃耕地后备资源充足。长江流域大部分地处亚热带季风区，气候温暖湿润，四季分明，年积温高，农作物生长期长，许多地区雨热同季，农业生产的光、热、水、土条件优越。

（2）汾渭平原主产区。包括"两带"：即以籽粒与青贮兼用型玉米为主的专用玉米产业带、以优质强筋、中筋小麦为主的优质专用小麦产业带。该主产区在西部的范围，是指位于陕西省渭河平原（关中平原）的地区，包括西安市2县、宝鸡市3县、咸阳市5县、渭南市5县。该平原地势平坦，耕地集中连片，土壤以褐土、黄绵土为主，土层深厚，土质肥沃，水土流失轻微。属暖温带半湿润气候，气候纬向差异明显，因而东西差异较大，热量东部优于西部，降水则西部优于东部。气候条件较好，可以满足一年两熟或两年三熟的需要，是黄河中游光热水土条件匹配最好的区域。该主产区农业开发历史悠久，既有丰富的传统农业经验，现代技术装备也较好，水利灌溉发达，农业机械化程度高。

（3）河套灌区主产区。包括"一带"，即以优质强筋、中筋小麦为主的优质专用小麦产业带。该农产品主产区位于内蒙古自治区西部。河套灌区是黄河中游的大型灌区，是中国设计灌溉面积最大的灌区。河套灌区地处我国干旱的西北高原，降雨量少、蒸发量大，但靠近黄河，有灌溉水源，年均过境水量280亿立方米，水质较好，利用黄河灌溉发展农业的历史悠久。灌区地形平坦，西南高，东北低。灌区光照充足，昼夜温差大。

（4）甘肃、新疆主产区。包括"两带"，即优质棉花产业带、以优质强筋、中筋小麦为主的优质专用小麦产业带。该主产区地处干旱、半干旱地区。甘肃、新疆农业主产区分布在山前冲积—洪积平原，或者是河流沿岸冲积平原，有灌溉水源，土壤肥沃，热量条件较好，光照充足。在沿黄河地带、天山山麓北坡和南坡、河西走廊、塔里木盆地和准噶尔盆地的边缘，依靠高山冰雪融水的灌溉，分布着较多的绿洲农业区。①

---

① 国务院法制办公室. 国务院关于印发全国主体功能区规划的通知（国发〔2010〕46号）[EB/OL].（2011-06-08）[2018-07-08]. http://www.gov.cn/zhengce/content/2011-06/08/content_1441.htm.

3.3.1.2 重点生态功能区

在我国"两屏三带"为主体的生态安全战略格局中，有"两屏"（青藏高原生态屏障、黄土高原—川滇生态屏障）、"两带"（北方防沙带、南方丘陵山地带）分布在西部地区。[①] 在全国主体功能区规划中，西部地区国家层面的重点生态功能区有 21 个，占全国的 84%，涉及西部 12 个省（市、区）。

（1）水源涵养型 7 个

水源涵养地森林覆盖率高，水资源丰沛，在涵养水源、调节水文、维护生物多样性等方面发挥了重要作用，对保护生态环境、开发绿洲、促进经济发展等具有较高的生态价值，对全球气候变化有巨大的调节作用。

——大小兴安岭森林生态功能区。其在西部地区的空间范围包括内蒙古自治区的 5 市 3 旗。拥有完整的寒温带森林生态系统，森林覆盖率极高，是我国北方重要的生态安全屏障。但原始森林遭到破坏，生态退化现象严重。

——三江源草原草甸湿地生态功能区。主要包括青海省的 16 个县 1 个镇。该生态功能区是长江、黄河、澜沧江的发源地，是我国淡水资源的重要补给地，被誉为"中华水塔"，集中冰川、雪山、大江大河、高原生物多样性于一体，其生态环境在调节全球气候变化方面具有重要作用。该区域地处青藏高原腹地，是藏民族聚居地区，其经济社会发展对藏区社会稳定，增强民族团结具有十分重要的意义。目前，该区域草地退化、冰川湖泊萎缩、生态系统逆向演替，导致黄河、长江流域的旱涝灾害加剧。

——阿尔泰山地森林草原生态功能区。包括新疆维吾尔自治区的 1 个市 6 个县。该区是额尔齐斯河、乌伦古河的发源地，水资源丰沛，森林茂密，生态价值极高，对北疆地区开发和建设意义重大。目前，草场过牧导致植被遭到破坏。

——甘南黄河重要水源补给生态功能区。位于甘肃省西南部、青藏高原东北边缘，包括甘南藏族自治州的 1 个市 5 个县、临夏回族自治州的 4 个县。青藏高原东端面积最大的高原沼泽泥炭湿地，植被茂盛，传统牧业比较发达，具有重要的生态功能，是黄河重要的水源补给区。目前，草原退化、土地沙化、水土流失严重，湿地、森林锐减。

——祁连山冰川与水源涵养生态功能区。该区域范围：包括青海省的 4 个县、甘肃省的 11 个县。该生态功能区是我国保留最完整的寒温带山地垂直森

---

① 国务院法制办公室. 国务院关于印发全国主体功能区规划的通知（国发〔2010〕46 号）[EB/OL].（2011-06-08）[2018-07-08]. http://www.gov.cn/zhengce/ content/2011-06/08/content _1441.htm.

林——草原生态系统，森林茂密、草原广袤、冰川发育，是珍稀物种资源的基因库，是黑河、大通河、疏勒河等河流的发源地，对维系河西走廊、内蒙古自治区西部和青海东部的绿洲作用巨大。目前，水源涵养功能有所下降，森林草地严重退化。

——若尔盖草原湿地生态功能区。包括四川省的 3 个县。是青藏高原高寒湿地生态系统的典型代表、我国泥炭沼泽湿地集中连片分布的重要区域、长江和黄河重要的水源区、珍稀濒危物种的重要栖息地和繁殖地，生态功能极为重要。目前，潜水面降低，湿地大面积萎缩，人畜不能近的沼泽已经几乎消失；沙化严重，沙化面积大，沙化速度快。湿地退化将直接导致岷江源头环境恶化，危及岷江流域。

——南陵山地森林及生物多样性生态功能区。位于西部的范围包括广西壮族自治区的 4 个县。长江、珠江的分水岭，有着十分丰富的亚热带植被。目前，原始森林遭到破坏，自然灾害频发。

（2）水土保持型 3 个

水土保持型地区有重要的洪水调蓄功能，水环境质量直接影响中下游地区的生产生活。

——黄土高原丘陵沟壑水土保持生态功能区。包括陕西省的 10 个县、甘肃省的 9 个县、宁夏回族自治区的 7 个县 1 个区。黄土范围广大，土层深厚，土地易沙化，直接关系黄河中下游的生态安全。目前，沟道和坡面土壤侵蚀严重，沙土淤积于水库和河道。

——桂黔滇喀斯特石漠化防治生态功能区。包括贵州省 9 个县、广西壮族自治区 12 个县和云南省 5 个县。属喀斯特岩溶生态系统，生态脆弱性极高，水土流失严重，石漠化面积扩大，治理难度非常大。目前，生态系统退化严重，植被覆盖率降低，土地生产能力衰退，人地矛盾突出。

——三峡库区水土保持生态功能区。位于西部地区的范围包括重庆市的 3 个县。库区地貌类型以山地为主，库区地势高低起伏大，山多坡陡，沟壑纵横。雨量充沛，热量丰富，适合亚热带—暖温带—温带多种植物生长。三峡库区是我国最大的水利枢纽工程库区，具有重要的洪水调蓄功能；是全国重要的淡水资源战略储备库、长江中上游重要生态屏障区，水环境关系长江中下游地区的生产生活用水安全。目前，土壤侵蚀严重，水土保持功能减弱，生态系统完整性遭到破坏，地质灾害频繁。

（3）防风固沙型 6 个

防风固沙型地区滥垦、过牧导致草原植被退化、土地沙化严重，沙尘暴频发，水资源严重短缺。

——呼伦贝尔草原草甸生态功能区。包括内蒙古自治区的2个旗。草原产草量高，但草原生态系统脆弱。目前，土地沙化严重，鼠害、虫害频发。

——科尔沁草原生态功能区。包括内蒙古自治区的9个旗1个县。属干旱地区，土地沙漠化严重。目前，土壤盐碱化严重，天然草场严重退化，是我国沙尘暴的主要沙源地之一，使东北、华北地区的生态安全受到威胁。

——浑善达克沙漠化防治生态功能区。包括内蒙古自治区的8个旗1个县。属干旱性地区，沙丘固定或半固定，是华北地区沙尘暴的主要沙源地之一。目前，土地严重沙化，水资源严重缺乏。

——阿尔金草原荒漠化防治生态功能区。包括新疆维吾尔自治区的2个县。保有完整的高原自然生态系统，特有物种十分珍贵。但气候干旱，土地沙漠程度高。目前，土地荒漠化严重，植被稀少使珍稀动植物生存受到威胁。

——阴山北麓草原生态功能区。包括内蒙古自治区的6个旗。土地贫瘠，水资源严重匮乏，土地沙化严重，是华北地区沙尘暴的主要沙源地之一。该区域严重缺水，土地沙化严重，威胁到华北地区的生态安全。

——塔里木河荒漠化防治生态功能区。包括新疆维吾尔自治区的1个市19个县。该功能区是南疆地区的主要水源，对绿洲开发和居民生活影响重大。目前，水资源匮乏，生态系统严重退化，胡杨林等天然植被减少。

（4）生物多样型5个

人口增加以及农业和城市扩张，资源过度开发，过度放牧，外来物种入侵等，使生物多样性受到严重威胁。

——藏西北羌塘高原荒漠生态功能区。包括西藏自治区的5个县。该功能区是兼具保存较为完整的高原荒漠生态系统和野生动物类型的自然保护区，也是中国海拔最高、面积最大的自然保护区。生态地位极其重要，生态价值极为丰富，生态功能极为特殊，素有"野生动物最美家园和最后天堂"之称，藏羚羊、藏野驴、野牦牛、雪豹、黑颈鹤等珍稀特有物种丰富。目前，土地沙化，病、虫灾害频发，生物多样性受到威胁。

——藏东南高原边缘森林生态功能区。包括西藏自治区的3个县。生态类型多样，生物多样性丰富，是许多珍稀濒危野生动植物分布区，天然植被仍处于原始状态，由于交通不便、人为活动干扰较少而处于较好的保护状态中，是我国重要的物种基因库。

——秦巴生物多样性生态功能区。位于西部的范围包括重庆市的2个县、四川省的1个市4个县、陕西省的23个县、甘肃省的5个县1个区。地处亚热带以及亚热带—暖温带过渡地带，包括秦岭、大巴山、神农架等，是我国珍稀动植物的集中分布地区，生物多样性十分突出。该区域水土流失严重，地质灾害多。

——川滇森林及生物多样性生态功能区。包括四川省的 34 个县、云南省的 13 个县。属草地、森林生态系统，森林和植被覆盖率高。目前，水土流失严重，泥石流、干旱河谷、荒漠化和沙化草（土）地治理难度大。

——武陵山区生物多样性及水土保持生态功能区。位于西部的范围包括重庆市的 5 个县。该功能区属典型亚热带植物分布区，是我国生物多样性重点保护区域，区内拥有多种珍稀濒危物种。目前，土壤遭到严重侵蚀，地质灾害多，生物多样性受到威胁。[①]

3.3.2 功能定位和发展方向

3.3.2.1 农产品主产区

（1）总体定位和发展方向

根据国家主体功能区规划，结合西部农业发展现状，西部国家层面农产品主产区的发展方向为：保护好耕地；稳定粮食生产；加强农业基础设施建设；加强农产品加工、流通、储运设施建设；适度集中，集约布局，保障农产品供给安全的空间；构建以国家层面的农产品主产区为主体，以其他农业地区为重要组成的农业发展战略格局。[②]

（2）各主产区的发展方向

——长江流域主产区。全国优质水稻、小麦、棉花、油菜、畜产品和水产品产业带，是国家重要的粮食、油料、生猪等主产区。要优化农业生产力布局，优化农产品结构，打造特色农产品产业带，稳定粮食生产，增强农业综合生产能力。

——汾渭平原主产区。国家农产品主产区的重要组成部分，建设国家优质专用小麦产业基地和玉米基地。严格保护耕地，转变发展方式，提高农业综合生产能力，优化农业产业结构，稳定粮食生产，保障优势农产品和特色农产品供给，促进农民持续增收。

——河套灌区主产区。国家重要的绿色农产品生产基地，重要的优质专用

---

① 国务院法制办公室. 国务院关于印发全国主体功能区规划的通知（国发〔2010〕46 号）[EB/OL]. (2011-06-08) [2018-07-08]. http://www.gov.cn/zhengce/ content/2011-06/08/content _1441.htm.

② 国家发展和改革委员会. 西部大开发"十二五"规划 [N]. 中国经济导报, 2012-02-21.

小麦生产带。调整优化农业生产布局，发展名、优、特、新、专等绿色品牌，提高农业产出效益。在符合主体功能定位的前提下，合理发展农产品加工业，鼓励发展生态旅游业。

——甘肃新疆主产区。国家重要的优质专用小麦产业带和优质棉花产业带。着力保护耕地、草场和农田防护林，大力推进农牧现代化，增强农牧业综合生产能力，增加农牧民收入，保障农牧产品有效供给。加强土地整治和水利设施建设，加强人工影响天气能力建设，优化农牧业生产布局和品种结构，形成稳定的粮食生产和供应能力，建立和完善草原保护制度，对位于区内的点状能源和矿产资源基地建设进行生态环评。

3.3.2.2 重点生态功能区

（1）总体定位和发展方向

根据全国主体功能区规划，结合西部地区生态地理特征，西部国家层面重点生态功能区的功能定位是：保障国家生态安全的重要区域，人与自然和谐相处的示范区。其发展方向为：增强生态服务功能，改善生态环境质量；严格管制各种开发活动，严格控制开发强度，实行更加严格的产业准入环境标准和碳排放标准；因地制宜地适度发展特色产业，积极发展服务业；合理引导人口和产业集聚，集中布局、点状开发；有序推进基础设施建设，加强公共服务体系建设。

（2）各重点生态功能区的发展方向①

——大小兴安岭森林生态功能区。对草原、森林、湿地以及野生动植物资源等加强保护，禁止过牧和滥采乱垦。大力植树造林，加强涵养水源，修复自然生态系统。

——三江源草原草甸湿地生态功能区。三江源地区要把生态保护和建设作为主要任务，全力推进国家级生态保护综合实验区建设，建立生态补偿机制，创新草原管护体制，强化生态系统自然修复功能，建成全国重要的生态安全屏障。加快区域内城镇化进程，积极发展生态畜牧业、高原生态旅游业和民族手工业，点状和有序开发水电、太阳能、风能、地热能、矿产等优势资源。

——阿尔泰山地森林草原生态功能区。以草定畜，控制载畜量，实施牧民定居。治理土壤侵蚀，维护与重建湿地、森林、草原等生态系统，限制或禁止过度放牧、无序采矿、毁林开荒、侵占湿地等行为。在冰川区禁止进行一切开发建设活动；在永久积雪区，除国家和自治区规划的交通运输、电力输送等重

---

① 国务院法制办公室. 国务院关于印发全国主体功能区规划的通知（国发〔2010〕46号）[EB/OL]. (2011-06-08) [2018-07-08]. http://www.gov.cn/zhengce/ content/2011-06/08/content _1441.htm.

要基础设施，禁止进行任何其他开发建设活动。

——甘南黄河重要水源补给生态功能区。保护天然林、高原野生动植物、湿地等，构建黄河上游生态屏障；全面推行禁牧休牧轮牧、以草定畜制度，加强沙漠化防治；实行牧民定居，引导超载人口有序转移。

——祁连山冰川与水源涵养生态功能区。对森林、草原、湿地，尤其是冰川，进行抢救性保护，实行严格的管制措施，保持并提高水源涵养功能。有序引导人口和产业转移，减轻生态系统压力。按照"北防风沙、中兴绿洲、南护水源"的战略方针，加强保护区水源涵养，强化黑河、疏勒河、石羊河三大内陆河流域综合治理，实施天然林保护、退耕还林还草、退牧还草、水土流失和沙化土地综合治理、生态移民等生态保护和建设工程。发展特色农业和绿洲节水高效农业。

——若尔盖草原湿地生态功能区。通过湿地封育、填沟保湿、退牧还湿等工程措施遏制湿地退化；禁止发展破坏湿地水源涵养功能的产业，禁止侵占湿地开发草场，禁止泥炭开发。推进水源涵养、水温调节以及维系生物多样性和防治土地沙化。保护天然林草、围栏封育，治理水土流失，维护湿地生态功能。在保护生态环境的前提下进行自然资源和人文资源的合理开发，发展特色生态旅游业，合理发展畜牧业及相关产业。

——南陵山地森林及生物多样性生态功能区。大力推进长江防护林、退耕还林、封山育林和荒山造林、野生动植物保护和自然保护区建设等工程，实施低效林改造、中幼林抚育，提高森林质量，维护和重建山地森林生态系统。加强对自然生态走廊和野生动植物栖息地的严格保护，维持野生动植物物种和种群平衡。

——黄土高原丘陵沟壑水土保持生态功能区。对水土流失进行综合整治，退耕还林还草，封山育林育草，恢复退化植被。加强小流域综合整治，加强矿山环境整治，促进生态环境恢复，避免造成新的水土流失。

——桂黔滇喀斯特石漠化防治生态功能区。恢复林草植被，加强水土流失治理，保护和恢复植被、湿地。种草养畜，因地制宜发展草食畜牧业。加强基本口粮田和农村能源建设。有序推进生态移民。

——三峡库区水土保持生态功能区。实施流域综合整治，治理污染较重的次级河流。加强养殖污染治理，严格水功能区纳污能力考核，保障水环境安全。开展饮用水水源地污染治理，保障饮水安全。大力推广沼气池，发展小水电站，合理利用与保护水土林业资源。从根本上消除开矿、挖沙、陡坡开垦和破坏林地等人为因素导致的水土流失。

——呼伦贝尔草原草甸生态功能区。加强草原生态保护与建设，全面落实奖补政策，实行休牧、轮牧、禁牧制度，平衡草畜，积极发展设施畜牧业。加强重点区域、重点流域的生态建设和环境保护。

——科尔沁草原生态功能区。全面落实草原生态保护奖补政策，加强草原自然保护区建设。加强防风固沙林建设，积极推进草原沙化、草地沙化治理；推进新一轮退耕还林还草，采取退牧、禁牧、休牧、划区轮牧等方式，改善自然生态环境。

——浑善达克沙漠化防治生态功能区。继续退耕还林和退牧还草，营造防风固沙林，恢复草原植被；以草定畜，严控载畜量；转变畜牧业生产方式，实行禁牧休牧和生态移民。

——阿尔金草原荒漠化防治生态功能区。设置放牧和旅游区范围，减少人类活动对草原的破坏。加大退牧还草、退耕还林和防沙治沙力度，恢复草地植被。保护沙区湿地，对新建水利进行充分论证和审慎决策，禁止发展高耗水工业。封禁管理主要沙尘源区、沙尘暴频发区。

——阴山北麓草原生态功能区。退耕还林，退牧还草，禁牧休牧和划区轮牧；加强耕地、草地保护，防治耕地、草地沙化或盐碱化；有序推进生态移民。

——塔里木河荒漠化防治生态功能区。合理开采和利用地表水、地下水，保护和节约水资源；优化农牧业结构，转变农牧生产方式；禁止滥垦草原，防治沙化面积扩大；对干旱区内陆河流进行科学规划和有效管理。

——藏西北羌塘高原荒漠生态功能区。重点保护野生动物重要分布区、产仔地、迁徙通道，以及人为活动频繁的要道、要塞、要点等生态敏感区域。加强草原草甸保护，严格草畜平衡，保护野生动物，防范盗猎。

——藏东南高原边缘森林生态功能区。禁止滥捕滥采野生动植物，维护自然生态系统的完整性，保护重要物种栖息地。防御外来物种入侵，防止外来有害物种破坏生态系统。

——秦巴生物多样性生态功能区。加强生物多样性保护，促进生物多样性恢复，遏制或减少生物多样性损失。

——川滇森林及生物多样性生态功能区。修复森林生态系统，保护和恢复湿地，治理沙化土地和退化草地，基本实现草畜动态平衡。

——武陵山区生物多样性及水土保持生态功能区。继续通过退耕还林恢复森林植被和生物多样性，维持自然生态系统的稳定性。加强重点区域的水土保持，防治水土流失。加强生态修复和环境综合整治，最大限度地减少人为活动造成的新的环境问题。

3.4 西部限制开发区域现有配套政策分析

配套政策的制定和实施，有利于帮助限制开发区域处理好开发与发展、政府与市场、局部与全局以及和其他开发区域之间的关系，从而实现国土资源的协调、和谐、稳定、平衡发展的政策目标。自 2010 年《全国主体功能区规划》（以下简称"规划"）颁布以来，中央制定和实施了一系列配套政策来支持限制开发区域的发展。西部地区限制开发区域分布较广，根据其主体功能定位和发展方向，建构相对科学、合理和有针对性的配套政策体系，可以为全国限制开发区域的发展提供重要的政策借鉴。

3.4.1 西部限制开发区域配套政策实施情况

西部地区地域广阔，限制开发区域众多，基本以县级行政单元进行划分。但由于县的数量众多，且限制开发区域与行政区域划分又不完全重叠。因此，为了能较好地反映配套政策的实施成效，本章将西部地区的各类限制开发区域进行整合汇总，选择地级市为单位，将辖区内超过 75% 的县级行政单元都是限制开发区域的地级市，视为代表性限制地区。同时，鉴于数据的可得性和可比性，主要选择西部各省（市、区）中具有代表性的地级市（见表 3.3），从农

表 3.3　　　　　　　　　西部限制开发区域的代表性地区

省份	代表性地区
陕西省	汉中市、安康市、杨陵区
甘肃省	庆阳市、临夏州、甘南州
四川省	阿坝藏族羌族自治州、甘孜藏族自治州
青海省	果洛、玉树
宁夏回族自治区	吴忠市、固原市
新疆维吾尔自治区	阿勒泰地区、喀什地区、克州
内蒙古自治区	通辽市、巴彦淖尔市
广西壮族自治区	河池市、崇左市
云南	迪庆藏族自治州、西双版纳自治州
贵州省	毕节、黔西南布依苗族自治州
重庆市	巫山县、巫溪县、武隆区、酉阳县、石柱县

说明：由于西藏的数据缺失太多，故仅选择除西藏外的其他 11 个省(市、区)的代表性地级市。

业综合发展能力、社会发展能力和提供生态产品的能力三个方面，对其配套政策实施成效进行分析。

3.4.1.1　农业产业发展能力逐步增强

（1）农林牧渔产值不断增加

从绝对总量来看，西部限制开发区域的农林牧渔总产值不断增加，从2006年的47.96亿元上升到2015年的72.99亿元，实现了稳步增长。10年间西部限制开发区域的农林牧渔总产值翻了一番，年均增加2.5亿元（见图3.4）。其中，限制开发区域的粮食总量稳步增长最为明显，从2006年1 888.21万吨上升到了2015年2 434.91万吨（如图3.5所示）。

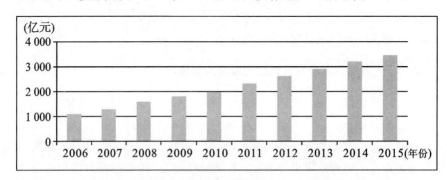

图3.4　西部限制开发区农林牧渔总产值变化态势图

资料来源：根据《2006—2015年国民经济与社会发展统计公报》相关数据整理得出。

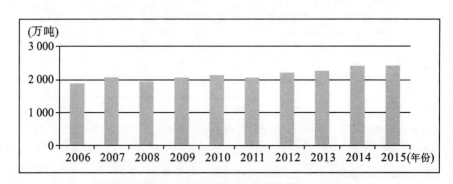

图3.5　西部限制开发区粮食总产量变化态势图

资料来源：根据《2006—2015年国民经济与社会发展统计公报》相关数据整理得出。

从增幅来看，2006—2009年，农林牧渔总产值增长幅度呈现"先增后减"的变化态势（如图3.6所示）。这主要是过去都是通过扩大种植面积、过度放牧等不合理的开发方式来增加产值，这样的增长缺乏持续性，一旦资源枯竭，增长幅度自然就会下降。但从2010年限制开发区域配套政策陆续颁布实施之后，粗放式开发方式得到了有效地遏制，农业发展与环境保护齐头并进，农业内部结构逐步优化，单位面积产值提高，农林牧渔总产值增长幅度提高，年均增幅超过 10%。

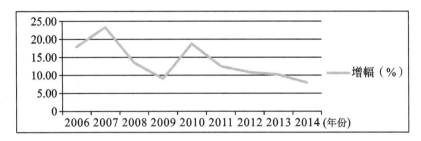

图 3.6 西部限制开发区农林牧渔总产值增幅变化态势图

资料来源：根据《2006—2015 年国民经济与社会发展统计公报》相关数据整理得出。

从农林牧渔业人均产值来看，2010—2015 年 6 年间，西部各省份限制开发区域的农林牧渔人均产值整体呈上升趋势。如图 3.7 所示，从 2010 年的 5 000元左右，增加到 2015 年的 10 000 元左右，整整翻了一番。2015 年云南省人均产值最高，新疆、陕西省第二、三位，贵州居末位。其中，云南省人均产值从2010 年的 8 083 元，增加到了 2015 年的 15 220 元，年均增幅为 13.84%；虽然贵州人均产值垫底，2015 年仅为 5 720 元，但 2010—2015 年间年均增幅高达20.34%，是西部限制开发区域中增幅最高的省份。这表明西部限制开发区域在相关配套政策的扶持下，农业总体发展态势良好，农民生活水平明显提高。

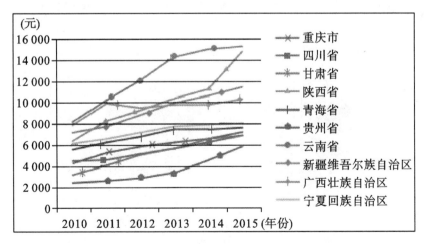

图 3.7 2010—2015 年西部限制开发区域农林牧渔人均产值变化态势

资料来源：根据《2010—2015 年国民经济与社会发展统计公报》相关数据整理得出。

从粮食人均产值来看，2010 年西部限制开发区域粮食人均产量为 0.45 吨/人左右，2015 年提高到 0.54 吨/人，产量稳步增长。2015 年西部限制开发区域粮食人均产值大部分地区在 0.5 吨以上，只有四川、陕西、青海、贵州、广西粮食人均产值低于 0.5 吨（如图 3.8 所示）。从油料地均产值来看，该地区地均产量从 2010 年的 0.1 吨/666.67 平方米左右，增加到 2015 年的 0.13 吨/666.67 平方米。其中四川、陕西、新疆油料地均产值超过 0.15 吨/666.67 平方米（如图 3.9 所示）。因此，从整体来看，西部限制开发区域普通农产品提供能力较强，较好地满足了人们对一般农产品的需要。

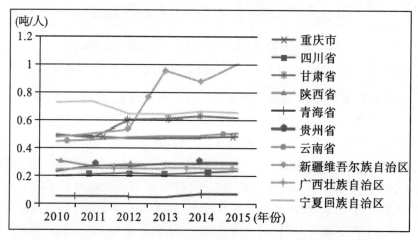

图 3.8　2010—2015 年西部限制开发区域各省粮食人均产值变化态势图

资料来源：根据《2010—2015 年国民经济与社会发展统计公报》相关数据整理得出。

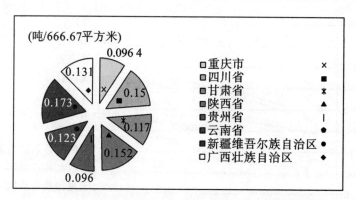

图 3.9　2015 年西部各省（市、区）油料地均产量示意图

资料来源：根据《2015 年国民经济与社会发展统计公报》有关相关数据整理得出。

（2）限制开发区域独具特色的农业格局初步形成

随着西部限制开发区域发展目标的不断明确，在国家资金和配套政策的支持下，西部限制开发区域加快了发展的步伐，在充分发挥资源优势的前提下，将传统农业和多种特色农业结合起来，初步形成了独具特色的农业格局，不但完成了经济社会发展和环境保护的双重目标，也增强了区域自我发展能力。

以新疆为例，新疆的限制开发区域已经形成了特色农业和畜牧业齐头并进的新格局。新疆的经济作物产量高、质量优，包括油料、棉花和甜菜等，但是过去由于缺乏有效的政策支持，新疆地区的特色经济作物外销渠道单一，内部又消化不了，影响了当地人民收入的提高。《规划》颁布后，新疆大部分地区被划为限制开发区域后，在国家一系列配套政策的支持下，区域内的特色经济作物种植业得到了大力发展（见表3.4）。2010年后，油料、棉花的产量都有了较大幅度的提高，2010年油料产量翻了近一番，2011年后持续增加。

表3.4　　　2006—2015年新疆限制开发区特色经济作物产量表　　　单位：吨

经济作物	2006	2007	2008	2009	2010	2011	2012	2013	2014	2015
油料	35 097	57 923	77 292	60 771	120 360	132 278	167 855	138 218	130 239	97 900
棉花	360 583	366 201	373 647	314 898	323 300	355 756	380 030	364 008	958 271	817 500
甜菜	183 600	90 600	7 700	46 000	25 900	23 800	24 780	26 100	19 600	14 800

资料来源：根据《2006—2015年新疆维吾尔族自治区国民经济与社会发展统计公报》相关数据整理得出。

在限制开发区域配套政策的支持下，新疆对农产品种植结构进行了调整，使各种特色农产品的产量均保持在一个较高水平，而且随着结构的调整优化，大部分特色农产品产量还实现了稳步增加。比如瓜果类的产品，在2010年刚刚颁布《规划》时，为了保护环境，减少了瓜果类农产品的种植面积，产量有所下降。但随着国家层面限制开发区域配套政策的进一步落实，该地区瓜果类的产量开始回升并且逐年增加，2015年较2011年增长了69.66万吨，年均增长幅度近10%（见表3.5）。

新疆地广人稀，草场众多，适合发展畜牧业。2010年《规划》颁布后，国家层面的配套政策对其限制开发区畜牧业发展的目标进行了有效调整，促进了当地畜牧业发展和环境承受能力的匹配，避免了过度放牧，让牲畜存栏量保持在一个相对稳定的水平上，年均为210万头（见表3.6），促进了畜牧业的持续发展。

表 3.5 　　　　2008—2015 年新疆限制开发区特色农产品产量表 　　　单位：吨

特色农产品	2008	2009	2010	2011	2012	2013	2014	2015
瓜果类	2 504 935	2 875 877	2 517 741	2 435 443	2 766 000	2 930 242	2 890 863	3 132 000
枸杞	412	403	362	340	452	472	464	—
打瓜籽	27 534	28 605	38 498	50 825	48 044	52 518	63 120	
苜蓿	150 338	142 515	150 371	165 891	186 811	216 952	255 131	—
葡萄	72 637	80 745	84 241	65 213	79 722	82 242	85 248	87 200
杏	31 198	103 674	105 507	115 764	125 861	105 799	90 033	90 500
石榴	820	836	850	811	944	956	1 598	1 000

资料来源：根据《2008—2015 年新疆维吾尔自治区国民经济与社会发展统计公报》相关数据整理得出。

表 3.6 　　　　2006—2014 年新疆限制开发区内大型牲畜年末存栏量 　　　单位：万头

大型牲畜	2006	2007	2008	2009	2010	2011	2012	2013	2014
牛	144.2	150.65	156.93	160.87	162.67	160.66	155.91	155.49	144.2
马	16.18	16.51	17.35	17.53	66.55	14.58	14.65	15.24	16.18
驴	49.62	48.47	48.69	49.43	48.85	48.54	47.7	46.44	49.62
总量	210	222.97	227.83	278.07	223.78	218.26	217.17	210	210

资料来源：根据《2006—2014 年新疆维吾尔自治区国民经济与社会发展统计公报》《新疆统计年鉴》《新疆生产建设兵团统计年鉴》相关数据整理得出。

3.4.1.2 社会发展能力增强

（1）社会事业发展的公共财政预算投入显著增长

过去 10 年，西部限制开发区域的公共财政预算支出不断增加。2006 年西部限制开发区的公共预算支持为 679.56 亿元，2015 年上升为 4 888.18 亿元，增加了 6 倍多（如图 3.10 所示）。特别是 2010 年公共财政预算支出相对于 2009 年大幅度增加，增加了 623.48 亿元，极大地促进了各项社会事业的发展。

通过扩大公共财政预算支持社会公共事业的发展，使人们切实享受到经济发展带来的丰硕成果。同时，在财政、教育、社会保障等相关配套政策的支持下，西部限制开发区农民年均收入不断增加，参加新型农村合作医疗保险人数逐年增加。总之，西部限制开发区域在相关配套政策的支持下，社会发展能力总体提升，人们生活质量得到了极大的改善。

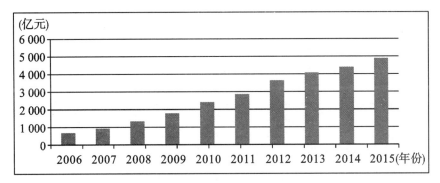

图 3.10　2006—2015 年西部限制开发区公共财政预算支出变化态势图

资料来源：根据《中国统计年鉴》（2007—2016 年）相关数据整理得出。

（2）基本公共服务水平不断提高

要提高人们的生活水平，改善人们的生活质量，提高社会发展能力，完善基本公共服务是关键。自西部大开发战略实施以来，西部地区的基本公共服务水平不断提高，但和东部发达地区相比，还仍处于相对落后的水平。2010 年《规划》颁布之后，随着国家相关配套政策的逐步落实，西部限制开发区域的基本公共服务水平有了较大的提高。

一是从西部限制开发区人均公共服务预算开支来看，国家大幅度增加了西部限制开发区的公共预算支出。2010—2015 年 6 年间，四川省人均公共预算增长最多，从 2010 年的 12 100 元，增加到了 2015 年的 27 160 元，年均增幅达 16.67%。2015 年新疆、甘肃、四川三地人均公共服务预算突破了 1 万元（如图 3.11 所示），与当年全国人均公共服务预算支出 11 096 元持平，略高于广东省人均公共服务预算支出的 8 535 元。[①] 为提高西部限制开发区域公共服务设施建设能力，提供了有利的资金保障。

二是从西部限制开发区域公共卫生事业发展状况来看，西部地区卫生事业取得长足发展。每千人拥有卫生技术人员数从 2010 年的 3 人左右，增加到了 2015 年的 5 人左右（如图 3.12 所示），与全国平均水平基本相当。陕西省每千人卫生技术人员拥有量最高，超过 6 人；云南省每千人卫生技术人员拥有量增幅最高，年均增幅达到 20.14%。新型农村合作医疗保险的参合率全部在 85% 以上，西部限制开发区域人民接受医疗服务的权利得到了更好的保障，虽然还远远不能满足西部限制开发区域人们对于医疗服务的需求，但相较于过去，已经得到了极大的改善和提高。

---

① 根据《中国统计年鉴 2015》相关数据计算得出。

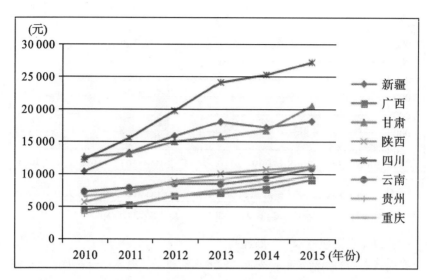

图 3.11　2010—2015 年西部限制开发区域人均公共服务预算开支情况

资料来源：根据《中国统计年鉴》《国民经济与社会发展统计公报》（2011—2016 年）相关数据整理得出。

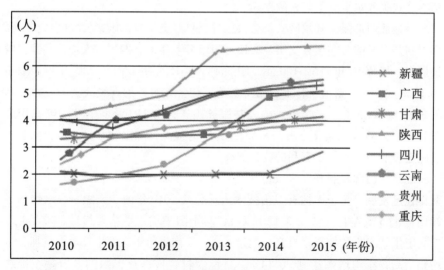

图 3.12　2010—2015 年西部限制开发区域卫生技术人员变化状况示意图

资料来源：根据《2010—2016 年西部各省国民经济与社会发展统计公报》相关数据整理得出。

　　总之，西部限制开发区的社会发展能力显著提高，不管是人们的收入水平、还是享有的基本公共服务数量和质量都得到了极大的改善，在国家配套政策的支持下，西部限制开发区域人民正一步步走上幸福生活的康庄大道。

3.4.1.3 提供生态产品的能力显著增强

（1）西部限制开发区域环境治理投入不断增长

西部限制开发区域的配套政策充分考虑到了其功能地位和发展方向，即在发展经济、提高人们生活水平的同时，注重兼顾环境保护，改善限制开发区域的生态环境，造福子孙后代。过去10年，西部各省限制开发区域污染治理投资不断增加，特别是2010年之后，其投资总额保持在一个较高水平，且逐年小幅度增加。到2014年，西部限制开发区域的环境污染治理投资已经达到244.55亿元，占该地区财政预算总额的5%（如图3.13所示）。这表明国家和当地政府越来越重视限制开发区域环境污染治理，做到"边污染边治理"而不是"先污染再治理"，有效地兼顾了环境保护与经济效益的协调发展。

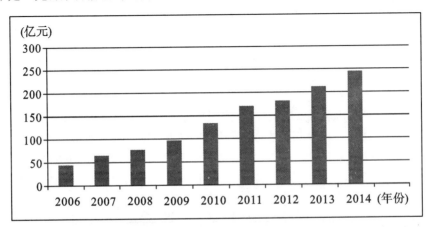

图3.13　西部限制开发区域污染治理投入变化态势图
资料来源：根据《中国环境统计年鉴》（2007—2015年）相关数据整理得出。

从环境污染治理投入和全年工业增加值之间的比值来看（比值越小，说明该地在工业增加中环境治理成本越小，体现了发展兼顾环境保护的目标）。除新疆外，其余各省市自治区这一比值整体呈下降趋势（如图3.14所示），7省市2014年的均值为0.03左右，甘肃、云南、四川和贵州均低于全国平均水平0.042。其中，陕西省和云南省减少幅度最大，分别从2010年的0.12、0.06，减少到2014年的0.08和0.02。说明西部绝大多数限制开发区域在工业发展的过程中注重了环境的保护，并未以破坏环境为代价，符合限制开发区域功能定位和发展目标。

（2）生态产品供应能力增强

生态产品主要选择造林面积、空气指数（一年中空气优良的天数）、工业废水排放量、水土流失治理面积等。

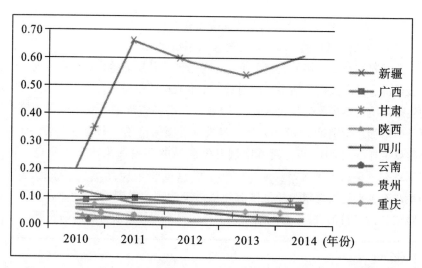

图 3.14　2010—2014 年西部限制开发区域单位工业增加值污染治理投入比

资料来源：根据《中国环境统计年鉴》（2014）、《2014 年国民经济与社会发展统计公报》相关数据整理得出。

首先，西部限制开发区域造林面积连年增长，水土保持状况日趋良好，生态环境持续优化。2010 年造林总面积为 13.97 万公顷，2015 年增加到了 20.94 万公顷。其中，重庆、陕西、甘肃、青海、贵州的造林面积都超过 2 万公顷（如图 3.15 所示），这一发展趋势有利于涵养水源、保持水土、减少沙尘，极大地改善了西部限制开发区域的生态环境。

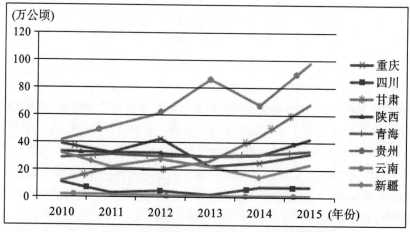

图 3.15　2010—2015 年西部限制开发区域造林面积状况示意图

资料来源：根据《2010—2015 年西部各省国民经济与社会发展统计公报》《中国统计年鉴》（2011—2016 年）相关数据整理得出。

其次，除了新疆、宁夏，其余省份空气指数都有不同程度的改善。2010年西部限制开发区域空气达到优良的天数为320天左右，重庆市、甘肃省、青海省和广西壮族自治区空气情况较好，优良天数超过340天，但是新疆维吾尔自治区和宁夏回族自治区空气指数较差，优良天数仅为255天。2015年6个省份优良天数超过了340天（如图3.16所示），空气质量明显好转，仅有宁夏一省的空气优良天数为270天。但随着限制开发区域配套政策的进一步落实，造林面积正在逐步增加，空气质量状况也日渐向好。

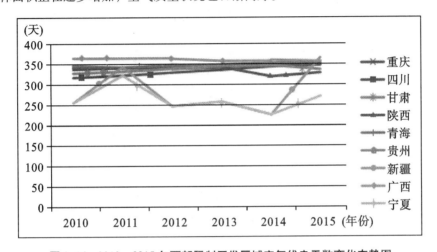

图 3.16　2010—2015 年西部限制开发区域空气优良天数变化态势图

资料来源：根据《西部各省国民经济与社会发展统计公报》（2010—2015 年）、《中国统计年鉴》（2011—2016 年）相关数据整理得出。

再次，从水土流失治理面积来看，西部限制开发区域水土流失治理面积从2010年14.68万公顷，增加到了2015年的19.79万公顷，净增加了5.1万公顷，年均增幅为6.5个百分点。2010年水土流失治理面积达到3万公顷的，只有甘肃、陕西两省，2015年面积超过3万公顷增加到了甘肃、陕西、新疆维吾尔自治区三个（如图3.17所示）。

最后，从工业废水排放量来看，在国家产业政策和环保政策的引导下，西部限制开发区的工业废水排放量有所下降，以广西壮族自治区的限制开发区域为例，2011年和2012年，崇左市的工业废水排放量都在9 000万吨以上，但是随着国家针对性政策的制定和实施，2013年崇左市的工业废水排放量减少到了3 885万吨，而2014年进一步减少到了3 490万吨；广西河池市的减少幅度更大，从2013年的23 110万吨，下降到了2014年的15 751万吨。

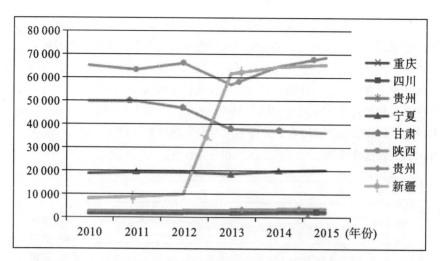

图 3.17 2010—2015 年西部限制开发区域水土流失治理状况示意图

资料来源:《中国水利统计年鉴》(2011—2016 年)、《中国统计年鉴》(2011—2016 年)、《国民经济与社会发展统计公报》(2010—2015 年) 相关数据整理计算得出。

总之,促进西部限制开发区域发展的配套政策实施效果明显,造林面积不断扩大,植被覆盖率明显上升,空气质量提高,全年空气质量优良的天数不断增加,水土流失治理面积不断增加,工业废水排放处理投资增加,减少了不达标工业废水的排放量。基本上实现了改善生态环境,持续性发展的战略政策目标,为西部限制开发区未来的发展打下了坚实的基础,也为国家其他限制开发区域配套政策的实施提供了有益的借鉴。

3.4.2 西部限制开发区域配套政策绩效评价

3.4.2.1 指标体系设计

限制开发区域分为重点生态功能区和农产品主产区两类。根据主体功能区规划,限制开发区域的绩效考核应弱化工业化、城镇化、经济增长等经济类指标,强化提供生态产品的能力和农业综合发展能力,注重以环境保护和生态建设投入、农产品和生态产品生产、特色产业和特色产品供给、社会基本公共服务持续发展作为其绩效评价的重点。

本研究将西部限制开发区域配套政策绩效评价分为农业综合发展能力、提供生态产品能力和社会发展能力三个方面 (见表 3.7)。将农业综合发展能力分为农产品生产力、特色产业和特色生态产品两个方面,包括"农林牧渔"人均产值、粮食人均产值、代表性经济作物地均产量、猪年末存栏量、大型牲畜年末存栏量、旅游业人均产值、特色农产品地均产值和单位工业增加值污染

表 3.7　　　　西部限制开发区配套政策绩效评价指标体系

目标层	中间层	指标层
农业综合发展能力（1/3）	农产品（1/6）	"农林牧渔"人均产值（1/18）
		粮食人均产值（1/18）
		代表性经济作物地均产量（1/18）
	特色产业和特色产品（1/6）	猪年末存栏量（1/30）
		大型牲畜年末存栏量（1/30）
		旅游业人均产值（1/30）
		特色农产品地均产量（1/30）
		单位工业增加值污染治理投入比（1/30）
提供生态产品能力（1/3）	生态建设投入（1/6）	地均财政环保预算（1/12）
		污染治理地均投入（1/12）
	生态产品供应（1/6）	造林面积（1/24）
		空气指数（1/24）
		单位工业增加值废水排放量（1/24）
		水土流失治理面积（1/24）
社会发展能力（1/3）	基本公共服务发展（1/3）	人均公共预算支出值（1/15）
		农民年人均纯收入（1/15）
		每千人拥有卫生技术人员（1/15）
		城乡居民医疗保险参保率（1/15）
		减贫人数（1/15）

治理投入比 8 个具体指标；提供生态产品的能力则包括生态建设保障力（生态建设投入）、生态产品供应力两个方面，具体包括财政环保地均预算、污染治理地均投资、造林面积、空气指数、工业增加值废水排放量和水土流失治理面积 6 个具体指标；社会发展能力主要指基本公共服务和社会事业发展能力，由人均公共财政支出值、农民年人均纯收入、每千人拥有卫生技术人员、城乡居民医疗保险参合率和减贫人数 5 个指标构成。

——"农林牧渔"人均产值。该指标主要用于衡量农业的产出能力，用当年农林牧渔总产值与户籍人口数之比表示。

——粮食人均产量。该指标用于衡量限制开发区域粮食的供应能力和保障能力，具体用当年粮食作物（包括麦类、豆类、稻类、薯类等统计常用种类）产量与当年的户籍人口数之比表示。

——代表性经济作物地均产量。该指标表示各地区农业增收能力，用各个地区主要的经济作物产量之与行政区域面积之比表示。

——猪年末存栏量。该指标表示各地区特色养殖业的发展情况，由地区年末生猪存栏量衡量。当然，并不是西部所有地区都以生猪养殖为主要的特色产业，但大体上非草原地区以生猪为主，草原地区则以大型牲畜为主，该指标与大型牲畜年末存栏量一样，都用以衡量地区特色养殖业发展情况。

——大型牲畜年末存栏量。该指标主要用于衡量地区特色养殖业发展状况，由地区年末牛、羊、马、骆驼等大型牲畜存栏量之和表示。

——旅游业人均产值。该指标表示地区旅游产业发展状况，用旅游业综合收入与户籍人口之比表示。

——特色农产品地均产量。该指标衡量特色农业发展情况。与特色养殖业畜牧业相同，各地区特色农产品各不相同，以特色农产品产量总和为分子，面积为分母，得出地均特色农产品产量。

——单位工业增加值污染治理投入比。该指标用于衡量工业收益每增长一个单位，消耗的环境治理成本。由污染治理投资总额除以工业增加值得出。这是一个负向指标，得数越小越好，说明工业发展中的污染治理成本越小。

——地均财政环保预算。该指标主要用于衡量限制开发区生态保护和环境治理的保障能力、财政的投入情况。由当年财政预算支出中的生态保护和环境治理预算支出与行政区域面积之比得出。由于2007年国家财政预算会计科目改革，前后统计数据口径发生了变化，因此数据会有一定差异，但并不影响各地区地均值的比较。

——污染治理地均投入。该指标主要用于衡量地区生态建设的融资情况，用当年污染治理投入总额与行政区域面积之比表示。

——造林面积。用于衡量地区生态改善情况，退耕还林实施状况。以当年统计值为准。

——空气指数。用于衡量地区大气改善状况，以优良二级空气天数为衡量标准。

——单位工业增加值废水排放量。该指标用于衡量每增加一个单位的工业增加值所产生的废水排放量，是负项指标，比值越小越好。用当年工业废水排放量与当年工业增加值之比表示。

——水土流失治理面积。用于衡量生态环境恢复情况。

——人均公共预算支出值。该指标用于衡量地区公共服务支出的人均享有状况。用当年的公共预算支出与常住人口之比表示。原因在于公共预算支出多表现为服务的形式，多数服务只有常住人口才能享受。

——农民年人均纯收入。指农村住户当年从各个来源得到的总收入相应地扣除所发生的费用后的收入总和。

——每千人拥有卫生技术人员。该指标用于衡量地区医疗卫生服务发展水平。卫生服务人员由医生（包括助理医师）、护士构成，其和与地区人口相比，再乘以 1 000 得出。

——城乡居民医疗保险参保率。该指标用于衡量地区社会保障发展水平。该指标年份不同，构成结果略有差异。城镇居民医疗保险实施前，该数据由农村居民参保人数与农村人口之比表示；城镇居民医疗保险实施后，则由（农村居民参保人数+城镇居民参保人数）／（城镇居民人口数-城镇职工医保参保人数+农村居民参保人数）得出；城乡居民医保合并后，则由城乡居民参保人数／（户籍人数-城镇职工参保人数）。但一般情况下，各地区会公布参保率，并以此为准。

——减贫人数。该指标主要用于衡量地区贫困治理情况。绝大部分地区的数据由统计年鉴直接给出，个别地区数据则由上下两年贫困人口相减得出。

3.4.2.2　评价方法

绩效分析方法众多，生产函数、熵值法、数据包络法、层次分析法（AHP）都是常见的方法，本研究在实际数据获得的基础上，选择 AHP 层次分析法，通过评分的形式，从农业综合发展能力、提供生态产品能力和社会发展能力三方面比较西部地区限制开发区域配套政策绩效。层次分析法适用于定性定量结合分析，通过指标之间的两两对比，确定每个备选方案的权重，利用权重数将方案排序，得出备选方案的优劣次序，支持决策。

首先，建立层次结构模型。如图 3.18 所示，西部限制开发区域政策绩效结构模型分为四层：目标层、中间层、准则层和备选方案。其中目标层是政策绩效，是决策的目的和需要解决的问题；中间层包括了农业综合发展能力、提供生态产品能力和社会发展能力三个方面，是决策需要考虑的因素；准则层则是具体指标，包括"农林牧渔"人均产值、粮食地均产值、经济作物地均产值、猪/大型牲畜存栏量、旅游业人均产值等18个具体指标。备选方案是指决策的排序对象，包括新疆、甘肃、陕西等11个省（市、区）。[①]

其次，构建对比矩阵。层次分析结果的关键是备选方案在准则层指标体系中进行两两对比，层次分析法中的两两对比结果由 9 个标度衡量。1 表示两个因素相比同等重要；2 表示两个因素中，一个因素比另一个稍微重要；5 表示

---

① 由于数据限制，在实证过程中西藏数据缺失太多，未能进行层次排序分析。

两个因素中，一个因素比另一个因素明显重要；7 表示两个因素中，一个因素比另一个因素强烈重要；9 表示两个因素中，一个因素比另一个因素极端重要；2、4、6、8 则为以上相邻判断的中间值。

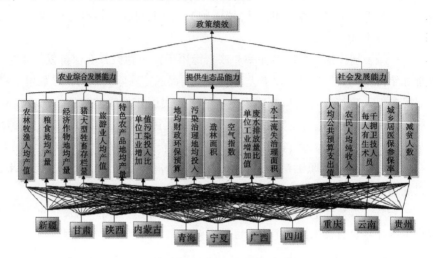

图 3.18　层次模型图

如图 3.18 所示，西部限制开发区域配套政策绩效对比矩阵四层指标体系中共有 22 个判断矩阵（见表 3.8）。

表 3.8　　　　　　西部限制开发区域配套政策绩效对比矩阵

	贵州	云南	重庆	四川	广西	宁夏	青海	内蒙古	陕西	甘肃	新疆
贵州		1/7	1/2	1/8	1/3	1/2	1/2	1	1/3	1/2	1/3
云南			6	1/2	5	6	6	7	5	6	5
重庆				1/7	1/2	1	1	2	1/2	1	1/2
四川					6	7	7	8	6	7	6
广西						2	2	3	1	2	1
宁夏							1	2	1/2	1	1/2
青海								2	1/2	1	1/2
内蒙古									1/3	1/2	1/3
陕西										2	1
甘肃											1/2
新疆											

再次，两两排序及一致性检验。进行两两对比、排序，将确定好的度标填入相应的空格内。由于矩阵值是由两两方案对比产生，要求各方案之间对比结果应符合一贯性。在数量上一般衡量对比矩阵 A（$n>1$ 阶方阵）一致性的指标为 CR，CR＝CI/RI，其中 CI 是不一致程度指标。一般来说，CI<0.1 被视为一致，大于 0.1 则未通过检验。

$$CI = \frac{\lambda_{\max(A)} - n}{n - 1}$$

RI 的求取方法：对于固定的 n，随机构造成对比矩阵 A，其中矩阵中的元素 a_{ij} 是从 1，2，3，…，9，1/2，1/3，…，1/9 中随机抽取的。这样的矩阵 A 是不一致的，取充分大的子样得到 A 的最大特征值的平均值，即为 RI。

最后，层次排序及一致性检验。层次排序主要是指在决策目标下，确定中间层之间、中间层各自所属的准则层中各指标之间的排序和权重关系。这一过程是从高层次到低层次依次进行的，同样要求一致性检验，CI<0.1 才能通过检验。层次排序的标度一般由专家问卷调查的方式获得，这里默认农业综合发展能力、提供生态产品能力和社会发展能力三指标权重均等，各自分支模块均等，后文将详细描述层次排序方式。

3.4.2.3 地区和数据选择

首先，选择研究数据源头。一方面，国家限制开发区域以生态功能或农产品为划分依据，同一功能区并不完全属于某个省或者市，但现有统计数据多以行政区域为统计对象，并未以功能区为统计对象；另一方面，出于数据完整性和可得性的考虑，地级市数据的广度、时间纵深和公开透明程度都优于县级数据。因此只能将西部各大限制开发区域所包含的县拆分解析，再按照地级市重组，原则上选择 70% 以上的县都在限制开发目录中的地级市为研究对象（见表 3.9），云南、贵州数据获取过于困难，对两地标准相应放松；同一个地区多个地、市、州入围，则按照数据易得性选择样本源头。

表 3.9　　　　　　　　　　　　地区选择

省	地级市	选择标准	省	地级市	选择标准
陕西	汉中市	>80%	云南	迪庆藏族自治州	>67%
	安康市			西双版纳傣族自治州	
甘肃	庆阳市	>75%	四川	阿坝藏族羌族自治州	100%
	临夏			甘孜藏族自治州	
	甘南		贵州	毕节市	排名靠前
青海	果洛	>75%		黔西南布依族苗族自治州	
	玉树		重庆	巫山县	100%
宁夏	吴忠市	>80%		巫溪县	
	固原市			武隆区	
新疆	阿勒泰地区	>75%		酉阳县	
	喀什地区			石柱县	
	克孜勒苏柯尔克孜自治州		广西	河池市	>70%
内蒙古	通辽市	>75%		崇左市	
	巴彦淖尔市				

其次，依据指标特性，按照"最大最优"和"最小最优"原则确定原始数据表。第一步按照表 3.7 绩效指标体系所示，收集表 3.9 各地地级市数据，进行分类和整理。统一时间、单位、数据计算标准，使各地区相同指标具有可比性。第二步除了单位工业增加值污染治理投入比、单位工业增加值废水排放量比两项负向指标采用最小最优原则选择外，其余指标均以最大最优为数据选择原则，从而得出各省份限制开发区域的相关数据（见表 3.10）。①

再次，以均等原则确定各层次指标权重。农业综合发展能力、提供生态品能力和社会发展能力三个一级指标权重均为 1/3；农业综合发展能力又分为农产品、特色产业和特色产品两个方面，权重均为 1/6；农产品细分为"农林牧渔"人均产值、粮食人均产值、代表性经济作物地均产量 3 个指标，权重均为 1/18（见表 3.7）。以此类推，求出其余指标权重。

最后，以表 3.7 权重、表 3.10 原始数据值，赋予不同指标相应标度，录入数据，进行一致性检验。将西部限制开发区域配套政策绩效原始得分设置为 100，按照不同权重，加权求出最终绩效得分。

---

① 根据 2014 年数据进行了相应分析。

表 3.10　西部各省（市、区）限制开发区域配套政策绩效评价指标原始数据表

指标层	陕西	甘肃	青海	宁夏	内蒙古	新疆	广西	重庆	四川	云南	贵州
"农林牧渔"人均产值（元）	11 156	6 435	7 321	7 330	3 240	9 744	9 698	6 449	26 310	23 239	4 420
粮食人均产量（万吨）	0.29	0.62	0.06	0.66	2.12	0.87	0.25	0.47	0.22	0.49	0.29
代表性经济作物地均产量（吨）	86.10	53.43	11.89	9.87	6.32	6.82	1 371.67	5.72	1.45	53.45	4.96
猪存栏量/大型牲畜年末存栏量（万头）	30.22	268.26	157	272.59	773.2	132.81	129.99	58.42	28.695	54.267	350.52
旅游业人均产值（元）	3 892	3 051	530	1 079	4 804	5 688	4 068	13 637	26 310	23 239	3 183
特色农产品地均产量（吨）	1.73	23.90	1.88	63.17	11.14	20.32	22.61	2.92	0.09	62.79	2.68
单位工业增加值污染治理投入比	0.025	0.012	0.010	0.002	0.067	0.203	0.063	0.012	0.001	0.014	0.002
地均财政环保地均预算（万元）	5.66	2.06	0.44	0.40	1.55	0.65	3.46	9.42	0.33	1.77	4.36
污染治理地均投入（万元）	3.22	2.11	0.28	0.10	0.14	3.34	8.43	7.72	0.14	0.83	3.84
造林面积（万公顷）	1.28	5.65	13.21	19.74	6.64	1.59	1.04	2.50	0.90	0.09	7.95
空气指数	359	350	327	288	328	362	359	354	349	354	365
单位工业增加值废水排放量比	0.000 106	0.000 1	0.038	0.000 83	0.000 28	0.000 712	0.001 500 2	0.000 41	0.002 3	0.012 76	0.016 76
水土流失治理面积（千公顷）	98.1	468.4	8.63	309	92	91.63	53.333	2.62	2.48	5.1	3.67
人均公共预算支出值（元）	7 749	16 643	30 327	10 787	11 591	17 119	7 624	9 953	25 220	9 179	8 427
农民年人均纯收入（元）	7 933	5 499	4 638	8 442	12 481	9 404	7 707	8 609	7 856	9 155	6 345
每千人拥有卫生技术人员	5.85	5.57	4.44	4.48	6.30	2.78	4.90	4.07	5.54	2.39	1.10
城乡居民医疗保险参保率（%）	99.90	91.09	91.64	97.23	97.93	100.00	99.51	95.23	99.40	96.00	99.80
减贫人数（万人）	13.8	14.5	1.156 8	4.6	3.965	14.36	7.55	2.3	2.845 4	4.95	17.36

数据来源：根据各地 2014 年统计公报数据、2015 年统计年鉴数据整理得出。

3.4.2.4　实证分析

采用 yaaph 软件作为分析工具，将表 3.5 指标权重、表 3.7 原始数据录入后，一致性检验结果均小于 0.1（见表 3.11），数据组全部通过检验，分析结果稳定有效，详细结果见表 3.12。

表 3.11　　　　　　　　　　　一致性检验结果表

矩阵名称	一致性值	矩阵名称	一致性值
政策绩效	0.000	地均财政环保预算	0.029 2
农业综合发展能力	0.000	污染治理地均投资	0.029 6
社会发展能力	0.000	造林面积	0.029 5
提供生态产品能力	0.000	空气指数	0.028 7
"农林牧渔" 人均产值	0.013	单位工业增加值废水排放量比	0.034 3
粮食人均产量	0.029 8	水土流失治理面积	0.030 2
代表性经济作物地均产量	0.029 5	人均公共预算支出值	0.033 5
猪存栏量/大型牲畜年末存栏量	0.029 5	农民年人均纯收入	0.030 3
旅游业人均产值	0.029	每千人拥有卫生技术人员	0.029 5
特色农产品地均产量	0.031 6	城乡居民医疗保险参保率	0.042 3
单位工业增加值污染治理投入比	0.029 4	减贫人数	0.030 3

表 3.12　西部各省（市、区）限制开发配套政策绩效评价地区权重表

备选方案	权重
陕西	0.111 6
新疆	0.107 0
内蒙古	0.103 4
广西	0.099 1
甘肃	0.098 9
贵州	0.089 8
宁夏	0.086 7
四川	0.083 9
重庆	0.083 7
云南	0.078 2
青海	0.057 8

注：方案层中要素对决策目标的排序权重。

按照前面的假定，西部限制开发区域原始分值为 100 分，根据表 3.12 的地区权重，各地区最后得分见表 3.13。

表 3.13　　　　　　　　　地区得分排名表

要素	权重	加权得分	绩效排名
陕西	0.111 6	11.161 5	1
新疆	0.107	10.699 2	2
内蒙古	0.103 4	10.335 3	3
广西	0.099 1	9.913	4
甘肃	0.098 9	9.885	5
贵州	0.089 8	8.981 8	6
宁夏	0.086 7	8.671 1	7
四川	0.083 9	8.387 8	8
重庆	0.083 7	8.366 7	9
云南	0.078 2	7.823 4	10
青海	0.057 8	5.775	11
合计	1	100	

首先，根据表 3.13 分析结果可知，2014 年西部限制开发区域配套政策绩效评价中，陕西排位最高，青海排位最低。造成这一结果的原因有三：一是绩效评价指标体系是用于综合评价的，是对农业发展能力、生态产品供给能力和社会发展能力三方面的综合考虑，陕西在这三方面均衡发展，而青海均衡发展性较差。新疆、内蒙古两地也在配套政策的实施过程中，实现了生态建设与农业的共同发展。二是陕西在生态产品供给和社会发展方面能力突出。陕西省权重大于 0.1 的指标共有 8 个，其中生态产品供给指标有水土流失治理面积、单位工业增加值废水排放量比、空气指数、地均财政环保预算 4 个指标，社会发展有减贫人数、城乡居民医疗保险参保率、每千人拥有卫生技术人员 3 个指标，农业综合发展能力有代表性经济作物地均产量。三是青海省农业综合发展能力较差。青海省有三项指标权重大于 0.1，分别是造林面积、单位工业增加值污染治理投入比和人均公共预算支出，而农业综合发展能力的三大主要指标"农林牧渔"人均产值、粮食地均产值和经济作物地均产值排名均靠后，粮食地均产值排名倒数第一。

其次，生态投入少、社会服务水平较差和工业发展成本较高是造成云南、青海限制开发区域配套政策绩效滞后的主要原因。一方面，由于配套政策对生态投入投入偏少，导致生态保护和环境恢复成效较差。青海地均财政环保预算和污染治理地均投入权重分别是 0.023 6 和 0.030 8，地均财政环保预算实际值仅为 0.283，污染治理投入地均值为 0.440，说明青海每平方千米的生态保护和环境建设资金为 0.72 万元，仅为生态环保投入最多的重庆的 2.93%；另一方面，限制开发区域配套政策对提高云南、青海两省的社会服务发展能力的促进作用还不够大。云南人均公共预算支出、每千人拥有卫生技术人员、城乡居民医疗保险参保率三个指标的权重最低，分别是 0.038、0.019 和 0.031，实际值分别为 9 179 元、2.386 和 96%；而青海农民人均纯收入、城乡居民医疗保险参保率、减贫人数权重也偏低，分别为 0.014、0.016 和 0.014，实际值分别是 4 638 元、91.64% 和 1.156 8。可以看出，云南人均公共预算支出是最高地区青海的 30% 左右，每千人拥有卫生技术人员是最高地区内蒙古的 38%；青海农民人均收入是内蒙古的 70% 左右，减贫人数是贵州的 6.67%，两地城乡居民医疗保险参保率分别比陕西省低 3.9 个百分点和 8.26 个百分点。再者云南、青海两地工业发展成本较高。云南单位工业增加值污染治理投入比、单位工业增加值废水排放量比分别为 0.014、0.013，青海单位工业增加值废水排放量比是 0.03。其中，云南这两个指标分别是四川省的 25 倍和 6 倍；青海单位工业增加值废弃排放量比也远远高于其他地区。云南地区特色产品和特色产业发达，在一定程度上提高了绩效评价结果，但青海旅游业和特色农产品发展相对滞后，进一步影响了配套政策绩效评价结果。

最后，农产品供给能力、生态建设投入和社会发展能力决定了绩效评价排名。权重排在前面的指标分别是地均财政环保预算、污染治理地均投入，以及"农林牧渔"人均产值、粮食地均产值、经济作物地均产量，这表明限制开发区域配套政策在促进农产品供给和环保投入方面的效果明显（见表3.14）；社会发展能力指标的权重也较高，前三名累计权重占比高达 73.74%。在排名表中从广西到重庆，其限制开发区域都各具优势。广西权重占比>0.1 的指标有 6 个，分别是经济作物地均产量、特色农产品地均产量、城乡居民医疗保险参保率、地均财政环保预算、空气指数，4 项在 73.74% 的积累权重范围内；同样重庆权重>0.1 的指标有 4 个，分别是旅游业人均产值、地均财政环保预算、污染治理地均投入和单位工业增加值废水排放量比，但仅有 2 项位列前三。可见，生态建设投入、农产品供给和社会发展能力影响力累计超过了 70%，说明各限制开发区域配套政策的影响突出地表现在以上三个部分，而对其他指标的影响相对较小。

表 3.14　　　　　　　中间层要素权重分布表

中间层要素	权重
地均财政环保预算	0.083 3
污染治理地均投入	0.083 3
"农林牧渔"人均产值	0.076 9
粮食地均产量	0.076 9
每千人拥有卫生技术人员	0.066 7
城乡居民医疗保险参保率	0.066 7
减贫人数	0.066 7
农民人均纯收入	0.066 7
人均公共预算支出值	0.066 7
造林面积	0.041 7
空气指数	0.041 7
单位工业增加值废水排放量比	0.041 7
水土流失治理面积	0.041 7
单位工业增加值污染治理投入比	0.025 6
猪/大型牲畜存栏量	0.025 6
旅游业人均产值	0.025 6
特色农产品地均产量	0.025 6

3.5　西部限制开发区域的政策需求和政策引导重点①

　　主体功能区建设成功与否，关键在于按照"分类指导、区别对待"原则，实施差别化的调控政策。国家层面的西部限制开发区域以"内部"利益损失生产"外部效益"，尤其需要制定和实施差别化的配套政策。② 根据上述对西部限制开发区域现有配套政策实施的效果评价，下面就西部限制开发区域的政策需求和政策引导重点进行分析。

---

　　① 陈映. 限制开发区域配套政策探析——以西部国家层面的限制开发区域为例 [J]. 经济体制改革，2015（6）：58-59.

　　② 陈映，张顶政. 四川限制开发的农业地区配套政策探讨 [J]. 农村经济，2011（11）：49.

3.5.1 发展制约与政策需求

通过对西部国家层面的 21 个重点生态功能区的基本情况进行分析，可以看出，长期不合理的资源开发模式以及落后的生产生活方式，导致重点生态功能区生态系统功能的严重退化，部分生态功能区甚至从结构性紊乱演化至功能性紊乱，极大地威胁着国家和区域的生态安全；从对位于西部的"四区十一带"国家层面的农产品主产区的情况分析可知，农产品主产区在发展中困难不断增多，矛盾也越来越突出。如，适宜进行农产品生产的耕地数量减少得过多、过快，已逼近保障农产品供给安全"红线"；适宜农产品生产的耕地质量趋于下降，农村面源污染、工业污染以及大气污染，使得农业生态环境系统遭到极大的破坏，严重威胁着农产品质量和食品安全，粮食安全和其他农产品的有效供给面临巨大压力；种粮的比较收益不断下降、粮食价格不尽合理、粮食生产补偿机制不健全等，导致农产品主产区弃耕、撂荒现象日趋严重，等等。① 不仅如此，西部地区国家层面的重点生态功能区和农产品主产区资源开发强度过大，资源环境面临巨大的压力；空间结构不合理，资源分布、经济分布、人口分布在空间上严重失衡，且空间利用效率低下；地区之间、城乡之间基本公共服务以及居民的福利水平相去甚远。

既保障国家或更大区域范围的粮食安全和生态安全，又促进自身发展能力的提高，是西部国家层面的限制开发区域的两大主要任务，不能厚此薄彼，更不能顾此失彼。因此，迫切需要从政策支持的角度，既处理好点上特色产业发展与面上生态功能发挥的关系，又处理好区内有限发展与生态保护的关系，也处理好区际提供保护与享受保护的关系，找到特色经济发展与和生态环境保护的契合点，走出一条限制开发区域与生态屏障区、农业主产区、欠发达地区、"老少边穷"重叠区域又好又快发展的路子。②

3.5.2 政策引导重点

限制开发，是为了维护区域自然生态功能和保障国家粮食安全而进行的保护性开发，一方面必须对区域开发的地域进行严格限制，另一方面也要对开发活动的类型进行严格限制。限制"开发"，要严格限制的是大规模高强度的工

---

① 智研咨询. 2012—2018 年现代农业市场运营态势及发展趋势研究报告 [EB/OL]. http://www.51report.com/free/3043343.html, 2014-06-19.

② 陈映. 限制开发区域配套政策探析——以西部国家层面的限制开发区域为例 [J]. 经济体制改革, 2015 (6)：58-59.

业化城镇化开发，要限制和约束的是开发的范围、开发的内容、开发的强度、开发的方式以及开发的时序等，并不是限制区域内所有的开发活动，更不是限制区域发展。相反，为了更好地增强重点生态功能区的生态服务功能和保护农产品主产区的农业生产力，适宜的、适度的发展是被允许的，鼓励和支持农业适度开发，鼓励和支持一定程度的能源和矿产资源开发，以实现经济发展和人民福利水平与全国其他地区保持同步增长的目标，共享国家改革开放的丰硕成果。鉴于此，西部限制开发区域应在科学发展观和习近平新时代中国特色社会主义思想的指导下，按照服务于主体功能、促进适度有序发展和实现基本公共服务均等化等原则，坚持"保护优先、适度开发、点状发展"，制定和实施分类管理的区域政策，形成经济社会发展符合限制开发主体功能定位的科学导向机制。

通过上述分析，西部国家层面限制开发区域的政策引导重点包括：一是加大中央和省两级财政转移支付力度，扩大财政资金规模，重点用于生态建设和环境保护、增强农产品生产能力、改善基础设施条件、有序推进生态移民、实施扶贫攻坚等方面，并减少地方政府对一般项目的配套比例。二是完善生态补偿机制。通过专设生态补偿基金、实行保护生态和农业的税收制度，探索建立横向补偿机制等，对西部限制开发区域进行利益补偿。三是扶持和培育符合区域主体功能定位的特色优势产业，抑制不符合区域主体功能定位的产业扩张，限期关闭或转出对区域生态环境造成破坏的产业和企业。四是多措并举推进生态移民，引导人口平稳有序转移。①

3.6　西部限制开发区域分类管理政策②

国家西部大开发"十三五"规划指出，西部各地应根据主体功能区规划要求，制定和实施差别化的区域配套政策，并实行分类考核的绩效评价办法，为限制开发区域科学发展提供政策保障。

3.6.1　财政政策

针对西部国家层面限制开发区域财力薄弱导致的基本公共服务供给能力不

---

① 高国力，等. 我国主体功能区划分与政策研究 [M]. 北京：中国计划出版社，2008：175-191，41-44.

② 陈映. 限制开发区域配套政策探析——以西部国家层面的限制开发区域为例 [J]. 经济体制改革，2015（6）：59-61.

足、保障基层公共服务运转难度大、生态建设和环境保护的外部性等问题，完善中央和省两级财政转移支付制度，加大均衡性财政转移支付力度。中央进行均衡性财政转移支付时，要充分考虑地方生态保护支出项目和农业支出项目的支出责任和范围，加大支出力度。中央财政和省级财政要建立健全财力保障制度，重点支持限制开发区域提高基本公共服务水平和增强落实民生政策的能力；进一步完善生态补偿机制，加大生态补偿的财政转移支付力度，维护受损区域享受基本公共服务的权益。进一步探索建立地区之间、流域上下游之间的横向补偿机制，让生态受益者提供补偿，让利益受损者获得补偿。鼓励生态环境受益地区和农产品主销区采取定向援助、对口支援等多种形式，对重点生态功能区因进行生态环境保护与建设所造成的利益损失进行补偿，对农产品主产区因保障农产品供给所丧失的发展机会进行补偿。确定科学的生态补偿标准、补偿方式和补偿期限等，分别设立国家和省两级生态补偿专项基金，国家生态补偿专项基金主要用于国家层面重点生态功能区的生态环境补偿；支持区内发展特色优势产业，对优势农产品和优势产区、特色农牧业加工、绿色环保产业等采取财政补贴和实行税收减免。[1]

3.6.2 投资政策

实行按主体功能区安排投资和按领域安排投资相结合。按主体功能区安排的投资，重点支持西部国家层面限制开发区域提升农业综合生产能力、增强生态产品生产能力、促进公共服务设施建设、支持特色产业发展、实施生态移民等。中央预算内按领域安排的基本建设资金，应增加对农业发展和生态环保的投资比例，重点用于农产品主产区加强农田基本建设、农业技术推广、完善农业基础设施以及国家大型商品粮、棉、油、糖等标准化生产示范基地建设，重点用于重点生态功能区重点生态工程、生态管护养护产业转型、低碳示范等建设项目。与此同时，对上述建设项目实行资金补助或贴息政策，并提高补助或贴息的比例。鼓励和引导社会资本积极参与西部限制开发区域建设，将资金投向区内的基础设施、公共设施以及社会事业等领域。

3.6.3 产业政策

在区域资源环境可承载的前提下，对特色资源进行限定开发，鼓励和扶持

---

① 苑新丽，孙晶映. 推进主体功能区建设的财政政策取向 [J]. 地方财政研究，2012（10）：52-54.

兼具生态效应和经济效应的特色优势产业发展，并引导其向区内发展条件较好的区域进行点状布局。设置西部限制开发区域特色产业发展专项基金，围绕技术选择和技术革新推动区域产业转型发展，培育与主体功能定位相适宜的接续替代产业。扶持一大批有一定规模、产业关联性强、辐射带动作用大、能提供就业机会的龙头企业做大做强，不断提高竞争力。加大区域生态财富的生产，开发生态产品，实行生态标记，提高市场竞争力。对农产品主产区内的生产大县以及增产潜力大县实行奖补政策。建立顺畅的产业退出机制，通过在异地建立"产业飞地"，实现生态功能和产业功能双赢。

3.6.4 土地政策

严格土地用途管制，严守耕地"红线"，严控新增建设用地的规模和速度。新增建设用地只能用于区域内基础设施、公共服务设施建设以及特色产业发展。满足生态修复和环境保护的土地供给，严禁改变重点生态功能区的生态用地用途。在资源环境可承载的前提下，满足区域资源性产业发展的用地需求。实行严格的耕地保护制度，严控农产品主产区内建设用地规模。实行永久基本农田特殊保护政策，严禁对基本农田的位置和用途进行改变。实行耕地质量保护和提升行动，保护和优化粮食产能。对农产品主产区的农田面积进行总量控制，稳定粮食播种面积，并通过区内区外基本农田指标的置换，平衡经济发展用地与基本农田保护。引导农村土地经营权有序流转，探索建立合作化的家庭农场股份制，集中土地资源，促进农业适度规模经营，提高土地利用效率，保护农业生态资源，稳定和提升耕地地力。探索建立农田保护利益补偿机制，调动农产品主产区政府和农产品生产者的积极性。

3.6.5 农业政策

继续实行支持和保护农业发展的政策，继续实行强农惠农政策。加大中央财政对农产品主产区的转移支付力度，支持区域基础设施建设、农民增收、社会事业发展等。加大土地出让收益以及耕地占用税新增收入用于农业的比例。完善农业补贴制度，重点对农产品主产区、农业适度规模经营、绿色生态等进行补贴，提高农业补贴政策的指向性、精准性、时效性，拓展支持农业发展、农民增收的政策空间。深化农业"三项补贴"制度改革，稳定加大补贴力度，逐步改进补贴办法和增强补贴效果。增加主要农产品储备，确定农产品价格的合理区间。支持农产品主产区发展适宜的农产品加工业，并优化空间布局。①
完善农产品主产区利益补偿机制，稳定产粮大县奖励政策，保障农产品供给和
国家粮食安全。

3.6.6 人口政策

将稳步推进生态移民作为缓解人地矛盾、化解人与自然矛盾的有效途径，
引导限制开发区域人口有序外迁，一方面通过技能培训促进人口跨区域转移至
优化开发区域和重点开发区域，满足其劳务需求；另一方面，就近转移部分人
口到限制开发区域内资源环境可承载、发展基础较好的区域，既降低人口转移
成本，又减轻生态脆弱地区承载的压力，还可以避免文化冲突。设立稳定的生
态移民专项基金，为区域人口外迁提供支撑。完善人口和计划生育利益导向机
制，控制区内人口的快速增长。合理组织人口的集疏，转变移民的生产生活方
式。出台鼓励人口转移的政策措施，设置人口流动补偿资金，主要补偿生态移
民、转出的剩余劳动力以及劳务输出培训等。② 加强就业培训和就业服务，为
外迁人口解决后顾之忧。

3.6.7 民族政策

加大对民族地区的财政转移支付力度，提高转移支付系数，增设特殊支出
项目，支持民族地区经济社会加快发展。加大基础设施建设力度，改善群众生
产生活条件。大力实施精准扶贫，解决其突出的民生问题和特殊困难，力争用
较短时间基本改变贫困落后面貌，让民族地区的贫困县、贫困村和贫困人口如
期脱贫致富。鼓励和支持民族地区特色产业发展，采取多种政策措施扶持带动
辐射作用强的龙头企业、重点骨干企业、中小微型企业加快发展，尽可能地为
当地居民提供更多的就业机会和增收机会。加大对民族地区的帮扶力度，进一
步完善对口帮扶、结对帮扶的体制机制。

3.6.8 环境政策

环境政策是主体功能区产品输出的质量保障，强制性的环境质量标准能够
确保国土开发空间格局形成硬约束，从而保障限制开发区域农产品和生态产品

---

① 国家发展和改革委员会. 全国及各地区主体功能区规划 [M]. 北京：人民出版社，2015.
② 国务院发展研究中心课题组. 主体功能区形成机制和分类管理政策研究 [M]. 北京：中
国发展出版社，2009：228，243，283.

的安全和质量。① 因此，应充分发挥环境政策的约束功能，严格环境总量控制，通过实施节能降耗减排，以及治理、限制或关闭不符合环境标准的企业等手段，实现总体环境质量达标。优先保护耕地土壤环境，保障农产品主产区的环境安全。按照生态优先、适度发展原则，着力推进重点生态功能区生态保育。设置农产品主产区和重点生态功能区的产业准入环境标准。严格控制农产品主产区的工业开发活动，鼓励因地制宜发展农产品加工业。对重点生态功能区，实施面上保护、点状开发，严格控制开发强度和开发范围，支持适度发展资源开采、旅游等产业；严格控制排污许可证发放，进行矿山综合整治。研究实行环境税收制度和绿色发展的金融支持政策。严格控制农村地区面源污染，探索建立和实施农业生态补偿制度。探索建立有效的环境监管体系以及环境保护问责制，构建环境治理区域联防联控机制。②

3.6.9 应对气候变化政策

农产品主产区应加大农业基础设施建设，以增强农业生产应对气候变化的能力。加强农业生产和农业产品新技术研发，调整和优化农业产业结构和产品结构，选育和推广抗逆优良农作物品种。优化耕作环节，实行少耕、免耕、精准作业和高效栽培。加大农业科技投入，推广应用先进农业生产技术，保障农业生产质量和农产品安全。开展气候变化对农业资源的影响评估，减缓农业、农村温室气体排放，应用沼气等可再生能源。加强汾河渭河平原、河套灌区农田旱作节水设施建设，加强黄淮海平原地区地下水资源监测和保护，提高甘肃、新疆农产品主产区抗旱能力，积极发展绿洲农业。③ 重点生态功能区要继续巩固退耕还林还草、风沙源治理等生态环境保护重点工程，提高陆地生态系统的固碳能力。④ 因地制宜发展特色低碳产业，努力增加碳汇。在条件适宜地区充分利用清洁、低碳能源。开展气候变化对水资源、生态环境等的影响评估，增强对干旱、雪凝、地震等灾害的应急和防御能力。

---

① 李军. 落实环境政策推动国家主体功能区发展 [N]. 中国环境报，2015-12-17 (002).

② 环境保护部，国家发展和改革委员会. 关于贯彻实施国家主体功能区环境政策的若干意见 [EB/OL]. http:// www.zhb.gov.cn/gkml/hbb/bwj/201508/t20150803_307652.htm.

③ 国家发展和改革委员会. 国家应对气候变化规划（2014—2020 年）[EB/OL]. http:// www.ndrc.gov.cn/zcfb/ zcfbtz/201411/W020.

④ 国家发展和改革委员会. 全国及各地区主体功能区规划 [M]. 北京：人民出版社，2015.

4 西部限制开发区域利益补偿政策

利益补偿是主体功能区建设中区域性政策体系以及区域间协调机制的重要组成部分。建立与完善利益补偿机制，制定和实施相关配套政策，才能确保主体功能的充分发挥。限制开发区域承担着保护生态环境和保障农产品供给的重任，部分发展权利受损，部分发展机会丧失，需对其做出的巨大牺牲进行必要的利益补偿。改革开放以来，尤其是 20 世纪 90 年代以来，我国出台了一系列针对重点生态功能区和粮食主产区的利益补偿政策，并取得了一定的成效。然而，在全国主体功能区划颁布以后，有必要研究和制定专门针对限制开发区域的利益补偿政策，尤其是深入研究广泛分布在西部地区的限制开发区域的利益补偿政策，明确补偿的领域、对象和类型，确定补偿的重点，建立补偿机制，为西部限制开发区域利益补偿提供科学依据。

4.1 限制开发区域利益补偿的理论依据

利益补偿是协调利益关系的重要手段，弄清楚限制开发区域利益补偿的概念和含义，梳理利益补偿的理论依据，是制定限制开发区域利益补偿政策的前提和基础。

4.1.1 限制开发区域利益补偿的相关界定

4.1.1.1 限制开发区域利益补偿的含义

简单地讲，利益是指人们为了满足生存和发展而产生的、对于一定对象的客观需求。

对限制开发区域而言，利益补偿中的"利益"，主要指生态利益，以及受生态利益影响的经济利益和社会利益，是一个以生态利益为主，包含生态利益、经济利益和社会利益的复合体。所谓生态利益，生态经济学中称为"生态系统服务功能"，是指自然生态系统对人类生产生活以及环境所带来的有益影响或有利效果，最终体现为人们对良好环境质量需求的满足；所谓经济利益，是指在一定的社会经济形态中能满足人们需要的生产成果；所谓社会利益，是基于维护文明社会的正常秩序或活动的、具有普遍性的主张或愿望。

限制开发区域利益补偿中的"补偿"，主要是指某些区域为了保护生态环境和保障农产品安全而被迫取消部分开发权，以自身的"限制开发"为全国的生态环境保护与建设以及粮食安全做出了巨大贡献而取得的补偿。这些区域若不保护生态环境和耕地，而是进行大规模高强度的工业化城镇化开发，也能获得较高的经济收益和回报。我们可以限制其开发，但不能限制其发展；可以依法取消其部分开发权，但不能剥夺其发展权。[①] 因此，基于社会公平的角度，必须对该类区域因保护耕地和生态环境而牺牲的利益给予相应的补偿。

限制开发区域的"利益补偿"，是基于其承担的生态环境保护功能和农产品保障功能而实施的限制性开发导致区域发展机会减少或丧失，对区域经济和社会发展带来不利影响，为保障区域主体功能的正常发挥，以中央政府和省两级政府为主，通过完善生态补偿机制和实施财政转移支付等，加大对该类区域用于加强生态建设保护和农产品生产、扶持和培育特色产业发展、维持基层政权正常运转、实现基本公共服务均等化等方面的资金、物资、技术和人才等的投入。财政转移支付是限制开发区域利益补偿的主要手段，生态补偿是限制开发区域利益补偿的重要途径。

4.1.1.2 限制开发区域利益补偿的特征[②]

在国家目前已经出台的规划和意见中，涉及限制开发区域利益补偿的主要有生态补偿、农产品区补偿、产业转移补偿三类。生态补偿，主要是针对重点生态功能区和禁止开发区提供农产品和生态产品的补偿；农产品区补偿，是为了遏制工业化城镇化对农产品主产区的冲击，而进行的产销区之间的利益补偿；产业转移补偿，是为了弥补产业转出地的利益损失而进行的补偿[③]，三类利益补偿具有共同的特征。

一是公平性。利益补偿，其核心价值是利益共享，而利益共享的实质则是充分承认和尊重各利益主体的利益享有权，且社会共同利益公平地惠及各利益

---

① 魏后凯. 限禁开发区域的补偿政策亟待完善 [J]. 人民论坛, 2011 (17)：22-23.

② 贾若祥. 建立限制开发区域的利益补偿机制 [J]. 中国发展观察, 2007 (10)：18.

③ 成为杰. 主体功能区战略下地方政府的作用、困境与调适 [J]. 内蒙古大学学报（哲学社会科学版）, 2014 (4)：41-47.

主体。这样，社会公正的目标才能最终实现。① 限制开发区域拥有丰富的资源和生态要素，也有利用这些资源和要素来满足其发展的权利。然而，其主体功能定位却对其经济开发活动有着极为严格的限制，这必然造成限制开发区域部分发展权利受损和发展机会丧失，对其进行利益补偿，就是对其保护和维持主体功能而丧失发展机会和增加保护成本的弥补，具有显著的公平性特征，是改革发展成果共享、形塑环境正义的必由之路。

二是公益性。限制开发区域所提供的生态服务具有公共物品属性，不仅该类区域自身享受到生态环境改善所带来的好处，周边地区乃至更大范围区域都因为限制开发区域改善生态环境而受益；限制开发的农产品主产区的农业生产活动具有一定程度的外部性，其所生产的农产品也就具有公共产品的属性和非市场竞争性。然而，在现实生活中，这些具有公共物品属性的服务却常常面临供给不足或过度使用等问题。因此，亟须调整相关利益主体之间的关系，通过利益补偿的制度安排，增强限制开发区域提供生态产品和农产品的能力，从而保障公共物品的有效供给和合理使用。

三是市场性。公共物品具有外部性。根据国际经验，解决外部性问题可采取政府调节和市场交易两种方式，一方面采用税收途径，如通过向生态受益者和破坏者征收生态税的方式对生态提供者和保护者进行补偿；另一方面，采取市场交易和自愿协商等方法进行利益调节。因此，限制开发区域的利益补偿具有明显的市场性特征。

四是差异性。①区域的异质性。限制开发区域分为重点生态功能区和农产品主产区两类，两类区域的特征各不相同。重点生态功能区又分为水源涵养、水土保持、防风固沙、生物多样性四种类型，不仅这四种类型的重点生态功能区具有区域异质性特征，就是处于不同地理区位的同一类重点生态功能区的区域特征也千差万别；全国"七区二十三带"的农产品主产区区位条件、农业发展基础、发展条件等各不相同，也具有区域异质性。区域异质性特征决定了在利益补偿时，应针对不同的限制开发区域类型进行分类指导和区别对待，补偿政策必须体现差别化。②补偿对象的差异性。利益补偿的对象包括基层政府和农（牧）民等。开发受限给限制开发区域的基层政府、农牧民等带来不同程度的影响，地方财政减少，农牧业生产减收。而对政府的补偿与对农牧民的补偿方式各不相同。此外，限制开发区域内的生态建设工程和项目必须执行更为严格的环境标准，投入必然高于其他区域，多投入部分理应由国家进行相应

---

① MBA智库百科. 利益共享［EB/OL］. http://wiki.mbalib.com/.

的补偿。③补偿标准的差异性。不同类型的限制开发区域，其需要的投入也各不相同，利益补偿自然各有标准。如国家已经实施的退耕还林补偿、森林生态效益补偿、退牧还草补偿、水土保持补偿、湿地保护补偿等补偿标准各不相同；农产品主产区粮食生产、耕地保护等的标准也各不一致。且区域的异质性也决定了补偿标准的差异性。④补偿手段的多样化。限制开发区域类型多样，涉及的相关利益主体也各不相同，针对限制开发区域所提供的公共物品的外部性，其利益补偿可采用政府调节和市场交易两种手段进行。前者通过财政转移支付、税收、金融资源合理配置等途径进行补偿，将它作为限制开发区域利益补偿的主要形式；后者采用自组织的私人交易、开发贸易、使用者付费和生态标记等方式，对限制开发区域因保障主体功能而多支付的成本予以相应补偿。①

4.1.2 限制开发区域利益补偿的理论依据

利益补偿的相关理论是制定西部限制开发区域利益补偿政策的依据。

4.1.2.1 公共产品理论

公共产品和私人产品共同组成社会产品。公共产品或劳务，是指每个人消费这种产品或劳务不会导致别人对该种产品或劳务消费的减少。公共产品具有非竞争性和非排他性。非竞争性，指增加一个消费者的经济消费不会减少其他人对该物品的经济消费（边际生产成本为零）；非排他性，一个人在消费某一公共产品时不会排斥其他人也同时消费这一经济产品（边际拥挤成本为零）。②

良好生态环境是最公平的公共产品，保护生态环境就是发展生产力。限制开发区域的主体功能定位决定了其主要任务就是保护生态环境，而生态环境具有消费或使用上的非竞争性和受益上的非排他性。随着我国改革开放的深入，国家强调把良好的生态环境作为公共产品向全民提供，生态环境的公共产品属性已成为全社会共识。然而，限制开发的生态地区因保护和修复生态环境而大幅度削减了经济活动，做出了经济上的牺牲，做出了环境保护的巨大贡献，存在着其他多个区域受益、但仅由本区域承担成本的情况，而这些成本理应由享用公共产品的各个区域支付。因此，必须完善相关的利益补偿机制，尽快形成反映资源稀缺性程度、市场供求关系、环境损害成本和治理修复效益的资源性产品合理定价机制，一方面对限制开发的生态地区所做出的贡献进行奖励，对

---

① 贾若祥. 建立限制开发区域的利益补偿机制 [J]. 中国发展观察，2007 (10)：19.
② 百度百科. 公共产品理论 [EB/OL]. http://baike.baidu.com/link? url.

所付出的机会成本进行补偿；另一方面，生态受益地区对生态保护地区给予适当补偿，避免公共产品的"搭便车"行为。

农产品主产区农业生态环境的改善会让全社会受益，具有非竞争性和非排他性。同样，农产品主产区的农业生产活动具有一定程度的外部性，农产品也就具有一定程度的公共产品属性和一定程度的非市场竞争性。粮食安全产品具有非排他性，即在一定时间段内每个消费者对粮食的经济消费，不会降低其他人的安全感。因此，为防止"搭便车"现象的出现，在粮食安全品的供给过程中，应由政府主导供给，并实施相应的补偿政策。

4.1.2.2 外部性理论

外部性问题是 1890 年由著名的经济学家马歇尔首次提出。庇古于 1920 年发表了被誉为西方经济学发展史中第一部系统论述福利经济学问题的专著《福利经济学》，首次用现代经济学的方法从福利经济学的角度系统地研究了外部性问题，通过边际私人净产值与边际社会净产值的关系分析，阐释了"边际社会受益"和"边际社会成本"的概念，认为前者是某种生产活动带给社会的有利影响，后者是生产者的某种生产活动带给社会的不利影响。

外部性包括正外部性和负外部性。正外部性，是指某一经济主体的经济活动对其他社会成员带来好处但没有得到受益者的补偿，此时其私人收益低于社会收益；负外部性，是指某一经济主体的经济活动使其他经济主体受损但却不为此支付成本，此时其私人成本低于社会成本。外部性的存在会导致市场失灵，因此应由政府采取适当的税收、奖励、补贴等经济政策来纠正市场失灵，实现外部效应的内部化。①

外部性理论是区域利益补偿的重要理论依据。限制开发区域生态补偿将外部效应内部化，就是这一理论的具体应用。限制开发区域生态保护领域采用的"谁保护，谁受益；谁污染，谁付费"的原则，明确了对生态系统和自然资源保护的补偿和赔偿，旨在使生态保护行为的外部成本内部化，从而确保生态保护的成果。随着经济发展水平的提高，人们对生态环境系统功能服务需求也越来越高，这种"外部效益内部化"的补偿标准将成为生态补偿制度演进的目标。

限制开发的农产品主产区为全国提供粮食安全这一公共物品做出了巨大牺牲，而非主产区各地并未承担起相应责任却享受了粮食安全红利，长此以往，必将导致公共物品供给不足。作为弱质产业，农业受自然等因素影响很大。保

---

① 互动百科. 外部性理论［EB/OL］. http://www.baike.com/wiki.

障弱质产业发展，将粮食生产外部收益内部化，利益既得方就应该向受损方支付一定成本，以保障粮食稳定生产。农产品主产区的主体功能定位决定了区内粮食生产与经济发展之间存在着矛盾，因为粮食生产而丧失的发展机会如果得不到补偿，就必然会影响种粮积极性。因此，必须构建与完善农产品主产区利益补偿机制，从根本上保护当地政府与农户的种粮积极性。

同样，耕地保护也存在着外部性，如果耕地保护经济行为主体未能充分享受其保护行为所获取的收益，其生产积极性就难以调动起来。为了化解耕地保护的难题，就必须建立耕地保护利益补偿制度，将耕地保护的外部性内部化。具体手段包括：对耕地保护者发展机会的丧失进行补偿，促进耕地保护者保护耕地的积极性，变被动保护为积极主动保护；加大开发建设的土地资源成本，防止不计成本地对土地资源进行过度消耗，促进土地资源可持续利用；通过经济补偿手段，对为了保障国家粮食安全而必须保有一定数量的耕地面积的地区因丧失经济发展机会进行补偿，通过土地收益在地区间的利益调整和再分配，减少地区间的不良博弈和恶性竞争，促进耕地生态系统达到新的平衡。

4.1.2.3 机会成本理论

机会成本，指将某一要素用于一种用途而失去的用于其他方面所能产生的最大收益。[①] 判断一项决策是否正确，其标准就是该决策带来的收益是否大于其机会成本，如果是，那么这一决策就是正确的；反之，亦反。

重点生态功能区的生态环境系统较为脆弱，其生态资源开发和利用一旦超过最低安全标准或某一临界值，就会造成突变而产生不可逆的严重后果。鉴于此，《全国主体功能区划》将重点生态功能区划为限制开发区域，其开发内容、开发强度等受到极为严格的限制，这些规制保障了最低安全标准的客观生态规律的要求，然而无疑造成了政府和居民发展机会成本的损失以及带来保护生态环境投入的压力。因此，必须依据生态保护成本、发展机会成本等对其进行补偿。

农业生态环境是农业生产的基础，直接关系到农产品主产区农业生产力、农产品质量和生态环境的安全。农产品主产区除必须放弃限制开发所带来的价值外，还必须因开展农业生产等进行一系列先期投入，包括对农地的开发与整理、购置农业生产工具、改良土壤肥力等。因此，必须从保障农产品生产以及农产品安全的角度，测算开展农业生产的机会成本损失，并综合考虑政府财力和农户的补偿意愿，确定合理的补偿标准。同时，在市场机制的作用下，农户

---

① 百度百科. 机会成本 [EB/OL]. http://baike.baidu.com/item.

选择是否生产粮食以及选择生产多少粮食，均受土地、劳动等机会成本等的影响。若土地非农用途带来的收益大于种粮收入，农户会选择不生产粮食；如果粮食生产的劳动机会成本低于非农就业的工资收入，农户会选择外出务工而非生产粮食，或者少生产粮食。在这种情况下，需要对机会成本高于种粮收益的部分进行补偿。

4.1.2.4 福利经济学理论

福利经济是现代西方经济理论的一个重要组成部分。以庇古为代表的古典福利经济学者认为，社会经济福利在很大程度上受国民收入总量以及国民收入在社会成员之间分配情况的影响。其中，社会成员之间的分配越是趋于均等化，越是有利于协调社会利益关系。

福利经济学理论可用来指导我国限制开发区域的利益补偿。我国粮食生产者在保障粮食安全中做出了重大贡献，但粮食生产者得到的回报却远远落后于其他产业的收入，因此亟须对粮食生产者进行有效的经济利益补偿，国家应通过财政转移支付手段等实现社会福利的公平发放，增加粮食生产者的收入水平，鼓励其继续种粮的积极性，为粮食主销区提供稳定的粮源。同时，享受到耕地保护经济福利、社会福利和生态福利的区域应向保护耕地的区域提供适当的补偿，以体现社会公平；国家重点生态功能区为保护区域性或全国的生态安全做出了巨大牺牲，为了提高区域福利水平，必须通过国家对这些区域的居民进行补偿，受益地区必须给予受损地区提供一定的补偿，以促进区域公共服务均等化，让各区域共享改革开放的成果。

4.2 西部限制开发区域现有补偿政策实施效果评价

改革开放以来，我国出台了许多针对不同类型生态功能区以及农业地区的利益补偿政策，有力地促进了西部限制开发区域生态保护和建设，也为进一步研究制定西部限制开发区域利益补偿政策提供了参考。

4.2.1 现有补偿政策取得了积极的成效

近年来，我国西部重点生态功能区转移支付制度已经基本形成，农产品主产区利益补偿取得了积极进展。

4.2.1.1　生态保护和建设补偿成效显著

2008—2015 年，中央财政累计安排转移支付资金 2 513 亿元[①]，西部重点生态功能区生态保护和建设补偿成效突出。

（1）生态保护和建设补偿取得重大进展

一是森林生态效益补偿制度不断完善，森林生态系统得到有效保护。为促进森林生态效益的充分发挥，中央财政安排专项资金建立起中央财政森林生态效益补偿基金，将其作为森林生态效益补偿基金的重要来源，用于重点公益林的营造、抚育、保护和管理。2001—2015 年中央累计安排的 986 亿元补偿资金[②]，大部分投向西部地区。森林生态效益补偿政策的实施，从根本上改变了森林生态效益无偿享用的现状，同时也弥补了国家对生态公益林财政拨款的不足，保证了公益林建设的可持续性。第八次全国森林资源清查结果显示，我国森林资源呈现出森林总量持续增长、森林质量不断提高、天然林稳步增加、人工林快速发展等特点。其中，西部地区森林面积净增量较大，净增 716 万公顷，占全国净增量的 59%。内蒙古、云南、贵州、广西、陕西的森林面积净增量超过 85 万公顷，5 省合计占全国净增量的 40%。森林面积净增量中，林地净增 979 万公顷，占 72%；特灌林净增 244 万公顷，占 28%。[③]

二是退耕还林还草成效显著。为积极推进退耕还林还草工作，国家无偿向西部地区退耕户提供粮食和现金补助，其制度安排包括：国家向退耕户无偿提供粮食补助标准和现金补助；以县为单位对退耕土地还林营造的生态林面积进行核算，实行"退一还二、还三"甚至更多；对退耕还林的农业税征收采取减免政策；国家保护退耕还林者享有退耕土地上的林木所有权；补偿途径主要包括国家财政转移支付、政府补贴、国内外基金或项目支持等。通过实施上述退耕还林政策，自然生态得以恢复，生态环境恶化的状况有所好转；多种形式的补贴促进了农牧民收入的多元化，调动了其参与退耕还林的积极性。退耕还林所创造的四川经验在全国得到推广和复制。

三是草地生态系统保护力度明显加大。我国草原、草地大多分布在西部地区，国家极为重视对草原生态系统的保护。从 20 世纪 80 年代中期开始实施

---

① 赵展慧. 中央财政 8 年累计安排重点生态功能区转移支付资金 2 513 亿元［N］. 人民日报，2016-05-18.

② 赵展慧. 中央财政 8 年累计安排转移支付资金 2 513 亿元　让保护生态的地方不吃亏能受益［N］. 人民日报，2016-05-18.

③ 焦玉海，王钰，蔺皙. 第八次全国森林资源清查结果公布［N］. 中国绿色时报，2014-02-26.

《中华人民共和国草原法》，通过实行科学管理、发展人工草场、建立牧业生产新体系等对草原生态系统进行保护和恢复。2000 年以来，全国先后启动了天然草原保护等项目和工程，草原保护和建设力度不断加大。"十二五"以来，国家全面落实了草原生态补奖政策，中央财政累计投入草原奖补资金773.6 亿元，按照 7.5 元/666.67 平方米的禁牧补助标准和 2.5 元/666.67 平方米的草畜平衡奖励标准进行补奖。奖补政策的实施，使草原生产力保持较高水平，①草原生产力全国前十位的省份，西部就占了 9 个。同时，"十二五"以来，国家在西部的内蒙古、陕西、广西、四川、西藏、甘肃、青海、宁夏、云南、贵州、新疆等省（区、市）及新疆生产建设兵团陆续实施退牧还草、石漠化草地治理等重大草原生态工程取得了良好的效益。②此外，湿地生态效益补偿试点正有序推进。③

四是荒漠化扩大的趋势得到初步遏制。我国荒漠化类型多样，且主要分布在西部地区。风蚀荒漠化，主要分布在西北干旱地区和藏北高原；水蚀荒漠化，主要分布在黄土高原地区和内蒙古自治区；盐渍荒漠化，连片分布于塔里木盆地周边绿洲、天山北麓山前冲积平原地带、河套平原、宁夏平原、黄河三角洲以及青藏高原；冻融荒漠化，主要分布在青藏高原的高海拔地区；喀斯特荒漠化，主要分布在桂、滇、黔三省区，其中贵州的石漠化土地面积最大。土地荒漠化、沙化使可利用土地资源减少，风沙紧逼使成千上万的牧民被迫迁往他乡，成为"生态难民"；土壤粗化，肥力下降，导致土地生产力严重衰退；沙尘暴频发，给人民的生产生活带来严重影响。为了整治荒漠化，国家颁布了《中华人民共和国防沙治沙法》《中华人民共和国水土保持法》等，通过加大推进防沙治沙工程建设、补偿政策支持和鼓励社会各阶层投入防沙治沙等治理荒漠化，取得了积极的效果。对沙化土地的治理者，国家给予资金投入、税收减免、技术援助、土地使用期延长等一系列的政策优惠，从而使治理沙化土地从口号变为行动，由愿望变成现实。2005 年 2 月，国家制定了《全国防沙治沙规划（2005—2010 年）》，2013 年 11 月又颁布了新的《全国防沙治沙规划（2011—2020 年）》，确定了到 2020 年使全国一半以上可治理沙化土地达到治理的目标要求。2013 年，国家林业局支持内蒙古、西藏、陕西、甘肃、青海、

---

① 陈文静. 财政部启动新一轮草原生态补助奖励政策 [N]. 中国财经报，2014-06-01.

② 农业部草原监理中心. 2015 年全国草原监测报告 [EB/OL]. http://www.grassland.gov.cn/grassland-new/Sheng Cheng/Article/gzdt/2016/03/01/1109487913.htm.

③ 赵展慧. 中央财政 8 年累计安排转移支付资金 2 513 亿元 让保护生态的地方不吃亏能受益 [N]. 人民日报，2016-05-18.

宁夏、新疆7省区启动了沙化土地封禁保护补助试点。这些试点填补了我国防沙治沙措施的空白，是一项开创性的工作，具有里程碑式的意义。对南方喀斯特石漠化的治理，国家通过整合森林生态效益补偿、退耕还林补偿、造林补贴、水土保持、水利建设、小流域治理等资金，向这些地区倾斜。对容易造成环境破坏的活动征收环境恢复治理方面的专项税费或者生态补偿金。同时，引入社会资金，支持石漠化地区适宜产业发展。由此，南方地区的石漠化治理取得明显成效，石漠化程度明显减轻，岩溶地区生态状况呈良性发展态势，实现了荒漠化和沙化面积"双减少"，林、草覆盖率"双提高"。

五是生物多样性保护成绩斐然。"十二五"时期，"联合国生物多样性十年中国行动"开始启动，我国建成了以自然保护区为骨干的生物多样性就地保护网络体系。西部地区对生物多样性补偿政策包括：提高森林生态效益补偿的标准，建立和完善下游地区补偿上游地区生态补偿机制，启动湿地生态补助试点，减免生态移民搬迁过程中产生的税费和规费等。如，南岭山地森林及生物多样性生态功能区把长江防护林、退耕（牧）还林（草）、水土流失治理、湿地保护和恢复以及生物多样性保护作为重要内容，优先安排并逐步增加资金。

六是开展了生态保护红线划定试点。划定生态保护红线，是落实党的十八届三中全会关于生态环境保护管理体制的重要举措。"十二五"以来，我国积极推进生态保护红线划定，在全国范围内进行试点。西部的内蒙古和广西成为首批试点。内蒙古生态红线区域包括生态环境敏感与脆弱区域以及重要生态功能区的重要区域，面积为28.46万平方千米，占自治区的24.1%。广西选取位于桂黔滇喀斯特石漠化防治生态功能区的河池市凤山县、南岭山地森林及生物多样性生态功能区的桂林市资源县等开展广西生态保护红线试点。2017年，中共中央、国务院办《关于划定并严守生态保护红线的若干意见》将划定并严守生态保护红线作为贯彻落实主体功能区制度、实施生态空间用途管制的重要举措，作为提高生态产品供给能力和生态系统服务功能、构建国家生态安全格局的有效手段。明确了实现一条红线管控重要生态空间，确保生态功能不降低、面积不减少、性质不改变的目标，并确定了生态红线划定的时间表和路线图。在国家生态保护红线若干意见的指导下，西部地区进行了有益的尝试。如，贵州将生态保护红线区分为12个小类，保护面积（扣除重叠部分）达到56 236.16平方千米，占全省国土总面积的31.92%。其中，桂滇黔喀斯特石漠化地区被划入红线保护区内。四川明确了生态保护红线"四轴九核"的空间格局，包括13个生态保护红线区块，并划分为一类、二类管控区，总面积为

19.7万平方千米，占全省辖区面积的40.6%。国家重点生态功能区若尔盖水源涵养与生物多样性保护生态功能区、秦巴山区生物多样性保护与水源涵养重点生态功能区等被划入红线保护区内。

（2）农产品主产区利益补偿取得突破性进展

农产品主产区的粮食生产社会效益比经济效益高，存在明显的利益流失。2004年以来，连续15年的中央一号文件均强调加大强农惠农支持力度，强调健全粮食主产区利益补偿机制，粮食主产区的利益补偿有力地调动了政府抓粮和农民种粮的积极性，我国粮食产量实现"十二连增"。近年来，西部限制开发的农产品主产区利益补偿取得突破性进展，退耕、休耕等耕地保护政策的实施使农业生态环境有所改善，粮食直补、良种补贴等各种补贴资金，稳定了粮食种植面积，有效保障了农民种粮收益。

一是补贴政策保障了国家粮食安全。我国现行粮食主产区利益补偿主要包括对粮食主产区生产者的补贴、对粮食主产区地区的补贴以及产销区之间的利益协调机制三种方式。第一种主要包括粮食直接补贴、农资综合直补、良种补贴和农机具购置补贴为内容的"四补贴"政策以及最低收购价和临时收储政策；第二种主要指是国家财政对产粮大县的奖励政策；第三种是指国家鼓励粮食主产区到主销区建立粮食销售基地、发展粮食加工，也鼓励粮食销售区到粮食主产区建立粮食生产基地、兴建粮食仓储设施等。[①] 经过不断发展和完善，粮食补贴政策逐步形成了综合性收入补贴、专项性生产补贴以及最低价收购政策与临时收储政策相结合的粮食补贴"三补贴"政策体系。此外，对优势农产品和优势产区进行财政扶持政策，如优质种子补贴以及与推广重大技术有关的农业机械设备购置和生产投入品的补贴，对优质专用小麦、专用玉米、棉花等大宗农产品实行优质优价，减免优势农产品在流通、储运和交易等中间环节的收费，等等。上述补偿政策，对于鼓励农户接受农业先进技术、增加农业生产的物质投入和机械投入、维护小型水利设施、基础设施以及提高农业种植热情等方面成效显著。补偿政策使粮食主产区的综合生产能力不断增强；深化了农业供给侧结构性改革，结构合理的农产品有效供给模式正在形成；维护了粮食生产者的利益，促进了农民收入增加。

二是耕地保护补偿深入开展。针对耕地保护与利用中存在着的外部性进行生态补偿制度，可以激励耕地保护者的正外部性行为，约束经济主体的负外部

---

① 王秀清. 充分调动和保护粮食主产区生产积极性——全国粮食主产区利益补偿调查及政策建议 [N]. 农民日报, 2012-10-16 (003).

性行为。近年来，我国西部地区采取了如下措施对耕地保护进行补偿：①设立耕地保护基金。如，四川省成都市探索设立耕地保护基金，资金来源于新增建设用地有偿使用费、土地出让收益以及从耕地占用税中提取一定的比例，资金不足部分由市、县两级财政兜底。① ②提高农村耕地占用税费。对占用农村耕地、农田、山地、园地、菜地以及其他的农业用地从事非农业建设进行征税，按每平方米征收 10~50 元的标准进行征收，各地以当地人均耕地面积为依据予以调整，允许各地区有一定的差别。② 一方面，通过征收耕地占用税费，提高建设用地的获取成本，从经济上遏制用地者浪费土地的冲动，从而减少多占耕地、盲目扩张用地等现象；另一方面，提高建设用地有偿使用费标准，将其专项用于耕地保护、基本农田保护以及土地整理等。③调整供地者和用地者之间的利益分配，建立合理的土地资源收益分配机制。如，陕西省征地拆迁新政分别确定了耕地、耕地以外的其他农用地以及其他土地的补偿费标准。④加大耕地保护的财政转移支付力度，重点支持耕地保护任务重、成绩突出的地方政府。⑤建立"以奖代补""以补促建"的激励约束机制。给基层政府的奖补资金主要用于农田基础设施后期管护与修缮、地力培育、耕地保护管理等；给农民的补贴资金直接发放给农民，保护其种粮积极性。如陕西省探索实行耕保成效与建设用地指标分配、土地整治项目安排双挂钩。③ 这种以保定"补"、以"补"促保、保"补"结合的做法极具创新性，通过建立耕保利益补偿机制，一方面倒逼出主动管好用好耕地的得力举措，另一方面实现了耕保、用地、建设的良性循环。④

4.2.1.2 基层政权财政保障能力不断提高

我国西部限制开发区域面临进行生态环境保护和改善基本公共服务的双重压力。随着中央财政转移支付力度的不断加大，特别是随着财政部"三奖一补"政策的实施，调动了地方缓解县乡财政困难的积极性。中央财政安排的"三奖一补"资金，加上"三奖一补"政策带动地方政府安排的奖补资金，主要用于工资发放、公用经费、教育、卫生及社会保障等领域，财政困难县财政保障能力大大提高，维持了基层政府的正常运转，推进了基本公共服务均等化进程。

---

① 国土资源部门户网站.健全耕地保护补偿机制让耕地保护由"被动"变"主动"——郭文华谈学习胡锦涛总书记重要讲话精神体会 [EB/OL]. http://www.mlr.gov.cn/zxft/2011/jqgdbh/.

② 国家税务总局.耕地占用税管理规程（试行） [EB/OL]. http://www.chinatax.gov.cn/n810341/n810765/ n1990035/n1990067/c2185750/content.html.

③ 王文昭.陕西探索建立耕保利益补偿机制，耕保成效与用地指标分配、土地整治项目安排挂钩 [N].中国国土资源报，2016-01-30 (001).

④ 王传元.为"耕保利益补偿机制"叫好 [N].中国国土资源报，2016-02-18 (004).

4.2.1.3 特色产业发展势头良好

在国家特色产业政策的扶持下，西部限制开发区域根据各自不同的资源优势和市场需求，积极培育优势农产品，优化特色农副产品结构，不断提高农产品竞争能力。目前，西部限制开发区域特色产业的专业化生产和区域化布局初步形成。与此同时，区域产业发展势头良好，一大批龙头企业和知名品牌涌现出来，带动了政府和居民增收，在一定程度上补偿了限制开发区域为保护生态环境而牺牲的经济发展机会和经济利益。

4.2.1.4 多层次的法律法规体系逐步形成

近年来，国家陆续颁布和实施了多部专门性法律法规，涵盖森林、草原、水土保持、荒漠化防治、野生动物保护、自然保护区、生态补偿、环境保护和管理、转移支付、生态保护补偿、生态保护红线、粮食安全、土地调控、节能减排等诸多方面，上述法律法规为西部限制开发区域生态保护补偿和农产品生产补偿提供了法律依据。与此同时，西部限制开发区域地方各级政府部门也制定了诸多地方行政法规，有效地指导了各省（市、区）重大生态建设工程的实施。上述国家和西部省（市、区）各级政府制定的法律法规，初步形成了层次多元、分工明确、特色显著的法律法规体系，为西部限制开发区域的利益补偿提供了法律支撑。[①]

4.2.2 利益补偿存在的主要问题

虽然西部限制开发区域利益补偿取得了一些成效，但由于该项工作起步相对较晚，缺乏必要的经验和充足的资金，且面临的现实情况复杂多样。因此，限制开发区域的利益补偿政策的制定和实施仍面临诸多问题和挑战。

4.2.2.1 利益补偿政策制定缺乏科学性和公正性

目前，我国对限制开发区域的利益补偿政策制定尚缺乏科学性和公正性，为了保障限制开发区域主体功能的发挥，必须制定符合当地发展水平和特点的补偿标准，进一步增强补偿标准的科学性和公正性。一是补偿标准普遍偏低。如，退耕还林后获得的经济补偿远远低于农户退耕前的经济收益；生态公益林的补偿难以满足生态管护和抚育的需求；流域上游生态环境投入给地方带来沉重的财政负担。与此同时，利益补偿标准没有体现出不同区域的成本差异。如，退耕还林、流域补偿、土地补偿等基本上都实行的是全国统一标准，未充

---

① 国家发展改革委国土开发与地区经济研究所课题组，高国力. 我国限制开发和禁止开发区域利益补偿研究 [J]. 宏观经济研究，2008（5）：13-14.

分考虑不同地区的差异性。因此，在建立限制开发区域利益补偿机制的时候，应结合西部地区的经济发展水平，并针对不同地域、不同生活成本的实际，科学确定补偿标准。二是补偿年限普遍偏短。生态建设和保护以及保障农产品供给是长期的、艰巨的任务，限制开发区域居民也很难在 5~8 年的短时间内成功实现转产，因此应适当延长补偿年限，保障补偿的相对稳定性和连续性。三是从利益补偿的比例分担来看，中央负担和地方负担的比例确定缺乏科学性和公正性，地方政府分摊比例过高，政策难以落地。这样的情况在西部地区显得更为普遍，一些限制开发区域的利益补偿事实上根本无法落实，利益补偿成为一纸空文。四是从申诉路径来看，西部限制开发区域利益补偿中的受偿者大多为欠发达地区的居民，以山区或农村居民居多，其利益受到损害时，往往缺乏申诉路径，使得生态补偿机制在实际运作中缺乏必要的公正性。

目前，我国现有耕地生态补偿制度也存在着诸多问题：耕地生态系统服务价值观念不强，耕地资源的生态效益往往被当作是其外部价值而被忽略；重耕地的经济补偿，轻生态补偿；重行政保护手段，轻法律经济手段；耕地生态补偿机制运行不健全；耕地生态补偿制度法制建设缺失等。因此，亟须完善补偿机制，充分体现耕地补偿的科学性和公正性。[①]

4.2.2.2 利益补偿投入规模偏小

目前，国家对生态保护和建设的资金投入规模偏小，且由于没有设立生态保护和建设经常性项目而缺乏稳定性和连续性。西部地区基层政府财力有限，有限的财政资金还要用于维持基层政府运转和支持地区特色产业发展，因此没有足够的财力支撑限制开发区域的利益补偿。此外，本就有限的资金还存在着不能及时到位、挤占甚至挪用等问题，根本不能有效保障利益补偿资金需求。由于补偿资金入不敷出，迫使西部的一些限制开发区域违规进行矿业、林业、旅游等无序开发，生态资源保护与地方经济发展常常产生矛盾冲突，不仅造成生态环境的破坏和资源的浪费，还给社会稳定带来隐患。

4.2.2.3 利益补偿体系不完善

一是补偿资金来源单一。对西部限制开发区域的补偿主要来源于中央财政转移支付，没有充分调动地方政府的积极性，企业以及社会和个人参与度不够，尚未形成多元化的资金筹集方式。二是补偿标准相对偏低，难以极大地调动生态保护者和农产品生产者的积极性。三是补偿范围相对较窄。除森林、矿产资源开发等补偿较为成熟外，其他领域的补偿尚处于探索阶段。四是补偿方

---

① 单丽. 耕地保护生态补偿制度研究 [D]. 杭州：浙江理工大学，2016：19-22.

式单一。主要以现金补偿为主，关注和解决居民的基本生计，但却缺乏对居民就业和发展需求的长远考虑。以西部流域生态补偿为例，由于缺乏基于市场的分析和评估以及利益相关者的广泛参与，造成"三多三少"的补偿现实：部门补偿多，农牧民补偿少；直接物资、资金补偿多，生产方式改善少；"输血式"补偿手段多，"造血式"补偿手段少。限制开发区域的农民既是生态保护的贡献者，又是放弃耕种的受损者，同时也是生态建设者，在补偿时政府仅从减少生态破坏的角度，发给受偿者一定数量的粮食和现金，没有考虑对保护生态环境、建设生态的行为进行补偿，造成补偿严重不足，导致地方政府和当地群众对生态保护缺乏积极性。

4.2.2.4 利益补偿机制中市场补偿环节薄弱

目前，我国限制开发区域的利益补偿大多是财政转移支付式和政策倾斜式的政府利益补偿，尤其是生态补偿方面非常缺乏市场补偿机制。因此，可以借鉴国外在市场补偿机制方面的一对一贸易补偿、流域之间清洁供水交易市场补偿、跨区域市场贸易协议补偿等方式。限制开发区域利益补偿的市场交易，可以是生态环境服务功能，或生态环境要素权属，或环境污染治理绩效或配额，以市场交易或支付的方式进行兑现，让限制开发区域为保护生态环境失去发展机会的成本来自市场方式的补偿。然而，我国目前补偿大多是由政府补偿，缺乏市场补偿手段的运用，补偿资金来源单一，补偿数量不足，导致资金供给的长期性和稳定性不强。从长期来看，补偿标准将会逐步提高，但中央财政和地方财政难以为继，需要政府、立法、市场主体等各方面共同推进。而对于地处中国西部地区的限制开发区域来讲，不论从经济实力、技术水平，还是人们的思想观念来看，离建立限制开发区域利益补偿的市场机制仍有较大的距离。

4.2.2.5 利益补偿缺乏稳定的长效机制

对西部限制开发区域的生态保护和建设的补偿政策，目前多以项目或工程的方式进行组织和实施，且有明确的时间期限，项目或工程一旦完成，补偿就不再继续，因此稳定性不够，缺乏连续性。在补偿政策期限内，基层政府或农牧民会因为能够得到补偿而拥有保护和改善生态的热情和积极性，会约束自身的开发活动或抑制不理性的开发冲动。但等到期限过了，所牺牲的经济利益难以得到补偿，他们就可能失去保护和改善生态的热情和理智，甚至为了满足基本生计和发展需求，不惜破坏已经取得的生态建设和保护成果。如，退耕还林和退牧还草等政策对农户的直接补助政策都有明确的期限，并且年限偏短，相应的政策跟不上，被补偿者缺乏一个对未来的稳定预期，普遍担心政策实施期满后退耕的利益得不到保障，因此产生许多短期和短视非理性行为。这样的情况在西部限制开发区域内较为普遍。①

再以粮食生产补偿为例，由于耕地红线等政策限制，农产品主产区不得不将大量耕地用于粮食生产，耕地向非农化用地的转移被严格限制，二、三产业发展受到一定程度的限制，只能发展收益较低的粮食生产，导致政府财政收入减少，粮农利益受损，最终导致粮食主产区经济发展落后。可见，现有耕地保护体制对耕地资源的经济价值、社会价值和生态价值认识不足，缺乏合理的利益调节机制，如果不建立起长期稳定的补偿机制，对主产区因发展粮食生产而间接导致的经济效益流失进行补偿，对被补偿区域政府和种粮农户有一个稳定的利益补偿预期，那么，就会影响主产区的种粮积极性，从而威胁到一定区域范围乃至全国的粮食安全。

4.2.2.6 利益补偿配套制度建设需要创新

一是利益补偿体系不完善。近年来，尽管国家和各省（市、区）出台了诸多利益补偿政策和措施，但从这些政策和指导意见等来看，反映出利益补偿体系的不健全和不完善。如，重点生态功能区生态服务价值的评估和核算、生态环境质量的评估和检测、农产品主产区的贡献和风险评估等都十分滞后。此外，地区间横向的利益补偿制度还没真正建立起来，利益补偿的法规和政策还不完善，地区间、流域上下游之间的协商平台和机制构建还在探索过程中。

二是产权制度不健全。产权制度作为一项基础性的制度，它的健全程度直接影响到其他制度的建设。西部限制开发区域类型复杂多样，且诸多限制开发区域跨行政区分布，权属不清给利益补偿带来极大的障碍。

三是管理体制不顺、权责不清。我国西部限制开发区域生态环境建设和保护涉及从中央到地方各级政府的行政管理部门，缺乏统一的归口管理，职能交叉，权责不清，相互推诿和争权现象时有发生，降低了利益补偿的监管效率和效能。

四是法律法规有待进一步完善。目前，尽管有关西部限制开发区域利益补偿的政策和规章很多，但缺乏统一性、权威性和约束力，难以支撑利益补偿政策的有效实施，造成各限制开发区域各自为政的局面，因此必须加强利益补偿的顶层设计；另一方面，目前针对限制开发区域利益补偿的有关规定大都属于行政规章性质，立法的层次较低，且主要是针对某一种类型的利益补偿，适用范围局限性明显且带有"亡羊补牢"的特点②，缺乏专门针对重点生态功能区

---

① 国家发展改革委国土开发与地区经济研究所课题组，高国力. 我国限制开发和禁止开发区域利益补偿研究 [J]. 宏观经济研究，2008（5）：16-21.

② 蔡国沛，张涛. 限制开发区生态补偿制度探析 [J]. 科技创业月刊，2010（9）：11-12.

和农产品主产区的利益补偿的法律法规，现有法规和政策缺乏系统性、整体性和可操作性，致使利益补偿难以兑现。①

4.3　西部限制开发区域利益补偿的基本思路

针对利益补偿中存在的问题，结合西部地区的特殊区情，西部限制开发区域应坚持保护优先、适度开发、点状发展，强化顶层设计，进一步完善区域补偿政策体系，重建流域补偿政策体系，拓展补偿范围，创新补偿方式②，充分体现公平原则，促进区域科学发展，实现区域公共服务均等化。

4.3.1　西部限制开发区域利益补偿的政策需求

4.3.1.1　经济发展权与生态发展权之间的冲突

经济发展和生态保护是西部限制开发区域肩负的两大重任。然而，由于区域经济发展落后，经济发展与生态保护二者难以兼顾，"生态不经济"与"经济不生态"矛盾突出，经济发展面临诸多不利因素。一是地方经济社会发展所需资金短缺，财政收支矛盾突出，发展资金严重短缺。二是人口增长与环境承载力之间的矛盾日益尖锐。生态环境脆弱，但人口增速却过快，人为活动加重了对生态环境的破坏，环境承载的人口负荷日趋沉重，人地矛盾十分尖锐。三是发展环境落后导致人才大量外流，劳动力素质降低，地方经济发展缺乏重要推动力。四是交通和通信等基础设施以及公共服务设施落后，经济社会发展环境亟待改善。五是基层政府公共管理体系不健全，制度不完善，管理方法落后，管理手段单一，不利于提高经济社会效益。六是利益补偿供给不能满足补偿需求，二者矛盾日益尖锐。生态产品效益的外溢性和生产成本的内化性特征往往会驱使区域自觉、不自觉地忽略生态发展权实现，甚至以牺牲生态发展权为代价换取经济发展权的实现。③ 农产品主产区地方经济不能从制造业和服务业获得公共财政能力，大量的农村劳动力离开农业进入非农产业，导致农业劳动力的严重不足，从而使农产品生产面临巨大压力。

---

①　刘振华. 关于生态补偿机制的调查与思考——以南岭重点生态功能区为例 [J]. 农村经济与科技, 2016 (20)：27-28.

②　王业强, 魏后凯. "十三五"时期国家区域发展战略调整与应对 [J]. 中国软科学, 2015 (5)：44.

③　杜黎明. 限制开发区经济发展权补偿研究 [J]. 现代城市研究, 2012 (6)：13-14.

4.3.1.2 利益损失与利益补偿之间的冲突

西部限制开发的农产品主产区经济发展落后，地方财政困难，人均财政支出严重偏低。农村生活环境较差，生产要素不断流向城市，农村空心化严重。粮食生产比较收益率低，农业发展积累和农业产业竞争力不足。种粮农民收入增长缓慢，种粮积极性不断下降。一些主产区粮食生产兼业化、农业产业非粮化、甚至撂荒现象严重。[①] 一方面，主产区经济发展水平较为落后，产业结构不合理，经济发展受限，而保障粮食生产等使当地经济发展存在一定程度的抑制效应；另一方面，粮食生产成本过高，利益流失现象严重。较高的耕地机会成本使粮食作物与其他作物的收益差距较大：农民择业就业的机会成本使大部分农民选择兼业，即农民在种粮的同时也会外出务工，当收获时节来临，农民往返于工作地与田间会产生时间与金钱等成本，部分甚至因此暂时放弃工作机会；配套资金机会成本付出，由于粮食生产，农产品主产区会承担大量的配套支出，这部分支出就无法投资于回报率更高的产业中，以致产生了机会成本；流通环节利益严重流失，"剪刀差"导致农产品产销价格失衡；粮食等农产品储备环节利益损失，承担农产品生产，自然就需要承担起其储备的责任，相应的成本由主产区自身承担，无疑造成了主产区利益的流失。因此，应从保障粮食安全、促进区域科学发展角度，以粮食产量、商品量等为依据，对粮食主产区给予补偿，完善主产区利益补偿、耕地保护补偿、生态补偿政策，依据主产区提供的粮食数量以及主产区、主销区农民之间的纯收入差距等情况，综合确定对主产区的补偿标准，使主产区能够获得与其对粮食安全贡献相一致的补偿，让粮农获得与从事其他生产大致相当的收益，确保主产区继续进行扩大再生产，提高农民和主产区政府进行粮食生产的长期积极性，从而保障国家粮食安全。

西部限制开发的重点生态功能区与欠发达地区、革命老区、老少边穷地区在空间上重合，人口众多，地域较广，区域经济社会发展处于全国下游水平。在施加限制开发的主体功能的背景下，重点生态功能区在资源开发、产业布局等方面受到诸多限制，地方对土地等自然资源的使用权与发展权部分丧失，农民原有的生活方式和经济开发行为受限，但却担负着改善民生和保护生态环境的双重任务。生态环境的修复和维护需要相应的投入，但投入大、建设周期长，不可能全部依靠市场进行配置，必须加强政府的政策引导和财政投入，而且从发展成果共享和保障社会公平的角度，也离不开国家层面的大力支持。从

---

① 吴珍彩. 粮食主产区利益补偿的理论分析和政策建议 [J]. 农业经济，2016 (3)：9.

理论上讲，利益补偿可根据机会成本进行估算，或者按其功能价值进行衡量。根据西部重点生态功能区的实际，可将区域发展水平作为利益补偿的重要依据，通过对该区域与其他区域或全国在人均 GDP、人均财力、人均公共服务等方面进行比较，发现差距，然后加大利益补偿力度。在利益补偿过程中，应主要发挥政府的引导作用，主要依靠中央和省级政府的投入和扶持。利益补偿资金除保障其主体功能发挥外，还必须用于维持基层政权运转、促进公共服务均等化以及支持特色优势产业发展等。

4.3.1.3 利益受损区域与既得利益区域之间的冲突

各类主体功能区的主体功能定位和发展方向必然引致发展模式、经济效益的巨大差异。优化开发、重点开发区域主要发展经济效益高的工业，限制开发、禁止开发区域则发展短期内经济效益不明显或者经济效益难以及时兑现的生态产业。在市场机制作用下，优化开发、重点开发区域以其工业品、服务品交换限制开发区域的农产品、生态产品。但在这一产品交换过程中，限制开发区域并未公平地分享到国家经济社会发展所带来的红利，其经济利益诉求难以得到满足。主体功能区划限制了生态区域和农业地区的发展，导致其与优化开发区域和重点开发区域之间存在明显的利益冲突，这就引发了对利益补偿的潜在需求。同时，国家对不同主体功能区提供政策支持各有区别，这种差异也可能会加大各主体功能区间的利益不平衡。①

限制开发区域以生态环境保护和保障农产品生产为主要任务，自然资源开发利用、工业发展等经济活动受到严格限制，与优化开发区域和重点开发区域在公共服务水平均等化之间的差距进一步拉大。为了促进区域基本公共服务均等化的实现，迫切需要国家运用财政、税收等公共政策工具对公共资源进行科学配置，继续向西部限制开发区域倾斜，矫正区域之间、不同区域的居民之间的利益失衡，促进区域协调发展。

明确补偿的重点区域是利益补偿的重点任务之一。基于上述分析，西部被划为限制开发区域的地区理所当然地成为利益补偿的重点区域，必须对其进行以生态产品生产和农产品生产为主要内容的利益补偿，弥补其发展机会的损失，逐步缩小区域之间的发展差距，促进区域公共服务均等化。此外，生态受益地区与生态受损地区，流域的上游地区与下游地区之间，也必须进一步完善横向利益补偿机制，通过激励性补偿和协调性制度安排，调整和协调区域之间的利益分配，调动限制开发区域生态保护和粮食生产的积极性，促进区域主体

---

① 穆琳. 我国主体功能区生态补偿机制创新研究 [J]. 财经问题研究，2013 (7)：105-107.

功能的充分发挥。

4.3.2　西部限制开发区域利益补偿的基本思路

利益补偿是一项十分复杂的系统工程，必须明确分阶段的补偿重点、补偿标准和补偿方式，建立利益补偿机制，完善财政转移支付制度。总体来看，西部地区应充分依托和整合现有政策体系和手段，分类研究，试点先行。一方面，应坚持"开发者付费、受益者付费、使用者付费、保护者获益"的原则，通过价格杠杆，制定科学合理的矿产资源、水资源、生物资源开发生态补偿收费制度，要求区域内的企业、经济单元、个人在资源利用中对生态环境和资源损耗做出经济补偿，区外受益地区的企业、经济单元、个人在受益于生态环境保护的同时做出经济补偿；另一方面，通过实行多种补偿方式，对生态效益产出主体的生态建设和成本投入进行补偿，对保护生态环境损失的经济利益和社会利益进行补偿，为遏制生态恶化趋势、保障区域和国家生态安全和农产品安全等相关政策的提出提供支撑，为充分调动生态保护者和农产品提供者的积极性提供依据，为促进限制开发的落后地区提供经济社会发展办法，为建立公平、公正的区际生态补偿关系和生态保护与协作提供平台。[①]

4.3.2.1　重要流域利益补偿的思路

按照各流域生态环境功能区规划要求，科学确定流域尺度和流域利益补偿主体。与各利益方签订流域环境协议，按上游生态保护投入和发展机会损失进行补偿标准测算；严格确定流域各行政辖区交界断面的水质标准，根据现实水质情况确立补偿额度；制定和实施差异化的利益补偿政策，采取多元化的利益补偿方式。如，水环境污染补偿，即上游企业和居民等对受到污染的下游地区进行补偿；水资源的保护补偿，即为了保护下游居民、企业等可以使用到清洁的水资源，上游地区因进行水资源保护而丧失了部分发展机会，下游地区受益的居民、企业等对上游地区进行补偿；在水资源和水源地保护上，也可通过资源价格改革和水权交易等方式进行补偿。

4.3.2.2　矿产资源开发利益补偿的思路

将矿产资源开发造成的生态环境损失的修复治理成本作为西部限制开发区域利益补偿的依据，将矿区生态环境恢复治理划分为两种情况：一是已造成的废弃矿山生态环境破坏；二是正在或即将开采矿山造成的生态环境破坏，并分

---

① 韩永伟，高吉喜，刘成程. 重要生态功能区及其生态服务研究 [M]. 北京：中国环境科学出版社，2012：320-321.

别对待，分区施策。前者通过设立废弃矿山生态环境恢复治理专项基金，主要由政府进行治理，资金来源于财政投入、向正在生产的矿山征收"废弃矿山生态环境补偿费"等多种渠道；后者由开采企业承担全部治理责任，可通过开采前向企业征收生态环境修复保证金来进行保障，依据每年矿山修复治理的数量和质量返还保证金。

4.3.2.3 森林生态利益补偿的思路

明确森林生态补偿的范围和界限，根据森林生态系统服务功能测算、对营造林的直接投入以及区域为保护森林生态功能所放弃的经济发展机会成本等，确定科学的补偿标准。同时，根据地域、林种、地方经济发展水平等实行分类指导。整合现有的重点生态公益林建设工程、天然林保护工程、退耕还林工程等，将其共同纳入森林生态效益补偿基金制度中，统一资金使用和监管。通过加大财政转移支付力度、改革生态税收制度等，保障森林生态补偿的资金来源。

4.3.2.4 农业环境保护利益补偿的思路

依据农业环境保护的正外部性，即为社会提供集体利益的公共物品和劳务，对农业发展地区和农产品提供者进行补偿；依据农业环境污染的负外部性，即农业环境过度利用，农业污染过度产生，对农业发展地区和农产品提供者进行绿色农业生产补偿，对滥用化肥、农药、地膜等破坏农业环境等非理性行为进行强制性约束，杜绝采用以破坏农业环境为代价的农业生产模式，减少有污染的、低质量的农产品生产。利益补偿的对象包括农业企业、农村专合组织和农户。利益补偿的方式包括：政府补偿和市场补偿。政府补偿机制，一是通过财政转移支付对社会效益和生态效益良好的农产品生产给予适当倾斜，并不断增加财政转移支付补偿；二是通过拨付专项资金为农产品生产补偿项目的实施提供基本的物质保障，如农业退耕还林项目中国家所提供的原粮、种苗费及生活补助等；三是通过绿色农业生产补偿基金弥补农业生产财政资金的不足，具体来源有：政府财政拨款、农业生产效应生产地和农业生产效应收益地之间的横向转移支付、国内外自然人和法人的社会捐助、基金本身运行取得的投资收益和利息收入等。上述资金来源主要用于弥补农村生态环境建设投入的不足以及农村新能源的开发利用等。市场补偿机制主要包括：培育和发展资本市场、发行生态环保债券、适时引进国际信贷以及进行农产品生态标记等。通过上述两种手段，转变对生态环境有破坏的农业生产方式，发展生态环保农业，对农业地区和农业生产者为保护生态环境做出的牺牲予以补偿。[①]

4.3.2.5　粮食生产利益补偿的思路

西部农产品主产区粮食生产的利益补偿包括种粮农民利益补偿和粮食主产区政府利益补偿。对农民的利益补偿，包括最低价收购和粮食补贴，粮食补贴又包括良种补贴、种粮直补、农资综合补贴、农机具购置补贴四类。对主产区政府的利益补偿，包括最低价收购、粮食补贴以及产粮大县财政奖励。对产粮大县的财政奖励资金由中央财政拨付，且不附加任何条件，赋予地方政府对资金的使用有更大的自主权，调动基层政府抓粮食生产的积极性。继续实施粮食直补和农资综合补贴为重点的收入支持政策，降低农资价格上涨带来的粮食生产成本上涨压力，提高农民种粮的直接收入。实施以良种补贴和农机购置补贴为主的生产支持政策，降低因新品种、新设备等应用所增加的成本，实现粮食生产质与量并重。[②]

4.4　西部限制开发区域利益补偿框架

为了顺利推进西部限制开发区域的利益补偿，有必要建立起合理的利益补偿框架，明确补偿领域、补偿对象、补偿方式以及补偿重点。

4.4.1　西部限制开发区域利益补偿的领域[③]

从理论上讲，利益补偿的范围很广，包括因生态环境和自然资源的使用、保护、修复、节制使用、有效利用或相关的研究、教育、宣传等发生的行为或活动；因提供农产品生产而丧失的发展机会或额外的投入。实践层面主要包括：中央部委推动的以国家政策形式实施的利益补偿；省级层面以及省以下各地自主性的实践探索。从总体来看，西部限制开发区域生态补偿实践应主要集中于以下领域：

4.4.1.1　森林和湿地补偿

森林和湿地是地球上主要的陆地生态系统之一，为人类提供重要的生态系

---

① 辛岭. 绿色农业生产补偿标准研究 [M]. 北京：中国农业科学技术出版社，2015：74-76.

② 张忠明. 粮食主产区利益补偿机制研究 [D]. 北京：中国农业科学院，2012：23-25.

③ 国务院办公厅. 关于健全生态保护补偿机制的意见（国办发〔2016〕31 号）[EB/OL]. http://www.forestry.gov.cn/ main/4817/content-875546.html.

统服务，其生态效益具有明显的外部性特征，必须通过利益补偿将外部效益内部化，才能部分或者全部地实现森林生态和湿地的价值。

在我国的生态补偿研究与实践中，森林生态补偿开始最早，国家投入最多，成效也最明显。六大生态工程中既有森林生态效益补偿，也有退耕还林补偿等。目前，全国正在实施新一轮退耕还林补偿，明确在25度以上坡耕地、严重沙化耕地和重要水源地实行退耕还林还草。新一轮退耕还林还草重点向扶贫开发任务重、贫困人口较多的地区倾斜，进一步向贫困地区集中，向建档立卡贫困村、贫困人口倾斜，充分发挥退耕还林还草政策的扶贫作用，加快贫困地区脱贫致富；稳定扩大退牧还草范围，适当提高中央投资补助标准。同时，西部各省也在研究实施新一轮退耕还林还草补偿相关政策。

湿地生态补偿方面，稳步推进退耕还湿试点，率先在国家级湿地自然保护区、国家重要湿地开展补偿试点，并适时扩大试点范围。西部山区面积大，森林、湿地较多，如川滇森林及生物多样性功能区、秦巴山区生物多样性功能区、若尔盖湿地生态功能区等，应制定和实施科学有效的森林和湿地生态补偿政策，减少林木采伐，减少过度开发，停止开垦湿地，保持湿地面积，保护生物多样性和多种珍稀动物基因库。

4.4.1.2 流域补偿

西部是我国大多数大江大河的发源地，这些区域生态极其脆弱，还因为财力困难，难以独自承担起流域生态环境保护重任。因此，必须建立起流域生态保护补偿机制，充分发挥市场机制的作用，由流域下游受益地区分担流域上游受损地区生态建设重任，以此理顺流域上下游间的生态关系和利益关系，在促进上游地区经济社会发展的同时有效地保护生态环境。

在跨流域补偿方面，全国各地的补偿实践为西部限制开发区域的流域补偿提供了有益的启示和借鉴。如，陕西省因流域水质改善向甘肃天水、定西两市支付费用以奖励两市在水质改善方面做出的贡献，这是全国首例自发实行的跨省流域生态补偿；浙江省对重要水源补给生态功能区实行资源、生态、经济"三大补偿机制"，"三大补偿机制"是在市场经济体制逐步完善和水电投资主体发生变化的背景下提出来的，是对水电项目开发的一种利益调整。"三大补偿机制"及其配套政策的实施，有效地解决了水电开发带来的外部性问题，既保障了限制开发区域群众的基本经济利益，也减轻了水电开发给当地局部生态与环境带来的不良影响。2011年11月，财政部、环保部等在新安江流域正式启动了全国首个跨省流域生态补偿机制试点工作，由中央财政出资3亿元，安徽、浙江两省各出资1亿元，共同设立总额为5亿元的新安江流域水环境补偿基金。新安江流域上下游在基于"利益共享、责任共担"的跨省流域水环境生态补偿新模式和新机制方面迈出了重要一步。

省域范围内的流域生态补偿也取得积极成果。浙江省自2005年开始在省内8大流域实施生态补偿，是全国第一个实行省内流域生态补偿的省份；福建省的闽江、九龙江、晋江三个流域建立起了较完善的江河下游补偿上游的生态补偿机制，基本做法是福建各地以城市工业和生活用水量为依据，按照统一测算标准从财政中支出森林生态效益补偿资金，上缴到省财政专项户头上，对上游地区保护森林生态功能和水土资源做出贡献的农民进行补偿；河北省在省内7大流域开展生态补偿，通过扣缴上游的生态补偿金补偿下游地区，形成了比较完善的补偿模式，该模式因筹集流域生态治理资金的效果以及激励上下游地区强化环境治理的效果显著而获得"中国地方政府创新奖"；[①] 继江苏省在全国率先启动太湖流域水环境"双向补偿"试点工作后，四川省也开始实施岷江、沱江、嘉陵江三江流域跨界断面水质超标扣缴和补偿双向联动、分开核算资金扣缴的生态补偿制度，由起初的20多个断面、6个市（州）扩大到三江干流及重要支流的82个监测断面、19个市（州）和52个扩权试点县（市）。这种"双向补偿"机制作为市场经济下一种生态补偿手段，充分体现了"超标者赔偿、改善者受益"的原则，有助于解决流域治理这一难题，尤其有利于改变上游导致下游污染、但上游自身缺少治理污染积极性的现状。

4.4.1.3 草原和荒漠补偿

草原和荒漠主要集中在我国西部地区，对草原和荒漠的利益补偿包括：扩大退牧还草补偿范围，实行新一轮草原生态保护奖补政策、沙化土地封禁保护补偿、沙区资源和生态系统保护补偿，等等。在制定和实施利益补偿时，要结合牧区发展需求和中央财力状况，适当提高奖补标准，落实草原管护养护责任，完善政府购买生态服务的机制，研究制定鼓励社会力量参与补偿的政策措施。

4.4.1.4 矿产资源开发补偿

我国西部绝大多数省区矿产资源丰富，尤其是能源矿产、化工矿产分布相对集中。长期以来矿产资源的开发对生态环境的损害量大面广，但利益补偿却严重不足。如，我国石油、天然气的补偿费率比国际水平低近10个百分点，且资源补偿忽视生态环境价值，导致矿产资源浪费严重，生态环境遭到严重破

---

① 王慧杰，董战峰，姜银苹，等. 生态补偿：政策效应凸显 [J]. 环境经济，2014（1/2）：42-46.

坏。因此，应遵循"谁破坏、谁复垦"原则，建立和完善矿山资源开发补偿机制，实行土地复垦保证金制度，为农村地区的矿山环境整治提供资金保障；新增补偿费要反映出矿产资源开发的环境成本，专用于环境恢复整治以及农民权益受损补偿[①]；加快推进矿产资源补偿费制度改革，彻底改变矿产资源探矿权、采矿权使用费标准过低、补偿费费率低、权益补偿严重不到位、缺乏动态调整机制等现状；拓展补偿资金来源渠道，确保矿产资源生态补偿资金政策的稳定性和连续性。

4.4.1.5　水电资源开发补偿

西部限制开发区域丰富的水资源为水电开发提供了得天独厚的条件，而水电开发包括开发补偿和利益分配等问题。在较多情况下，大型水坝对生态环境的影响主要体现出生态服务功能损失、生物多样性遭到破坏、洪水和地震等自然灾害频发、水库渔业生产受影响等生态环境负效应，保持生态系统平衡需要进行合理的利益补偿。水电开发涉及诸多利益相关者，包括因水电开发的受益群体（如水电开发企业）和水电开发过程中的受损群体（如损失了家园和耕地的库区移民面临生计的变迁）。因此，应从增强经济的有效性、社会公平公正性和环境的可持续性的统一性出发，完善相关的利益补偿政策。[②]

4.4.1.6　自然保护区补偿

西部地区自然保护区众多，区内有丰富的水资源、矿产资源和旅游资源，但由于在保护区内资源开发被严格限制或禁止，在一定程度上制约了当地经济社会的发展，"环发"矛盾十分突出。尽管国家和地方政府也出台了诸多补偿办法，但现有补偿标准及实施机制未充分考虑地区差异、生态补偿对象和范围不全面等，生态保护受损者的权益并没有得到充分尊重和弥补。因此，亟须进一步完善分级管理体系，将自然保护区运行费用纳入各级政府财政预算，既满足生态资源生产者和保护者自身的效益，又促进经济效应、社会效应和环境效应的统一。[③]

4.4.1.7　耕地保护补偿

建立健全耕地补偿机制，实行耕地保护补偿，包括以下内容：一是依据耕地保护面积、耕地质量状况、粮食播种面积、粮食产量和粮食商品率等，对耕地保护责任主体进行补偿激励，由中央和地方各级政府安排奖补资金，主要用

---

① 刘超. 推进矿产资源开发生态补偿 [N]. 中国社会科学报, 2016-01-20.

② 刘巍文, 杨勇. 水电资源开发补偿问题研究综述及展望 [J]. 甘肃水利水电技术, 2016 (5): 14-15.

③ 钱益春. 完善自然保护区生态补偿机制的四点建议 [N]. 中国经济时报, 2012-12-13.

于地力培育、农田基础设施管护与修缮、耕地保护管理等。二是对跨地区补充耕地进行利益调节。在生态条件允许的前提下，推进土地整治以增加耕地，补充耕地指标可向省域范围内的经济发达地区调剂，耕地指标调剂收益由县级行政单元安排用于耕地保护和农业、农村发展。三是落实耕地补偿责任目标，完善补偿考核制度和奖惩机制。①

4.4.2　西部限制开发区域利益补偿的对象

西部限制开发区域利益补偿主体包括地方政府、区内居民以及各类生态工程项目。限制开发给限制开发区域地方政府带来的直接影响，就是资源开发限制导致的地方财政收入的减少，而保障基层政权正常运转需要财力支撑，国家理应通过财政转移支付等，对地方政府减收的部分予以补偿；限制开发给限制开发区域内居民生产和生活产生了不利影响，为了使区内居民原有生活不降低，长远生计有保障，必须对其发展机会损失予以相应的补偿；限制开发区必须实施一些重大生态工程，如退耕还林工程、天然林保护工程、石漠化生态防治工程等，但生态区位的脆弱性和特殊性，使限制开发区域的生态建设成本远远高于其生态公益林补偿，对多出来的这部分投入应给予补偿。②

4.4.3　西部限制开发区域利益补偿的类型

按照不同的划分标准，可将西部限制开发区域利益补偿归为各种不同的类型体系。如，按实施主体和运作机制差异，可分为政府主导的补偿、市场机制主导的补偿；按空间尺度大小，可分为生态环境要素补偿、流域补偿、区域补偿、国际补偿等；按补偿条块，可分为纵向补偿和横向补偿；按照补偿方式，可分为政策补偿、资金补偿、实物补偿以及智力补偿等。③ 以下重点按政府主导的补偿和市场机制主导的补偿进行分析。

4.4.3.1　政府主导的补偿类型

政府主导的补偿类型主要是由政府购买提供给社会成员的生态服务和农产品，其资金来源于公共支付体系，如公共财政、税收以及国债、基金等金融资源。应明确横向生态补偿地方主体，以地方补偿为主，中央财政给予支持，明

---

①　中共中央国务院. 关于加强耕地保护和改进占补平衡的意见［EB/OL］. http://news.xin-huanet.com/ politics/2017-01/23/c_1120370756.htm.

②　贾若祥. 建立限制开发区域的利益补偿机制［J］. 中国发展观察，2007（10）：18-21.

③　鲍晓倩. 生态补偿政府应唱主角——访中国工程院院士、生态学家李文华［N］. 经济日报，2012-05-16（005）.

确中央和地方在横向生态保护补偿上的事权关系，中央财政对地方的横向生态保护补偿机制建设提供支持，同时积极引导和激励地方政府积极参与横向生态保护补偿的积极性。

4.4.3.2 市场机制主导的补偿类型

市场机制主导的补偿类型，发挥市场机制作用，引导各类社会主体参与到利益补偿中来，避免利益补偿过度依赖政府；培育资源市场，使资源资本化、生态资本化；引导鼓励生态环境保护者和受益者、农产品生产地区和农产品受益地区之间通过自愿协商实现合理的利益补偿；通过落实许可证交易制度，实现资源环境的资产化管理。市场机制主导的补偿主要包括受益方与支付方直接交易的产权主体私人交易、间接支付生态服务价值的生态标记，以及可供交易的生态服务能够被计量、可分割成商品形式时采用的市场贸易等方式。

政府主导的利益补偿政策和基于市场交易机制的补偿方式各有利弊，需要通过利益补偿配套政策的调节来实现二者的协调配合，从而完善整个利益补偿政策体系。其中，政府购买产品或服务模式的突出问题是信息不对称。由于政府难以准确掌握服务或产品的机会成本，常出现支付成本过高的情况。除此之外，政府购买模式还存在着寻租的可能性以及管理体制导致的效率低等问题。而在市场机制主导的利益补偿中，被重点关注的是交易的费用，交易成本越低，就越容易成功。交易规则、适应的标准、独立可信的认证、监测系统、完备的法律等对交易成功与否起着至关重要的作用。

4.4.4 西部限制开发区域利益补偿的重点[①]

4.4.4.1 加强生态环境保护和建设

被划分为限制开发的地区，意味着对其生态环境建设和保护的要求更高，标准更严，需要的资金规模更大、投入的领域更多、投入的速度更快。因此，应从多种渠道筹集资金，明确资金补偿的重点，包括生态系统修复和环境保护工程，种苗、营造、抚育、管护、基础设施及其他建设费用，为生态环境保护发展服务的职能机构的管理费用和人员经费等。

4.4.4.2 确保基层政府的财政供给能力

发展机会减少、地方税收来源受影响、地方财政收入减少等，是西部限制开发区域共同面临的发展制约性问题。然而，更高的生态环境保护要求和更大

---

① 宏观经济研究院国土所课题组. 限制和禁止开发区域利益补偿基本思路 [J]. 宏观经济管理，2008 (6)：44-45.

的生态环境保护投入，必然给地方政府保障基本公共运转带来极大的压力。这些区域经济社会欠发达，自身发展能力严重不足，需要中央和省级政府逐步加大财政转移支付和生态环保专项投入，这是保障区域主体功能得以发挥的关键所在。

4.4.4.3 促进基本公共服务均等化

基本公共服务均等化的关键，在于使不同区域内的居民在教育、医疗卫生、公共安全、社会保险等领域享受水平均等的政府公共服务，基本公共服务均等化方面的投入十分重要。但限制开发区域现行财政性转移支付中，除一般性转移支付、民族地区转移支付和年终结算财力补助等可由地方自行支配外，农村税费改革转移支付、调整工资转移支付等项目需要地方进行资金配套。但这类区域的绝大部分基层政府财力却十分有限。为了维持保障基本运转，一些地方政府不惜挪用生态建设专项资金，严重影响了对生态环境的保护。因此，应通过加大转移支付力度、优化财政转移支付结构、提高资金使用效率等，使限制开发区域公共服务运营费缺口得到弥补，从而保障公共服务的有效供给，近期促进基本公共服务与周边地区大致均等化，长远则实现与全国基本公共服务大致均等化目标。

4.4.4.4 突出特色优势产业发展

西部限制开发区域产业发展限制多、门槛高，相较于其他区域，处于竞争的劣势地位。因此，应探索实行财政贴息、投资补贴、税费减免、贷款担保、技改扶持等优惠政策，培育和扶持与资源环境承载力相适应的特色产业，重点发展绿色农牧业产业、绿色旅游产业、可再生能源产业，增加地方税收和居民就业，增强地区的自我发展能力。

4.5 西部限制开发区域利益补偿的重要机制：生态补偿机制

生态补偿是西部限制开发区域利益补偿的重要途径。近十多年来，国务院、财政部、环保部、国土资源部等颁布了数十项有关生态补偿的政策文件，全国各省（市、区）出台了近百项生态补偿政策文件，这些政策为西部限制开发区域生态补偿提供了重要启示。然而，从目前全国和各地的生态补偿政策来看，仍面临诸多问题和困难。如，生态补偿机制主要是中央财政转移支付的纵向补偿；经济发展程度导致一些地区的补偿标准低于国家标准，未完全体现出生态环境保护成本和污染治理成本，更谈不上生态系统服务价值的体现；补偿政策对协调利益相关方利益的作用还很弱；补偿方式以资金补偿为主，其他补偿方式运用得较少；生态补偿的市场化程度较低；利益相关者参与度不够；等等。① 生态补偿政策实践的上述经验和不足，可为西部限制开发区域生态补偿提供借鉴或反思。西部限制开发区域大多担负着保护生态环境的主体功能，生态补偿成为利益补偿的一项极其重要的内容。只有健全生态补偿机制，提高补偿标准，加快建立政府补偿手段和市场补偿手段相结合的综合补偿机制，鼓励探索建立地区间横向援助机制，建立和完善生态补偿配套制度体系，才能均衡区际利益关系，促进区域协调发展。

4.5.1 建立政府和市场相结合的综合补偿机制

充分运用政府调控手段，加大对西部限制开发区域的财政转移支付力度，对区域损失的机会成本和生态建设的投入成本进行补偿。与此同时，应充分重视运用市场经济手段进行补偿，促进生态环境得到有效保护。一般而言，重点生态功能区利益补偿的市场机制主要包括生态补偿税、生态资源补偿费和排污权交易模式三种方式。生态补偿税是因为开发利用生态环境而产生环境负外部性，由受益者缴纳专门的税款以补偿受损者，从而实现生态环境资源受益者和受损者之间的利益平衡；生态资源补偿费属于边际外部成本中的生态破坏损失，征收对象主要是那些对生态环境造成直接影响的组织和个人；排污权交易要求区域污染物排放总量不超过允许排放量，在此前提下，区域内部各污染源之间以货币交换的方式对排污量进行相互调剂。② 大力探索发展公开的市场交易手段，除上述三种方式外，还可探索实行主要污染物排放权交易、碳排放权交易和生态产品标记等生态补偿方式。③

为了解决农产品主产区财政困难、粮食生产成本持续上涨、种粮比较效益较低、粮食基础设施薄弱等问题，中央作为当前粮食产销格局的制度设计者，作为公共利益的代表者以及公共产品最有效的供给者，应拓宽对农产品主产区的财政奖励覆盖面，且提高奖励额度，弥补农产品主产区因发展农业而丧失第

---

① 王慧杰，董战峰，姜银苹，等. 生态补偿：政策效应凸显 [J]. 环境经济，2014 (1-2)：42-44.

② 董玉荣，邹焕聪. 生态文明法制建设 [C]. 2014 年全国环境资源法学研讨会论文集，2014：343.

③ 国务院办公厅. 关于健全生态保护补偿机制的意见（国办发 [2016] 31 号）[EB/OL]. http://www.gov.cn/zhengce/content/2016-05/13/content_5073049.htm.

二、第三产业发展的机会成本。一方面，中央政府和主销区可根据农产品调出量，按照一定的比例共同对主产区进行利益补偿。补贴标准应与农资价格、物价水平、人工成本的上升保持同步增长。① 另一方面，逐步建立体现市场化的内生性综合补偿机制，建立粮食补贴和粮食产量挂钩、最低收购价与粮食生产成本挂钩的"双挂钩"补偿机制。同时，鉴于粮食生产和农业发展公共产品的性质以及粮食主产区利益损失的现实，可依托土地发展权，对土地流转给予补贴，使补贴向种粮大户倾斜，支持农业规模化经营，逐步增加粮食风险基金规模和产粮大县奖励资金规模。

4.5.2 推动地区间建立横向生态补偿机制

横向生态补偿机制是调节区域多元利益冲突的平衡机制，是实现区域基本公共服务均等化的协调机制。2013 年党的十八届三中全会首次提出"推动地区间建立横向生态补偿制度"。2014 年、2015 年的中央政府工作报告都明确提到跨区域的流域生态补偿机制。2015 年 6 月，中共中央、国务院《关于加快推进生态文明建设的意见》将推进横向生态保护补偿作为生态文明建设的重要任务之一，这是我国首份针对生态保护补偿机制的中央文件，是全国各领域健全生态保护补偿机制的行动纲领。2015 年 9 月，中共中央、国务院印发的《生态文明体制改革总体方案》要求"制定横向生态补偿机制办法"。2016 年 2 月中办、国办印发的《关于加大脱贫攻坚力度支持革命老区开发建设指导意见》要求逐步建立地区间横向生态保护补偿机制。可见，横向生态保护补偿机制建设已上升到国家战略，进入顶层设计层面。

推动地区间建立横向生态补偿制度，横向生态保护补偿是政策关注的焦点，是制度创新的热点，也是制度推进的难点。"十一五"以来，作为横向生态保护补偿重要组成内容的流域上下游横向补偿机制，因下游对上游水质保护的迫切需求而成为地方政府进行制度创新的热点。2010 年年底，正式启动全国首个由国家推动的跨省上下游水环境补偿试点——皖浙两省的新安江流域水环境补偿试点。2011 年《新安江流域水环境补偿试点方案》开始实施；2016 年 3 月，广东、福建、广西三省签署了汀江—韩江、九洲江两个流域的水环境补偿协议；天津市与河北省关于引滦入津流域的跨省水环境补偿机制随之建立。目前，全国已有 20 多个省（市、区）相继出台了省域内或跨省域流域上

---

① 聂扬飞. 加大粮食主产区利益补偿力度——访全国政协委员夏涛 [N]. 安徽日报，2016-03-05（002）.

下游横向补偿相关的政策措施。同时，横向生态保护补偿作为制度创新的难点，主要用于调节不具有行政隶属关系的地区之间生态环境相关利益关系，但这类跨行政区的生态环境保护事务的权责关系往往不够明晰，且不同地区在政府财力、环保意识和监测能力等方面差距也较大。加之国家目前还没有统一的指导文件和统一的技术规范标准，各地在进行横向生态保护补偿协商时难以在补偿标准、补偿方式、资金管理、效果评估等方面达成共识。①

推动地区间建立横向生态补偿机制，必须明确利益相关者补偿，即明确代表生态链和产业链上不同区域之间的补偿。主要方式包括资金横向转移补偿以及利益双方的博弈与协商，即市场化交易方式。② 应探索建立以地方补偿为主、中央财政支持的地区横向生态保护补偿办法，根据各区域的实际因地制宜地商讨补偿标准、补偿方式和资金管理办法以及补偿效果检查和评价等；明确横向生态补偿方向，除流域上下游横向补偿外，还有受益区与受损区之间的补偿；除资金补偿外，还应通过对口帮扶等方式进行补偿。上述补偿为地方政府探索多元化的横向生态保护补偿模式提供了极大的发展空间。

4.5.3 制定科学的生态补偿政策

合理界定保护者与受益者的权责和义务，科学确定生态补偿的领域、种类，加快形成受益者付费、保护者得到合理补偿的运行机制，使受益者和破坏者对保护者和修复者进行合理的补偿，使生态环境资源保护和修复的外部性内部化。

——生态补偿的主体和对象。充分发挥政府和市场的作用，坚持政府主导，同时充分利用市场化机制和手段。明确地方政府、辖区居民、资源环境保护相关企业以及社会组织等补偿对象，并适时对补偿对象和范围进行动态调整。

——生态补偿标准和补偿类型。根据生态系统所提供的生态服务、各种环境保护措施所导致的收益损失、生态系统类型转换的机会成本，既充分考虑受偿者的需求，又兼顾支付者的意愿，科学确定不同类型限制开发区域的补偿标准，因地制宜地选择补偿模式。充分考虑各重点领域的补偿标准和补偿类型，充分关注偏远地区、财政特困地区补偿情况。推进生态保护补偿标准体系和沟通协调平台建设。

---

① 国家发展改革委员会. 发改委解读：聚焦横向生态保护补偿［EB/OL］. http://www.gov.cn/zhengce/2016-05/20/ content_5074968.htm.

② 百度百科. 生态补偿机制［EB/OL］. http://baike.baidu.com/item/.

——生态补偿方式。针对不同受偿对象的实际，选择差异化的补偿方式。如，针对因保护生态环境而导致的财政收入损失，采用对地方政府的财政转移支付补偿；针对农牧民发展机会丧失和经济利益损失，采用对居民个人的生态补偿；针对土地等资源不能自主经营所造成的损失，采用直接权益损失性补偿。除此之外，还可以社会资源置换生态资源，或采取政策扶持、技术支持、智力支持等多种补偿方式。①

——生态补偿的政策和手段。既依靠政府公共财政、专项资金、税收优惠、扶贫开发以及发展援助等政策引导，又采用公开的市场交易手段、可配额的市场交易手段、生态标识等市场化手段，逐步提高补偿的效益和效率。

4.5.4 设立生态补偿专项基金

设立生态补偿专项账户，补偿基金由中央或省两级财政直接拨付，实行专户、专款、专用、专账，保障资金安全。基金经费来源包括：公共财政资源、税收或政府掌控的金融资源以及水资源开发、水电开发和旅游收入提取金等。这方面典型的例子是新安江流域补偿基金的探索。除中央和地方对新安江流域上游地区进行补偿外，新安江在国家支持下设立了全国首个跨省流域生态补偿绿色发展基金，该基金由黄山市政府与国开行安徽分行、国开证券有限责任公司、中非信银投资管理有限公司共同发起设立，注册地在黄山市，基金首期规模20亿元，其中黄山市政府通过新安江生态补偿试点资金等筹资4亿元，国开证券和国开专项基金合计募集16亿元，中非信银作为基金管理人。基金主要投向生态治理和环境保护、绿色产业发展、文化旅游开发等领域。生态补偿资金筹集可借鉴上述经验，积极引导社会资本加大对生态建设的投入，提高流域综合治理水平，加快促进产业转型和绿色发展，实现由原来的末梢污染治理向源头控制转变、优良的生态资源向生态资本转化。②

4.5.5 联动推进生态补偿和精准脱贫

西部限制开发区域生态区位十分重要，生态系统亟须保护或修复，但这些地区大多与贫困地区在空间上重合，生存条件极差。因此，在生态补偿过程中，应将生态环境保护与脱贫攻坚有机结合起来，结合生态环境保护和治理，

---

① 杨傲多. 尽快制定生态补偿法完善管理机制 [N]. 法制日报，2015-03-13.
② 中华人民共和国财政部. 黄山市设立全国首个跨省流域生态补偿绿色发展基金 [EB/OL]. http://www. mof. gov. cn/mofhome/mof/ xinwenlianbo/anhuicaizhengxinxilianbo/201608/t20160805 _ 2377348.htm.

加大转移支付力度，重点向贫困地区进行倾斜；大力推进生态扶贫，加快改善贫困地区的生态环境；创新扶贫模式，综合运用资金扶持、产业扶贫、科技扶贫等方式加快生态脱贫致富；整合重大生态工程项目、国家扶贫项目等资金，向连片扶贫地区倾斜，向建档立卡的贫困人口倾斜。稳步开展生态综合补偿试点示范，积累经验后逐步加以推广。①

4.5.6 建立和完善生态补偿配套制度体系

一是加快编制生态补偿规划。加快编制生态补偿总体规划以及生态环境保护与建设、基础设施建设、产业发展、基本公共服务等专项规划，各省根据国家总体规划，并结合自身实际制定规划。进一步明确生态补偿的重点领域和重点任务等，确保生态补偿的科学性、针对性和可操作性，充分发挥规划对生态补偿的引导作用。二是完善生态补偿配套政策。制定和实施支持生态补偿的产业政策，加大对基础设施和公共服务设施的投资力度，培养生态建设和保护实用型技术人才。② 三是完善生态补偿评估指标体系。积极培育生态服务价值评估机构，加强生态保护补偿效益评估，完善测算方法。③ 四是进行生态补偿的专门综合立法。制定操作性强、保障公平的生态补偿制度，对生态环境补偿应采取的重要措施和补偿途径等，均通过法律制度的形式予以规定。五是有效地组织和实施生态补偿。中央政府和地方政府各司其职，加强对生态保补偿的指导和协调，加强督促落实。

4.6 西部限制开发区域利益补偿的主要手段

4.6.1 调整和完善财政转移支付制度

财政转移支付制度作为地方政府财力缺口的一种利益补偿机制，不仅是协调中央政府与地方政府利益的一种制度安排，而且是政府间利益冲突的协调工

---

① 国务院办公厅. 关于健全生态保护补偿机制的意见（国办发〔2016〕31 号）[EB/OL]. http://www.gov.cn/zhengce/content/2016-05/13/content_5073049.htm.

② 王绪阁，王建东. 加大对重点生态功能区利益补偿 [N]. 中国改革报，2014-03-13(006).

③ 国务院办公厅. 关于健全生态保护补偿机制的意见（国办发〔2016〕31 号）[EB/OL]. http://www.gov.cn/zhengce/content/2016-05/13/content_5073049.htm.

具，也是西部限制开发区域利益补偿的主要手段。①

4.6.1.1　构建中央和省两级转移支付制度

构建中央和省两级财政转移支付体系，中央财政承担国家层面限制开发区域财政转移支付的主要责任，可考虑在财政部为限制开发区域的县级行政单元设立专门账户，由中央财政统筹支出，并不断增加转移支付资金；省级财政对省级限制开发区域承担提供财政转移支付的主要责任，省级政府应完善省以下转移支付制度。生态建设专项转移支付资金，由限制开发区域的县级政府按照生态建设项目的需要合理分配和使用，加强对生态保护补偿资金使用的监督管理。加大对西部耕地保护的财政转移支付力度，尤其是对加大农产品净调出省区的财政转移支付力度。与此同时，省以下基层政府也应根据自身财力，制定财政转移支付政策，激励区域生态环境保护的积极性。

4.6.1.2　分阶段逐步构建两类转移支付制度

建立以一般性转移支付、专项转移支付为主要内容的两类转移支付体系，整合相关项目，提高补助系数，形成稳定的资金来源，逐步完善两类转移支付制度。提高一般性转移支付的比重和规模，确定合理的转移支付系数，保障西部限制开发区域基层政权的正常运转和促进基本公共服务均等化；完善专项转移支付制度，主要支持西部限制开发区域生态环境保护与建设、特色优势产业发展等。近期，充分采用一般性转移支付制度和专项转移支付制度，而长期则要构建纵横交织的财政转移支付制度。② 对于生态损益关系相对明确的区域，以纵向转移支付为主支持公共服务均等化，以横向转移支付为主投向生态建设；对于生态损益关系不明确的区域，公共服务均等化和生态建设均采取纵向转移支付为主。③

4.6.1.3　加大财政转移支付力度

继续增加用于西部限制开发区域公共服务的一般性财政转移支付和用于生态环境修复的专项转移支付。一方面，提高一般性转移支付系数，解决区内在保障机构正常运转和发放人员工资等方面的突出困难，使处于该区域的居民能够逐步享有均等化的基本公共服务；另一方面，通过提高生态环境修复专项资金转移支付力度，促进西部限制开发区域生态环境修复、农村基础设施改善、

---

① 饶云清，张海波. 我国省以下财政转移支付制度研究 [J]. 湖北经济学院学报，2014（5）：81.

② 魏后凯. 限禁开发区域的补偿政策亟待完善 [J]. 人民论坛，2011（6）：23.

③ 高国力. 再论我国限制开发和禁止开发区域的利益补偿 [J]. 今日中国论坛，2008（6）：26-27.

特色产业发展，实现经济发展、社会进步和生态改善的良性互动。

4.6.1.4　形成转移支付稳定的资金来源

西部限制开发区域矛盾的焦点在于保护与开发之间的矛盾，表现为政府政绩追求和环境保护无利可图之间的矛盾、巨大的代价与微薄的补偿之间的矛盾等。因此，必须充分挖掘财源，形成转移支付稳定的资金来源。一是加大中央财政转移支付力度；二是将该类区域上缴国家的增值税和所得税的绝大部分用于该区域的转移支付资金；三是每年从生态受益地区的财政收入中拿出一定数额的资金，用于基本公共服务均等化的转移支付；四是整合加大用于生态保护和建设的各类专项转移支付资金，尽量减少地方政府的额外财政支出负担。①

4.6.2　实施财政和税收优惠政策

由于经济活动受到限制，西部限制开发区域在经济上处于弱势地位。因此，可考虑在现行税收制度上提高税收留存比例，用于限制开发区域生态环境建设和保护，支持限制开发区域特色产业发展。税收政策向农产品主产区的农产品加工和贸易产业倾斜，引导农产品加工、流通、储运企业向主产区聚集；税收政策向重点生态功能区的农林牧产品生产和加工、观光休闲农业、旅游等产业倾斜。② 同时，对限制开发区域内水电开发、矿产开采、森林采伐等有损生态环境的开发活动按生态环境资源的储量或开发利用量开征资源环境补偿税，并逐步增加资源税种类，扩大征税范围。目前，我国东部一些地区已开始征收生态环境补偿费，西部各省（市、区）可以在借鉴上述经验的基础上，考虑开始征收生态环境补偿费，为利益补偿开辟新的资金来源渠道。

4.6.3　增强限制开发区域利益补偿的资金保障

适当调整国家投资政策，尽可能把西部限制开发区域的生态环保项目和特色产业发展项目纳入国家和省级规划项目内，并适当增加上述项目在中央、省（市、区）投资总额中的比重和环保资金投资总量，为利益补偿提供资金保障。政府投资重点支持限制开发区域公共服务设施建设、生态建设和环境保护等项目。与此同时，拓宽资金筹集渠道，鼓励和引导全社会参与利益补偿，吸纳社会闲散资金，有效地投入到限制开发区域的利益补偿中去；探索发行生态建设债券、发行生态福利彩票、社会捐赠以及争取国际援

---

① 国家发展改革委国土开发与地区经济研究所课题组，高国力. 我国限制开发和禁止开发区域利益补偿研究 [J]. 宏观经济研究，2008（5）：16-21.

② 徐诗举. 对完善主体功能区差别化税收政策的建议 [J]. 税务研究，2016（9）：102-103.

助等多种途径筹集资金。①

4.7 西部限制开发区域利益补偿的保障措施

西部限制开发区域的利益补偿是一项长期的任务和系统工程，需要中央和西部各级政府以及社会各界的广泛参与、通力合作。

4.7.1 强化规划的战略引领和刚性约束

一是推进利益补偿综合性规划更高水平编制、更广范围覆盖、更严约束管控，全面系统地规划利益补偿重点、阶段性任务以及保障措施，科学引导西部限制开发区域的利益补偿，减少盲目性、随意性。二是制定利益补偿专项规划，包括生态保护和建设规划、基本公共服务均等化规划、特色产业扶持规划等，明确补偿主体和对象、补偿标准和方式。三是加强规划体系的协调。利益补偿各项规划，必须与已有的综合性规划以及专门性规划衔接和协调，做到互相补充和支撑。

4.7.2 充分整合并不断完善现有相关政策

限制开发区域类型多样，其利益补偿也只能根据限制开发区域的具体情况而有所不同。近十多年来，我国出台了一系列支持西部地区利益补偿的相关政策，如粮食生产补贴政策、退耕还林政策、生态林保护政策、天然林保护政策、退牧还草政策等，同时也出台了诸多支持民族地区、革命老区和边疆地区发展的相关政策，且这些政策通过实施，已经取得了良好的生态效益和社会效益。充分整合利用并不断完善既有政策，并根据新情况、新要求进行动态调整，发挥政策的综合优势，形成政策合力。此外，可相机出台一些力度更大的新政策，更有力地支持西部限制开发区域进行利益补偿。②

4.7.3 建立相对稳定和动态调整的长效机制

为保障西部限制开发区域利益补偿的科学性，应根据限制开发区域生态建设的进展情况适时进行评估，探索建立动态调整和反馈机制，分阶段、有重点

---

① 黄健儿. 生态补偿机制还需进一步完善 [N]. 江淮时报，2016-07-29.
② 贾若祥. 建立限制开发区域的利益补偿机制 [J]. 中国发展观察，2007 (10)：21.

地明确和调整利益补偿。同时，考虑到限制开发的重点生态功能区生态建设周期长、见效慢等特点，考虑到限制开发的农产品主产区耕地保护和粮食生产所面临的长期性和艰巨性，必须建立起动态调整和相对稳定相结合的利益补偿长效机制，并保持限制开发区域有关政策实施的连贯性。加快建立稳定投入机制，努力形成政府引导、市场推进、社会参与的多元生态补偿投融资局面。不断完善利益补偿宣传教育机制，积极推进利益补偿宣传，促使人们增强补偿意识，自觉参与到补偿实践中。通过上述补偿政策机制的建立和完善，保障西部限制开发区域"限得到、稳得住、生态好、能致富"。

4.7.4 严格利益补偿的实施和监管

利益补偿的实施涉及多部门、多环节，必须在实施中加强监管。首先，理顺和完善管理体制，明确利益补偿相关部门和相关机构的职责，克服政出多门、分头管理、各自为政等现象。加强部门、地区间的沟通协调和密切配合，建立合作交流机制和信息通报制度，实现信息互通，资源共享，不断提高补偿的效率和综合效益。其次，适应不断变化的形势持续配备和更新利益补偿基本设施和设备，为利益补偿顺利进行提供物质保障。再次，对利益补偿进行全方位监管，制定和完善监管评估指标体系。建立针对地方政府利益补偿的绩效评价体系，完善目标体系、考核办法和奖惩机制，既约束地方政府的非理性行为，又激发地方政府和广大干部的工作积极性、主动性和创造性。

4.7.5 为利益补偿提供法律支撑

加快西部限制开发区域利益补偿相关法律法规的立法进程，制定利益补偿相关的生态保护和建设、基层政权运转、公共服务均等化等方面的法律法规，将利益补偿对象、补偿范围、补偿形式、补偿标准等以法律的形式固定下来，明确各主体间的权利义务与法律责任，完善法定监管途径，使利益补偿有法可依。梳理现有支持生态地区和农业地区发展相关的法律法规，并适应经济社会发展的现实需求，修改和调整利益补偿法律法规中的部分条款，进一步明确和规范与利益补偿有关的原则、要求和实施办法。及时总结退耕还林、退牧还草、天然林保护、生态移民等补偿性政策的实践经验，分析实施过程中出现的问题，分阶段颁布相关条例和实施细则，引导现有的补偿性政策充分体现主体功能区战略要求。鼓励各地出台相关法规或规范性文件，不断推进生态保护补偿的制度化和法制化。

5 西部限制开发区域
产业发展政策①

作为推进形成主体功能区的重要政策之一，产业政策供给直接决定主体功能区空间管制能力的持续增长。限制开发区域的主体功能定位和发展的现实需求，决定了限制开发区域尤其需要科学、完整、具有可操作性的产业政策支撑。我国西部地区限制开发区域分布广泛，在对其施加主体功能限制的条件下，差别化的产业政策应体现在：正确处理好产业发展与生态保护的关系；因地制宜地发展资源环境可承载的特色产业；引导产业在区内合理布局并探索实行"产业飞地"模式；有序退出有悖于区域主体功能定位的产业和企业；调整产业结构，完善产业组织，提高产业技术水平，优化产业布局。

5.1 产业政策是推进形成主体功能区的重要政策

5.1.1 我国产业政策的作用还没有充分发挥出来

中华人民共和国成立以来，尤其是改革开放以来，我国根据国内外经济社会发展需要和发展阶段的变化，遵循产业发展规律，注重结合区域特点，制定和实施了一系列产业政策，有效地促进了区域比较优势的发挥和区域经济的协调，在促进区域产业结构优化、完善产业组织、合理产业布局、纠正市场机制缺陷、提高经济增长质量等方面发挥了积极而重要的作用，产业政策在我国区域经济可持续发展中"功不可没"。但不可否认的是，由于体制、机制、经

---

① 陈映. 限制开发区域配套政策探析——以国家层面的农产品主产区和重点生态功能区为例 [J]. 经济体制改革，2013（5）：52-56.

验、水平等的制约，我国在产业政策制定、实施和调整过程中还存在诸多缺陷和不足，产业政策对区域发展的促进作用还未充分发挥出来，甚至在某些方面存在负面影响。如，地区间产业结构趋同、恶性竞争激烈、地区壁垒森严现象未能得到根本消除，这使得产业政策的实施效果大打折扣。究其原因，主要是我国基本上实行的是全国统一的产业政策，产业政策传导的体制机制还不顺畅，产业政策作用的微观基础发育还不成熟，产业政策的实施仍较多地依靠行政手段等。上述最主要的原因是我国在大多数重点产业发展上实行的全国统一的产业政策，没有充分考虑到各个区域资源禀赋、发展条件和产业基础的差异，这些政策不仅没有能够起到引导资源在空间上合理配置的作用，未能有效引导区域形成各具特色和优势互补的产业体系，而且引发了全国性的地区产业结构趋同现象。因此，产业政策的科学性有待增强，配套政策还需完善，单一的实施手段亟须改变，执行机制的组织保障必须加强。

5.1.2 主体功能区建设要求实施区域化的产业政策

主体功能区规划依据区域资源环境承载能力、开发强度和发展潜力而划定，强调各个区域不同的主体功能定位和发展方向，按照"分类指导"和"区别对待"实施差别化的区域政策。产业政策是区域政策的重要政策之一，在施加区域主体功能定位的背景下，促进产业政策的区域化尤其重要。

5.1.2.1 主体功能区产业政策原则

——坚持市场导向。主体功能区产业政策要以市场机制为基础，充分发挥市场化机制在资源配置中的基础性作用，并通过市场机制对那些建设周期长、收益相对较低的基础产业、基础性研究与开发活动、公共物品的生产和提供以及存在市场失灵的领域进行调控。

——发挥比较优势。从四类主体功能区的产业发展基础和发展潜力入手，对区域的优势、劣势进行客观分析和比较，确定不同主体功能区产业发展方向和产业发展重点，制定和实施产业结构政策、产业组织政策、产业技术政策和产业布局政策，引导形成与区域自身资源环境承载力以及地域优势相匹配的产业结构。

——促进协调发展。首先，主体功能区产业政策必须符合国家整体产业政策要求和产业分工定位。同时，在施加主体功能定位的条件下，打破行政区划界限，推动资源在空间上优化配置，推动产业要素在区际自由流动，促进区际产业合理分工和布局，注重各主体功能区之间产业的优势互补与和谐发展，实现主体功能区内部以及主体功能区之间产业的合理分工和融合发展。

5.1.2.2 主体功能区产业政策思路

主体功能区产业政策的总体思路是：以科学发展观为指导，依据各主体功能区的功能定位和发展方向，遵循产业发展的一般规律，充分发挥市场配置资源的基础性作用，突出资源节约、环境友好、安全生产、自主创新、区域协调等重点，制定、实施和动态调整区域产业政策，并建立健全产业政策配套体系，促进四大功能区内部和功能区之间产业的协调发展，实现产业政策区域化，调整产业结构，优化产业组织，提高产业技术水平，合理产业布局。①

5.2 西部限制开发区域尤其需要产业政策的支撑

5.2.1 西部限制开发区域产业发展现状

从西部限制开发的农产品主产区和重点生态功能区产业发展的现状来看，大多存在第一产业占比高，第二产业和第三产业规模较小。主要以劳动和资源密集型行业为主，经济增长方式粗放，依靠旅游业发展起来的第三产业服务体系极不发达，产业层次和产业发展水平都较低。部分地区资源的分散开发、低效益粗放开发现象比较普遍。一方面，产业发展水平比较落后，面临产业发展这一重要任务，同时也因其主体功能定位而面临对超过资源环境承载力的产业进行有序退出；另一方面，产业转型升级和新产业开发等存在诸多制约因素，集中表现在第一产业中现代农业的发展问题、第二产业中工业的转型升级问题以及第三产业中新兴产业的培育问题等。② 以上问题要得到妥善解决，产业政策必不可少。

从西部限制开发区域产业发展潜力的角度来看，不少区域拥有丰富的矿产、水能、动植物资源以及民俗文化等旅游资源。这就意味着，在其主体功能定位要求的前提下，如果能够满足资本、技术和管理需求等，再加上当地丰裕的或独有的生产要素资源，那么这些地区的产业发展潜力就能够得到充分的释放，产业的腾飞和经济的发展就会有保障。换言之，对于西部限制开发区域而言，不仅是产业限制政策，就是包括产业促进政策在内，都是大有可为的，都应当将其作为产业政策制定中的重要内容，专门针对这些区域制定和实施特殊的产业政策。

---

① 国务院发展研究中心课题组. 主体功能区形成机制和分类管理政策研究 [M]. 北京：中国发展出版社，2008：223.

② 李海绒. 西部地区产业结构调整存在的问题及对策 [J]. 经济纵横，2016（4）：45-47.

5.2.2 国家对西部限制开发区域产业发展的要求

限制开发区域广泛分布在我国西部地区，区域产业发展差异比较明显，必须按照国家"十三五"规划纲要对西部产业发展的要求，大力发展特色优势产业；设立一批国家级产业转移示范区，促进产业集群发展；依托资源环境承载力较强地区，提高资源就地加工转化比重；支持革命老区着力培育特色农林业等对群众增收带动性强的优势产业，支持民族地区发展优势产业和特色经济，促进资源枯竭、产业衰退、生态严重退化等困难地区产业转型发展。通过上述努力，在西部地区形成多点支撑、多业并举、多元发展的产业格局。① 可见，无论是红色旅游业的大力发展、能源资源的有序开发、优势产业和特色经济的发展，还是生态脆弱接替产业的培育，都需要国家产业政策的强力支持。

5.2.3 西部限制开发区域的产业政策需求

西部限制开发区域是为了保障国家粮食安全和维护区域自然生态功能而进行的保护性开发区域，产业发展有着严格的约束条件，但限制，只是对有悖于区域主体功能定位的行业、地域、规模以及环节、生产工艺和产品等进行限制，只是限制大规模高强度的工业化开发，适宜的农业开发以及一定程度的能源和矿产资源开发是被允许的，更鼓励和支持服务业加快发展。更为重要的是，西部限制开发区域经济社会发展相对落后，自身发展能力严重不足，迫切需要通过发展具有区域特色的产业来增强"造血"功能，对区域发展形成有力的支撑。因此，应加快制定和实施科学、完整以及具有可操作性的产业政策，培育和扶持限制开发区域特色产业发展，增强区域经济增长内生动力和地区自我发展能力。

5.3 西部限制开发区域产业政策实施效果评价

国家西部大开发战略实施以来，在国家产业政策的支持下，西部地区产业结构调整取得重大进展，各次各类产业均有很大发展，特色优势产业得到积极培育和发展，一大批龙头企业和知名产品不断涌现，西部地区的资源优势正逐

---

① 新华社. 中华人民共和国国民经济和社会发展第十三个五年规划纲要 [EB/OL]. http://xinhuanet.com/ 2016-03-17.

步转变为产业优势、经济优势。尤其是主体功能区规划实施以后，西部限制开发区域依照自身的功能定位和发展方向，因地制宜地实行了差别化的产业政策，极大地支持了西部特色优势产业加快发展，有效地促进了西部地区产业结构的优化，特色优势产业增长势头良好，能源产业、旅游产业等在全国的地位不断提高，经济效益明显提升。[①] 然而，西部限制开发区域产业政策在实施过程中也暴露出许多问题，具体表现在以下方面：

5.3.1 产业政策与区域实际结合还不够

西部限制开发区域资源条件和现实产业基础为产业链的延伸提供了物质支撑和发展平台，资源开发与产业发展本应因地制宜和发挥优势，通过延伸主导产业的产业链，促进区域主导产业做大做强，并以此为契机促进区域经济的突破和发展。然而，目前产业政策与区域实际结合还不够，忽视了西部限制开发区域内各地资源条件的不同和产业发展水平的差异，在引导推动地区主导产业形成、延伸产业发展链条和提升产业附加值等方面，产业政策还需要进一步深化和细化。

5.3.2 产业政策由于行政区划而缺乏一致性

我国各项政策是由各级行政区主导实施的，但主体功能区规划提出打破行政区界限。现实情况是：行政区划分可能与主体功能区划分交叉重合，不仅同一主体功能区可能分由不同的行政区管辖，而且同一行政区内可能包含几种类型的功能区。这就会出现两种情况：分属不同行政区的限制开发区域之间的产业政策的执行存在着很大的差异；不同的行政区管辖下的同一限制开发区域，其产业政策由不同行政区共同实施，各地对政策的理解程度有差异，各地也可能对政策进行有选择性地执行，因此政策执行极难达到一致性，政策协同效应低，执行成本较高。因此，打破行政区界限，实现不同行政区之间政策的衔接、协调和配合，面临巨大的挑战。

5.3.3 区际产业发展的体制机制还未建立起来

目前，西部限制开发区域产业分工合作协调机制还没建立起来，地区间产业趋同和无序竞争现象严重。区域利益补偿机制等尚未建立起来或未能充分发

---

① 杨雄年. 中国西部地区农业产业政策绩效研究 [M]. 北京：中国农业大学出版社，2014：172.

挥作用，使得资源和生态环境恶化的趋势难以得到有效遏制。

5.3.4 产业政策对生态环境保护的作用亟须加强

西部限制开发区域大多处于生态脆弱区域、自然灾害频发的"老少边穷"地区等。这里相当大一部分区域属于资源环境承载能力非常弱的区域，而目前这些地区产业政策对于生态环境保护的力度还有待加强。西部限制开发区域在制定产业政策时，一定不能偏离生态环境脆弱这一本质特性，而应进一步加大政策对于生态环境保护的力度。

5.3.5 农产品主产区利益补偿机制还有待完善

近年来，我国所实施的中央支持商品粮基地建设、产粮大县发展的相关政策以及中央支持粮食生产和农业发展的普惠政策在较大程度上促进了农产品主产区的发展。但这些政策一方面忽视了主产区除提供农产品之外的其他区域性政策需求；另一方面，农产品主产区地方政府为保护耕地和保障农产品生产需要支付高昂的成本，却缺乏一个完善的、对农产品主产区因不能发展价高利大的工业等的机会丧失和利益损失的补偿机制。此外，部门分割的惠农政策，导致资金在分配、使用和管理上紊乱，不利于发挥政策的综合集成效应。①

5.3.6 产业政策尚未与其他区域政策形成叠加效应

一方面，产业政策未能与区域财税政策、投资政策、土地政策、人口政策、环境政策、应对气候变化政策等很好地衔接、协调、配合和相互支持，致使产业政策功效未充分发挥出来；另一方面，西部的大多限制开发区域，除享受国家西部大开发优惠政策外，也享受国家支持"老少边穷"发展的政策，享受国家振兴老工业基地的政策，但这其中的产业政策却没有用够、用好，且政策的叠加效应还没有充分发挥出来。

5.4 西部限制开发区域产业政策制定

目前，尽管西部限制开发区域产业发展现状不容乐观，但其发展潜力却不

---

① 魏后凯，王业强. 中央支持粮食主产区发展的理论基础与政策导向 [J]. 经济学动态，2012（11）：49-51.

可忽视。结合西部限制开发区域的产业发展要求和产业发展实际，其产业发展政策主要应包括以下内容：一是以不妨碍限制开发区域主体功能发挥为前提，强化对产业准入的管制；二是对于已经在位的产业，要视其对环境和生态的不同影响加以区别对待，对于那些有条件升级改造的产业要给予积极鼓励和支持，而对于改造难度较大或改造成本太高的行业，应支持其搬迁退出或关闭歇业；三是在行业的选择上，应根据区域的特色资源禀赋条件、行业的可持续发展能力以及市场需求状况等，确定好地区的目标特色优势产业，并通过制定财税金融优惠政策、建立资源的合理开发机制、加强基础设施建设以及加强区域内各主体功能区的互动等促进其特色优势产业的适度发展；四是在空间布局上，引导和鼓励产业向区域内发展条件较好、资源环境承载力相对较强的县城和重点镇集聚，以发挥产业集群的优势，同时通过"产业飞地"发展模式与优化开发区、重点开发区实现互惠共赢。

5.4.1 产业政策总体思路

根据限制开发区域的主体功能定位和发展方向，以科学发展观为引领，遵循产业发展规律，坚持保护优先、适度开发、点状发展，突出资源节约、环境友好，因地制宜地发展资源环境可承载的特色产业，正确处理好生态保护与产业发展的关系，调整和优化产业结构升级，优化产业组织，提升产业技术水平，促进产业合理布局。结合西部限制开发区域的区情，其产业政策的基本思路是：

一是在产业发展指导思想上，正确处理好生态保护和产业发展的关系，在优先考虑主体功能充分发挥的前提下，出台和实施相应的产业发展政策。

二是在产业发展目标上，因地制宜发挥比较优势，培育发展特色优势产业，并支持其做强做精。

三是在产业布局上，引导和鼓励产业向区域内发展条件较好的区域集聚，以发挥集群经济的优势；探索建立"产业飞地"，并完善其体制机制。

四是在产业结构上，支持生态农业、能耗低环境污染小的高新工业、现代服务业的发展，限制不符合主体功能定位的产业和企业扩张。

五是在产业政策措施上，采取行政管制、信贷支持、财税优惠等在内的多种手段，鼓励、支持或限制、禁止特定行业的发展。

5.4.2 产业政策原则

为了使西部限制开发区域真正成为保障全国或区域性的生态安全和粮食安

全的地区，实现经济和人口与生态环境、资源承载能力相协调的"空间均衡"状态这一总体目标，产业政策必须遵循以下的原则：

5.4.2.1 服从主体功能定位

西部限制开发区域产业政策的制定，要坚持保护优先，必须在不妨害限制开发区域主体功能定位的前提下因地制宜地进行适度的产业开发，保障修复和维护其涵养水源、防风固沙、保持生物多样性和多种珍稀动植物基因库等生态功能，保障和最大限度地发挥农产品生产功能。这就意味着，产业政策在导向上与过去发生了很大的转变，即由主要促进经济增长变为主要促进生态环境保护，只要经济增长对资源环境带来了较大的压力，对区域自身乃至更大区域范围的生态环境造成了威胁，或者妨碍了农业功能的充分发挥，都必须进行限制。因此，在限制开发区域的产业政策框架中，限制性政策将会占相当大的分量。

5.4.2.2 扶持特色产业发展

要增强限制开发区域自身的发展能力，特色产业发展的作用十分重要。因此，应在不妨害限制开发区域生态功能和农业功能的前提下，合理利用其独特的自然条件、生态资源和农业资源，因地制宜地培育和发展特色优势产业，以增强区域自身的发展能力。

5.4.2.3 政策弹性小，操作性强

基于生态环境一旦遭到破坏后修复成本高、耗时长等特点，限制开发区域的产业政策必须做到政策弹性小，界线清晰，易于操作和执行。一方面，这一原则的主要目的在于，避免因为政策弹性过大，或过于模糊，使其在实施过程中被一些地方政府进行所谓的"灵活"解释或"灵活"运用，从而违背政策制定的初衷；另一方面，地方政府仍有着强烈的追求经济总量扩张的非理性冲动，为了使限制开发区域的"限制开发"意图真正得以实现，避免借政策弹性来"钻空子"或打"擦边球"，必须将这一原则落到实处。

5.4.2.4 政策系统性强，完善配套

为了更加充分地利用好资源和优势，增强限制开发区域的自我发展能力，适当、适度的开发活动是被允许的。产业政策必须统筹兼顾，完善配套。一方面要有限制某些产业发展的硬约束条件，另一方面也要出台鼓励特色优势产业发展的政策措施。在产业政策工具的选择上，要注重与其他区域政策的衔接和配合使用，促使其形成强大的政策合力，提高政策效力。

5.4.2.5 坚持市场导向

推进形成主体功能区，政府应当通过产业政策等方式来影响各主体功能区内的资源配置。但是，这并不意味着政府可以"单干"而排斥市场机制的作

用和影响。实际上，在市场经济条件下，市场规律总是强制性地发挥着作用。因此，在限制开发区域产业政策的制定和实施过程中，必须充分考虑到如何借助市场机制来更好地发挥其政策效应。在市场机制应当起作用的领域，如非公共品的提供等方面，产业政策的干预作用不应当过大，应为市场机制腾出必要的空间。

5.4.3 产业政策引导重点

将西部限制开发区域生态保护和产业发展紧密结合起来，依据区域生态环境养育程度和资源环境承载能力，实行产业的养育开发，走在养育中对限定产业开发的路子。[①] 一方面，积极支持有独特资源优势的特色产业发展；另一方面，限制与资源环境承载力不匹配以及不符合区域行业准入标准的产业扩张。西部限制开发区域的产业政策重点包括：

一是设立特色产业发展扶持基金。在生态补偿、财政转移支付之外，设立特色产业扶持基金，并采用财政贴息、投资补贴、国债资金、股票、债券等方式，探索建立稳定的资金渠道，支持区域利用独特的资源培育和发展特色优势产业。[②]

二是建立和完善利益补偿机制。对重点生态功能区和农产品主产区所做出的贡献进行奖励，对其所付出的代价及所承受的损失进行补偿。

三是建立有利于粮食生产和生态保护的税收制度。加大粮食补贴税、资源税的地方留成比例，充实地方财政实力。

四是探索"产业飞地"发展模式。将限制开发区域的生态功能与重点开发区的产业功能在空间上置换，在重点开发区域设立"产业飞地"，并从体制机制、配套政策上为"产业飞地"的发展创造良好环境。

五是设置产业准入环境标准。加大对农业和服务业等资源消耗低、污染排放相对较低的产业发展的支持力度，严格产业生态环境准入标准，对重点生态功能区产业实行准入负面清单，对农产品主产区按保护和恢复地力的要求设置产业准入门槛。

六是加大生态财富生产力度。充分利用资源优势开发绿色生态产品，抓紧建立生态标记认证体系，对符合条件的企业绿色产品优先实行生态标记。[③]

---

① 成亮，梁春燕. 主体功能区框架下产业发展战略研究 [J]. 北方经济，2008（20）：32.
② 高国力. 我国主体功能区划分与政策研究 [M]. 北京：中国计划出版社，2008：42，44.
③ 国务院发展研究中心课题组. 主体功能区形成机制和分类管理政策研究 [M]. 北京：中国发展出版社，2008：228.

5.5　西部限制开发区域产业政策框架和内容

西部限制开发区域经济发展水平相对滞后，社会发育程度比较低。但这些地区的自然资源又比较丰富，水能、旅游和矿产资源等具有较大的开发潜力。而且尽管长期以来开发强度不高，但是由于过去相当长一段时期对自然资源的掠夺式开发，导致不少地方已出现水资源危机、绿色资源危机、土地资源危机等，部分地区一些不可再生的资源经过多年的开发已面临枯竭。因此，西部限制开发区域的产业政策必须强化对产业准入的管制，同时对于已经投产的产业，要视其对环境和生态的不同影响加以区别对待，对于那些有条件升级改造的产业要积极支持和鼓励，而对于改造难度较大或改造成本太高的行业，要引导其有序退出该区域。

5.5.1　产业政策框架

5.5.1.1　产业准入与投资政策

产业准入政策，是指政府对投资资本所进入的行业所做出的管制规定。它主要是针对产业增量资本所实施的宏观调控措施。因此，产业准入政策实际上也与产业的投资政策高度相关。它们都充分体现了政府对不同行业的发展态度。针对西部限制开发区域的实际，产业准入政策的目标应当是：对于投资项目应建立起清晰严格的市场准入制度，严格限制高污染、高排放的行业发展，严格控制工业类投资项目的数量和规模，鼓励与资源环境承载力相匹配的特色优势产业发展。大力扶持对环境保护有积极作用的产业发展，支持开展天然林保护、水土流失防治等生态工程项目。对进入区内的投资项目应建立环境影响评价制度，坚决禁止污染严重而又无法治理的项目投资，对区内环境污染严格事前监管。

具体而言，西部限制开发区域可综合运用以下一些手段来实现区域的主体功能：一是运用产业发展规划和产业指导目录。结合主体功能的要求和西部限制开发区域实际，编制产业发展规划和产业指导目录，对鼓励发展类、限制发展类、禁止发展类、淘汰类产业和项目进行较为明确的规定。按照国家产业指导目录要求，对产业指导目录鼓励类行业进入限制开发区域内的项目也必须严格准入标准；严格管制各类开发活动，禁止限制类行业进入限制开发区域。通过这种方式，可以起到有效引导投资方向的作用。二是实行较为严格的投资项目审批和核准制度。严格控制投资方向和限制投资规模，通过制定强制性产业准入门槛，达到控制投资的目的，尽量减少不当投资所造成的巨大的沉没成本。三是通过政府提供金融支持的方式来间接引导投资。对于限制开发区域需要大力发展的行业，可以通过提供财政补助、政策性金融支持等方式鼓励其发展；而对于要限制发展的行业，可以通过提高税率等方式抑制这些产业的发展。四是政府可以运用直接投资的方式来支持某些行业的发展。如对于西部部分限制开发区域内的能源开发、资源深加工等行业，政府可以预算内投资的方式来直接支持其发展。

5.5.1.2 产业升级转型政策

在国家主体功能区划出台之前，西部限制开发区域内已经布局了大量产业。而且受发展观念、经济实力、技术条件等方面的局限，许多产业按照现在的技术标准或能耗标准看来，已经属于采用传统技术的老产业，如矿产业、食品加工业、化工业、机械制造业等，这些行业对当地经济发展、社会进步以及人才培养等，曾经做出了突出的贡献，成为地方经济的重要支柱。尽管如此，这些产业传统的生产方式、布局方式以及由此对环境造成的压力和不利影响等，已经不能与限制开发区域的主体功能相适应了，要想持续生存就只能走产业升级转型的路子。这里所谓的产业升级，主要就是依靠技术进步来提高产业的素质与效率，从而减少对资源的消耗和对环境的破坏。所谓的产业转型，主要是通过对其现存产业结构的各方面进行直接或间接的调整，在这一过程中，产业结构、规模、组织、技术装备等会发生显著变动。从微观角度来看，产业转型是资源存量在产业间的再配置过程，即生产要素从衰退产业向新兴产业转移的过程。然而，产业升级与转型并不是件容易的事，它需要付出数量不菲的研究开发成本、新产品引进成本以及人才培训成本等，这些高昂的成本往往成为产业升级转型的巨大障碍。要实现可持续发展，必须突破传统的粗放型增长模式，切实转变发展方式，促进产业结构优化升级，发挥特色产业和战略新兴产业优势，降低能源消耗、提高资源开发利用率、节约资源、保护环境，依靠科技进步，建立创新驱动系统，走新型工业化道路，从根本上解决经济发展与资源保护的矛盾。西部限制开发区域的产业升级转型是迫于满足更大范围内的公共需求，所以政府更应在产业发展上予以积极的资金和技术支持，如可通过直接性的技术改造补贴或财税信贷支持的方式来帮助这些产业顺利度过转型期，要么实现向更高技术层次上的升级，要么转向更加环保、更有成长性的行业。

目前，我国西部限制开发区域既有的产业政策已不能满足其产业发展的需求以及地区可持续发展的需要。因此，应根据其主体功能定位，针对其生态环境的重要性，重构产业发展规划，制定或完善以生态型产业替代资源消耗、环境污染型产业的产业转型政策，构建现代生态产业发展的政策体系。具体而言，应严格限制或取消"高污染、高耗能、低效率"的产业，培育一大批生态型龙头企业，通过产业政策大力推进传统产业向循环可持续发展产业转型；建立一批有规模优势和区域特色的农牧产品生产基地，使传统的农业产业向规模化、市场化和生态化的方向发展。

5.5.1.3 循环经济产业重组政策

加快研究制定循环经济产业重组政策，实施强制性的能耗标准，促进产业结构重组。西部限制开发区域脆弱的生态环境决定了产业重组政策的方向，应选择产业结构的生态化转型、特色技术支撑机制、促进循环经济的发展等。支持发展节能、低碳的高新技术产业，用先进技术改造高能耗、重污染的传统产业，取缔对环境破坏严重、工艺和技术落后的产业和产品。在产品设计以及生产过程中树立生态化理念，遵循"减量化、再使用、再循环"的原则。在具体执行过程中，包括产品的生态设计、减少过量包装、生产中物质循环回用或再利用等。根据循环经济的发展要求，依托农业高新技术降低投入品的使用量，大范围推广高产品种，提高农产品加工能力，严禁盲目开采农业资源，降低农业生产环节的污染物排放量，使资源利用的途径更加多元化。[1] 按照节能减排和循环发展模式要求，建立循环经济产业链，构建循环型产业体系，着力发展循环经济产业集群，构筑三次产业领域的循环圈。[2]

5.5.1.4 产业扶持政策

产业扶持政策，通常是指中央或者地方政府在制订区域发展计划或规划纲要时，针对地区经济发展的实际情况，采取重点倾斜、优先扶持某些产业或部门的措施，促使其优先发展、快速发展，以带动其他产业共同发展，从而促进整个地区经济发展的政策和措施。针对西部限制开发区域的实际，主要是要在不妨碍其主体功能发挥的前提下，鼓励开发利用区域特色资源，培育发展特色产业。如，可通过设立特色产业基金的方式来为其提供融资支持，或通过积极推行生态标记的方式肯定其在生态保护领域的贡献，鼓励生态财富的生产，以实现生态功能与产业功能的完美结合。对于在限制开发区域内不妨碍生态功能前提下生产出来的标记产品，一方面可给予专门的财政税收优惠政策，以提高

---

① 李翠，罗江，李茜. 西部地区经济增长与生态环境保护协调发展的影响因素及实现路径的法律思考 [J]. 改革与战略，2016 (6)：135.

② 陈晓华. 绿色发展视阈下西部民族地区生态经济发展策略 [J]. 当代经济，2016 (21)：13.

其竞争力；另一方面，人们环保意识不断增强后，对生态环境友好型产品的需求会不断旺盛，如此可增强其市场竞争力，从而促进该产业的发展壮大。

5.5.1.5 产业退出政策

为了维护全国或区域的生态安全和保障粮食安全，限制开发区域内的高能耗、高污染性产业必须退出。因此，必须建立起衰退产业或严重过剩行业通畅的退出和转移机制。可采用现代技术改造不符合主体功能的产业和企业，有序转移与区域主体功能严重相悖的产业和企业，通过设立援助基金、设备折旧补贴、迁移补贴、土地置换等手段和方式，促进产业跨区域转移或关闭，支持困难企业平稳渡过难关。制定退耕政策要重视提高农民的自我发展能力，为退耕地区寻找新的经济增长点，为富余劳动力寻求新的就业途径。具体从规范畜牧业生产、发展林下经济、培育区域特色主导产业、形成现代农业组织模式、拓宽就业渠道与鼓励农民创业等方面探索退耕区后续产业的发展。

5.5.2 产业政策内容

根据西部限制开发区域的主体功能定位，调整和完善产业结构政策、产业组织政策、产业技术政策、产业布局政策，引导形成资源节约、环境友好、各具特色、优势互补的现代产业体系，促进产业发展符合西部的整体发展和国家的长远要求。

5.5.2.1 产业结构政策

限制开发区域的产业结构整合要遵循生态经济发展规律，以生态系统的持续平衡为基础，自然总供给的开发不能超过生态阈值。因此，应充分考虑生态环境因素，调整和优化不符合区域主体功能定位的产业类型，对有悖区域主体功能定位的产业要逐步向生态化方向有序转型。做大做强第一、三产业，严格限制工业经济的发展，对已有工业企业进行转型发展，减轻对生态环境的破坏力度，维持行业发展与生态系统之间的平衡。① 整合财政转移支付、生态补偿、特色产业扶持基金，利用国家财政、投资和税收等政策，有重点地选择和发展特色优势产业或接续替代产业，并做大做强；② 大力发展农业，一是重点扶持在市场上具有较高的收入需求弹性，且具有显著的产业关联效应、在产业链延伸过程中具有增加就业机会的农业主导产业发展。二是强化种植业、林果

---

① 袁锋，吴映梅，武友德，等. 金沙江中上游限制开发区产业结构整合与战略定位研究 [J]. 地域研究与开发，2009（5）：35-36.

② 清华大学中国发展规划研究中心课题组. 中国主体功能区政策研究 [M]. 北京：经济科学出版社，2009：144.

业、畜牧业和水产养殖业等农业基础产业政策。三是消除因农业科技服务、农业基础设施、乡村能源服务、乡村交通运输、市场基础设施、市场信息服务和环境保护服务等产业发展滞后而形成的制约农业及其相关产业发展的各类瓶颈；四是保护竞争力相对不高，但又具有开发潜力和发展前景的农业及相关产业。① 充分依托区内优势农业资源和农业发展基础，按照市场化和生态化的要求，加快建设一批有区域特色和规模优势的农牧产品生产基地，鼓励和支持优势农产品主产区集中进行粮、棉、油、糖、畜等大宗农产品生产。在不损害生态系统功能的前提下，因地制宜地适度发展生态农牧业、生态旅游业、地方优势明显的消费型服务业。

5.5.2.2　产业组织政策

出台支持特色产业集群发展的政策，通过延长资源开发与加工的产业链条并提升产业档次、构建产业集群分工协作网络、优化产业组织并推动技术创新和品牌建设、提供更好的公共服务等，支持依托特有资源发展起来的特色产业集群加快发展。鼓励本土化创新创业，积极扶持一批产业关联性强、带动作用突出的本土龙头企业。② 同时，创造条件吸引外部龙头企业来区内落户，并鼓励和接纳国内外大企业集团对本土规模小、环保标准差的资源型企业的兼并和重组，③ 以带动和促进特色产业集群发展。深化农产品及其相关产品购销体制改革，在农产品及其相关产品流通领域实施限制垄断政策；鼓励农户等相关产业组织通过资产重组、适度兼并、开展合作等方式，扩大生产及经营规模，提高农户等微观组织的市场竞争力。④

5.5.2.3　产业技术政策

鼓励企业进行技术选择与技术革新，提高资源采集效率、转化效率，提高生产工艺水平。推广应用抗旱节水技术以及林草植被养育技术。支持节能、环保的高新技术产业加快发展，用高新技术改造能耗高、污染重的传统产业。研究和探索特色产业集群发展技术创新中心；开展针对特色产业需求的劳动技术培训，储备特色产业发展人才；推进农业科技进步与创新，推广和应用农业高新技术和农业实用性技术；利用高新技术发展绿色环保产业，开发绿色生态产

---

① 杨雄年. 中国西部地区农业产业政策绩效研究 [M]. 北京：中国农业大学出版社，2014：187.

② 清华大学中国发展规划研究中心课题组. 中国主体功能区政策研究 [M]. 北京：经济科学出版社，2011：145.

③ 国家发展和改革委员会. 全国及各地区主体功能区规划 [M]. 北京：人民出版社，2015.

④ 杨雄年. 中国西部地区农业产业政策绩效研究 [M]. 北京：中国农业大学出版社，2014：187.

品，提高生产占有份额，增强产业竞争力。

5.5.2.4 产业布局政策

从西部限制开发区域的实际出发，依托现有产业基础，建设若干优势矿产资源开发加工基地；以各种园区、开发区为载体，促进优势产业的空间集聚；打造跨行政区域的优势产业经济带。[①] 适度的工业开发必须依托资源环境承载能力相对较强的县城或重点镇进行集中布局、据点式开发，原则上不再扩大现有工业开发区规模，原则上不再新建各类开发区。整合现有工业园区，大力发展循环经济，逐步将其改造成成低消耗、可循环、少排放、"零污染"的生态型工业园区。农产品主产区要科学规划不同区域的农业布局，形成优势突出和各具特色的农业产业带。将农产品主产区的优势农产品加工企业优先布局在区内的县城，并实行集中布局、点状开发，避免分散发展对耕地的过度占用。继续扶持建立集中化和标准化程度较高的粮油、蔬菜、水果、林特、皮毛、水产品等农产品基地，规划和建设各具特色且集农产品生产、加工、贮藏、运销等相关产业于一体的农业产业化综合开发带。[②] 重点生态功能区应通过"内聚外迁"模式，一方面在区内适度开发的地区布局生态农业、生态草畜产业、生态旅游业等特色产业；另一方面，根据区内不适合大规模集聚产业的实际，探索和实行"产业飞地"模式。

5.6 西部限制开发区域"产业飞地"发展模式

如前所述，西部被划为限制开发区域的各个行政单元，总的来讲都具有开发强度不太高、经济发展潜力不太大而对生态安全和粮食保障的影响又比较大等特点，这就决定了在这些区域内不适宜于大规模集聚产业和人口。然而，限制开发区域肩负发展经济和保护资源环境的双重重任，经济社会发展落后，又面临"限制开发"，无疑会打破这类区域原有的产业设想，势必加剧地区贫困。这使得有限开发成为必需。因此在强制约束条件下明晰适合发展什么样的产业，是限制开发区域经济发展的关键，即有限、适度的产业开发对于增强其自我生存和发展能力必不可少。要处理好限制开发区域内有限发展与生态保护

---

① 彭生顺，黄雪锦，曾德高. 西部开发新阶段促进优势产业发展政策研究 [M]. 北京：中国社会科学出版社，2015：208.

② 杨雄年. 中国西部地区农业产业政策绩效研究 [M]. 北京：中国农业大学出版社，2014：187.

这一对基本矛盾，就必须探索新的产业发展模式，大力发展生态农业，积极开发绿色生态产品。从目前国内的实践来看，引入"飞地经济"模式应当是一条可行之径。

5.6.1 "飞地经济"的内涵及特点

"飞地"（enclave）是地理学中的一个概念，将"飞地"运用于经济领域是一种创新，称为"飞地经济"。根据经济的输出和输入而被称为"飞出地"和"飞入地"。所谓"飞地经济"，是指在经济发展过程中，两个互相独立、经济发展存在落差的地区打破原有的行政区划限制，通过跨区域经济开发和利益分配，实现优势互补、互利互惠共赢的一种经济发展模式。飞地经济作为一种推动地区经济发展的重要模式，为地区产业转移提供一个新的平台，从而有力地推动欠发达地区的发展。目前，"飞地经济"的模式已经在国内包括西部的许多区域实行，并获得了极大的成功。飞地经济是"飞出地"本身具有资源禀赋优势，通过其比较优势与"飞入地"进行产业关联与协调发展的一种经济形式。飞地经济发展模式中的"飞地"具有以下基本特征：

一是空间分离性。合作两地在空间上分离，即两地在行政上隶属于不同的区域。由于所处区位环境的限制，属地企业在规模扩展或者接纳产业转移时，不能选择在原来的区内进行扩张，只能寻求与能有助于自身发展的其他地区合作，呈现出两者在空间上的分离状态。

二是区域差异性。"飞地经济"共建双方处于不同的系统约束类型，拥有不同的资源禀赋，可能形成两地不同的发展优势；经济发展的不平衡性，可能造成两地经济发展水平的落差；区域文化和历史等方面的不同，可能造就两地人文和社会环境的差异。

三是产业关联性。"飞地经济"在承接产业和资本的过程中，必须考虑产业的关联性，引入与当前产业相配套的龙头企业，打造和延长产业链。[①]

四是优势互补性。在选择新的发展空间时会综合考虑各种影响因素，如资源禀赋、发展潜力、社会环境和政策优惠等，以实现发挥优势、弥补劣势、拓展空间、降低成本等目的。因此，"飞地经济"共建方所存在的差异性和互补性，可以促进两地发挥各自的比较优势，弥补双方的不足和缺陷，促进飞入地和飞出地共生、共赢、共荣。

---

① 吴素春. 飞地经济研究综述与展望 [J]. 山东工商学院学报, 2013 (3)：35.

5.6.2 "产业飞地"对限制开发区域的现实意义

5.6.2.1 "产业飞地"的现实意义

"飞地经济"模式之所以出现并逐渐流行起来,主要是因为它具有诸多优势,这些优势对于西部限制开发区域推动自身产业发展具有积极而显著的作用。

首先,它可在保持现有行政区划的框架下突破人为造成的区域分割,实现区域间优势互补与合作。限制开发区域拥有资源优势,重点开发区域或优化开发区域拥有区域优势和资金人才技术优势等,两者的结合能够更好地提高劳动生产效率。

其次,它有利于解决限制开发区域的投资瓶颈问题。从限制开发区域的实际来看,它不可能再走过去"乱铺摊子""乱上项目"式的粗放式产业发展路子,只有通过集聚发展,才可能加强对产业开发和生态环境的控制。然而,集聚式发展必须首先考虑区域资源环境承载能力,在此基础上,还需要建设专门的产业园区,园区的基础设施建设是一笔不小的投入,对于财政状况本来就不好的限制开发区域内的基层政府来讲,这种压力当然就会更大。而在产业飞地模式下,就可以通过与"飞入地"共建的方式来减轻"飞出地"基层政府的财政负担。

最后,有助于培育产业集群,推动产业集约发展,实现飞出地与飞入地经济的双赢。产业集群的核心是在一定空间范围内产业的高集中度,以利于降低企业的制度成本,实现规模经济效益和范围经济效益,从而同时提高产业和企业的竞争力。总之,通过飞地经济模式,限制开发区域完全能够突破地域和交通条件的限制,有效化解环境保护与经济发展的基本矛盾,统筹相关主体功能区的发展,统筹人与自然的和谐发展。

5.6.2.2 "产业飞地"面临的制约

基于资源整合、产业链接、系统耦合、政策叠加的飞地经济模式,为区域产业布局提供了新的思路。然而,"产业飞地"也面临一些突出问题:

一是认识性障碍。因思想认识水平、开放意识、商品意识、服务意识等的不同,以及政策设计与制度创新不到位,对"产业飞地"的认知和理解往往存在较大差异。

二是政策性障碍。飞地经济合作模式涉及两地,大面积使用土地等政策要由两地共同出台政策予以推动,因此保持政策的一致性常常难免遇到障碍。

三是管理性障碍。即存在着"飞入地"和"飞出地"管理机制和体制上的障碍。我国企业、公司一般是按照属地原则进行登记注册、工商管理、征税、统计等,即在"飞入地"完成上述程序,因此"飞入地"企业与项目实施不仅难以享受到国家的民族政策、生态补偿政策、移民政策等的支持,而且还存在多头管理、多重管理等弊端,致使"飞地"项目审批程序复杂,办事效率低下,交易成本高企。

四是利益性障碍。"产业飞地"利益分配上存在的障碍,表现为利益分配缺乏制度保障、企业收益难以预期、大宗特色资源开发项目难以落地等。"产业飞地"跨行政区界限,涉及两个甚至多个利益主体,如何明确两地权利与义务,协调处理好双方利益关系,不仅是"产业飞地"发展面临的一大难题,而且关乎"老少边穷"地区的经济发展和脱贫致富。因此,必须厘清思路和突破障碍,通过创新型的顶层设计,促进政府间扩大共识和合作探索,建立责任分担和利益共享机制,强化政策支持和组织保障,促进"产业飞地"健康有序发展。

5.6.3 "产业飞地"模式选择

目前,国内"产业飞地"的具体做法较多,但归纳起大致有以下三种模式。

5.6.3.1 集约用地型

这种模式的一种表现形式也被称之为"借巢下蛋型",即在其他有土地空置且规划又允许发展工业的工业园区提供放置项目的"飞地"。集约用地型模式的另一种具体表现形式被称为"扩巢引凤型",即现有工业园区规划范围已接近饱和,但园区的吸纳和集聚功能已形成,在区域可控范围内适度扩张而形成"飞地"。集约用地型模式为跨行政区产业布局找到了一条好的途径,更是探寻了一种平衡各行政区域间利益的办法。

5.6.3.2 优势互补型

即"飞入地"和"飞出地"经济发展水平接近,但通过"飞地经济"的发展能使双方的资源禀赋等形成互补优势,从而实现双赢。

5.6.3.3 产业梯度转移型

在该类型中,"飞入地"主要承接"飞出地"的产业转移。其原因在于两地产业之间存在着较大的梯度差距,产业移出方转出对本地发展推动作用已经日渐趋小的产业,而发展相对落后的另一地区却需要这些产业来带动经济的发展,这一"出"一"入"使产业的空间转移得以实现。在这一转移过程中,"飞出地"的资金优势、先进的基地管理经验等可以得以继续发挥,而另一方面还可充分发挥"飞入地"的成本优势。

结合西部限制开发区域的实际，可以考虑借鉴前两种模式，但同时又应与这两种模式有所差异。也就是说，在产业园区的建设上，可以采用集约用地型模式，具体的类型则要视两地产业的情况而论，即如果飞出地与飞入地两地的产业互补性较强，那么可以考虑在同一产业园区集聚发展；如果两地产业关联不大，则可以考虑以"园外园"方式来单独组建。而在飞入地的选择上，可以尽量按照优势互补的原则来加以确定。

5.6.4 推进"产业飞地"模式的应对之策

5.6.4.1 加强高层级行政领导

由于西部限制开发区域引入"产业飞地"模式在很大程度上是为了服从于全局利益、落实维护生态安全和保障粮食安全这一主体功能的需要，而不是出自于当地的意愿，因此作为受益者的重点开发区域和优化开发区域给予支持配合是理所应当的。但为了减小推行过程中的阻力，有必要加强高层级的行政领导，由中央或省级政府来指导并协调限制开发区域推行"飞地经济"合作模式的各项工作。对于某些关键性的问题，如土地的使用、"飞入地"产业园区的建设投入等，应予以特别的政策支持。

5.6.4.2 科学规划并有效监管

具体来讲，就是要摸清情况，实现"飞出地"与"飞入地"两地产业的有效对接。如全面考虑"飞出地"的资源优势和实际需求，全面考虑"飞入地"的产业基础和产业配套能力，制定翔实可行的产业梯次转出方案；还要全面考虑两地的长远利益，制定切实可行的政策措施，为"飞地经济"健康平稳发展提供支撑。在科学规划基础上，还需构建"飞地经济"发展的组织管理机构，探索建立市场化管理模式。

5.6.4.3 建立健全配套机制

具体来讲，建立健全配套机制包括资金配套、基础设施配套、服务配套等。要建立和完善配套政策和措施，创新体制机制，促进"飞地经济"的发展。

5.7 西部限制开发区域特色优势产业选择

区域优势产业是区域产业体系中具有比较优势的产业，在区域发展中市场竞争优势较强、获取附加值能力强、资本积累能力强、在本地区和全国产业中有较强影响力和控制力的产业。① 但对限制开发区域来讲，区域优势产业还应考虑其与生态环境的适应性和匹配性。因此，限制开发区域的特色优势产业，是指具有区域资源优势、产品需求旺、市场前景好、生产规模大、经济效益高、收入增长快，并在经济发展的同时有利于区域生态环境保护的产业。鉴于西部限制开发区域内的自然气候、资源禀赋、市场需求条件等各不相同，因此必须遵循一定的原则，并采取较为科学客观的方法来加以选择。

5.7.1 特色优势产业选择原则

5.7.1.1 发挥比较优势

优先发展区域资源条件好、产业基础好、市场需求大的生态产品和农产品，促进生产要素优化配置，降低区内比较成本，提高产业竞争力，集聚形成具有规模优势的产业带。同时，考虑到特色优势产业的动态变化，应关注和培育虽目前规模小但有发展潜力的新兴产业。按照产业的特点和功能，其比较优势分为区内优势和区际优势，即不仅与区内其他产业相比具有优势，同时与区外的同类产业相比也具有优势。②

5.7.1.2 强化科技支撑

依靠科技做大做强做精特色农业产业和特色生态产业。加大科技投入，加快产业技术升级，减少资源消耗和环境污染，用高新技术产业改造和提升传统产业，保持或提高传统产业的优势地位。对新兴产业的科技含量要高起点、高标准要求。

5.7.1.3 坚持统筹协调

在加快发展特色优势产业的同时，应兼顾发展一般产业，促进各类产业协调发展。此外，统筹产前、产中、产后和生产、加工、流通全过程，体现产业发展的协调性。

5.7.1.4 突出市场导向

市场需求是产业发展的根本动力。特色优势产业不仅具有巨大的现实市场需求，更主要的是有着潜在的市场需求，体现市场需求的主要指标是收入需求弹性，但鉴于这一指标很难直接测定，往往用市场占有率来代替。必须遵循市场经济规律，对西部限制开发区域产业的市场需求前景进行分析和预测，立足

---

① 赵果庆. 中国西部地区优势产业发展与促进政策 [M]. 北京：经济管理出版社，2014：74.
② 安树伟，等. 西部优势产业和特色经济发展 [M]. 北京：科学出版社，2014：110.

区内市场，开拓区外市场，瞄准现实需求，挖掘潜在需求，实行扩量、提质、增效，确保特色产品生产总量合理增长，质量不断提升。

5.7.2 特色优势产业选择方法

作为经济的一个增长点，特色优势产业应符合收入弹性、生产率增长、比较经济利益、扩大就业等基准。[①] 因此，特色优势产业选择应满足以下基本条件：一是区域资源条件和生产条件较好，能充分发挥比较优势；二是具有专业化优势，能够充分体现规模经济和集聚效应，最大限度地提高劳动生产率；三是具有较高的产业关联度，是区域产业链中明显突出的环节，产业可延伸性强，能够对其他产业产生一定的后向关联、前向关联和波及效应，带动地区产业全面发展；四是市场开发价值较高，产品独具特色，有一定的市场认知度，产品市场需求量大，具有明显的竞争优势；五是产业基础雄厚，技术条件成熟，生产经营组织化程度较高，有利于形成区域特色优势产业体系和产业集群。限制开发区域主要是限制大规模的工业化和城镇化开发，限制对象主要是第二产业，对第一、第三产业的限制较小。因此，西部限制开发区域第二产业应主要发展有比较优势的农林产业及农林加工业。

研究产业选择主要使用的方法有区位商法、投入产出法、因子分析法、层次分析法、主成分分析法、灰色关联分析法等。对限制开发区域产业选择也可借鉴上述选择方法。[②]

5.7.2.1 特色优势产业选择方法

在西部限制开发区域特色优势产业的具体选择方法上，应采取理论与实际相结合、定性分析与定量分析相结合等做法。要将特色优势产业的选择基准和选择原则具体化为一系列指标，并在此基础上经过反复评价、筛选来最终确定。需要指出的是，西部限制开发区域特色优势产业的确定不是一成不变的，而是应根据当地发展规划的调整以及当地发展状况的变化进行动态调整。

——定性分析方法，主要包括：①限制开发区域的空间开发规划的要求。尤其要考虑其中对行业属性、生态要求等方面的相关规定。②区域要素禀赋的丰裕状况。即本区域拥有丰富的产业投入要素，尤其是难以替代性的天然要素等。③产业需求结构变动趋势。即根据产业发展总体趋势，对不同产业的发展前景进行分析与预测，从而选择那些预期需求将上升的产业。④政策条件。即

---

① 安树伟，等. 西部优势产业和特色经济发展 [M]. 北京：科学出版社，2014：110.
② 肖景峰，向平安，姚瑶，等. 限制开发区域产业选择发展研究——以湖南省邵阳市为例 [J]. 农业现代化研究，2016（3）：469.

中央或省级政府为支持或鼓励某些产业发展所给予的优惠政策。需要说明的是，定性方法尤其适用于西部限制开发区域内某些新兴产业的发展。也就是说，即使限制开发区域内目前某些产业还处于萌芽或起步阶段，实力还非常弱小，但只要这些行业发展前景看好，同时该区域内又具有外界难以替代的资源禀赋优势，那么这些产业就可纳入特色优势产业的范围。

——定量分析方法。由于西部限制开发区域并不鼓励大规模的产业开发活动，因此对于在有限开发中可以发展的特色优势产业来讲，在很大程度上起到了本区域主导产业的作用。因此，可以借用评价区域主导产业常用的定量分析方法，来确定限制开发区域需要大力支持发展的特色优势产业。①计算区位商。用它来衡量特定区域产业的集中度。当区位商大于1时，表明该产业在该地区的生产较为集中，该地区具有相对规模优势。区位商值越大，区域的产业比较优势越明显，该地区产业集聚效果更好，专业化生产水平更高，产业竞争优势更大。不过，产业集中度只是反映该产业区域专门化的相对程度，产业区域实际专门化的程度还取决于区域的经济实力和产业的绝对规模。因而对西部限制开发区域的特色优势产业的选择来讲，不能完全依靠这一指标，只能将其视为重要的参考指标之一。②综合比较优势指数。区域内某产业的比较优势是区位条件、资源禀赋、科学技术、市场需求、经济社会等因素综合作用的结果。综合比较优势指数为规模指数和专业化指数的几何平均值。其中，规模指数是某地区某种产业产值占上级区域该种产业产值的比重；专业化指数则反映某地区某种产业生产占当地总产值的比重与上级区域该种产业平均水平的比值。当综合比较优势指数的值大于1时，则表明该区域某产业具有比较优势。综合比较优势指数的值越高，则该区域在某产业上的比较优势越明显。

5.7.2.2 特色优势产业

尽管从总体上讲，西部限制开发区域经济比较落后，产业基础相对薄弱，但是各区域仍然不乏优势。如，有的土地条件优良，有的矿产资源丰富，有的水能资源充沛，有的林业资源丰富，等等。因此，这些区域在农产品加工业、矿产业、清洁能源、木材加工以及特色产品等行业的发展上仍然是大有发展潜力的。由于西部限制开发的农产品主产区和重点生态功能区不但地域分布广泛，有二十一个重点生态功能区以及"四区十一带"的农产品主产区，而且多个限制开发区域跨一个或几个行政区，统计资料极难获取，定量分析缺乏数据支撑，故只能对目前已经形成的以产业园区、产业基地、资源富集区、产业带以及优势产业集聚区为空间依托的，具有广泛西部意义的特色优势产业进行分析。

——旅游产业。要有效解决限制开发区域生态环境与经济发展之间的矛盾的出路，在于合理利用资源，大力发展环境友好型产业。旅游业作为"无烟工业"，相较于其他产业，旅游活动中的核心产品——自然景观和人文景观不但可以多次反复地共同使用，而且对环境的破坏影响很小。① 结合西部限制开发区域旅游资源的独特性以及旅游业发展的实际，今后应着力培育旅游新业态，开发旅游新产品。如，依托生态农业和特色农产品，催生一大批农业科技服务、农业信息服务、农业金融服务等新型服务业态。② 推进旅游业转型升级和提质增效，增强旅游业的市场竞争力。

——清洁能源产业。清洁能源涉及的范围十分广，包括风能、太阳能、地热、海洋能、生物质能和可再生能源等。其特点是可持续利用和环境友好。我国西部限制开发区域拥有丰富的水能、风能、太阳能、地热能等可再生的洁净能源，近年来一些地区积极发展清洁能源，以此来改变长期以来经济发展对传统资源的过分依赖，使这些地区成为我国新的能源基地，其提供的清洁能源对经济结构的调整和经济发展的贡献逐渐显现。西部发展清洁能源产业前景广阔。水能资源储量大，主要分布在西南地区，大型水电基地主要布局在黄河上游、金沙江、澜沧江、红水河、怒江等流域。水能资源开发除提供电力外，还可防洪拦沙、改善水质、改善生态，社会经济效益兼具；在新疆、内蒙古、青海、甘肃、宁夏、西藏等高海拔地区，风能、太阳能推广条件较好；地热资源主要分布在西藏，探明储量占全国的一半左右；生物质能主要集中在广西、云南、西部、重庆、贵州等省（市、区）。

——新型生态环保产业。产生环境问题的根源在于人类的需求无限性、资源利用不合理和环境容量有限性的矛盾。解决生态环境与经济发展之间的矛盾的出路在于合理利用资源，大力发展新型生态环保产业。③ 围绕生态修复、水污染防治、大气污染防治等进行技术产品开发、资源利用以及提供信息服务，以科技创新提高环保企业的市场竞争力。④

——特色农牧业及加工业。西部限制开发区域具有独特的农牧业资源优势。"十二五"以来，这些地区大力发展特色农牧业，在延长农业产业链条、大力发展优势农产品、培育知名品牌、重点扶持一批带动力强的龙头企业、支

---

① 单兴亮. 限制开发区的经济发展途径研究 [J]. 中国外资, 2013 (3月上): 78.

② 周玉玉, 马晓冬. 限制开发区的服务业发展路径初探——以徐州市丰县为例 [J]. 城市, 2013 (3): 57-59.

③ 庞静. 产业选择的SWOT探析——以甘肃省为例 [J]. 现代商贸工业, 2010 (1): 77.

④ 单兴亮. 限制开发区的经济发展途径研究 [J]. 中国外资, 2013 (3月上): 78.

持建设一批国家农业科技创新基地和区域性农业科研中心等方面成效显著,加快建设并正逐步形成了一批特色农副产品深加工产业基地。如,云南、贵州、四川等地的烟草、酒类、茶叶生产加工基地;四川、西藏、云南、贵州的中(民族)医药工业基地;云南、贵州、广西、四川、重庆、西藏的茶叶加工业基地;四川、贵州、甘肃、新疆、宁夏、云南的酿酒工业基地;内蒙古、新疆、青海、西藏、宁夏、西部、陕西、重庆的畜产品工业基地;广西、云南,新疆、内蒙古的制糖工业基地;新疆、陕西、四川、重庆、广西、陕西、云南的纺织工业基地;广西、云南、宁夏、新疆、贵州、四川、重庆的林(竹)纸一体化工业基地;广西、贵州、四川、云南等的木本粮油精深加工业基地以及甘肃、宁夏、内蒙古、云南、广西、四川、重庆等淀粉加工业基地。

——矿产资源及加工业。西部限制开发区域依靠现有的优势矿产资源及开发状况,依托现有的产业发展基础,已经形成了众多的优势矿产资源开发加工基地,内蒙古、四川、甘肃的稀土开发、研究和生产基地;新疆、甘肃、内蒙古、陕西、宁夏、贵州、云南的煤炭生产、煤电一体化基地;云南、新疆的铜,广西、贵州、重庆、内蒙古的铝,云南的铅锌,四川的钒钛,陕西的钼,甘肃的镍,青海的钠、镁、锂,宁夏的钽、铌、铍等有色金属和稀有金属的开采加工基地,这些基地建设促进了优势矿产资源的综合开发利用和优势产业的加快发展。[1]

5.7.3 发展特色优势产业的政策建议

5.7.3.1 在产业政策上适度倾斜

在产业项目的审批或核准上,优先支持西部限制开发区域具备基本条件的项目上马;在土地供给方面,依法予以保证;鼓励国有大型企业对口支援西部限制开发区域内的特色优势产业发展,让其在管理、技术、资金和人才等方面提供援助。

5.7.3.2 加大财政资金支持力度

加快设立西部限制开发区域特色产业专项基金,从中央及省级预算内资金、国债资金中安排一定额度的专项资金,支持区内特色优势产业的发展。加大对农牧产品加工、新能源等方面的专项转移支付,对农产品加工给予投资补助和贴息方面的倾斜。各级政府也应加大对特色优势产业发展的投入力度。建议设立优势产业集群发展专项资金,采取贷款贴息、无偿资助、资本金投入等

---

[1] 彭生顺,黄雪锦,曾德高. 西部开发新阶段促进优势产业发展政策研究 [M]. 北京:中国社会科学出版社,2015:214.

方式，支持西部限制开发区域特色优势产业集群重点技术改造、技术创新项目建设及公共服务平台建设。[1] 对西部限制开发区域的旅游基础设施建设、矿产资源集中区的调查评价和勘查等给予资金支持。加大对革命老区、民族地区、边疆地区、贫困地区、三峡库区以及资源枯竭型城市等问题区域的资金支持力度，促进其发展特色优势产业或接续产业。

5.7.3.3　实行激励性税收政策

制定以西部限制开发区域特色优势产业为导向的税收优惠政策，实行结构性减税政策，降低企业税收负担[2]，通过投资税收减免、再投资返还等，对资源开发、能源、旅游、农林牧产品生产和加工、服务业、观光休闲农业等实行税收优惠。建议国家出台专门支持限制开发区域特色优势产业发展的激励性税收优惠政策，除专享这一特殊政策外，限制开发区域还可叠加享受国家新一轮西部大开发有关产业发展的税收优惠、国家对"农林牧渔业"等相关产业实施的一系列税收优惠政策。建议中央对西部限制开发区域实行差别化的税收返还政策，对从事"农林牧渔业"项目和生态环保产业的企业免征或减征企业所得税。[3]

5.7.3.4　大胆创新金融服务方式

一是通过财政补助、贷款贴息、政策性金融等手段，支持西部限制开发区域资源环境可承载的产业项目，即保护性、可循环性投资项目以及资源环境可承载项目的建设，培育开发利用再生资源的新型产业。二是完善多元化投融资机制。完善"政银企"合作机制，加大对重点产业、行业和项目信贷投入；采用财政贴息和补助政策支持产业发展项目和基础设施建设；为有市场发展前景的中小企业提供融资担保。三是以更完善的金融政策解决特色产业企业融资难的问题，包括中小企业的贷款问题。可尝试让一些企业发行债券，或在一些产业领域搞产业基金。[4]

5.7.3.5　优化产业发展的外部环境

加强西部限制开发区域的基础设施建设。大力加强市场体系建设，以促进商品流通。研究制定促进限制开发区特色优势产业发展的人才政策，培养和鼓励优秀人才投身限制开发区域的开发和建设。加大对限制开发区域社会事业建

---

①　彭生顺，黄雪锦，曾德高. 西部开发新阶段促进优势产业发展政策研究 [M]. 北京：中国社会科学出版社，2015：214.

②　赵昌文，等. 新时期中国产业政策研究 [M]. 北京：中国发展出版社，2016：27.

③　徐诗举. 对完善主体功能区差别化税收政策的建议 [J]. 税务研究，2016 (9)：104.

④　郁鹏，安树伟. 主体功能区建设与西部特色优势产业发展研究 [J]. 生态经济，2008 (5)：232-233.

设的投入力度，为限制开发区域的产业发展营造更加有利的外部环境。

5.7.3.6 在各类主体功能区间进行互动

制定西部限制开发区域特色产业发展规划，建立保障特色优势产业发展顺利实施的长效机制。打破行政管辖界限，成立相关的统一管理和调控的组织机构，开展跨行政区的主体功能区产业合作，支持重点开发区域、优化开化区域与西部限制开发区域之间的经济交流与合作，扩大各区域间的信息沟通、贸易往来、投资合作和技术交流等，加快区域间的资源整合，使限制开发区域内的资源优势能够转化为产业优势和经济优势，实现区域间优势互补、互惠互利、共同发展。

5.7.3.7 促进产业政策与其他政策衔接和协调

一方面，应加强顶层设计和产业政策创新，制定和完善西部限制开发区域的产业政策，形成一个既有整体上促进产业发展，又有针对具体领域的、完整的产业政策体系，充分发挥产业政策的效应，促进西部特色优势产业加快发展；另一方面，注重产业政策与其他政策的衔接、协调和配合使用。一是产业政策与宏观政策的协调，产业政策在宏观政策的指导下，宏观政策应充分考虑产业中长期发展的需要，为产业政策创造良好的宏观环境。二是产业政策与区域政策的协调，产业空间分布要考虑西部限制开发区域的资源环境条件、发展基础、发展潜力和主体功能，明确不同地区的产业定位；产业政策应充分体现地区比较优势，促进城乡区域一体化发展目标；区域规划、区域政策要考虑产业集聚、产业配套、产业链、供应链等产业运行特点[①]，引导和促进有地区特色的产业结构形成和优化调整。三是在产业政策的运用中，注重与财税政策、投资政策、土地政策、贸易政策、人口政策、环境政策等的衔接配合使用，并建立和完善衔接配合机制，强化政策执行力，形成强大的政策合力，为西部限制开发区域的发展提供有力的产业政策支撑。

5.7.3.8 经济、法律和必要的行政手段相结合

在目前市场经济体制的条件下，西部限制开发区域的生态保护，除了要发挥政府的主导作用以外，还需要广泛动员社会力量，积极培育市场。一方面，要在西部限制开发区域资源环境可承载的前提下，通过适度开发、点状开发，因地制宜地发展特色产业，不断优化经济增长方式，提高经济发展效率，建立起资源节约型和环境友好型的社会经济体系；另一方面，要制定严格的法律法规来保护限制开发区域内的生态环境，并将这一行政手段纳入当地经济和社会发展规划之中，纳入对区域绩效评价和干部政绩考核之中。

---

① 赵昌文，等. 新时期中国产业政策研究 [M]. 北京：中国发展出版社，2016：27.

6 西部限制开发区域
生态移民政策

生态移民，是为了保护或修复一个地区特殊的生态而进行的移民。西部限制开发的农产品主产区和重点生态功能区生态区位十分重要，但生态环境却十分脆弱，居民生存发展空间相对紧张，长期生态资源的过度开发导致生态环境不断恶化。虽然国家已经实施了自然保护区划定、退耕还林还草、移民异地安置等生态移民政策，有效地保护了这类区域的生态环境，但目前国家还没有制定生态移民的总体规划，生态移民过程中出现的诸多问题和矛盾也难以在现行政策框架内得以解决。因此，必须科学制定和完善形式多样的生态移民政策，通过统筹规划和有序实施，保障移民生存发展环境不断改善和生活水平不断提高，达到改善生态环境和消除贫困的双重目标，促进西部限制开发区域经济效益、社会效益、生态效益的有机统一。

6.1 关于生态移民政策的文献梳理

自美国植物生态学先驱考尔斯（Cowles，1900）将群落迁移的概念导入生态学，随即在国际学术界获得共识，将其视为是解决人口、贫困和环境问题的有效途径。国内最早提出生态移民的学者是任耀武等（1993），他们认为生态移民将人口、自然资源与环境联系起来，是生态农业在移民中的具体应用。[①]
我国正式实行生态移民始于 2000 年，自此西部各地将生态移民作为生态环境保护建设和扶贫开发的重要举措而展开实践和探索，引起了学术界的极大关注

---

① 任耀武，袁国宝，季凤瑚. 试论三峡库区生态移民 [J]. 农业现代化研究，1993（1）：27–29.

与深入探讨。目前，已经积累了大量的相关研究成果，为西部限制开发区域生态移民的有效实施提供了借鉴和启示。

6.1.1 国外对生态移民的研究

1896年，考尔斯在其博士学位论文中，以密执安湖周围不同年份沙丘的变化为例，将"生物群落迁移"的概念导入生态学，从而奠定了群落演替的理论基础。[①] 1916年，美国生态学家克莱门特将群落演替划分为裸露、迁移、定居、竞争、反应、稳定六个步骤。虽然考尔斯和克莱门特没明确"生态移民"的概念，但却已经注意到了主动或被动地进行人口迁移对保护生态的重要意义。[②] 20世纪70年代以来，全球气候和环境问题引发了为数众多的人口迁移，国外对生态移民的探讨不断走向深入。[③]

6.1.1.1 "生态移民"概念的由来

生态移民的概念始于"环境难民"。[④] 在国外，环境难民亦称"生态难民"，后遵从瑞典斯维因教授（1996）的提议，政界和学术界开始使用"环境移民"一词。[⑤] 2007年，国际移民组织给对"环境移民"进行了定义，认为"环境移民"是指由于自然的或人为的环境退化威胁到人们的生存或生活质量，人们被迫临时或永久性离开其家园的一种主动性策略。[⑥] 可见，生态移民作为一种特殊的移民类型，是指保护或修复生态系统而进行的移民。

6.1.1.2 不同学科视角下的生态移民

生态移民涉及环境史学、地理学、生态学、社会学、民族学等学科，不同学科视角下生态移民的侧重点不同。环境学主要从历史发展的角度，通过对特定的历史事件进行分析，探讨人与自然的相互关系[⑦]；生态学主要关注移民的

---

① Henry Chandler Cowles. The Ecological Relations of the Sand Dunes of Lake Michigan [J]. Botanical Gazette, 1899, 27 (2).

② Frederic E. Clements. Plants Succession: An Analysis of the Development of Vegetation [M]. Washington D. C. Carnegic Institution of Washington, 1916.

③ 杜发春. 国外生态移民研究述评 [J]. 民族研究, 2014 (2): 109-120.

④ Lester Brown, McGrath Patricia, and Bruce Stoke. Twenty-Two Dimensions of the Population Problem [R]. Worldwatch Institute Worldwatch Paper 5, 1976.

⑤ Ashok Swain. Environmental Migration and Conflict Dynamics, Focus on Developing Regions [J]. Third World Quarterly, 1996, 117 (5).

⑥ Richard Black. Environmental Refugees: Myth or Reality [R]. UN High Commissioner for Regugees Working Paper. No. 34, 2001.

⑦ Theodore Binnema, Melanie Niemi. Of 'Let the Line Be Drawn Now': Wilderness, Conservation and the Exclusion of Aboriginal People from Banff National Park in Canada [J]. Environmental History, 2006: 11 (4).

经济、社会以及环境效果、扶贫效果、公众参与等；社会学主要关注移民政策、移民的社会适应性等；人类学、民族侧重性对移民社会的分析和描述。[①]

6.1.1.3　生态移民政策的相关探讨

国外对生态移民的安置分为一次性补贴移民安置和长期开发性移民安置两种，而且逐步从"输血型"向"造血型"转变。扶贫计划是国外生态移民的重要政策之一，最为典型的是泰国实施的国王扶贫计划，将自然条件恶劣的北方山区的农民迁到泰国中部和南部，政府和金融机构支持建立种植场、养殖园、农产品加工厂，发展适宜产业，并通过实施农业技术培训解决移民就业问题。[②]

6.1.2　国内对生态移民的研究

国内学术界对生态移民的概念、生态移民的重要性和必要性、生态移民的安置方式、生态移民的政策、生态移民的补偿机制等进行了广泛而深入的探讨，积累了丰硕的研究成果。

6.1.2.1　"生态移民"的概念

从总体上看，对于生态移民含义，现有研究成果大多是从移民动因、移民主体行为两个方面展开的。如，刘学敏（2002）将生态移民看作是一种自上而下的生产布局调整。[③] 包智明（2006）认为生态移民是一种与生态环境相关的迁移活动。[④] 李宁、龚世俊（2003）从环境变迁动因的视角，对生态移民进行了界定，并将生态移民分为被动人口迁移和主动人口迁移两类。[⑤] 葛根高娃、乌云巴图（2003）将生态移民看作是调整生活方式的一种经济行为。[⑥] 朱文玉、徐晗宇（2006）从移民的动因和移民目的两个方面界定了生态移民。[⑦]

---

①　杜发春. 国外生态移民研究述评 [J]. 民族研究，2014（2）：109-120.

②　温丽. 基于国际视角的生态移民研究 [J]. 世界农业，2012（12）：47-48.

③　刘学敏. 西北地区生态移民的效果与问题探讨 [J]. 中国农村经济，2002（4）：47-52.

④　包智明. 关于生态移民的定义、分类及若干问题 [J]. 中央民族大学学报（哲学社会科学版），2006（1）：27-31.

⑤　李宁，龚世俊. 论宁夏地区生态移民 [J]. 哈尔滨工业大学学报（社会科学版），2003（1）：19-24.

⑥　葛根高娃、乌云巴图. 内蒙古牧区生态移民的概念、问题与对策 [J]. 内蒙古社会科学，2003，24（2）：118-122.

⑦　朱文玉，徐晗宇. 土地荒漠化与我国生态移民政策研究 [J]. 环境科学与管理，2006（5）：70-71.

史树娜和黄小葵（2011）①、廖双双（2012）②、马秀霞（2012）③ 等从原因、目的、综合等层面对生态移民的概念进行了归纳，并从政府行为等角度对生态移民进行了探讨。

通过上述归纳，可以发现，尽管学者们对生态移民含义的界定有所差异，但综合而言，其本质思想是相通的，即生态移民是指为了保护或修复生态而将人口从生态环境脆弱的地区转移到环境较好的地区，以避免脆弱区环境不断恶化。

6.1.2.2 西部地区生态移民的必要性和重要性

目前，针对我国西部地区生态移民的研究成果十分丰富。杨维军（2005）将西部地区生态移民的原因归纳为三种：一是以保护生态环境为目的的移民，如保护江河源头地的三江源生态移民；二是自身生态环境恶劣，居民无法正常生活，如内蒙古的沙尘暴源头；三是国家整体规划项目所涉及的移民，如地处滇藏交界的西藏芒康县。认为必须通过生态移民来改善特定区域的自然环境和让当地居民脱离贫困。④ 孟琳琳和包智明（2006）认为，西部地区实施生态移民主要有四个因素：一是西部地区干旱严重、占地面积大、多自然灾害、土地沙漠化问题突出。二是维持限制开发区域内的生态平衡，缓解人口密度，布局与土地承受力之间的矛盾。三是推进西部地区城镇化水平，改善移民生活条件、消费观念及受教育水平等。四是解决西部农牧区脱贫致富与脆弱的生态环境之间的矛盾的必然要求。⑤ 王永平等（2012）通过对贵州生态移民实践的研究后认为，生态移民既可以促进生态改善，又可以减轻贫困程度。⑥

由于环境承载力、人口压力、转变生产生活方式等的需要，保护西部地区生态环境，生态移民不失为一种好的选择。⑦ 张灵俐（2014）认为生态移民是反贫困的重大举措。通过实施生态移民，将生态环境脆弱地区的人口外迁，可

---

① 史树娜，黄小葵. 北方少数民族地区生态移民研究综述 [J]. 财经理论研究，2011 (5)：34-38.

② 廖双双. 生态移民研究综述 [J]. 农村经济与科技，2012 (4)：173-176.

③ 马秀霞. 我国近几年生态移民理论与实践研究概述 [J]. 宁夏社会科学，2012 (4)：56-59.

④ 杨维军. 西部民族地区生态移民发展对策研究 [J]. 西北第二民族学院学报，2005 (4)：5-12.

⑤ 孟琳琳，包智明. 生态移民研究综述 [J]. 中央民族大学学报（哲学社会科学版），2004 (6)：27-31.

⑥ 王永平，金莲，黄海燕，等. 贵州实施扶贫生态移民的条件与对策 [J]. 贵州农业科学，2012 (7)：213-215.

⑦ 方兵，彭志光. 生态移民：西部脱贫与生态环境保护新思路 [M]. 南宁：广西人民出版社，2002.

以打破既有资源的约束，促进区域生产要素重新组合，从而增强移民的发展能力，实现脱贫致富。①

6.1.2.3　生态移民的类型及安置方式

学者们对生态移民概念界定的视角不同，对生态移民的分类也有较大差异。如，皮海峰（2004）②、张力威等（2005）③ 依据地域生态环境特点和直接目的将生态移民分为大江大河源头生态保护型、防沙治沙和保护草原型、防洪减灾和水患根治型、水利水电开发工程型、生物多样性维护型、扶贫型六类。梁福庆（2011）在此基础上，新增了自然灾害型和矿区塌陷型④，将生态移民类型扩大至八种。基于移民主体和生产方式的视角，包智明（2006）将生态移民分为自发型与政府主导型、自愿型与非自愿型、整体迁移型与部分迁移型、产业变化型与产业无变化型四类。⑤

学术界对生态移民的安置模式进行了大量的探讨。从安置内容来看，主要有农置和非农业安置模式。农业安置，农业安置一般是指在能够提供一定土地容量并配备相应基础设施的地区进行，分为建设农村居民点、在国有农业企业安置以及"公司+基地+农户"三种模式。非农业安置，是指诸如货币安置、劳务输出安置、保险安置等；从空间范围来看，生态移民的安置模式又可分为就地安置和异地安置。梁庆福（2011）按照产业特点，将生态移民安置分为农业安置、"二、三产业"安置、自谋职业安置、劳务输出安置、教育培训安置5种安置模式。⑥ 李东（2009）将移民安置模式分为城镇化开发模式、产业开发模式以及产业与城镇化相结合的开发模式；他认为，不同的移民模式呈现出不同的区域特色，可根据实际选择走文化移民、旅游移民和援助移民等路子。⑦

在实际运用中，学者们提倡因地制宜采用多元化的安置模式。如，皮海峰（2004）认为，为了保护少数民族传统文化，尊重其宗教信仰，民族地区的生态移民宜采取相对集中的安置模式。⑧ 王永平、袁家榆等（2008）通过对贵州

---

① 张灵俐. 近三十年来生态移民研究述评 [J]. 东北农业大学学报, 2014 (3): 36.

② 皮海峰. 小康社会与生态移民 [J]. 农村经济, 2004 (6): 58-60.

③ 张力威, 范治晖, 朱东恺. 南水北调工程丹江口库区生态移民战略思考 [J]. 环境经济, 2005 (Z1): 37-41.

④ 梁福庆. 中国生态移民研究 [J]. 三峡大学学报 (人文社会科学版), 2011 (4): 11-15.

⑤ 包智明. 关于生态移民的定义、分类及若干问题 [J]. 中央民族大学学报 (哲学社会科学版), 2006 (1): 27-31.

⑥ 梁福庆. 中国生态移民研究 [J]. 三峡大学学报 (人文社会科学版), 2011 (4): 13.

⑦ 李东. 中国生态移民的研究——一个文献综述 [J]. 西北人口, 2009 (1): 32-35.

⑧ 皮海峰. 小康社会与生态移民 [J]. 农村经济, 2004 (6): 58-60.

异地搬迁扶贫的调研，总结出依托国有（集体）农场安置、依托小城镇集中安置、依托旅游景区开发安置、依托企业带动安置、依托开垦耕地安置、依托产业结构调整安置等生态移民安置模式。① 王素芳（2009）提出在城乡统筹发展的背景下，应充分利用政策优势和整合城乡资源，由政府主导生态移民搬迁，在移民过程中尽量采取非农化安置方式，将农民转变为城镇居民，使其不再依靠土地生存。② 张云雁（2011）通过对宁夏回族地区生态移民的调研，提出三种安置模式，即围绕城市辐射区的小城镇发展模式、城市劳务移民模式和建立大型生态移民区模式。③

6.1.2.4 生态移民补偿机制

包智明（2006）认为，要对贫困家庭提出足够的补偿，其底线是可以维持生活水平不低于先前。④ 王凯等（2012）指出，加大资金投入，加强宣传力度和监督管理，提升执行效率。⑤ 任善英等（2012）通过对三江源地区生态移民中后续产业发展的研究，认为生态补偿应包括对资源环境利用的补偿和对移民的补偿。⑥ 徐劲原（2012）认为，生态移民具有比较高的生态效益、社会效益和经济效益，应根据权、责、利相统一的原则，建立国家、社会和地方的补偿机制和专项基金，一方面用于解决生态移民农户在安置、生活、生产过程中的困难问题，另一方面用于提高和弥补没有享受到生态移民政策的安置区原住民的利益差距。⑦ 张灵俐等（2014）认为，应充分考虑西部地区生态移民的特殊性，建立和完善补偿机制，调整环境贡献者、受益方等利益分配关系。⑧ 魏晓燕（2015）认为，对生态移民的补偿，应该既包括当地居民的生态贡献，又包括当地居民的机会损失，即资本资产损失和社会资产损失，应针对这些补

---

① 王永平，袁家榆，等. 贵州易地扶贫搬迁安置模式的探索与实践 [J]. 生态经济：学术版，2008（1）：400-401.

② 王素芳. 基于城乡统筹的生态移民安置模式探讨 [J]. 贵州农业科学，2009（4）：170-171.

③ 张云雁. 民族地区生态移民模式探析——以宁夏回族自治区为例 [J]. 安徽农业科学，2011（32）：20152-20154.

④ 包智明. 关于生态移民的定义、分类及若干问题 [J]. 中央民族大学学报（哲学社会科学版），2006（1）：27-31.

⑤ 王凯，欧艳，葛全胜. 世界遗产地居民对生态移民影响的感知——以武陵源 3 个移民安置区为例 [J]. 应用生态学报，2012（6）：1663-1670.

⑥ 任善英，朱广印. 三江源生态移民后续产业发展机制研究 [J]. 生态经济，2012(10)：109.

⑦ 徐原劲. 生态移民对农户收入影响的实例分析 [D]. 北京：中国地质大学，2012：59.

⑧ 张灵俐，刘俊浩. 生态移民补偿机制的经济学研究 [J]. 兰州学刊，2014（9）：157-158.

偿内容确定补偿标准和选择补偿方式。①

6.1.2.5 生态移民政策

生态移民是一项复杂的系统工程，涉及移民搬迁、生态重建、扶贫开发等一系列问题，必须制定和完善涉及住房、土地、户籍、就业、财税和社保等一系列配套政策措施，为工程实施营造良好的政策环境。② 杨龙和贾春光（2004）认为，国家应出台移民优惠政策，促进生态移民的有序实施。③ 桑敏兰（2004）认为，应创新生态移民政策机制、生态移民投入机制和生态移民管理机制。④ 梁福庆（2011）将生态移民安置政策分为搬迁安置政策、资金补足政策和扶持政策三类。⑤ 路建胜（2013）通过对阿拉善盟生态移民政策实施效应的评价，提出加大国家对生态移民政策的投入，在增加对生态移民项目投入的同时，还应对条件比较艰苦的地区给予一定的政策支持和资金支持。国家对于生态移民项目资金的下拨标准，要结合各地经济发展水平以及各地移民工程建设的成本差异进行资金分配。⑥ 时鹏（2013）基于对陕南生态移民政策的分析，提出了政策优化措施，包括优化生态移民搬迁行为选择，提高工程实施效益；注重调查，优化政府补贴模式，提高工程的户级瞄准效率；注重搬迁农户生计资本积累，增强其自我发展能力，等等。⑦

6.2　西部限制开发区域生态移民政策及实施效应评价

我国西部地区生态环境相对脆弱，且大多数地区人口分散居住，加剧了生态环境的恶化，成为经济社会发展面临的一大问题，实行生态移民成为解决这一难题的有效方式。自 2000 年国家正式实施生态移民工程以来，在国家大力

---

① 魏晓燕. 少数民族地区移民生态补偿机制研究——以自然保护区为例 [D]. 北京：中央民族大学，2013：90.

② 王永平，金莲，黄海燕，等. 贵州实施扶贫生态移民的条件与对策 [J]. 贵州农业科学，2012（7）：213-215.

③ 杨龙，贾春光. 西北干旱半干旱区生态移民可持续发展策略探讨 [J]. 新疆师范大学学报（自然科学版），2004（4）：82-86.

④ 桑敏兰. 论宁夏的"生存移民"向"生态移民"的战略转变 [J]. 生态经济，2004（1）：23-25.

⑤ 梁福庆. 中国生态移民研究 [J]. 三峡大学学报（人文社会科学版），2011（4）：13.

⑥ 路建胜. 阿拉善盟生态移民政策实施效益评析 [D]. 北京：中央民族大学，2013：55.

⑦ 时鹏. 基于农户视角的生态移民政策绩效研究——以陕南为例 [D]. 杨凌：西北农林科技大学，2013：40.

支持和扶持下，西部地区进行了生态移民的深入探索和大胆实践，政策措施不断丰富和完善，为生态移民的有序实施提供了强有力的政策保障。但迄今为止，国家仍没有专门针对整个西部限制开发区域统一的生态移民政策。鉴于此，本书选取三峡库区水土保持生态功能区等几个典型的国家层面的限制开发区域，对其既有的生态移民政策及其实施效果进行分析和探讨。

6.2.1 西部限制开发区域生态移民政策的典型例证

6.2.1.1 三峡库区水土保持生态功能区①

该生态功能区位于重庆市、湖北省交界区域，行政区域包括重庆市、湖北省两个省市 9 个县，面积 27 849.60 平方千米，人口 521.56 万人（第六次人口普查数据），其中农业人口 429.10 万人，少数民族 70.07 万人，人口密度为 188 人/平方千米；2012 年，国内生产总值 943.12 亿元，农民年人均收入 4 693 元；三次产业产值分别为 201.74 亿元、430.25 亿元、311.14 亿元，城镇化水平为 17.73%。根据《中国农村扶贫开发纲要（2011—2020 年）》，该区域 9 个县中有 7 个县位于我国扶贫攻坚连片特困地区中的秦巴山区、武陵山区两大连片特殊困难地区。其中，重庆市云阳县、奉节县、巫山县属于秦巴山区扶贫攻坚连片特困地区；湖北省巴东县、秭归县、长阳土家族自治县、五峰土家族自治县属于武陵山区扶贫攻坚连片特困地区。

三峡库区地理位置独特，地处我国最大的水利枢纽工程——三峡工程的库区腹地，是确保三峡库区生态安全的重要屏障，对于维护华中地区特别是三峡库区的生态安全和三峡工程的长久安全运行具有重大意义。库区生态区位十分重要，生态价值极高，是长江中下游重要水源补给和水源涵养区，为长江中下游城市生产生活用水提供必要保障；库区生物多样性富集，生态系统类型多，物种丰富，孑遗物种数量大，在我国乃至世界生物多样性中占有重要地位；三峡水库是中国重要的淡水资源库，水土保持生态功能地位重要而显著。三峡库区水土保持生态功能区不仅承载着诸多重要的生态安全区位功能，同时也是实现生态屏障建设和富民惠民双赢的重要保障区。

目前，三峡库区生态退化十分严重，蓄水淹没了部分珍稀濒危植物原产地，交通等各类在建项目割裂了自然环境的连贯性，区内原始天然林数量和珍稀濒危物种减少，生物多样性受到了威胁。② 库区人多地少，人均占有资源稀

---

① 国家林业局. 三峡库区水土保持生态功能区生态保护与建设规划（2014—2020）[Z]. 2014.
② 金鉴明，汪俊. 三峡库区必须进行生态修复与屏障建设 [J]. 水科学与工程技术，2010 (1)：1-3.

缺，相当一部分移民可耕地减少，耕地严重不足，加之土地生产条件较差，使库区农村移民生计受到很大影响，人地矛盾十分突出。粗放落后的农耕经营方式使库区环境被破坏，山洪、泥石流等地质灾害趋势加重，水土流失面积大，水污染严重，导致人们赖以生存的土地更加贫瘠、生产力更为低下，制约了库区社会经济发展。三峡库区既要满足人口增长、城镇化发展、经济社会发展所需要的国土空间，又要为保障农产品供给安全而保护耕地，还要保障三峡库区生态安全，这使得三峡库区的生态保护与建设任务变得十分艰巨。

鉴于此，应按照全国主体功能区划对三峡库区水土保持生态功能区的功能定位和基本要求，坚持全面规划、突出重点，合理布局、分区施策，保护优先、科学治理，以人为本、改善民生的原则，以提升生态服务功能、构建生态安全屏障为目标，以控制水土流失为中心，以生物多样性保护和水源涵养能力提高为重点，协调保护与发展、人口与资源、生态移民与扶贫攻坚的关系，提高区域生态承载力，缓解人地矛盾，努力实现人口减载、生态环境综合治理和可持续发展等多重目标。

为切实搞好三峡库区生态移民搬迁安置工作，三峡库区水土保持生态功能区已采取了如下政策措施：

（1）生态补偿政策

在生态移民过程中，三峡库区水土保持生态功能区按照森林生态服务功能的高低和重要程度，实行分类、分级的差别化补偿政策，完善了森林生态效益补偿制度；扩大了湿地生态效益补偿试点范围并提高了补偿标准，提高了补偿资金的使用效率；启动了三峡库区碳汇补偿机制试点，加大了政策倾斜和扶持力度，增强和提高了区域森林湿地固碳增汇能力；加大实施了珍贵树种培育、林木良种、森林抚育、低质低效林改造等中央财政补助政策，加大了国有林区水、电、路、气等基础设施建设以及棚户区改造及配套设施的政策支持力度；有序推进三峡水库生态屏障区植被恢复和生态廊道建设工程，提高了工程建设标准，加大了生态补偿力度。

（2）人口易地安置配套政策

土地政策方面，按标准进行补偿，国有的无偿划拨，集体的适当补偿，农户承包的依法征用；税费政策方面，易地搬迁过程中的行政规费、办证等费用，除工本费以外全部减免。配套工程的设计、安装、调试等费用一律减免；对搬迁移民优先进行技能和技术培训，并安排上岗；优先办理用于生产的小额贷款；搬迁移民在医疗、子女入学等方面与迁入地居民享受同等待遇。

（3）财政转移支付政策

一是制定行业性区域补偿政策。加大对国家重点生态功能区的转移支付力度，通过科学、规范、稳定的行业性区域补偿手段，扶持欠发达区域和"老少边穷"地区发展。同时，加强发达地区对不发达地区的对口支援。二是加大均衡性转移支付力度，在测算均衡性转移支付标准时，充分考虑属于地方支出责任范围的生态保护支出项目和农业发展支出项目；引导并帮助地方建立基层政府基本财力保障制度，增强基层政府提供基本公共服务和落实各项民生政策的能力；建立健全有利于切实保护生态环境的奖惩机制，并加大奖补力度。三是提高对农产品主产区的相关专项转移支付补助比例，加大对农业、林业、水利、基础设施、科技等的投入，改善农业、林业生产基本条件，进一步提高农林业生产效率，全面落实中央强农惠农补贴政策。

为了保障上述政策落到实处，三峡库区水土保持生态功能区明确了一系列保障措施，包括法律制度保障、科技保障、资金保障以及科学的绩效考核措施。

6.2.1.2 武陵山区生物多样性与水土保持生态功能区①

武陵山区生物多样性与水土保持生态功能区包括湖北省、湖南省和重庆市的 25 个县（市、区），总面积 65 571 平方千米，人口 1 137.3 万人。武陵山重点生态功能区内森林覆盖率 59.87%，是我国亚热带森林系统核心区域、长江流域重要的水源涵养区和生态屏障，属于典型的亚热带植物分布区，区域内水热条件较好，生境类型丰富，物种资源丰富，拥有多种珍稀濒危物种，属我国具有全球保护意义的生物多样性关键地区之一，素有"华中动植物基因库"之称。武陵山连片特困地区跨湖北、湖南、重庆、贵州四省市，是限制开发区域、革命老区、民族地区的重叠区域，也是国家连片特困地区。该区扶贫攻坚工作受到党中央、国务院的高度重视，将片区区域发展与扶贫攻坚列为国家首批扶贫攻坚示范点，武陵山重点生态功能区所属的 25 个县（市、区）全部属于片区扶贫攻坚范围，生态移民和扶贫攻坚任务十分艰巨。

武陵山区生物多样性与水土保持生态功能区内有生物多样性维护型和水土保持型两类生态功能区。区内山地丘陵众多，地形起伏巨大，生态系统较为脆弱，生物多样性退化，"陡坡耕种"引发水土流失，石漠化十分严重，自然灾害较多且威胁大，生态安全面临日益严重的威胁。长期以来人们对生态环境的脆弱性认识不足和不合理开发，特别是矿产资源的不合理和高强度开发，使山地生态系统退化十分明显，直接影响到生态系统结构的完整性，生态保护与建

---

① 国家林业局. 武陵山区生物多样性与水土保持生态功能区生态保护与建设规划（2013—2020 年）[Z]. 2013.

设亟待加强。因此，必须正确处理好生态保护与经济发展、民生改善之间的关系，将生态建设与农牧民增收、农业结构调整相结合，在改善人居环境的同时，提高农民收入水平，帮助农牧民脱贫致富。目前，该区已实施的生态保护工程包括退耕还林、天然林资源保护、生物多样性保护、石漠化综合治理等，已享受重点公益林补偿、重点生态功能区转移支付等生态补偿政策，下面就该区域的财政转移支付政策、生态移民补偿政策、移民安置政策进行总结和分析。

（1）易地扶贫搬迁配套政策

鼓励生态敏感区实施生态移民，选择和培育了若干县城和重点镇作为生态移民点集中布局所在地。在移民安置过程中，实行了保障移民安置房用地、减免了搬迁过程中产生的税费、优先安排移民及其子女就业、优先办理小额贷款等配套政策。

（2）生态补偿政策

在生态移民过程中，着力推进生态补偿，探索建立了地区间生态补偿机制，有效地引导生态受益地区与生态保护地区、下游地区与上游地区开展横向补偿；探索建立碳排放权交易试点，将林业碳汇、可再生资源开发利用纳入了碳排放权交易试点；转变生态移民补偿方式，由单一的输血式、漫灌式补偿向多样化的造血式、滴灌式补偿转变；完善差异化补助政策，对移民群体的福利变化情况进行登记和分析，根据移民中不同群体的资源禀赋、发展需求和贫困特征等选择多元化的补偿方式；进一步制定和细化移民补助标准，适度拉大补助差距，根据贫困状况补偿到人到户，努力消除移民的原生性贫困，改善能力性贫困，减少介入性贫困，并让移民参与到利益分享机制中，充分维护移民的权益。[①]

（3）财政转移支付政策

中央加大了财政转移支付力度，通过一般性补助及税收返还、特殊因素补助和临时性特殊补助等补偿手段，扶持了武陵山特困地区发展。特别是加大了对重点生态功能区内基本公共服务领域的投资，促进了基本公共服务均等化。

6.2.1.3　秦巴生物多样性生态功能区[②]

秦巴生物多样性生态功能区地理位置特殊，是我国"两屏三带"生态安全战略格局和生态安全屏障的重要组成部分，向西、向南分别连通中国三大植

---

① 张莹. 武陵山退耕还林区生态移民福利变化研究 [D]. 武汉：华中农业大学，2015：36.

② 国家林业局. 秦巴生物多样性生态功能区生态保护与建设规划（2013—2020）[Z]. 2013.

物多样性分布中心的横断山脉和华中地区两处，是中国特有植物种类数量最多的区域，生态系统呈现出多样性特征，动植物物种非常丰富。区域总面积140 005 平方千米，总人口1 519.26 万人，其中农业人口占总人口的81%，46个县中有38个为国家级贫困县。目前，秦巴山区生态保护面临的主要问题是：森林质量不高，局部地区生态功能出现退化，生物多样性保护功能不强，湿地保护和生态用水保障水平偏低。作为我国物种基因库、特有物种资源保护区以及重要水利工程的生态安全区，该区域生态区位极为重要。同时，作为我国扶贫攻坚连片特困地区，区域扶贫攻坚任务十分繁重，生态移民尤为急迫。

近年来，该区域主要实行了如下生态移民政策：

（1）财政转移支付政策

根据秦巴山区生态建设现状和生态工程建设的需求，并结合生物多样性保护的急迫要求，对转移支付资金进行了合理分配，分配范围包括地方自然保护区、国有林业局等，确保了重点生态功能区资金的使用效率。

（2）生态效益补偿政策

加快构建了秦巴山区生态补偿机制，促进生态保护地区与受益地区的横向补偿，按照周边受益地区的经济发展水平给予补偿；在中央财政湿地保护补助试点政策基础上，扩大了补助范围，提高了补助标准，积极促进形成了合理的生态效益补偿机制。

（3）人口易地安置政策

实施了义务教育、职业培训等，增强了劳动力跨区转移的就业能力。在人口易地安置的过程中，实行了依法办理农用地转用手续、制定减免迁移过程中产生的税费、优先安排移民及其子女就业、优先办理生产性小额贷款等配套政策。

6.2.2　西部限制开发区域生态移民政策成效评价

6.2.2.1　取得的政策成效

生态移民政策的纵向供给和横向供给，[①] 促进了西部限制开发区域生态移民的有序进行，抑制了对生态环境的破坏，促进了移民生产生活条件的改善，实现了经济效益、社会效益、环境效益的统一。

一是取得了较好的经济效益。移民政策的实施，使移民区基础设施得到了

---

① 生态移民政策的纵向供给，是指中央政府到省级政府再到各级地方政府的垂直供给；生态移民政策的横向供给，是指省级层面关于生态移民的相关政策，包括基础设施建设、土地管理政策、生态补偿政策、社会保障政策、教育政策、就业培训政策等。

极大的改善，医疗设施基本齐全，移民就医就学便利，为移民群众脱贫致富奠定了基础。通过加强移民技术技能培训和积极开展区域劳务合作，促进了移民向非农产业转移就业，对当地经济结构调整也产生了深远影响。增加了移民的经济收入，有效地改善了他们的生活条件，其自身的造血功能明显增强。与此同时，充分利用移民开发区的闲置土地资源，积极组织移民生产，既使移民逐步摆脱贫困，也促进了移民开发区的经济发展。

二是达到了预期的社会效益。通过生态移民政策的实施，改善了贫困人口的生存环境，满足了移民用水、出行、上学、看病等基本生活需求。通过外迁，扩大了贫困人口的生计空间，使贫困人口实现了脱贫致富。同时，促进了移民的思维模式和价值观念转变，科技意识、商品经济意识、教育投资意识不断增强，人口素质不断提高。

三是实现了良好的环境效益。通过生态移民政策的实施，把超载人口外迁到生态承载力较强的区域，减少了因居民生活和生存需要而给环境带来的破坏，给当地的人口以更多的发展空间，优化了人口布局和资源配置，促进了生态环境的自然恢复和改善。① 如，三峡库区通过实施生态移民政策，减少了人为因素对生态环境的破坏，防止了由此带来的水土流失，促进了库区生态的修复。与此同时，增强了库区贫困人口脱贫致富的能力，实现了生态保护与脱贫致富的双重目标。

6.2.2.2 存在的问题和不足

虽然目前国家已经有了关于西部限制开发区域实施生态移民的一些政策，且政策也取得了一定的成效，但迄今还没有形成完善的政策体系；一些政策规定得还比较笼统，不便于实施；一些措施还在摸索实践之中，还需要进一步探讨和深化；政策在实施过程中存在着政策供给机制缺陷和政策本身的缺陷，政策供需之间仍存在脱节的地方；等等。

（1）政策供给方面的缺陷

一是政策供给模式单一。目前，生态移民基本上采取的是政府主导型移民方式，移民政策自上而下、单一和单向供给。这种供给模式不但带有强烈的行政色彩，而且仅停留于异地安置、垦地种粮、解决温饱等基本民生问题的政策方面，并按统一的政策内容加以执行，忽视了政策需求的差异性与地域特色，导致其政策缺乏针对性和可操作性。二是政策供给结构不合理。发展生产和保

---

① 罗强强，杨国林. 宁夏移民扶贫开发的经验和效果 [J]. 农业现代化研究，2009（5）：575-578.

障移民生计，是生态移民中同等重要的两大任务。然而，一些地方政府却没有根据移民区的实际来进行政策供给，对生产发展关注得多，忽视了移民生计需求的政策提供。这样，有限的政策资源得不到科学的设计与合理利用，因此在促进移民发展生产和改善生活质量上其政策作用必然大打折扣。且在生态移民过程中，政府包揽过多，较多考虑和采用的是国家和地方加大资金、物资、技术、人员等投入的"输血"扶贫模式，移民大多是被动地接受，缺乏主动参与家园建设的积极性，一部分移民"等、靠、要"的依赖思想十分严重。三是政策供给内容不均。其主要表现在新旧政策之间衔接不当，给移民管理带来障碍。四是政策供给机制僵化。没有根据移民形势变化对政策适时进行动态调整，无形中拉大了政策供需间的距离。①

（2）生态移民政策本身的缺陷

财政支持政策方面，对生态移民的资金投入力度不大；土地分配政策方面，迁入地的土地规划和分配方案还有待完善，迁入移民的合法权益还未完全得到保障；税费优惠政策方面，对参与和扶持生态移民的企业的税费优惠政策力度还需加大；户籍管理政策方面，移民回流现象时有发生，属地管理还需进一步加强；补偿补贴政策方面，生态补偿重点还需要明确，生态补偿方式还需创新；等等。②

（3）政策保障方面的缺陷

一是法律法规不健全。如，承包土地的农牧民因为迁移无法享受到原有土地承包所带来的收益。二是技术服务不到位。农牧民生态移民后生产方式发生了根本性改变，但却缺乏满足产业发展等的技术服务。三是表达政策需求的渠道缺失。移民的政策需求不能及时得到反馈，移民合法权益得不到有效保障。四是协调成本偏高。生态移民是一项十分复杂的系统工程，迁出地与迁入地政府之间，迁出地、迁入地政府各部门之间本应该相互协调和通力配合③，但却往往因为行政体制掣肘导致协调成本高。④

---

① 张瑜. 宁夏生态移民政策供给缺陷与原因分析 [J]. 北方民族大学学报（哲学社会科学版），2016（5）：142-143.

② 马秀霞. 我国近几年生态移民理论与实践研究概述 [J]. 宁夏社会科学，2012（4）：57.

③ 刘学敏. 西北地区生态移民的效果与问题探讨 [J]. 中国农村经济，2002（4）：47-52.

④ 孟琳琳，包智明. 生态移民研究综述 [J]. 中央民族大学学报（哲学社会科学版），2004（6）：48-52.

6.3　西部限制开发区域生态移民配套政策设计原则

造成我国西部地区生态环境破坏的主要原因，是不当开发、过度放牧、过度开垦、乱采滥伐等。实行生态移民，将不适宜居住地区的人口有序迁出，实行全面禁牧或封山育林，可以降低人为因素对生态环境造成的破坏，从根本上解决地区生态环境问题；通过生态移民与扶贫攻坚的有效结合，可以彻底改变落后的生产生活方式，促进居民生产生活条件得到有效改善；通过生态移民与劳动力教育培训的有效结合，能够改变落后的思想观念，提高劳动技能和劳动力素质，从而更好地增强自我发展的能力。

6.3.1　生态移民政策设计原则

6.3.1.1　总体规划与分类指导相结合

根据西部限制开发区域不同类型区域的发展特点，应在总体规划移民工作的基础上，针对具体情况，实行分类指导。各地应选准切入点，积极开展符合区域发展特点的可持续发展的移民安置及生产生活工作，促进移民工作顺利开展，促进与经济、社会和环境协调发展。

6.3.1.2　因地制宜与注重实效相结合

生态移民搬迁工作十分艰巨和复杂，决不能急于求成。要充分论证、搞好规划、渐进实施、因地制宜、注重实效。要根据财力情况，有计划、有组织、分阶段逐步推进，做到量力而行，循序渐进，提高效益。由于西部限制开发区域移民的迁入地和迁出地情况不尽相同，一个模式、一种办法不可能解决所有的问题，因此实施移民搬迁不能搞统一模式。如在移民安置上，可采取集中安置、分散安置、插花安置等多种形式。不管选择什么模式，采用何种方式，都必须从实际出发，体现区域特色，适应区域政策需求，讲求实效，决不搞"一刀切"。

6.3.1.3　移民搬迁与开发建设相结合

将西部限制开发区域生态移民与生态环境重点治理工程结合起来，努力实现生态环境治理、生态环境持续改善、区域内人口生存发展、环境可持续改善等多重目标。可实行先开发、后搬迁，或在基本的搬迁条件的前提下，搬迁与开发一并进行。改善迁入地的基础设施和公共服务设施条件，提高其承载产业和人口的能力，将产业发展和移民开发建设紧密结合起来，确保移民搬得出、稳得住、能致富。

6.3.1.4　属地管理与公共服务相结合

将搬迁移民落户至迁入地，纳入其管理范围，通过完善户籍管理制度、社会保障制度、义务教育和职业培训制度、医疗卫生制度、劳动就业制度等对移民实施有效管理，为移民提供更好的公共服务。

6.3.1.5　统筹安排与组织协调相结合

生态移民工程环节众多，千头万绪。在实施生态移民过程中，西部限制开发区域必须统筹安排移民安置和土地调配等。迁出地、迁入地各级政府应针对生态移民过程中出现的情况和问题，及时研究、动态调整相关配套政策，推进生态移民工程顺利实施。在移民过程中，各级政府要加强组织协调，一方面要做好移民搬迁引导和宣传工作、典型示范工作；另一方面，要充分尊重民意，不能搞强制性搬迁。

6.3.2　制定生态移民政策必须处理好的关系

6.3.2.1　迁出地与迁入地的关系

西部限制开发区域生态移民异地搬迁问题极为复杂，必须协调好迁出地和迁入地各级政府之间的关系，加强协调，紧密配合；必须协调好移民与迁入地居民之间的利益关系，保障迁入地正常的生产生活秩序，同时也避免迁出移民因生产生活问题而出现的回流现象。

6.3.2.2　政府扶持与自力更生的关系

西部限制开发区域的生态移民搬迁工程，除了中央安排搬迁工程资金以外，省级政府以及各基层政府也应多渠道增加对生态移民的各种投入，保证移民搬迁有序实施。与此同时，促进移民思想观念更新，克服"等、靠、要"，自己动手，自力更生，建设幸福美丽新家园。

6.3.2.3　生活水平提高和生态环境改善的关系

西部限制开发区域实施生态移民工程，不但要促进生态环境的恢复，更要注重生态移民搬迁后生产生活条件的改善和提高，要搞好生态移民搬迁地的基础设施、生产生活配套等设施建设，因地制宜地做好生态移民搬迁地的产业保障工作，做好生态移民的技能培训等工作，提升移民的就业增收能力。同时，增强移民的环保意识，有力地促进区域生态保护和建设。

6.4 科学制定西部限制开发区域生态移民规划

科学、合理的规划是成功实施限制开发区域生态移民的基本前提。西部各限制开发区域地理地貌、生态特点各不相同，因此生态移民也具有不同的特点，必须因地制宜，科学制定生态移民规划。如，西部分布有跨省区的国家森林生态功能区，包括大小兴安岭森林生态功能区、南岭山地森林及生物多样性生态功能区和川滇森林及生物多样性生态功能区，其生态移民涵盖经济、社会、环境等多个领域，空间跨度大，涉及人口迁移、森林保护、林区经济转型、脱贫致富、移民维权等一系列重大问题，面临处理好生态环境保护和恢复与移民群体脱贫致富的重大关系，必须对其生态移民进行全面和系统的规划和设计。需要指出的是，上述重点森林生态功能区的自然条件、资源状况、人口分布、人文环境、发展水平各不相同，在编制生态移民规划和方案时，应进行充分的调研，摸清楚到底有多少人口需要进行生态移民、国家和省级的投入应该有多大、采取什么样的扶贫方式更有成效、顺利实施生态移民需要哪些保障措施，等等，突出差异性和特色化[①]，体现合理性和针对性。这样一来，规划编制的难度可想而知。据此推导，针对整个西部限制开发区域的规划编制更是难上加难。鉴于此，本章仅选取若尔盖草原湿地生态功能区、川南森林及生物多样性功能区，对其生态移民规划重点进行分析。

6.4.1 若尔盖草原湿地生态功能区生态移民规划重点

6.4.1.1 区域特点

若尔盖草原湿地功能区是位于我国西部的国家重点生态功能区，面积28 724平方千米，是全球海拔最高、面积最大的高原泥炭沼泽湿地集中连片分布的重要区域，是黄河长江上游最重要的水源涵养地之一，也是珍稀濒危物种的重要栖息地和繁殖地。作为一种特殊的生态系统，若尔盖湿地在生物多样性保育、气候调节、碳汇、水源涵养、土壤固持等方面均有着不可替代的作用。

若尔盖草原湿地生态系统生产力低，承载能力差，生态脆弱，一旦破坏难以恢复。长期以来，农牧业生产活动对湿地破坏非常严重，过度放牧、乱开滥

---

① 闫喜凤，纪晓宁. 国家重点森林生态功能区生态移民的政府责任研究 [J]. 行政论坛，2014（4）：73.

垦、乱捕滥猎等对资源的不合理利用是导致土地沙化和湿地不断萎缩的主要原因。部分重要保护区的核心区，人口增长过快，畜牧严重超载。由于人类活动的加剧，生物多样性丧失严重，湿地生态系统功能明显下降，动植物的生存和繁衍受到严重威胁。生态退化已严重危及了当地畜牧业的可持续发展，并威胁到川西平原的农田灌溉，以及长江、黄河沿岸灌区的农业生产。

6.4.1.2 主体功能

若尔盖草原湿地功能区属于国家限制开发的重点生态功能区，其主体功能定位是：水源涵养，水文调节，维持生物多样性，保持水土和防治土地沙化。基本要求是：停止开垦，减少过度开发，保持湿地面积，保护珍稀野生动植物。因此，必须从民族地区生态保护利益出发、从若尔盖湿地生态系统的完整性和功能的可持续性出发，制定科学、合理、操作性强的生态移民规划，将农牧民群众生活的改善与生态效益有机结合，解决好包括移民的居住及生活设施建设、技术培训、移民经济和粮食补助等一系列问题，通过实施生态移民工程，达到减轻湿地承载压力，逐步实现生态环境保护治理的目的。

6.4.1.3 生态移民规划重点

一是加大湿地生态环境保护力度。以建设"最大的高原湿地生态功能保护区"为重任进行生态移民，将湿地保护核心区和缓冲区居民全部迁出，恢复沼泽湿地生态功能，彻底减轻湿地压力。争取国家专项基金，做好生态管护工作，引导少数牧民在保护区就地转移，由牧转工，填沟护水，保护湿地，治理沙化，维护湿地，确保若尔盖湿地生态逐渐恢复。根据不同区域实际，分类指导，分区施策。对核心区和缓冲区实行严格禁牧，对外围区实行轮牧、减牧，减少载畜量，让草场能够尽快恢复生机。①

二是引导居民平稳有序转移。科学制定人口管理政策，分类、分梯度引导牧区人口合理分布；做好生态移民的安置工作，坚决避免移民回流"继续开发"；转变农牧民的生活方式，由分散游牧向集中定居转变。

三是处理好湿地保护与产业发展的关系。在湿地资源开发利用的过程中，合理调整农业产业结构，推广高产、稳产种植技术，改变过去单纯依靠疏干湿地，增加种植面积提高粮食产量的生产方式；扶持和培育特色生态畜牧、藏中药、牦牛食品加工以及生态旅游等产业发展；外迁或关闭对湿地生态环境破坏严重的产业和企业；② 严格控制畜牧业规模，将人为活动对湿地的不良影响降到最低。

---

① 程远会. 若尔盖湿地退化与恢复对策 [J]. 四川林勘设计，2014 (2)：57.
② 郭晓鸣. 若尔盖湿地保护与利用必须实施六大政策突破 [J]. 决策咨询通讯，2010 (5)：83-84.

四是完善生态补偿机制，保障生态移民规划的顺利实施。设立若尔盖湿地保护区，使牧民丧失了许多发展机会，必须建立地区间横向补偿机制，让受益的黄河和长江中下游省区对保护区予以补偿。通过完善政策法规、加强监督管理、引导社会参与等，确保湿地生态补偿落到实处。

6.4.2 桂黔滇喀斯特石漠化防治生态功能区生态移民规划重点

6.4.2.1 区域特点

桂黔滇喀斯特石漠化防治生态功能区位于我国西南边陲，云贵高原东南部及广西盆地过渡地带，范围涉及云南、广西、贵州三省（区）的 10 个州（市），26 个县（市、区）。其中，广西 5 个市 12 个县（区），贵州 4 个市（州）9 个县（市、区），云南 1 个州（市）5 个县（市），面积 7.71 万平方千米，各类石漠化及潜在石漠化总面积 1.59 万平方千米，占国土面积的 20.61%。2012 年年末地区生产总值 37 158 781 万元，地方财政收入 4 532 402 万元，林业总产值 3 872 560 万元，林业总产值占地区生产总值的 10.4%。第一产业产值 2 182 996 万元，第二产业 1 258 612 万元，第三产业 430 951 万元，三次产业结构比例为 56∶33∶11。农民年人均纯收入 3 966 元，林业收入占比为 37.3%。户籍总人口 1 108 万人，其中农业人口 1 103 万人，少数民族人口 619 万人；城镇化率 25.4%。① 该区域碳酸盐岩地层发育广泛，属于以岩溶环境为主的特殊生态系统，石漠化面积大，连片集中，是世界上喀斯特地貌发育最典型的地区之一，生态脆弱性极高，土壤一旦流失，生态恢复治理难度巨大。这一区域的生态问题，是多方面因素综合叠加形成的：自然因素是石漠化形成的基础物质条件；人为因素的频繁与强度干扰，是石漠化土地蔓延加剧的主要原因，占石漠化土地总面积的 74%；多山、土地资源缺乏导致人口增长与资源需求矛盾突出，经济贫困所驱使的不合理的土地资源开发导致土地石漠化加剧；农业生产长期不合理的耕作经营方式加速了植被丧失，水土流失，成为石漠化加剧的助推力。该区域是我国扶贫攻坚连片特困地区，经济发展压力巨大，脱贫任务十分繁重。

6.4.2.2 功能定位

该区域生态区位极为重要，区域内森林、草地和湿地等生态系统发挥着净化空气、固碳释氧和保持水土等生态功能，是保护珠江流域和长江流域中下流

---

① 国家林业局. 桂黔滇喀斯特石漠化防治生态功能区生态保护与建设规划（2014—2020 年）[Z]. 2014.

域省（区）的重要生态屏障，生态屏障价值不容忽视；区域内分布着世界同纬度地区保存完好、面积大、最具代表性的亚热带原生型常绿阔叶林，并保存着针叶阔叶混交林、针叶林和山顶矮林等森林植被类型，山地森林生态系统、生物多样性保护、科学研究价值极强；旅游资源、自然生态资源、休闲游憩人文资源交相辉映，自然生态景观价值大。

然而，区域生态系统脆弱、特殊，生态恢复治理难度巨大。鉴于此，国家主体功能区划将该区域定位为水源涵养型重点生态功能区，其主体功能定位是：以区域植被保护与恢复为主体的石漠化生态综合治理和生物多样性保护。因此，应按照全国主体功能区定位和建设要求，以提升桂黔滇喀斯特石漠化生态功能区生态服务功能、构建生态安全屏障为目标，遵循全面规划、突出重点，合理布局、分区施策，保护优先、科学治理，以人为本、改善民生的原则，协调好人口、资源、生态与扶贫的关系，形成经济发展与生态建设良性互动格局，为西南地区乃至国家经济社会全面协调发展提供生态安全保障。

6.4.2.3 生态移民规划重点

鉴于该石漠化地区石多、土少，生存环境严酷；人口密度大，人均耕地少，人口负荷压力大等实际情况，对生态区位重要、基本不适合人类生存的地区，按照统一规划，坚持自愿，因地制宜，采取"大分散、小集中"等方式，依托小城镇、旅游业，实施易地扶贫搬迁，通过外迁区内居住人口缓解环境压力。[①] 其生态移民规划的重点是：

一是将石漠化治理与生态移民有机结合。鉴于该区域内有相当数量的农村贫困人口生活在环境较为恶劣的地区，地域性贫困已经转化为生态贫困，导致生态难民的形成。因此，必须转变移民安置思路，把生态移民作为加强生态保护，进而缓解区域性生态环境问题的重要途径。要从过去强调经济因素的单一性移民开发，转到综合考虑经济、社会、生态多方面因素的生态移民，既保护和恢复迁出地的生态环境，又不破坏迁入地的生态环境。科学编制生态移民规划，对山区土地可持续利用进行生态设计，增强移民的科学性、合理性，减少移民的盲目性、急躁性心理，制定相应的政策法规，把生态移民作为地方政府的民心工程来抓好。

二是选择灵活多样的生态移民方式。通过开发性建设移民、城镇服务性移民、集中安置移民、国家生态安置等生态移民方式，平稳推进生态移民。

---

① 李宝林，袁烨城，高锡章，等. 国家重点生态功能区生态环境保护 [J]. 环境保护，2014（12）：16-17.

三是利用国家扶持贫困村政策实施整村搬迁。若人口负荷超出了岩溶地区的实际，[①] 可利用国家集中扶持重点贫困村政策，一方面从国家已确定的贫困村中筛选生存条件恶劣、资源匮乏特困村，作为整村生态移民的重点进行规划和实施；另一方面，把条件相对较好的贫困村，作为今后扶持发展的重点，建好移民新村，统筹扶贫、交通、农业、能源等各类资金，集中投入，改善基本农田、水利设施和人居环境，利用石漠化地区林草资源培育特色产业，增强重点村的人口容纳能力，改变移民的生产方式和生活方式，减少原居民对土地的直接压力。

四是制定和完善生态移民政策措施。①完善财政转移支付政策。加强生态移民扶持资金的投入，各级政府应继续加大财政扶持力度，争取中央财政加大对石漠化地区的财政转移支付，逐年提高对生态环境保护特殊区域的支付补助额度。通过一般性补助及税收返还、特殊因素补助和临时性特殊补助等补偿手段来扶持经济社会发展。安排一批国债项目和资金专门用于扶贫移民，切实解决好生态移民的资金投入问题。②完善生态补偿政策，让石漠化地区群众继续享受退耕还林等生态补偿政策。对生态综合治理区和生态保护恢复区实行分类补偿政策，生态补偿资金的用途应更多地关注移民生活的直接改善和受益。加速推进与完善喀斯特石漠化区域的碳汇补偿机制试点，不断增强林地、湿地、草地的固碳增汇能力。扩大湿地保护补助范围，提高补助标准和资金的使用效率。建立国家和区域层面的生态补偿联动协调机制和利益分配格局。③完善人口易地安置的配套扶持政策。保障人口易地安置房的建设用地，根据土地权属不同，采取无偿划拨、适当补偿、依法征用等形式，按标准补偿；充分考虑涉及易地搬迁过程中发生的行政规费、办证等费用的征收减免对象及标准。对于易地安置人员，地方政府要千方百计搞好迁入地的生产生活设施建设，对生态移民的农牧民给予妥善安置，解决好他们的生计问题，并制定土地、户籍、入学、就医等专项政策，确保迁得出、稳得住、能致富。

6.5 西部限制开发区域生态移民配套政策

西部限制开发区域的相关配套政策设计要紧紧围绕农产品主产区和重点生态功能区的定位和发展方向，实行生态移民，以减少人口密度和数量，减少限

---

① 苏维词. 滇桂黔石漠化集中连片特困区开发式扶贫的模式与长效机制 [J]. 贵州科学，2012 (4)：5.

制开发区域的开发性活动，促进生态修复和改善生态功能；同时，考虑到限制开发区域的"点状开发"、促进适度有序发展的必要性，应在资源和环境承载力许可的前提下，在适宜开发的重点城镇增加人口密度或维持一定的人口密度，以保证开发活动有一定数量的劳动力来完成；在生态产业和优势非农产业集中布局区域，必须处理好移民政策与产业发展之间的关系。此外，生态环境功能以及相应的管护职能的履行，对于部分生态旅游景区，还要考虑接待外来旅游观光能力和相关配套产业发展等问题。因此，合理地制定、实施和动态调整生态移民政策，避免因政策而引起生态移民过程中的各种矛盾和冲突，就必须既考虑怎样"迁出人"，也考虑如何"迁入人"和"安定人"。① 制定财税、住房、土地、产业、社保等生态移民配套政策，加强政策的衔接和配合使用，完善生态移民政策落实机制，确保生态移民顺利推进。②

6.5.1 土地分配政策

6.5.1.1 迁入地要做好土地的规划和分配

对于农牧民来说，土地是最基本的生产和生活资料，必须把土地政策制定放在最突出的位置。迁入地要做好土地的规划和分配，除为迁入群众安排承包地外，要留有余地以备今后进行调整。

6.5.1.2 预留基础设施和公益事业用地

根据生态移民规划，充分考虑土地置换规模、置换空间和置换效益，为基础设施及公益事业建设预留土地。在制定规划前进行深入调研，在充分考察的基础上选择迁入地，选择土地后备资源足、面积较大且集中连片、水土条件较好的闲置荒地建移民居住区；对移民安置所需用地，由迁入地政府征用或租赁后交付移民使用；保障移民安置点有较好的公共设施，能为移民出行、上学、就医等提供方便，有利于移民远景开发。③

6.5.1.3 建立合理的土地流转机制

按照"自愿有偿"原则，对移民原先的承包耕地、宅基地以及退耕还林地等，由迁出地政府依据当地土地租赁市场价格以及退耕还林补贴标准进行流转，在扣除相应的管护费后，将有偿转让费一次性发给移民。

---

① 朱文玉，徐晗宇. 土地荒漠化与我国生态移民政策研究 [J]. 环境科学与管理，2006（5）：71.

② 金莲，王永平，黄海燕，等. 贵州省生态移民可持续发展的动力机制 [J]. 农业现代化研究，2013（4）：407.

③ 周鹏. 中国西部地区生态移民可持续发展研究 [D]. 北京：中央民族大学，2013：86.

6.5.2 税费优惠政策

6.5.2.1 相关企业税费优惠政策

对于参与和扶持生态移民的企业应享受相关税费优惠政策。对于从事迁入地支柱产业相关的龙头企业也应适当优惠,通过税费优惠来扶持其快速成长、增强竞争力,带动生态移民迁入地的快速发展。

6.5.2.2 移民生产生活的税费优惠政策

对于移民自己修建房屋的应适当减免宅基地的有偿使用费。以前享受退耕还林(草)政策的移民,迁出后应继续享受退耕还林(草)政策,要在政府相关职能部门的统筹安排下,在迁入地与迁出地之间做好协调工作。

6.5.3 户籍管理政策

6.5.3.1 放宽生态移民落户条件

取消移民户籍转移限制,放宽移民落户准入条件;探索实行城乡统一的户籍管理登记制度。加强户籍管理,迁入地公安部门要及时为移民办理户口迁移和居民身份证换证手续,对移民实行属地管理。

6.5.3.2 采取多种置换方式,灵活处理户口迁移中的问题

对残疾人、五保户、民政救济对象,有亲人的随亲人迁移;无亲人的,由各县协调所在乡政府在其他村(队)置换安置,或将其集中安置在敬老院。对离土不离乡中不愿回来参加移民的农户,或查不到下落的农户,也可采取置换方式,重新安排其他农户搬迁。[①]

6.5.4 补贴补偿政策

6.5.4.1 生态移民的补助标准和方式

依据西部不同类型的限制开发区域的特点和实际情况,对生态移民的补助标准和方式进行设计。

对于农牧区、湿地生态功能区迁进城镇的生态移民,由于其基本失去了赖以生存的生产资料,再加上生态移民普遍缺乏从事非农非牧产业的生产技能,导致后续产业发展滞后,就业渠道狭窄,增收路子不广,如果不设计有针对性的补助方式和标准,就会导致移民出现生计困难,并可能出现返迁现象。具体

---

① 桑敏兰. 论宁夏的"生存移民"向"生态移民"的战略转变 [J]. 生态经济(中文版),2004 (S1): 23-25.

补助标准可以牲畜机会成本、草场机会成本、地区发展差异、产业机会成本等为依据进行测算，以户为单位进行补偿，基本要求是保障移民在保持原有生活标准的基础上逐步有所提高。

对于丘陵地区、山区退耕还林的生态移民，在原有补助的基础上，为了促使移民更好地巩固生态移民成果，发展与生态良性发展的相关产业，可采取补助与巩固成果挂钩的形式，具体的补助标准由相关职能部门统一确定，统一实施。这里只讨论西部限制开发区域一般水平的补助标准。对于基本口粮田建设，666.67平方米（每亩，后同）补助600元；新农村能源建设：沼气1 500元/口；后续产业补助种植果树补助500元/666.67平方米，种植茶叶600元/666.67平方米，丰产措施150元/666.67平方米，品种改良285元/666.67平方米；补植补造：每亩补助种苗费100元。通过这样的补助方式，可以激发移民发展后续生态产业的积极性，农村产业结构得到进一步调整，后续产业进一步巩固和发展，移民的收入不断增加，移民的生产生活条件显著改善。在此基础上，逐步建立起解决移民的长远生计的长效机制。

采取多种方式鼓励移民到优化开发区域、重点开发区域或者到就近城镇从事非农产业，以减轻农牧区的生态压力。可以考虑发放一次性生态移民补助、适度补贴购买各类社会保险等方式，鼓励移民外迁从事非农产业，到城镇就业。

6.5.4.2　生态移民建房及搬迁补贴

为移民发放搬迁补贴，凭迁入地政府开具的入户证明，由迁出地政府一次性给予一定的搬迁补助金，作为移民在迁入地建房、租房、购置生产生活用具等的费用。移民建房及搬迁费用除享受国家和省级相关补助外，迁出地政府应多渠道筹集资金予以补贴，尤其是要对个别特困户实行重点帮扶。迁入地政府单列财政预算，从移民办理入户手续当月起，按照统一标准，每月为移民发放一定的生活补贴，发放时间2~3年或适当延长，帮助移民解决搬迁过渡时期的生活困难。

6.5.5　迁入地经济发展政策

6.5.5.1　迁入地金融支持经济发展的政策

支持移民搬迁和迁入地经济发展，结合移民村发展规划和产业发展，金融支持发展养殖业、种植业。建立健全金融支农的体制机制，完善信贷政策，帮助解决迁入地移民村资金短缺的问题。

6.5.5.2　劳动力培训和劳务输出政策

根据西部各类限制开发区域的实际情况，迁入地制订和实施移民培训计划，为移民传授生产技术和技能，增强其就业和发展能力。同时，积极鼓励劳动力外出务工，以减轻区内的人口承载压力。加大基础教育、职业教育和技能培训的投入力度，大力发展劳务中介组织机构，积极拓展国内劳务市场，尽快建立和推广劳动预备制度；积极探索境外劳务的输转工作，逐步建立劳务输出的社会化服务体系。

6.5.5.3 迁入地发展模式方面的政策

迁入地应将移民村纳入迁入地经济社会总体发展规划之中，把移民村作为当地经济发展的一个新的试验地和示范点，改善外部环境和发展条件，吸引企业到移民村从事生态建设和种养殖业，带动经济快速发展。迁入地要统筹考虑移民村产业的选择、产业的发展方向和产业结构调整等问题，为经济社会发展提供产业支撑。

6.6 有序实施生态移民政策的保障措施

6.6.1 加强生态移民统筹规划

生态移民难度大、涉及面广，为落实好西部限制开发区域生态移民政策，必须加强统筹规划，注意四个"紧密结合"。一是把生态移民与区域产业结构调整紧密结合起来。加快发展有利于生态保护的特色产业，积极为迁入地移民创造就业机会和增加收入。二是把生态移民与扶贫攻坚紧密结合起来。生态环境脆弱是西部限制开发区域的区域特征，贫困和落后是这些区域面临的主要矛盾。这些区域往往都是全国扶贫开发任务最重、难度最大的区域。因此，将生态移民与扶贫攻坚结合起来，既解决区域生态恢复和保护，又能实现群众脱贫致富，从根本上破解生存和发展的难题，彻底改变贫困落后的面貌。三是把生态移民与加快城镇化进程紧密结合起来。通过加快城镇化步伐，为农村劳动力转移创造条件，更好地改善移民的生产生活环境。四是把生态移民与社会主义新农村建设紧密结合起来。根据社会主义新农村建设的要求，搞好迁入地的规划和建设，做到移民搬迁后，真正实现生产发展、生活宽裕、乡风文明、村容整洁、管理民主。五是把生态移民与旅游业发展紧密结合起来。将生态移民规划与旅游发展规划进行有效衔接，通过生态移民，有效保护现有的旅游景点，同时开发新的旅游线路，为移民创造更多的就业机会和增收条件。

6.6.2　设立稳定的生态移民专项基金

实行生态移民，既能改善和保护生态环境，又能借此改善移民的生产生活条件，实现双赢。但是，目前国家还没有设立生态移民专项资金，易地扶贫搬迁也没有稳定的专项资金支撑。西部限制开发区域生态移民工程投入资金多，建设周期长，要想推进工程的顺利进行，需要持续稳定的资金支持，必须设立稳定的生态移民专项基金。从现有和生态移民搬迁相关的扶持资金来看，主要包括以下几类：易地扶贫搬迁专项资金、以工代赈资金、退耕还林还草工程补助资金等。随着国家财力的增强，各项扶持资金的投放力度应逐年加大。此外，还可以通过建立和完善省际间生态保护协调互动机制，采取对口支援、产业扶贫等方式，改善移民聚居区生产生活条件，增强吸纳和安置移民的能力。具体而言，主要应做好以下几个方面的工作：一是结合生态屏障建设争取国家投入。把建设生态屏障和限制开发区域生态移民工程结合起来，争取国家重点投入。根据西部地处大江大河上游的区位特点，通过生态移民，可以重点加强上游的水土保持和防治上游的水土流失和水源污染。可以按照这个思路制定规划和申报项目，争取得到国家生态建设资金和其他相关资金的重点扶持，从而拓展生态移民基金来源渠道。二是争取国家扶贫资金投入。创新使用国家易地扶贫移民搬迁资金，提高资金利用效率。如，对水、路、电、通信、教育、卫生等基础设施的投入，可以从自然条件恶劣的广阔地域上的分散配置，变为自然条件较好的有限区域上的集中配置，通过规模经济和聚集经济节约的资金完全可以补偿移民费用。探索移民式扶贫的有效途径，使生态移民与扶贫攻坚有机结合，既可以争取扶贫资金投入，大大加快扶贫攻坚的步伐，又可以同生态移民工程相结合，有效缓解生态移民资金的压力问题，提高项目资金的综合利用效益。三是争取国家生态旅游资金投入。西部限制开发区域自然生态和人文资源十分丰富，在发展生态旅游方面具有得天独厚的优势和广阔的市场前景。可以在有条件的地区把生态移民与发展生态旅游结合起来，以搬迁景区居民为目标组织生态移民，争取得到旅游专项资金投入，拓展生态移民专项基金来源。四是广泛吸收国内外民间投资。当前，生态问题得到国际社会的广泛关注。通过扩大对外开放，争取国际上、政府间优惠贷款投向生态移民；结合有较好投资回报的旅游等开发项目，争取国内外民间投资投向生态移民。可结合扶贫开发、生态建设等社会关注的热点，吸引国内外的非政府组织参与生态移民扶贫，拓宽移民基金的来源，同时创新生态移民基金的使用方式。

6.6.3　加大产业扶持和劳务培训力度

为实现西部限制开发区域生态移民"迁得出、稳得住、能致富"的目标，必须通过切实改善搬迁户的生产条件，加强基本农田建设，稳定解决搬迁群众的基本口粮问题。整合相关资源，加强技术培训，在安置地因地制宜地培育和发展特色优势产业，大力发展劳务输出。依托旅游发展服务业，努力拓宽就业渠道。同时，通过政府引导和教育培训，提高搬迁群众综合素质，逐步建立健全搬迁群众的社会保障体系，最大限度地降低因搬迁带来的影响和困难，确保生态移民实现可持续发展。通过结合当地资源和区位优势，依托市场，帮助搬迁群众因地制宜地扶强传统优势产业，培育发展特色产业和旅游服务业，有目的地组织劳务输出等途径，持续增加搬迁群众的收入。一是扶强传统优势产业。加强对传统优势产业的扶持，针对一些搬迁户原来就具备民族特色工艺制作、特色种养殖业和其他特殊技能等，利用安置地的区位、信息、市场、技术、交通等优势条件，政府给予资金扶持，并积极寻找市场，加强统筹规划和技术培训，充分发挥生态、民俗、自然等特点，逐步做大做强传统优势产业。二是培育发展特色产业。根据迁入地的自然条件和资源优势，培育发展特色产业。在牧区，因地制宜地发展牦牛、绵羊等绿色生态畜产品及加工业；在半农半牧区，发展花椒、苹果、脐橙、青稞、牦牛、山羊、藏中药材等绿色产品及加工业；农产品主产区因地制宜地发展茶叶、食用菌及优质水果、无公害畜产品、优质粮油基地及加工业；重点生态功能区利用丰富的旅游资源发展生态旅游产业和生态康养产业。三是依托旅游发展服务业。在不破坏和影响生态环境的基础上，大力开发旅游业。旅游服务业门槛较低、投资小、见效快，对从业人员的技能要求不高，所有这些"准入条件"十分适宜搬迁安置群众从事旅游服务业。对处于旅游风景区的安置群众，通过大力组织、引导搬迁群众积极发展旅游服务业，利用生态和民族特色建旅馆、开饭店、当导游，兴办"农家乐""藏家乐""羌家乐""彝家乐"等，使搬迁群众快速增加收入，改善生活条件。四是大力发展劳务输出。政府通过整合资源，因地制宜地引导、发动和组织搬迁群众进行劳务输出和其他产业的技术培训，组织有经济意识和经济头脑的搬迁群众到集镇从事农副产品加工、营销、运输等二、三产业，积极组织青壮年劳力外出务工，增加劳务收入。

6.6.4　对移民各环节进行严格把关

一是严把移民资金使用关。严格规范生态移民资金监管，强化监督管理责任制，加大对生态移民资金的审计力度，确保专款专用，并提高移民资金使用效益。二是严把移民工程质量关。对生态移民工程实行严格的招投标制度，履行项目法人制度，对项目招标、项目质量等进行全程监控和严格管理。三是严把移民土地使用关。坚持依据规划、量力而行的原则，严格遵循国家、省（市）土地规划，严禁随意更改土地规划和乱占乱用土地的现象发生，确保专土专用。

6.6.5 扎实有序推进生态移民安置工作

一是选好试点区域，扩大生态移民的社会影响。选择对保护生态环境有关键作用的区域，搞好安置试点，一方面争取中央资金和政策的重点支持；另一方面，通过宣传引起社会舆论的广泛关注和支持。二是加强资金和政策保障，争取早见实效。对于开始起步的试点区域，在资金支持方面和政策配套上都需重点做好保障。一方面，总结经验，对典型示范点加以复制和推广；另一方面，争取早日取得实效，增强各方面支持和实施限制开发区域生态移民的决心和信心。三是抓好移民干部队伍建设，切实做好移民安置工作。移民工程庞大而复杂，牵涉的内容较多、范围较广，且政策性较强，需要有统筹的计划和安排，需要各种优惠政策的扶持，同时更需要一支高素质的干部队伍来组织实施。因此，应加强干部队伍建设，把移民工作做细、做好，使移民政策真正落实到户、落实到人。

6.6.6 营造生态移民顺利推进的良好社会环境

一是普及生态保护知识，提高全社会对生态移民的重视程度。通过电视、网络、广播、报刊、书籍和各种展览，广泛普及生态保护知识，提高全社会对生态保护重要性的认识。同时，动员全社会参与生态移民工作，将生态环境保护内化为全体社会成员的自觉行为。二是加强舆论监督，营造有利于生态移民顺利推进的社会氛围。对支持主体功能区建设，认真做好限制开发区域生态移民工作的先进典型，要通过各种新闻媒体进行表彰；对阻止和破坏生态移民工作的不良倾向，也要通过各种新闻媒体进行批评和曝光，逐步形成全社会支持生态移民的良好社会氛围。

7 西部限制开发区域
精准扶贫政策

经过改革开放 40 年来的不懈努力，我国的贫困人口基本解决了温饱问题，贫困发生率和贫困人口数量大为降低。贫困对象和工作的瞄准由区域式瞄准，发展到县域瞄准，明确转向村级瞄准，进而提出精准扶贫，做到精准识别、精准帮扶、精准管理、精准监督。精准扶贫理念的提出是对我国原有扶贫工作机制的反思与改进，力图实现"扶真贫，真扶贫"。据统计，我国大多数贫困地区和 95% 的贫困人口分布在生态环境脆弱和重点保护的地区，《中国农村扶贫开发纲要（2011—2020 年）》中确定的 14 个集中连片特殊困难区与 25 个国家重点生态功能区在地理空间上高度重合。这 14 个集中连片贫困地区中，西部地区有 9 个。① 西部地区是我国贫困人口分布的主要地区，贫困范围广、贫困程度深是其主要特征之一。生态环境恶劣、水资源短缺、基础设施建设薄弱、产业发展不足等诸多因素交织造成西部地区扶贫难度较大。按照主体功能区建设要求，西部限制开发区域要以保护和修复生态环境、提供生态产品和保障粮食安全为首要任务，因地制宜地发展不影响主体功能定位的适宜产业，引导超载人口逐步有序转移。由于其自身的特殊性，为实现脱贫致富的目的，更需要因地制宜，进行精准扶贫。

7.1 扶贫政策的梳理

贫困是世界性问题，扶贫是世界各国面临的主要任务之一，贫困问题仍旧

---

① 张丽荣，王夏晖，侯一蕾，等. 我国生物多样性保护与减贫协同发展模式探索 [J]. 生物多样性，2015（2）：271-277.

是制约 21 世纪全球经济社会发展的主要问题之一。作为世界上最大的发展中国家，我国贫困人口总量曾经占世界贫困人口总量的 20%，经过大规模的扶贫开发，我国扶贫工作取得了显著成效。然而，贫困问题仍是我国目前最主要的社会问题之一，尤其是随着全国贫困人口总量的绝对减少，西部地区由于生态环境脆弱、经济社会发展落后等因素导致的贫困问题更加突出，西部地区的扶贫开发成为我国扶贫工作的重要组成部分。

我国贫困问题具有以下特点：一是相对贫困与绝对贫困并存，且农村相对贫困和绝对贫困之间的差距在缩小，而城市相对贫困和绝对贫困在扩大；二是阶层贫困和区域贫困并存，且区域贫困更为突出；三是农村贫困和城市贫困并存，且城乡贫困总量存在较大差异；四是精神贫困和物质贫困并存，人口素质提高、思想观念转变和收入增加同等重要。

为消除贫困，我国经过了长时间的不懈的努力，西部地区扶贫攻坚也取得了一定的进展，但与中东部地区的差距仍然在不断扩大。西部地区的生态环境脆弱和贫困是相互影响的，这意味着扶贫开发和生态问题建设高度重叠①，对西部地区，尤其是西部限制开发区域开展扶贫开发要兼顾保护环境和扶贫，如通过发展生态农业进行扶贫、在西部限制开发区域建设生态服务功能区等。②2016 年全国农村贫困人口为 7 017 万人，其中河南、湖南、广西、四川、贵州、云南 6 个省份的贫困人口都超过 500 万人。

7.1.1 国内外扶贫政策梳理

目前，国外的扶贫模式主要有三种，即"发展极"模式、"满足基本需求"模式和"社会保障方案"模式。三种模式均是针对农村扶贫而言的，对我国这样一个拥有庞大农民数量的国家有很大的借鉴意义：①"发展极"模式（巴西）：该模式主要针对资源匮乏的经济非均衡发展的落后农村地区，由政府部门或者企业强力介入给予地区帮扶，并对周边产生拉动或者吸附进而推动该地区经济社会发展；②"满足基本需求"模式（印度）：该模式旨在直接改善贫困地区人口的生存现状，一般由政府直接给予当地例如教育设施、交通运输、就业渠道、医疗保障等方面的帮助，进而在满足当地贫困人口基本需求的同时增加当地就业率；③"社会保障方案"模式（美国）：主要是政府通过

---

① 章力建，吕开宇，朱立志. 实施生态扶贫战略提高生态建设和扶贫工作的整体效果 [J]. 中国农业科技导报，2008 (1)：1-5.

② 查燕，王惠荣，蔡典雄，等. 宁夏生态扶贫现状与发展战略研究 [J]. 中国农业资源与区划，2012 (1)：79-83.

财政再分配的方式对贫困人口直接提供帮扶，旨在缩小社会收入差距的基础上进行社会救济。

7.1.1.1 中国扶贫政策阶段性梳理

不同的国情背景下，各个国家采取的扶贫政策和扶贫措施各不相同，但总体而言都是在保障社会公平的基础上减少贫困，进而促进经济社会的可持续健康发展。中华人民共和国成立以来，中国政府就从未间断过对农村的扶贫，尤其是1978年改革开放之后，中国的扶贫政策明确了扶贫开发战略，且取得巨大成就。从总体上讲，改革开放以来，我国先后实施了体制改革式扶贫政策、区域开发式扶贫政策、攻坚式扶贫政策以及综合式扶贫政策四个阶段。

（1）体制改革式扶贫政策（1978—1985年）

这个阶段，是中国农民收入增加最快的阶段，也是贫困人口发生率大幅下降的阶段。我国农村贫困人口占全部农村人口的30.7%，为解决农业经营体制难以适应生产力的发展而导致的贫困，我国开始通过体制改革来减少贫困。在这个阶段，我国扶贫政策的主要目的是解决农村贫困人口温饱问题、提高粮食产量、增加农民参与劳动的积极性。鉴于此，我国进行了土地经营制度的改革，即用家庭承包经营制代替之前的"吃大锅饭"的人民公社集体经营制度；同时，对农产品价格逐渐放松，合理配置农业资源，提高种植业专业化程度，大力发展农村工业，鼓励乡镇企业发展，增加劳动要素的投入产出回报。通过经营体制改革，一方面提高政府收购价格，将现代科技引入农业，为农民增收；另一方面，提高农民参与农业劳动的积极性，增加农产品附加值，在农村发展工业，使农村贫困现状大大改善。这个阶段，我国农民收入年均增长率达历史最高，达到14.9%；农村贫困人口平均每年减少1 768万人，未解决温饱的贫困人口数从1978年初的2.5亿减少到1985年的1.25亿，贫困发生率由30.7%下降到14.8%。

（2）区域开发式扶贫政策（1986—1993年）

20世纪80年代中期起，东部沿海以及一些口岸城市的经济迅速发展，与边远山区、革命老区以及一些内陆地区的经济、社会发展迅速拉开差距。为减少地区间发展不平衡问题，中央制定实施了一系列扶贫开发措施：例如成立专门的扶贫机构（如扶贫开发办公室）、设立扶贫专项资金、改革传统救济制度、制定专门的优惠政策等。截至1993年年底，没有解决温饱的农村贫困人口由1.25亿下降到8 000万，平均每年减少640万，年均减少6.2%；贫困发生率由1986年初的14.8%下降到了8.7%；全国重点扶贫地区的农民人均收入增加到483.7元，是1986年初的2.35倍。

（3）攻坚式扶贫政策（1994—2000年）

随着扶贫力度的加大，我国农村贫困人口温饱问题得到了极大改善，但是新的贫困问题又随之出现，即我国贫困人口分布呈现明显的地缘性，主要表现为西南大石山区、西北黄土高原区域、秦巴山区以及青藏地区贫困问题明显，而这些地区贫困的最大原因在于自然条件恶劣以及经济社会发展落后，这也是解决这些地区贫困问题更加困难的主要原因之所在。1994年，我国公布《国家八七扶贫攻坚计划（1994—2000年）》，拉开了我国扶贫攻坚战的序幕；1996年，我国《关于尽快解决农村贫困人口温饱问题的决定》的颁布以及1999年《关于进一步加强扶贫开发工作的决定》的公布，表明我国扶贫开发工作进入关键阶段。在整个攻坚期，通过财政扶贫、信贷扶贫以及税收减免等政策，我国扶贫工作取得重大成果，解决了约8 000万农村贫困人口的温饱问题，初步建立了社会保障制度，初步实现扶贫攻坚的基本目标。

（4）综合式扶贫政策（2001年至今）

在基本解决农村贫困人口温饱问题后，中央扶贫办于2001年公布的《中国农村扶贫开发纲要（2001—2010年）》中提出了14个集中连片贫困地区，西部地区占9个。该纲要的颁布标志着我国扶贫开发工作进入到一个新的阶段，也即是21世纪整村推进式扶贫阶段，也标志着我国下一阶段扶贫开发的主要目标是针对性地提高贫困人口素质，改善其生活质量，在保护环境的前提下促进贫困地区的经济社会发展，尤其是对西部限制开发区域要在保护环境的前提下推动地区经济社会的健康可持续发展。①

第四个阶段，我国主要实现的是以整村推进、科技扶贫、产业扶贫、社会分配等综合式扶贫，旨在全面减贫。其中，整村扶贫是以村级为单位，以发展整村经济和增加贫困人口收入为目标，以村级资源为基础，充分调动整村劳动力积极性，集中力量解决村中问题；产业扶贫是以农产品为原料，通过科技加工和互联网营销使其产业化，进而使农户、商家等多方受益；社会扶贫指的是政府动员社会力量参与到扶贫开发建设中，这种模式能够充分调动社会各界资源，并以多种方式开展扶贫工作，如支教支边、农业科技示范户工程等，使扶贫开发与经济社会发展同步进行。

7.1.1.2　西部地区扶贫政策典型分析

西部地区包含云南、贵州、四川、重庆、陕西、甘肃、宁夏、广西、青

----

① 林晖. 解读《中国农村扶贫开发纲要（2011—2020年）》 [EB/OL]. http://www.gov.cn/wszb/zhibo490/content_ 2011283.htm, 2011-12-01.

海、新疆、内蒙古、西藏 12 个省（市、区），是我国贫困面积最大、贫困程度最深的地区。根据国务院扶贫开发领导小组办公室公布的 2016 年贫困县名单，西部地区共有 375 县，占全国贫困县总数的 63.34%，云南、陕西、贵州省分别以 73 个、50 个、50 个贫困县位列前三。可见，西部地区扶贫攻坚直接关系到全国扶贫进程的推进，而西部典型地区扶贫政策的分析对全国扶贫政策的实施和改进有重要的借鉴意义。

（1）贵州

贵州省地处我国西部内陆地区，主要以高原、山地以及丘陵为主，境内有乌蒙山、武夷山和滇黔桂石漠化三大连片特困区，境内少数民族聚居，使其成为由生态脆弱、资源有限、民族问题复杂等多方面因素导致的贫困省。针对贵州省的贫困现实，贵州省实施了一系列有力措施：①政府主导的"造血式"大规模扶贫开发模式使贵州省的扶贫工作中取得了一定成效，但贫困农民受益较少，贫困现状依旧严峻；②发展旅游扶贫，使乡村旅游项目成为贵州省的特色扶贫产业，极大地改善了民族地区的贫困现状；③实行开放式扶贫，将生态治理和扶贫开发工作结合，农业生产和产业发展结合，形成开放的扶贫开发环境治理结构，拓宽了扶贫模式；④在精准扶贫的大背景下实施"六网合一"精准识别贫困户，干部驻村精准帮扶，并深入调研加强服务、改革扶贫考核方式、严格资金管理等。

（2）四川

四川省地处我国西南地区，境内以山地、丘陵为主，少数民族众多，是我国最大的非边疆少数民族聚居区。由于历史、文化、宗教等原因，四川省民族地区的扶贫开发一直是四川省扶贫开发工作的重点，其能否实现减贫增富直接影响了四川省扶贫开发的进程。针对四川省民族地区贫困面积广、贫困程度深、人均可支配收入低、致贫原因复杂等原因，结合当地水能资源丰富、生物多样性广、矿产资源丰富、旅游资源富足、宗教文化神秘等特点，四川省实施了一系列有效的扶贫开发措施：①完善扶贫开发机制，如，构建产业项目瞄准机制、制定帮扶单位选准机制、建立产业动态补偿机制、实施精准考核机制等；②针对民族地区产业发展不平衡现状实施区域政策倾斜，加大资金投入与管理，改善基础设施建设，提升人力资源素质等，为民族地区贫困人口脱贫创造条件；③积极发展特色产业，实施产业扶贫，特别是推进农旅融合、文旅融合，弥补工业发展受限和农业产出水平不高的客观局限。

四川大小凉山彝区的旅游扶贫见成效

大小凉山彝区是全国最大的彝族聚居区，是四川省贫困程度最深的集中连片特困区，是四川省乃至全国扶贫重点和难点区域，扶贫攻坚任务十分艰巨。"十二五"期间，大小凉山彝区积极发挥旅游业转方式、调结构、惠民生的重要作用，坚持以打造景区带动型、发展乡村旅游型、开发旅游商品型为实施路径，立足大小凉山彝区旅游资源优势，树立"旅游+"的理念，推动旅游与一、二、三产业深度融合发展，着力打造旅游扶贫产品体系，努力探索实践旅游扶贫的新机制、新模式、新政策，初步走出一条具有区域特色的、有内生发展动力的、可持续发展的旅游精准扶贫之路。"十二五"期间，大小凉山彝区旅游总收入达 848.74 亿元，较"十一五"同比增长 35%；接待国内旅游人数 15 321 万人次，同比增长 41%。开展了创建全国休闲农业与乡村旅游示范县、省级乡村旅游强县、中国乡村旅游模范村、中国乡村旅游模范户、中国乡村旅游金牌农家乐、特色乡镇、特色村寨，农家乐园、养生山庄、花果人家、生态渔庄、创意文园、民族风苑和国际驿站等精品特色乡村旅游经营项目的活动。通过发展旅游带动了 15% 以上贫困人口脱贫，惠及贫困人口达 5 万人以上。参与旅游扶贫项目的贫困户人均纯收入比上年同期增加 873 元，增长 13.6%。旅游扶贫、旅游兴县、旅游强村的作用进一步突显。

（3）甘肃

甘肃省地处我国西北部，以高原为主，经济基础薄弱、资源环境承载力弱，历来是我国贫困的多发地区。改革开放以来，经过"两西"建设第一阶段、"两西"建设第二阶段、"四七"扶贫攻坚阶段、落实《中国农村扶贫开发纲要》阶段以及"整村推进"的扶贫开发攻坚五个阶段，甘肃省贫困人口大幅减少，贫困面积大幅下降，基础设施建设显著改善，对甘肃省下一阶段的扶贫开发有着重要意义。长期以来，面对省内复杂的贫困现状，甘肃省取得较好的扶贫开发成效离不开一系列适宜的政策措施：如建立完善的基础设施体系和社会服务体系、发挥资源优势打造拳头产品发展基础产业、大力支持双创项目、改革扶贫机制、创新扶贫模式、利用互联网大数据提升精准扶贫治理能力、依托"一带一路"建设实施特色农业产业化发展、公共资源向贫困地区倾斜等，上述政策措施的有效实施，使甘肃省贫困现状得到了明显改善。

（4）云南

云南省位于我国西南边陲，贫困程度深、贫困面积广、脱贫难度大，历来是我国扶贫开发的重点。经过多年的扶贫实践，云南省不断创新适合本省经济社会发展的扶贫模式，实现了扶贫开发工作的跨越式发展，其扶贫经验被誉为

"亚洲的财富"①，对西部地区以及全国扶贫开发都有重要的借鉴意义和启示：一是实行素质提高工程，通过教育培训全面提高贫困群体的素质，实现农村贫困人口向非农业转移；二是通过"整村推进""整乡推进"的"大扶贫"整合连片特困地区资源，在政府大力投资、群众积极参加、项目大量集中等的背景下形成全社会扶贫攻坚的格局；三是因地制宜，针对不同区域的贫困现状和致贫原因实施差异化的项目支持，通过项目支持实现脱贫致富。

7.1.2　我国扶贫政策实施的效果评价

7.1.2.1　全国总的情况

经过 40 年的扶贫攻坚，我国扶贫开发取得了一系列成绩：一是脱贫攻坚效果明显，贫困人口由 1978 年的 2.5 亿人下降到 2016 年的 4 335 万人，贫困地区农村居民人均可支配收入达到 8 452 元，实现了 1 200 多万建档立卡贫困人口脱贫；② 二是贫困地区基础设施逐步建设，在基本农田、饮水、公路、通电通网等方面取得重大成果；三是农村社会事业加速发展，城乡差距减少，且贫困乡村人口人力资本投资意识增强，尤其是农民在科学种植提高收入的同时储备现代先进农业知识。

尽管我国扶贫政策取得了惊人的成绩，但扶贫工作远未完成。首先，我国人口基数巨大，即使已经基本解决极度贫困，但贫困人口数量仍然位列世界第二（印度第一），且距离 2020 年的全面小康还有一定的距离；其次，我国贫困线的划定低于国际水平，一些按照国内标准已经脱离贫困的人口在国际上可能仍然属于贫困人口，这意味着我国扶贫工作的任务仍然艰巨；此外，随着我国扶贫政策的推进，在整体贫困状况改善的背景下，剩余的贫困人口由于自然地理分散或者社会文化习俗等原因使其更加难以脱贫，往往成为我国扶贫开发进程的瓶颈；最后，面对我国经济进入中高速增长的新常态和精准扶贫的攻坚期，经济增长的扶贫效应已经下降，与此同时收入差距拉大、资源环境损耗、少子化和老龄化的社会现实，都将对我国新阶段扶贫政策提出挑战。

7.1.2.2　西部限制开发区域扶贫政策实施的评价

作为未开发自然资源的主要集中地，西部限制开发区域的扶贫开发主要在于如何平衡资源环境保护和经济发展的关系，为此对这些地区扶贫开发的政策内容主要集中在以下几个方面：一是依赖于产业结构调整，发展环境友好型特

---

① 注：2010 年 7 月 17 日在亚洲政党扶贫专题会议上提出。

② 中华人民共和国国家统计局. 中华人民共和国 2016 年国民经济和社会发展统计公报 [EB/OL]. http://www.stats.gov.cn/tjsj/zxfb/ 201702/t20170228_1467424.html，2017-02-28.

色优势产业,如发展旅游业。二是加大基础设施建设,增强区域经济联系。如,利用大城市欠缺的原生态优美环境扩大对外开放和招商引资。三是增强自我发展能力,尤其是增强对少数民族的转移支付力度,深入推进开发式扶贫。四是依靠政府职能,大力推进服务型政府建设。扶贫开发政策实施以来,西部限制开发区域的扶贫政策对其发挥主体功能、转变经济发展方式、实现经济跨越发展等发挥了重要作用。

尽管西部限制开发区域的扶贫开发取得了一定成效,但由于西部地区生态、市场、基础设施等因素的影响,目前的扶贫政策大多以增加投资为主,即西部限制开发区域受经济发展起飞阶段的制约,技术水平、生产要素、专业化分工、经济结构、规模经济等在一定程度上导致西部限制开发区域经济内生动力不足,扶贫政策只能以政府政策倾斜以及招商引资为主。此外,西部限制开发区域由于生态环境以及地理区位的影响,交通不便、基础设施落后等不适应当地经济发展的需要,目前扶贫资金投入旨在加快配套设施建设方面,扶贫整体成果的取得需要较长的时间。

7.2 西部限制开发区域的精准扶贫

7.2.1 西部限制开发区域扶贫背景

正确处理好经济发展和生态环境保护的关系,是西部限制开发区域面临的重大现实问题。而如何促进环境资源保护与经济社会发展的有效结合,则是西部限制开发区域精准扶贫的关键。

西部地区贫困问题是多种因素共同作用的结果,如生态环境脆弱、基础设施落后、思想观念陈旧,以及长期面临恶劣自然环境所带来的自然灾害危险。如,甘肃舟曲在"汶川地震"之后尚未完成恢复重建便又经历"舟曲泥石流",自然灾害使其贫困人口数短时间内迅速增加。此外,西部限制开发区域大多在偏远的深山老林地区,交通设施落后,扶贫开发存在以下问题和难点:一是扶贫开发成本高、难度大、返贫率高;二是生产生活方式对自然资源依赖大,同时促进环境保护和经济发展难度大;三是劳动力素质低下,教育培训水平严重落后;四是扶贫资金投入不足,管理效率不高。可见,西部限制开发区域要取得较好的扶贫开发成绩,必须从生态环境、劳动力素质、产业发展、基础设施建设、管理体制机制等多方面多角度着手。

长期以来,国家虽然已经实施了诸多扶贫开发政策和措施,但始终存在着贫困人口数量模糊、扶贫资金和扶贫项目指向不明、扶贫针对性不强等问题。同时，各地区在扶贫过程中又存在贫困居民识别困难、扶贫原因模糊、帮扶措施不力、扶贫监管不足、扶贫效果难衡量等问题。实施中央的战略决策，实现"两个一百年"奋斗目标，就必须切实解决这些扶贫难题。

7.2.1.1 "精准扶贫"的提出

"精准扶贫"是 2013 年 11 月习近平总书记在湖南湘西考察时首次提出来的，习总书记明确指示扶贫要"科学规划、因地制宜、抓住重点，不断提高精准性、有效性和持续性"，要"实事求是，因地制宜"，要"精准扶贫，切忌喊大口号，也不要定好高骛远的目标"。① 同年 12 月，中共中央、国务院出台了《关于创新机制扎实推进农村扶贫开发工作的意见》（中办发〔2013〕25号），要求从绩效考核、精准扶贫、干部驻村、资金管理、金融服务、社会参与六个方面深化改革、创新扶贫工作机制、建立精准扶贫工作机制。

2014 年，我国全面启动精准扶贫。中央对精准扶贫进行了顶层设计，进而推动了"精准扶贫"思想的落地。国务院扶贫办《关于印发〈建立精准扶贫工作机制实施方案〉的通知》（国开发办发〔2014〕30号）和《关于印发〈扶贫开发建档立卡工作方案〉的通知》（国开办发〔2014〕24号）两个文件的出台，标志着精准扶贫工作机制在我国正式全面启动。2015 年 6 月，习近平总书记在出席贵州"部分省、区、市扶贫攻坚计划与'十三五'时期经济社会发展座谈会"时强调"扶贫开发贵在精准，重在精准，成败之举在于精准"，要做到"六个精准""四个一批""四个切实"的具体要求。② 2015 年10 月 16 日，习近平总书记在 2015 减贫与发展高层论坛上强调，实施精准扶贫方略，增加扶贫投入，出台优惠政策措施，坚持中国制度优势，注重"六个精准"，坚持分类施策，因人因地施策，因贫困原因施策，因贫困类型施策，通过扶持生产和就业发展一批，通过易地搬迁安置一批，通过生态保护脱贫一批，通过教育扶贫脱贫一批，通过低保政策兜底一批，广泛动员全社会力量参与扶贫。③

党的十八大以来，党和国家领导人在多个场合指出，扶贫开发是一场攻坚

---

① 唐任伍. 习近平精准扶贫思想阐释 [EB/OL]. http://theory.people.com.cn/n/2015/1021/c40531- 27723431.html，2015-10-21.

② 习近平. 谋划好"十三五"时期扶贫开发工作 确保农村贫困人口到 2020 年如期脱贫 [EB/OL]. http://cpc.people.com.cn/n/2015/0620/c64094-27185406.html，2015-06-20.

③ 习近平. 携手消除贫困促进共同发展——在 2015 减贫与发展高层论坛的主旨演讲 [EB/OL]. http://news.xinhuanet.com/politics/2015/10/16/c_1116851045.htm.

战，要打赢这场战争，就必须建立精准扶贫工作机制，做到"三个深度融合"：扶贫攻坚与双联行动深度融合、扶贫开发与农业发展方式转变深度融合、扶贫攻坚与社会扶贫济困深度融合；做到"四个到村到户"：基础扶贫到村到户、产业扶贫到村到户、教育扶贫到村到户、金融扶贫到村到户；做到"五个精准"：对象精准、内容精准、目标精准、措施精准和考评精准；完成"六大任务"：宣传政策、反映民意、促进发展、疏导情绪、强基固本以及推广典型，进而做到"五到村""六到户"和"七到人"。

7.2.1.2 精准扶贫的内涵

精准扶贫是与粗放扶贫相对的，是指针对不同贫困区域环境、不同贫困农户状况，运用科学有效的程序对扶贫对象实施精确识别、精确帮扶、精确管理的治贫方式。[①] 精准扶贫包括六个精准：一是对象精准，即精准识别扶贫对象，通过合理的流程精准识别真正的贫困户并保证已经脱贫的人口退出帮扶对象范围；二是目标精准，即明确扶贫措施要达到的效果是什么；三是内容精准，即根据扶贫对象的贫困情况来精准开展对应的帮扶，如有些地区需要教育扶贫，而有些地区则需要改善交通的基础性扶贫；四是方式精准，即开展扶贫工作时应采取恰当的适合当地、甚至适合每家每户情况的方法，如建立个人扶贫档案卡等；五是考评精准，即严格执行国家相关法律法规的绩效考核标准制度，将扶贫工作纳入考评；六是保障精准，即强化党委、政府等部门单位责任，通过权责划分保障精准扶贫工作的顺利实施。

7.2.2 学术界对西部地区精准扶贫的研究

西部地区作为我国精准扶贫的重点区域，学术界对此做了大量研究，总体而言学者们的研究主要集中在以下几个方面：

一是精准扶贫体制机制创新问题。如，林忠伟（2016）提出，要精准识别扶贫对象、细化扶贫指标、建立完善信息开发和共享机制、健全扶贫监管机制，等等[②]；张笑芸等（2014）认为，完善扶贫工作考核机制体制，做到精准扶贫与特色扶贫结合，针对不同地区实施精准性的扶贫计划，将扶贫对象精准到片区、区县、村落以及贫困家庭[③]；宫留记（2016）提出，必须加快构建完

---

① 百度百科. 精准扶贫 [EB/OL]. http://baike.baidu.com/link? url.
② 林忠伟. 精准扶贫体制机制创新研究 [J]. 经济与社会发展，2016（1）：7-13.
③ 张笑芸，唐燕. 创新扶贫方式，实现精准扶贫 [J]. 资源开发与市场，2014（9）：1118-1119，1081.

善市场扶贫机制，发挥社会力量扶贫作用。①

二是精准扶贫方式和模式。包括生态扶贫、产业扶贫、金融扶贫等多方面。刘慧等（2013）提出，原地生态扶贫和离地生态扶贫两种生态扶贫模式，发展生态产业、提高劳动力素质、生态移民、劳动力转移等②；赖斌（2016）在稻城香格里拉镇民宿旅游项目的调研基础上，提出在产业发展、组织路径完善以及获益路径通畅的基础上发展旅游扶贫是实现旅游资源丰富地区减贫的可行手段③；高天跃（2016）、张李娟（2017）则分析了金融在支持农村地区精准扶贫过程中存在的问题，提出财政政策与金融政策的协调统一、构建完善的精准扶贫贷款风险补偿机制等金融扶贫的优化政策④⑤。

三是针对民族地区和贫困居民的研究。黄顺君（2016）基于社会资本的角度研究指出，培育政治互信、完善法律法规以及吸引社会资本是提高西部少数民族地区精准扶贫绩效的前提⑥；卡茜燕（2017）以云南大理为例，研究了社区参与与旅游扶贫之间的关系，认为社区参与要从个体和整体两个层面进行对相关贫困人口的精准识别和帮扶，进而保证旅游精准扶贫的顺利进行⑦；李文君（2016）以甘肃省 L 县 B 村为例，从村民参与的角度分析了整村推进式扶贫模式的时间逻辑以及扶贫效果，认为整村参与的扶贫开发需要加强对农户的分类、明确扶贫项目和资金性质。⑧

此外，还有学者强调文化扶贫和教育扶贫的重要作用。⑨

相较于东部地区，我国西部地区存在生态资源环境约束性强、贫困程度更深范围更广、区域发展不平衡、民族问题更加复杂等客观现实，西部地区的精

---

① 宫留记. 政府主导下市场化扶贫机制的构建与创新模式研究——基于精准扶贫视角 [J]. 中国软科学, 2016（5）：154-162.

② 张李娟. 西部地区金融支持精准扶贫的难点与对策 [J]. 改革与战略, 2017（2）：51-54.

③ 赖斌, 杨丽娟, 李凌峰. 精准扶贫视野下的少数民族民宿特色旅游村镇建设研究——基于稻城县香格里拉镇的调研 [J]. 西南民族大学学报（人文社科版）, 2016（12）：154-159.

④ 高天跃. 贵州民族地区金融精准扶贫的难点及对策研究 [J]. 黑龙江民族丛刊, 2016（4）：71-75.

⑤ 张李娟. 西部地区金融支持精准扶贫的难点与对策 [J]. 改革与战略, 2017（2）：51-54.

⑥ 顺君. 社会参与西部少数民族地区精准协同扶贫机制创新研究——基于社会资本协同扶贫治理逻辑 [J]. 贵州民族研究, 2016（11）：52-55.

⑦ 卡茜燕. 精准扶贫视野下的社区参与旅游扶贫研究——基于大理双廊村的调查 [J]. 旅游研究, 2017（1）：74-78.

⑧ 李文君. 整村推进中的村民参与机制与精准扶贫——以甘肃省 L 县 B 村为例 [J]. 扶贫与农村发展, 2016（4）：97-99.

⑨ 万国威, 唐思思, 王子琦. 西部民族地区精准扶贫机制研究：来自甘肃的实证调查 [J]. 甘肃行政学院学报, 2016（2）：103-114+128.

准扶贫是我国扶贫攻坚任务的重中之重，特别是限制开发区域，功能定位和产业发展存在天然的矛盾，理论研究和实践探索还需要有机结合且进一步深化。

7.2.3　西部限制开发区域精准化扶贫实施总体情况

西部限制开发区域在我国主体生态区中占据重要的生态地位，自然资源丰富、生态环境脆弱、民族特色鲜明、区位条件特殊。与此同时，其经济发展水平滞后、市场化程度较低等使其经济发展对于资源环境形成高度依赖，这也在一定程度上导致西部限制开发区域处于"破坏环境—经济发展—生态修复"的不可持续发展的循环之中。对此，在中央的统一领导和部署下，在西部各省（市、区）的共同努力下，西部限制开发区域实施了精准扶贫，即针对西部限制开发区域的资源环境状况、经济发展阶段实施等进行精准化的帮扶。

西部限制开发区域的精准扶贫有以下特点：一是针对西部限制开发的不同区域发展不平衡的实际采取了不同的扶贫政策。如，针对四川省巴中市基础设施条件落后的现实进行相应配套措施的建设；针对秦巴山区特殊的自然风光——秦巴山国家公园进行交通条件改善，并实行旅游产业扶贫；二是针对西部限制开发区域少数民族较多、教育文化落后、就业和社会保障体系不完善等实际实施相应的扶贫开发政策，如保护民族文化、建立中小学、增加卫生教育经费、完善劳动力市场等；三是将精准扶贫落实到户，即针对不同家庭致贫原因进行精准化帮扶，如对因病致贫的家庭给予医疗救助，对缺乏劳动力的贫困家庭给予转移性支付倾斜，对地理区位导致贫困的家庭给予移民搬迁政策帮扶，等等。

自精准扶贫政策实施以来，西部限制开发区域取得了一系列显著的成效。如，广西喀斯特山区结合当地生态自然资源和民族风情特色大力发展旅游产业，推进了该地区精准减贫进程；云南省由于农产品产业发展限制，选择发展林下经济以及特色旅游产业，加速了当地精准脱贫进程；新疆和田地区打造"以绿养绿"的模式推动红柳大芸种植，有效改善了当地沙漠化现状，并推进了当地经济的发展；甘肃天祝县充分考虑当地种植业和草畜产业的优势，通过提高农民务农素质，完善配套设施等渠道，使农产品主产区的经济在较短时间实现了突破性发展。可见，随着限制开发区域精准扶贫进程的推进，西部生态资源脆弱的现状和贫困程度深、范围广的现实得到了很大的改善。

西部限制开发区域实施精准扶贫不仅有助于改善当地居民的贫困现状，也有助于保护当地生态自然资源，更有助于实现西部限制开发区域的主体功能和经济的跨越式发展，对我国精准扶贫事业的推进有着十分重大的意义。

7.2.4 西部限制开发区域精准扶贫政策需求

要有效发挥西部限制开发区域的主体功能，实现其经济社会的跨越式发展，就必须寻求经济和生态环境的协同发展，既考虑西部地区特殊的地理区位带来的交通不便与自然环境保存得较好的区情，也要考虑西部经济与社会文化发展落后的实际与复杂的民族状况，同时还要考虑其处于经济起飞阶段面临的经济内生动力不足和市场化水平低导致的经济效率不高的现实。充分考虑西部限制开发区域经济发展方式的形成机理以及其生态自然环境脆弱、贫困程度较深的现实，不仅有助于西部限制开发区域提高其经济运行效率，也有助于其资源环境的合理开发利用。

在经济新常态背景下，随着经济增长边际减贫效益的降低，扶贫政策的重要性更加凸显，如何更加合理设置我国扶贫开发政策是现阶段以及下一阶段扶贫工作取得成功的前提。西部限制开发区域作为自然资源丰富和生态脆弱等特点于一身的地区，是西部地区推进城镇化的重点难点区域，西部各省（市、区）政府应切实考虑自身的自然生态资源状况，采取有计划的，甚至是倾斜性的扶贫政策措施，合理安排西部限制开发区域的资源开发和生态环境保护，实施精准扶贫。

7.3 西部限制开发区域精准扶贫政策设计

7.3.1 政策设计总体思路和要求

7.3.1.1 总体思路

深入贯彻习近平总书记系列重要讲话精神，切实践行创新、协调、绿色、开放、共享的发展理念，以全面同步建成小康社会为目标，结合西部限制开发区域的实际情况，加大人力、物力、财力投入，把扶贫开发作为解决农村贫困的重中之重，作为推动贫困地区农业发展的重中之重，作为解决农民增收的重中之重；把增强贫困地区产业发展能力和改善基本生产生活条件作为重要抓手；坚持发展经济与保护生态环境相结合、短期脱贫与长远发展相结合、开发式扶贫与参与式扶贫相结合；促使产业、政策、社会、智力等方面的帮扶工作同步推进；调整扶贫开发工作思路，转变扶贫开发工作方式，创新扶贫开发模式，完善扶贫开发体制机制。

（1）坚持经济发展与生态建设相结合

牢固树立保护生态环境就是保护生产力、改善生态环境就是发展生产力的理念。将生态环境保护和建设作为西部限制开发区域的重中之重，将生态环境保护和建设与消除区域脱贫攻坚结合起来。一方面，促进经济发展，增强地区自我发展能力；另一方面，加大改善生态环境的力度，恢复、修复自然生态系统。减少贫困人口，减轻资源环境的承载压力，保护好西部的青山绿水，让西部贫困地区的群众共享"生态红利"。

（2）坚持顶层设计与基层执行相结合

精准扶贫是一种全新的扶贫工作模式，贵在精准，重在精准，成败也在于精准。精准扶贫，是变"大水漫灌"为"滴灌"或定向"喷灌"，让贫困地区、贫困人群真正从中受益。因此，要将顶层设计与基层执行有机结合起来。顶层设计是精准扶贫的方向，高瞻远瞩，高屋建瓴，设计好时间表和路线图，充分体现全局性、系统性、科学性；基层执行是根本，基层要将顶层设计的理念、方法和措施落实到具体的行动上，层层落实好各级政府、各部门的扶贫责任制，完善精准到村、精准到户、精准到人的对口工作机制。并根据不同区域贫困的特点和实际情况，因地制宜，因人施策，精准扶贫，精准脱贫，见到实效。

（3）坚持短期脱贫与长远发展相结合

脱贫攻坚是一项长期的、艰巨的、复杂的系统工程，既要解决短期的基本生产生活等急迫难题，也必须着眼于贫困地区和贫困群体的长远致富目标。因此，在脱贫攻坚实施过程中，必须把近期脱贫与长远发展有机结合起来，统筹兼顾短期效益和长期效益，提高脱贫攻坚的实效。立足区域地理区位、资源条件、发展基础等，科学制定贫困地区脱贫攻坚规划，既关注眼前的迫切需要，更注重未来的长远发展，体现差异性、针对性和可操作性。同时，建立和完善体现短期需要和长远发展的精准扶贫体制机制，确保短期脱贫，又要巩固扶贫攻坚成果，致力于实现长远发展目标。

（4）坚持精准扶贫与整体开发相结合

进行扶贫攻坚，重点在片，关键在村，体现到户，具体到人。要着眼于区域的整体开发，即着眼于"面"，解决贫困地区所面临的诸多共性约束难题。同时，扶贫要精准，"滴灌"到村、到户、到人，即关注具体的"点"，着力解决特困村、特困户和特困人群的特殊困难。通过"点"抓精准扶贫，通过"面"促整体开发，点面结合，相互促进，互为补充，发挥双轮驱动式的协同效应。

7.3.1.2 具体要求

(1) 精准扶贫要制度化

要在保护环境前提下加快经济社会的发展，就必须精准识别扶贫对象、细化扶贫指标、建立完善信息开发和共享机制、因地制宜提高扶贫工作针对性、实行智力扶贫和生态扶贫、健全扶贫监管机制等；同时，西部限制开发区域的精准扶贫要兼顾当地自然环境脆弱、经济社会发展落后以及民族地区生活生产差异等特点，创新扶贫制度。如建立区县考核机制、转变政府职能、健全制度体系等，做到精准扶贫与特色扶贫结合。从体制机制着手，将扶贫对象精准到片区、区县、村落以及贫困家庭，完善扶贫工作考核机制体制，针对不同区域实施精准性的扶贫计划。

(2) 精准扶贫要区域化

中国作为一个地域广阔、民族众多的国家，区域发展不平衡和地区贫困同时存在，由于经济发展程度、地理差异、思想观念等的不同，东部和中西部在精准扶贫过程中存在诸多差异。因而，精准扶贫要重视东西部差异，尤其对西部限制开发区域的精准扶贫要重视不同区域，甚至不同县区在生态环境、生活方式、民族习俗等方面的差别，实施具有针对性的贫困措施。

(3) 精准扶贫要生态化

西部限制开发区域最大的特点是生态脆弱，而贫困以及返贫现象高发的重要原因也在于自然环境的恶劣，因此对这些地区进行扶贫就要实行生态扶贫。一是原地生态扶贫模式，包括发展生态产业、引导农牧民转化为生态工人、促进贫困地区人民生活生产方式和自然环境融合、提高劳动力素质等；二是离地生态扶贫模式，包括生态移民、劳动力转移等。此外，西部限制开发区域在转变经济发展方式、实施精准扶贫时应以《全国主体功能区规划》为基准，优先评价生态保护，重视生态产品价值而弱化工业化等指标。①

(4) 精准扶贫要创新化

在扶贫开发过程中要创新扶贫模式，加快建设贫困识别体系并建立精准扶贫动态档案，突出地区优势，创新地引入扶贫专职人员等措施，提升精准扶贫政策的实施效果。此外，西部地区返贫率高，很大原因在于消息闭塞以及扶贫方式单一，积极引导社会力量进入扶贫领域，加快构建完善市场扶贫体制机制，提高扶贫开发效率。

---

① 徐宁，赵金锁. 西部民族地区限制开发区经济发展方式评价 [J]. 甘肃理论学刊，2014 (2)：150-155.

7.3.2 西部限制开发区域精准扶贫政策重点

西部限制开发区域的生态环境特点，决定了其不具备大规模高强度的工业化城镇化开发条件，必须遵循"保护优先、适度开发、点状发展"的原则。因此，必须调整扶贫开发的思路，转变发展方式，根据区域资源环境本底进行适度的开发活动，因地制宜培育和发展特色产业，严格限制不利于资源环境保护的经济活动和人为活动，合理引导人口有序转移，彻底避免陷入"生态脆弱—贫困—生态脆弱""贫困—不当开发—贫困"的恶性循环。

7.3.2.1 采取多元化扶贫方式

西部限制开发区域的贫困情况十分复杂，是自然、历史等多种因素共同作用的结果。但从总体上看，西部的贫困与其脆弱的生态环境息息相关。从贫困人口的区域布局来看，大多都生活在自然环境十分恶劣的山区、高寒地区等。在施加主体功能的背景下，这些区域又都是国家加以重点保护的区域，是国家限制和禁止开发的区域。自身发展条件的制约，加之主体功能定位的要求，使这些区域的产业，尤其是工业发展受限，产业扶贫的作用先天不足。因此，必须采取多元化的方式进行扶贫。

（1）完善生态补偿机制

完善生态补偿机制，从设立生态效益补偿基金、制定受益者补偿政策、完善有利于限制开发区域生态保护的税费制度等方面来考虑。建立公共支付的生态效益补偿基金[①]，针对限制开发区域重点生态保护设立生态效益补偿专项基金，用于西部限制开发区域修复和维护生态；制定受益者补偿政策，可考虑从直接受益的产业中提取一定的基金，作为生态保护专项资金，对区域保护和恢复生态环境、保护和养育耕地等进行利益补偿；完善有利于生态保护和农产品生产的税费制度，设置资源税和环境税，对矿产资源、水力资源等的开采和利用实行征税，用于区域的生态补偿。拓展资源税征收范围，将土地、森林、草原滩涂、矿产、水资源、地热、大气等全部纳入课税范围。与此同时，调整税额，充分考虑资源开采所造成的环境成本。通过完善生态补偿机制，保障扶贫攻坚战略的顺利实施。

（2）加大财政转移支付力度

加大财政转移支付力度，作为西部限制开发区域保障基层正常运转以及修

---

① 公共支付：指由政府来购买社会需要的生态环境服务，然后提供给社会成员；购买生态环境服务的资金，可能来自公共财政资源，也可能来自有针对性的税收或政府掌控的其他金融资源，如一些基金、国债和国际上的一些援助资金等。

复恢复生态环境的资金保障。增加中央一般性财政转移支付，用于区域公共服务。增加中央专项财政转移支付，用于区域生态环境修复。确保限制开发区域的财政转移支付专款专用。与此同时，地方政府也要加大财政转移支付力度，保持和激励限制开发区域保护耕地和修复生态环境的积极性。通过加大财政转移支付力度，改善西部限制开发区域的生产生活境况，改善公共服务状况，为精准扶贫战略实施提供支撑。

（3）注重扶持特色产业发展

产业扶贫是精准扶贫"五个一批"中最有效、最根本的脱贫方式。限制开发区域资源生态环境约束强，工业发展受限，但一般而言，这些地区旅游资源较为富集，农产品品质也较高。旅游扶贫是我国近年来提出和实施的一种特色产业扶贫方式，具有巩固脱贫攻坚成果的可持续性"造血"扶贫内生功能，覆盖面广，带动扶贫能力强，既可以有效防止"输血式"扶贫造成的脱贫后返贫现象，还可以与环境保护和文化传承有机结合。在资源环境可承载的前提下，培育和发展地区特色产业。如在重点生态保护区可以考虑发展旅游业、生态农业等，在农产品主产区发展观光农业和设立绿色农产品基地等。

（4）有序推动人口迁移和转移

西部限制开发区域的部分特困地区自身环境极其恶劣，扶贫成本非常高，不具备就地扶贫的条件，唯有实行内聚外迁的生态移民，有序推动人口迁移和转移，方能减轻资源环境的压力，为脱贫致富创造条件。完善人口退出政策和机制，出台人口有序转移和迁移的配套政策措施，逐步自愿平稳有序转出人口，彻底缓解人与自然关系的紧张关系。

7.3.2.2 实施差异化扶贫政策

（1）国家重点生态功能区的扶贫政策重点

重点生态保护区的扶贫应该从生态环境入手，把加强生态环境建设与扶贫开发有机结合，实现生态保护与贫困人口的脱贫致富的双重目标。根据重点生态功能区的自然环境和社会经济条件的不同，可以分为原地扶贫和离地扶贫两种不同的模式。为了更好地实现重点生态功能区的扶贫，提出以下政策设计：

一是加强教育投入。教育扶贫是扶贫的重要手段，通过教育，能够提高人们的文明程度，树立保护资源环境的理念，更新人们的生产生活观念，消除不文明行为和改变生产生活方式。不仅如此，通过教育扶贫，能够提高人们的文化素质，增强人们的生产技能，改善贫困地区的人力资源结构，成功实现就地安置就业或跨区域转移就业。加大对基础教育和职业教育的支持力度，尤其要加大生态保护区的教育投入，推进基础教育资源的均等化。加强"3+9+3"教育，全面提升贫困地区劳动力和人口素质水平。努力发展义务教育后三年的生存技能培训，增强贫困地区劳动力的职业能力。全面实施贫困地区中等职业教育免费，提高计划劳动力的就业能力。制定和实施鼓励区外教育和区外就业的政策措施，增强贫困人口稳定的非农就业能力和异地生存能力，逐步减轻当地生态环境压力，促进人口与自然协调发展。

二是发展特色产业。考虑到西部重点生态功能区的特殊性，应把生态产业发展作为扶贫的重要方式。结合国家重点生态工程建设项目的实施，挖掘生态保护和监管就业岗位，为重点生态功能区和农产品主产区的农牧民提供就业机会，增加农牧民的收入，提高其生活水平。依据西部限制开发区域生态资源条件，积极进行生态产品的生产，积极推进无公害农产品、有机食品、绿色食品的生产，结合特色生态产业发展，带动和扶持贫困地区、贫困人口发展生产，改善生产生活条件。注重打造具有西部特色和地理标识的农产品品牌，尤其是贫困地区的绿色食品标识。发展独具特色的生态旅游业，挖掘地方传统民族产品，通过宣介拓宽产品市场，实现贫困地区改善面貌，促进贫困人群收入增长，有力地推动精准扶贫的实施。①

三是实施生态移民。一方面，选择区内资源环境承载能力较强的区域建立移民集中居住区，完善基础设施和基本公共服务设施，加强教育和职业技能培训，为迁移群众提供更多的就业机会，保障移民群众能够有序地进行生产，保障其生活水平不降低。同时，统筹考虑移民未来的发展和长远生计需求，降低或彻底消除"返贫"现象。另一方面，引导生态脆弱贫困地区群众跨区域转移，建立转出地和转入地政府之间的协调和管理机制，就生态移民的住房安置、教育、技能培训、就业、社会保障等进行统筹规划和科学指导。建立移民迁入地政绩考核和评价体系，强化移民就业稳定率、劳动合同签订率、社会保险参保率等方面的考核，并建立生态移民实施责任追究制度，为移民享受良好的生计条件提供有力的制度保障。

（2）国家农产品主产区的扶贫政策重点

一是培育优势产业。培育和扶持特色农副产品加工业，支持区内龙头企业和设施农业加快发展。研发和生产技术含量高、零污染的农产品，打造一批现代化、规模化、标准化的优势农产品生产示范区。发挥贫困地区龙头企业的示范和带动作用，发挥龙头企业在种养殖、农副产品加工、农业产业化等方面的

---

① 刘慧，叶尔肯·吾扎提. 中国西部地区生态扶贫策略研究 [J]. 中国人口·资源与环境，2013（10）：52-58.

技术优势和管理优势，推进特色农业加快发展。搞好贫困地区农产品生产和加工基地建设，加强对贫困地区的技术支持和智力支持，为贫困地区脱贫致富提供支撑。

二是打造绿色品牌。立足西部限制开发区域的绿色资源优势和特色文化优势，体现无破坏、无公害、无污染等原则，大力发展绿色产业，生产绿色产品，打造农业、旅游和文化创意等绿色品牌，获取"绿色利润"。完善绿色产品技术体系，将技术要求和技术指标贯穿于产品研发、设计、生产、包装等各个环节。大力实施品牌发展战略，积极开展农超对接、农社对接、农校对接、农企对接，提升产品知名度和市场竞争力。

三是鼓励农业产业化。加快培育新型农业经营主体，鼓励和支持返乡创业农民工、城市居民从事农业创业，领办和创办专业大户、家庭农场、农民合作社、农业企业等。开展示范创建行动，培育带动能力较强的农民合作社示范社、家庭农场示范场和农业产业化龙头企业。支持农业大户向家庭农场转型升级，支持农民合作社在自愿的基础上联合组建联合社，支持农业企业跨区域、跨行业、跨所有制联合建立农产品生产基地，发展农业适度规模经营。此外，建立健全农村土地流转服务体系，引导农村土地经营权向新型农业经营主体有序流转。

四是推进农业信息化。推进智慧型农业、"互联网+农业"发展，促进现代信息技术和种养殖业、农产品加工等全面深度融合和应用，提升农业生产经营精准化、智能化水平。推动农产品信息发布体制机制创新，提升农产品市场信息发布的及时性、准确性、有效性、全面性。支持农产品电商、微商发展，完善配套的仓储物流建设，促进产销对接，减少流通环节，增加农民收入。

7.3.3 西部限制开发区域精准扶贫的对策建议

7.3.3.1 因地制宜选择扶贫模式

针对西部限制开发的不同区域的区位条件、自然地理、生态环境、历史文化背景等差异，选择各具特色的扶贫开发模式，充分体现分类指导、分区施策，达到事半功倍之效。为适应新形势下西部限制开发区域扶贫开发的需要，因地制宜地选择产业扶贫、科技扶贫、移民搬迁扶贫、智力扶贫、企业扶贫等扶贫模式，有针对性地指导不同贫困地区的扶贫工作。特别要说明的是，上述扶贫开发模式并不是单一地选取或发挥作用，而是各种模式相互补充、有效配合、相互支撑，由此形成扶贫攻坚的强大合力，共同推动扶贫攻坚取得更大的成效。

7.3.3.2 提升贫困群众发展能力

通过对贫困群众思想认识、技术知识等方面的教育培训，鼓励贫困群众自力更生，提升贫困群众发展能力。打造培养培训平台，以政府购买服务的方式，加强与高校和专业培训机构的合作，加快贫困地区人才的培训和引进，深入基层一线、面对贫困群众进行技能辅导。加强实用技能人才培训，根据限制开发区域人口分布实际和扶贫需要，分别采取集中培训、送教上门、远程教育相结合的方式，分片区、分职业开展就业技能培训、岗位技能提升培训、创业培训，着力做好乡村致富带头人、能工巧匠传承人等各类人才培训。以"村村都有带头人"为目标，培养一批有创意、懂经营、善管理、讲诚信的带头人，带领贫困村、贫困户发展特色产业和产品。开展贫困地区信息化培训活动，加大对贫困村农民信息技能培训力度，切实提高贫困村的信息化水平，有效带动贫困村农民信息就业、信息创业。探索开展"贫困乡村名誉村长"计划，聘用一批企业家为贫困村"名誉村长"，引进先进理念，提升贫困村产业发展水平。加强贫困乡村村民思想教育，切实改变其"等、靠、要"思想。

7.3.3.3　完善贫困村基础设施建设

按照"对接、融入、畅通、成网"的思路，加快改善贫困村交通发展条件，提升农村、山村公路通达通畅程度，彻底破除交通对贫困地区产业发展的瓶颈制约。进一步推动限制开发区域与邻近城市群、都市经济圈交通网络的无缝对接，加快高速公路、铁路和水路建设，以县城和重点镇为重点，加快完善客运的配套设施。推进县、乡、村道改造工程，增加公路通行里程和保障通行能力，构建城乡一体、安全畅通、便捷高效的农村路网。将新村建设与旅游扶贫紧密结合起来，改善贫困村内部交通条件，促进水、电网络加快升级，改善公共服务设施，彻底改变贫困村的发展条件。

7.3.3.4　完善精准扶贫考评机制

建立精准扶贫考评指标体系，合理设置评价指标，对精准扶贫进行科学、客观、综合评估。一是建立完善限制开发区域扶贫考核监督体系，即结合环境保护和人口脱贫两大目标任务，建立扶贫考核指标和实施细则，纳入扶贫工作考核体系。突出考核重点，设计构建经济绩效、社会绩效和生态绩效三个判断准则在内的多层次、多目标评价指标体系。二是根据不同阶段确定不同的考核重点，建立项目动态调整机制、扶贫工作台账登记制度，并对扶贫项目实行分级、分类和分部门管理，由扶贫工作领导对各类项目实行监督考核。三是加大对项目建设先进县区的支持力度，催生更多有效项目，建立重点支持项目末位淘汰制度。四是开展监测督导检查，发现问题要及时整改，对行业、部门开展扶贫的好经验、好做法定期组织交流和探讨，将工作落到实处。对扶贫工作重视不够、工作不力的县区、乡镇和部门进行通报批评。

8 西部限制开发区域
绩效考核评价体系

推进形成主体功能区要求形成科学开发的评价导向，根据不同类型主体功能区的发展条件和功能定位，实行差别化的绩效评价和政绩考核办法。限制开发区域的主体功能定位和发展方向，决定了其绩效评价和政绩考核体系既要有别于以往的评估指标，也要有别于其他的主体功能区考核体系，更加突出生态建设、环境保护等方面的评价，弱化经济增长评价以及工业化和城镇化等的评价。目前，西部限制开发区域的绩效考核评价体系还存在着许多问题，如评价指标过于单一、衡量标准太过统一，配套政策千篇一律，没有充分考虑不同区域资源环境承载能力以及农业发展的现实情况等。鉴于此，应根据西部限制开发区域的实际，依照重点生态功能区和农产品主产区的主体功能定位和发展方向，建立符合科学发展观的、差别化的评价和考核体系，强化生态建设和环境保护、区域科学发展、基本公共服务和社会事业发展等的评价。

8.1 主体功能区规划要求形成差异化的绩效考核评价体系

过去很长一段时期，我国对区域发展的评价，是按照行政区划，采用统一标准，片面强调经济发展指标的评价。这种评价体系无视不同地区资源环境承载能力、开发密度和开发潜力的差异性，缺乏科学性和针对性，由此引发资源无序开发、生态环境遭到严重破坏等严重后果。主体功能区框架下的绩效评价，彻底改变了上述评价方法，依据不同区域差异化的资源环境条件和差异化的主体功能定位，对经济社会的发展进行科学的评价，是差别化的区域绩效评价，是引导、约束、调控不同主体功能区的开发行为的手段。

8.1.1 我国区域绩效考核评价现状

长期以来，受传统体制和行政区划的影响，我国区域绩效评价和地方政绩考核采用的是全国统一的经济绩效评价标准，其考核目标、考核指标和考核程序均存在着一些不科学、不合理的情况。

8.1.1.1 考核目标

传统的绩效考核目标主要关注经济增长，毫无疑问，这一考核目标有利于激发地方政府发展经济的积极性。然而，这一考核目标却无法或充分体现经济增长中所产生的资源消耗和环境代价，更难以反映地区的综合发展水平和发展质量。相反，这一以"GDP"论英雄的考核目标，刺激了地方政府无视区域资源环境条件的非理性开发冲动，给资源环境带来不可估量的巨大损失，也不利于区域优势的充分发挥。因此，这一考核目标不符合区域科学评价的要求。

8.1.1.2 考核指标

传统的绩效考核指标以 GDP 等经济指标作为统一标准对地方政府政绩进行考核，可能使得地方政府在实践中偏离甚至背离中央政府关于不同区域发展的特殊要求，不利于区域实现可持续发展。

8.1.1.3 考核程序

传统的绩效考核程序以传统体制和行政区划为单元，由中央对地方各级行政单元进行自上而下的考核和统一评价，即各地上报本区域经济社会发展数据，由国家统计部门统一核算后予以公布，将其作为考核地方政府政绩的重要依据。这一考核程序虽然便于操作，但并没有充分考虑到区域间存在的差异，极易导致不同发展条件的地区之间的盲目攀比乃至恶性竞争，难以体现客观、公开、公正的要求。

8.1.2 主体功能区划要求凸显差异化的绩效考核目标

主体功能区划作为一种全新的国土空间开发模式，需要全新的绩效评价思路，需要建立起一套全新的评价指标体系，明确不同主体功能区各有侧重的绩效评价目标和标准，通过绩效评价充分体现不同主体功能区的特定功能。对优化开发区域，强化对经济结构、环境保护、资源利用、科技创新以及对外来人口、公共服务等指标的评价和考核，以优化对经济增长速度的考核；对重点开发区域，鉴于其资源环境承载能力还比较强，还有一定的发展空间，综合考核经济增长、产业结构、吸纳人口能力、资源利用、环境保护等方面的指标，以体现工业化、城镇化发展水平优先的绩效考核评价；对限制开发的农产主产区，强化对农业综合生产能力等指标的评价和考核，强化对农业综合生产能力的考核，而非对经济增长收入的考核。对限制开发的重点生态功能区，强化对生态功能保护和提供生态产品能力等指标的评价和考核；对禁止开发区域，强化对自然文化资源的原真性和完整性保护的指标的评价和考核。[①] 上述四大主体功能区主体功能定位不同，发展方向各异，因此必须凸显差异化的考核价值，制定和实施差异化的考核目标。

8.1.2.1 主体功能区绩效考核的内涵和实质

主体功能区绩效评价，是以不同类型的主体功能区为评价的地域单元，通过建立与其主体功能定位和发展方向相适应的评价指标体系，对其发展绩效所进行的综合评价。

主体功能区绩效评价是从科学发展的角度，对不同主体功能定位的区域实行的差异化的评价。它改变了长期以来单一的经济评价标准，对不同类型地区具有较强的导向、激励、调节和监控作用。与此同时，主体功能区绩效评价依据不同地区的资源环境状况、开发程度、发展潜力以及差异化的功能定位，选取差别化的评价标准，进行各有侧重的评价。再者，主体功能区绩效评价会根据经济社会发展过程中出现的新情况、新问题等，对评价指标进行动态性调整，以适应不断发展的需要。[②]

8.1.2.2 主体功能区差异化的考核价值

差异化而非"一刀切"的考核价值，有利于充分反映不同区域千差万别的自然资源条件和经济社会发展基础，充分体现绩效评价的客观公正性；差异化的绩效评价，突出了绩效评价的导向作用，有利于科学引导不同类型的区域确定差异化的发展重点，对经济发展、生态环境保护、基本公共服务等设立不同的权重；有利于打破长期以来按照行政区划进行绩效考核和政绩评价的模式，实现生产要素在区际的高效配置，避免重复建设、资源浪费和区际的恶性竞争，促进各个区域协调发展。

8.1.2.3 制定和实施差异化的考核目标

差异化而非"一刀切"的绩效考核目标，其重要性在于：一是强化各主体功能区在国土空间开发中的主体定位和主体作用，调整和优化国土空间开发格局。具体而言，优化开发区域应体现经济结构优化升级和转型发展、自主创新能力增强、国际竞争力提升、经济持续增长等目标；重点开发区域应强调工

---

① 国家发展和改革委员. 全国和各地区主体功能区规划 [M]. 北京：人民出版社, 2015：52.

② 王倩. 主体功能区绩效评价研究 [J]. 经济纵横, 2007 (7)：21-23.

业化和城镇化加快发展、集聚产业与承接人口转移等目标；限制开发区域应强调农产品的保障能力和生态环境的保护能力；禁止开发区域应强化生态安全的保障能力。二是有利于增强地方政府的宏观管控能力，促进资源优化配置，促使人口合理流动，充分发挥各区域的比较优势，实现人口分布、经济分布与环境资源相协调。三是有利于实现基本公共服务均等化目标。尽管不同区域的区情千差万别，但国土空间范围内的公民享受基本均等的公共服务这一标准必须一致。四是不同主体功能区各有侧重的绩效评价标准有利于抑制地方政府唯经济指标考核的利益冲动，推动地方政府改革管理，依法行政，逐步树立科学的发展观和政绩观。

8.1.3 主体功能区绩效考核评价的意义

8.1.3.1 有利于顺利实施主体功能区战略

主体功能区战略是合理规划全国经济布局、优化国土空间开发的重大战略性举措。为确保国家主体功能区战略的顺利实施，实现对各功能区发展状况、承载力、人口、资源、生态等方面的发展变化的科学准确评价，为各功能区决策和政策制定提供依据和参考，亟须建立一套适合各地主体功能区战略的绩效评价体系和与之配套的干部考评机制。

主体功能区规划强调自然条件适宜性、资源环境承载力、按功能区进行开发、控制开发强度等。各类主体功能区的发展规划是在其自然条件、资源环境承载力的基本条件下，集中力量推动不同类型的主体功能区优化发展。因此，不同主体功能区的发展目标、发展方向、发展重点均不相同，相应的绩效评价体系和考评机制也必然要符合各功能区自身的发展目标与特点，要依据功能区各自的具体情况，充分体现区域特色和发挥区域优势，才能真实地反映各功能区的发展变化及存在的主要问题。

8.1.3.2 有利于科学合理地完善配套政策

《全国主体功能区规划》中对限制开发区域配套政策绩效评价提出了指导性的意见。西部限制开发区域绩效评价体系的构建，不仅要将规划中的指标具体化，使其成为具有可操作性、系统化的绩效评价体系；还应突出西部限制开发区域自身的特点和发展重点，注重评价生态环境保护和生态环境治理，注重评价农产品保障能力。构建系统科学的绩效评价体系，能够比较准确地反映各区域的发展状况、取得的成效以及存在的不足，为动态调整政策措施提供科学的依据。

8.1.3.3 有利于发挥基层干部的主观能动性

任何政策的落实都需要人来执行。我国西部限制开发区域的重点是农产品的供应、生态产品的提供和生态环境的保护，因此必然要改变以往对干部的考评指标，干部考核必须与限制开发区域配套政策的绩效评价结果相关联，建立必要的奖惩制度，以更好地提高干部的积极性和主动性，同时也对不作为、"庸政懒政"的干部实行问责。

对西部限制开发区域干部的考核，不能仅限于"德能勤绩廉"，"德能勤绩廉"的考核过于笼统，无法体现地方的特殊性。因此，必须形成科学考评机制，对各地区推进主体功能区战略的实施进展、对配套政策的落实到位情况等进行公平、公正的评价。对绩效考核结果要加以积极运用，对政策实施效果好的方面进行奖励，对不达标、不合格的方面进行整改，对造成负面影响的进行惩治。并将考核结果用于对干部的职位调整、提拔、升迁或降职处理的依据，奖励那些态度端正、工作能力突出的干部，惩处那些不负责任、不作为的干部。

8.2 限制开发区域绩效考核评价

科学的绩效评价体系是推进主体功能区建设顺利实施的重要保证。依据各主体功能区的实际情况、功能定位和发展方向构建科学、合理、切实可行的政府绩效考核体系，并明确考核程序和选取考核手段，方能最终实现其考核目标。限制开发区是关系到全国或较大区域范围生态安全的区域和保障全国或较大区域粮食安全的区域，必须限制进行大规模高强度的工业化城镇化开发，其主要任务是修复生态和保护环境，但区域也需要一定程度的开发和发展，以实现与全国其他地区享有均等化的基本公共服务，以保障与全国其他区域同步全面建成小康社会。因此，应从生态环境建设与保护、区域科学发展、基本公共服务和社会事业发展等方面来构建绩效考核机制。

8.2.1 考核目标

主要体现在两个方面：一是看其保障主要农产品生产的能力，这是限制开发的农产品主产区的首要考核目标；一是看其为社会所提供的生态财富的数量和质量，这是限制开发的重点生态功能区的首要考核目标。与此同时，限制开发只是限制经济开发的地域范围和经济开发活动的类型，并不是限制这些区域发展；相反，为了增强区域的自我发展能力，提升区域内居民的福利水平，适度的、适宜的发展不但是允许的，也是鼓励的。应在资源环境可承载的前提下，依托区域自然资源、农业资源、历史文化资源等加快特色产业发展，增强区域发展实力。

8.2.2 考核指标

完善政绩考核评价指标，对限制开发的农产品主产区和重点生态功能区分别设置各有侧重、各有特色的考核指标。农产品主产区的绩效评价从政府服务能力、农业综合发展能力、社会发展能力三方面选取相关指标进行评价；重点生态功能区的绩效评价从政府服务能力、生态产品提供能力、社会发展能力三方面选取相关指标进行评价。对限制开发的农产品主产区和重点生态功能区，分别实行农业优先和生态保护优先的绩效评价，取消地区生产总值考核。

8.2.3 考核程序

改变传统绩效考核单一的、自上而下的考核方式，尝试采用自上而下和自下而上相结合的考核程序，以充分反映限制开发区域主体功能的发挥状况。①

8.3 西部限制开发区域绩效考核评价的内容

根据区域协调发展的总体指导思想，西部限制开发区域绩效考核评价应包括生态环境建设与保护、区域科学发展、基本公共服务和社会事业发展等方面的内容，突出生态保护和农业发展优先的绩效考核评价。根据国家的系列制度和政策安排，充分考虑各功能区内不同的资源环境和发展定位，进行差异化的绩效考核评价，通过制定并建立公正合理的干部考核、奖惩和绩效考核评价体制机制，逐步引导重点生态功能区和农产品主产区科学发展。

8.3.1 西部限制开发区域绩效考核评价原则

构建西部限制开发区域绩效考核评价体系，应依据全国主体功能区规划要求，结合重点生态功能区和农产品主产区的功能定位和发展方向，分别设置其绩效考核评价指标，尽量使评价标准科学、合理和具有可操作性。西部地区区情十分特殊，其限制开发区域绩效考核评价必须遵循上述基本要求，同时结合

---

① 钱龙，邹军新. 限制开发区域的地方政府绩效考核机制研究：主体功能区的视角分析 [J]. 市场论坛，2010（12）：14-15.

西部自身的区情，尽量使各类指标符合该特定区域的发展实际。另外，必须注重限制开发区域评价指标与既有的关于农业发展和生态保护的评价指标的衔接和配合使用，吸取已有指标的合理内核，从而形成评价合力。

西部限制开发区绩效考核评价原则：

在遵循主体功能区绩效考核评价的全面性、科学性、针对性、可操作性以及动态调整等原则的基础上，提出既充分体现限制开发区域发展要求，又切合西部地区发展实际的原则。具体包括：

（1）坚持分类设计和评价的原则

在构建绩效考核评价指标体系时，应区别对待，分类评价，从维护国家和区域性生态安全和保障国家粮食安全，促进区域可持续发展的战略高度，全面评价西部重点生态功能区和农产品主产区的发展绩效，在规范国土空间开发秩序、保护自然生态环境、促进特色产业发展等方面着手，达到切实改进主体功能区生态保护和农业发展绩效考核评价的目的。

（2）科学选取绩效考核评价指标

西部限制开发区绩效考核评价要有突出区域生态保护和农业发展业绩等指标类型，选取一些方案型指标和数据监测型指标。其中，重点生态功能区要充分体现生态环境保护和建设等指标，农产品主产区应充分体现突出区域农业发展的评价，使这些指标可以促进限制开发区域在发展过程中不断地总结实践经验，改进发展绩效，巩固发展成果。方案型指标，旨在约束和考核基层政府的宏观监管水平以及从事公共服务的能力；数据监测型指标，则主要用于对西部限制开发区发展进程等进行动态跟踪监测。在指标选取和数据来源上，一方面，尽可能地选择权威统计部门公开发布的统计数据，尤其是政府统计部门或者其他政府职能部门公开发布的指标和数据，从而确保所选择的评价指标其数据来源真实、可靠；另一方面，为了防止相关的重复工作，降低指标选择的随意性，保证所选指标数据的可用性和来源可靠性。选取指标还需要尽可能地选用权威部门进行区域规划时所采用的指标和数据，特别是主体功能区规划当中针对绩效考核评价所做出的相关解释。

（3）注重限制开发区域评价指标与相关规划指标的衔接

区域生态保护和建设以及农业发展是一项长期的区域管控活动，在长期建设过程中积累了可资借鉴的诸多实践经验，制定西部限制开发区域考核指标体系，不但不能对以往和当前区域相关规划中的指标体系进行全盘否定，而且应充分考虑这些评价指标的重要参考价值。如重点生态功能区指标体系的构建，应参考国家或区域生态功能建设中长期规划，农产品主产区指标体系应参考区域农业中长期发展规划等，从不同区域层面、基于不同的视角，制定形成区域综合实力评价、区域生态建设和保护评价、农业综合发展能力评价以及区域可持续发展评价等指标体系，充分体现西部限制开发区绩效指标与其他相关规划中指标的衔接性和配合使用，既吸收和继承区域绩效考核评价的合理内核，又突出特殊性、时效性和区域特色。

8.3.2 西部限制开发区域绩效考核评价主要内容

依据主体功能区建设要求和西部限制开发区的一般情况和特点，将资源利用和生态环境保护、区域科学发展、公共服务和社会事业发展三个作为绩效考核评价的主要内容，并根据三方面的内容进行指标选择。西部限制开发区域绩效考核评价的主要内容包括：

8.3.2.1　生态环境保护和资源利用

生态环境保护和资源利用是限制开发区域的第一要务，限制开发区域的生态环境保护建设和资源利用与其他主体功能区有着本质的差别。应结合生态特点和地理地貌等因素，对西部限制开发的重点生态功能区生态环境保护和资源利用进行重点评价，以体现国家主体功能区规划对该类区域生态环境、资源利用方面的特殊要求。

8.3.2.2　区域科学发展

根据西部限制开发区域的主体功能定位确定区域科学发展的绩效考核评价内容。限制开发区域的科学发展应重点评价两个方面的内容：一是重点评价区内特色产业发展、特色产品等。二是重点评价区内超载人口向外转移的情况，这是考察限制开发区域是否科学发展的重要内容。①

8.3.2.3　公共服务和社会事业发展

西部限制开发区域公共服务和社会事业发展的绩效考核评价，应围绕不断改善其居住条件和发展环境、促进城乡教育均衡发展、推进城乡医疗卫生事业发展、加快社会保障体系的城乡衔接等内容展开。

8.4　构建科学合理的绩效考核评价指标体系

根据西部限制开发区域的主体功能定位和发展方向，结合其绩效评价的主

---

① 王茹，孟雪. 主体功能区绩效评价的原则和指标体系 [J]. 福建论坛（人文社会科学版），2012（9）：52.

要内容，本章在第三章西部限制开发区域配套政策评价的基础上，分别对西部限制开发的农产品主产区和限制开发的生态地区的绩效评价作进一步的分析和细化，并为了突出各级政府在推进形成主体功能区中的主导作用，选取"政府服务能力"方面的相关评价指标，即将政府服务能力、农业综合发展能力以及区域社会发展能力作为西部限制开发的农产品主产区的一级评价指标；将政府服务能力、生态产品提供能力以及区域社会服务能力作为西部限制开发的重点生态功能区的一级评价指标。在一级指标以下，再分设二级、三级指标，共同构成西部限制开发区域绩效评价和政绩指标体系。

8.4.1 绩效考核评价指标体系设计总体要求

国家层面的农产品主产区和重点生态功能区两类限制开发区域功能定位、发展方向和开发原则不同，绩效考核优先顺序也不尽相同，考核指标应各有侧重，体现区别化考核。农产品主产区应"着力保护耕地，稳定粮食生产，发展现代农业，增强农业综合生产能力，增加农民收入，加快建设社会主义新农村，保障农产品供给，确保国家粮食安全和食物安全"，农业优先发展、农产品保障能力、农村社会发展是农产品主产区绩效考评的优先方向；重点生态功能区是"保障国家生态安全的重要区域，人与自然和谐相处的示范区"。生态保护具有优先地位，生态产品供给、社会同步发展是重点生态功能区的绩效考评方向。此外，政府服务能力也能对配套政策绩效产生显著影响，良好的政府治理能够极大地提高国家政策递送效果，政务思想、政策落实保障、工作积极性、年度任务完成情况是政府服务能力考核的主要内容。因此，本章构建配套政策的两大绩效考核指标体系：一是农产品主产区配套政策绩效考核评价指标体系；二是重点生态功能区绩效评价指标体系。在构建指标体系时还充分考虑了以下五个方面的具体要求：

第一，从系统性角度出发，既紧扣西部地区的地域特点与国家的限制性发展要求的结合、西部地区的发展现状与前瞻性的结合，又紧扣绩效考核评价指标体系的内在构成基本要素和基本维度的系统性。

第二，从实践性角度出发，从指标比较、指标设定目标、指标针对重点、指标研究方向和方法来设计绩效考核评价指标体系，将理论更好地应用于实践，更好地评价其实践性。

第三，从操作性角度出发，从指标的方向设定到具体选取与运用，都要做到设计框架和程序安排中的可行和可用并重。

第四，从适用性角度出发，通过分析优化开发区域、重点开发区域、禁止开发区域等不同主体功能区的主要功能和作用，并进行横向比较，确定绩效考核评价指标体系对限制开发区域的适用性；再与以往的绩效考核评价指标体系进行比较，确定指标体系是否符合西部限制开发区域的现状和未来发展方向。

第五，从效益性角度出发，确保设置的指标能够有效地衡量配套政策的实施效果。

8.4.2 绩效考核评价指标体系设计

8.4.2.1 农产品主产区

农产品主产区配套政策绩效考核评价从政府服务能力、农业综合发展能力、社会发展能力三方面进行评价（见表8.1）。

——政府服务能力。由思想统一度、政策落实保障、工作积极性和年度工作完成情况四个方面决定。其中，思想统一度主要是指地方各级政府及其工作人员对国家限制开发配套政策的认知程度、接受程度，以及对实际工作的指导情况，主要由国家限制开发区域配套政策认识度、国家限制开发区域配套政策接受度、思想行动转化率三个指标构成；政策落实保障是指落实国家限制开发区域配套政策需要的资金、人力、组织机构、时间等资源的情况，由政策措施配套率、投入资金量、组织机构运行状况、人员匹配率确定；工作积极性则主要是指政府工作人员的工作态度、问题处理率和问题处理时效；年度工作完成情况分为数量和质量两方面，其中完成数量按照工作计划进度来判定，完成质量则由公众满意度来考察。

——农产品综合发展能力。用农产品供给、农业资源保障、农村环境建设三方面反映，着重考察限制开发区域农业可持续发展能力。其中农产品供给是农产品主产区最主要的责任，也是农产品主产区农民主要的收入依赖，主要考核指标有：人均粮食产量、人均猪牛羊肉产量、人均蔬菜产量、人均油料产量和特色农产品人均产值。农业资源保障是指农业生产基础资源对农产品供给的支持力度，耕地、水资源、农业技术普及、农业灾害防控等均在其列，具体指标则由人均耕地面积、基本农田保护投入地均费用、人均水资源、农业减灾指数、农业保险覆盖率、农技人员人数/万人组成。农村环境建设主要是指农村生产环境，具体指标包括氮、磷、农药、塑料膜地均用量。

表 8.1　　　　　西部农产品主产区绩效考核评价指标体系

一级能力指标	二级分类指标	三级具体指标
政府服务能力	思想统一度	国家限制开发政策认识度
		国家限制开发政策接受度
		思想行动转化率
	政策落实保障	政策措施配套率
		投入资金量
		组织机构运行状况
		人员匹配率
	工作积极性	工作态度
		问题的反馈处理率
		问题反馈处理时效性
	年度工作完成情况	年度工作计划完成量
		公众满意度
农业综合发展能力	农产品供给	人均粮食产量
		人均猪牛羊肉产量
		人均蔬菜产量
		人均油料产量
		特色农产品人均产值
	农业资源保障	基本农田保护投入地均费用
		人均水资源
		农业保险覆盖率
		农机人员人数/万人
		人均耕地面积
		农业减灾指数
	农村环境建设	氮地均用量
		磷地均用量
		农药地均使用量
		塑料膜地均量
社会发展能力	农民收入	人均公共财政预算
		"农林牧渔"人均产值
		农民人均可支配收入
	农村社会保障	城乡居民医疗保险参保率
		城乡居民养老保险参保率
		农村居民人均寿命
	农村生活环境	每千人拥有专业卫生技术人员
		农村减贫人数
		农村低保支出水平
	农村技术培训	垃圾集中处理率
		生活污水处理率
		农村危房改造率
		农村大中专升学率
		农村实用技术培训人数

——社会发展能力。是指限制开发后农民增收、农村社会保障和生活环境、农业技术等方面的发展变化。农民收入由"农林牧渔"人均产值和农民可支配收入两个指标衡量；农村社会保障则由包括城乡养老、医疗保险参保率，农村居民们人均寿命，每千人拥有专业卫生技术人员、农村减贫人数和农村低保支出水平衡量；农业技术培训则由农村大中专升学率、农村实用技术培训人数衡量；农村生活环境则由垃圾集中处理率、生活污水处理率、农村危房改造率衡量。

8.4.2.2　重点生态功能区

根据《全国主体功能区规划》，重点生态功能区是加强生态修复和保护、禁止大规模工业化和城市化开发，保障地区生态安全的重要区域。其与农产品主产区考核指标体系相比，要更加突出生态产品的供给能力。生态产品分为大气和空气、水土保持、森林和草原等三方面，其中大气和空气主要衡量生态功能区在吸附消化有害气体、产生氧气、防风固沙方面的作用，由空气指数、吸收 SO_2 量、生产负离子量、单位面积固碳释氧量、沙尘暴天数来衡量。水土保持成效主要体现在功能区的水土涵养功能的实现上，由水环境质量、单位面积涵养水源量、单位面积保持土壤量、土壤污染指数，以及干旱、泥石流、洪涝等自然灾害经济损失等指标来进行衡量。森林和草原则由森林覆盖率、人工造林面积、草原畜牧承载力和生物多样性指数等指标构成。

同时，与农产品主产区社会发展目标不同，重点生态功能区的目标是社会发展与自然生态的和谐共处，以不牺牲环境和不降低居民生活标准为底线。因此，社会发展能力由基本公共服务、反贫困和生活满意度三个方面构成。基本公共服务主要指标包括：养老医疗保险参保率、居民受教育年限、居民人均寿命和每千人拥有专业技术人员。贫困是西部各重点生态功能区发展中面临的最主要的障碍，经济上的贫困会导致地区选择一条资源消耗、粗放式的发展道路，反过来又恶化了生态保护效果。反贫困成为重点生态功能区最主要的社会发展衡量指标，由农村减贫人数、农村低保支出水平和减贫项目数三个指标构成。居民生活满意度是从主观方面衡量该地区居民对生态保护和社会生活的感受（见表8.2）。

表 8.2　　　　　西部重点生态功能区绩效考核评价指标体系

一级能力指标	二级分类指标	三级具体指标
政府服务能力	思想统一度	国家限制开发区域指导思想认识度
		国家限制开发区域指导思想接受度
		思想行动转化率
	政策落实保障	政策措施配套率
		投入资金量
		资金利用合规率
		人员匹配率
	工作积极性	工作态度
		问题的反馈处理率
		问题反馈处理时效性
	年度工作完成量	年度工作计划完成量
		公众满意度
生态产品供给能力	大气和空气	空气指数
		吸收 SO_2 量
		生产负离子量
		单位面积固碳释氧量
		沙尘暴天数
	水土保持	水环境质量
		单位面积涵养水源量
		单位面积保持土壤量
		土壤污染指数
		干旱、泥石流、洪涝等自然灾害经济损失
	森林和草原	森林覆盖率
		人工造林面积
		草原畜牧承载力
		生物多样性指数
		生物多样性指数
社会发展能力	基本公共服务	城乡居民医疗保险参保率
		城乡居民养老保险参保率
		居民平均受教育年限
		农村居民人均寿命
		每千人拥有专业卫生技术人员
	反贫困	农村减贫人数
		农村低保支出水平
		减贫项目数量
	生活满意度	居民生活满意度

8.4.3 绩效考核评价过程再造

通过本书第 3 章各层次的分析过程可知,指标权重会对最终绩效产生巨大影响,甚至是决定性的影响。在层次分析法中,所有的指标权重是由两两对比产生的,从表 8.1 农产品主产区绩效考核评价指标体系和表 8.2 重点生态功能区绩效考核评价指标体系的指标内容来看,一级能力指标、二级分类指标和三级具体指标的重要程度很难用定量的分析方法获得,因此需要在绩效评估前引入专家问卷调查,确定各级指标权重。

再造后的层次分析步骤如下:

第一步,根据相关理论提出绩效考核指标,完成层次分析模型构建。绩效考核指标体系是绩效分析的基础,不论是层次分析、熵值分析法,还是数据包括分析都以要依赖具体指标导入数据,才能进行下一步分析。指标体系确立后,在指标体系的基础上建立层次分析模型,画出层次分析模型图,为后续数据录入和模型分析奠定基础。

第二步,进行专家问卷调查。以农产品主产区和重点生态功能区两类限制开发区域为内容,分别设计专家调查问卷,通过打分的形式确定表 8.1 和表8.2 中各层次指标权重。

第三步,选择考察对象,确定数据源头。可以选择以行政区域划分为数据源头,也可以按照功能区划分为数据源头。前者的优势是数据易得,经过多年的累计,可以实现同一地区时间纵深比较,缺点是行政区域数据并不能完全代表功能区状况,准确性较差;后者的优势是能够准确衡量功能区发展状况,明确不同类型、不同目的和不同限制手段下的指标数据,但缺点也是显而易见的,到目前为止尚未出现以功能区为划分标准的统计数据。因此在选定考察对象后,不同类型考察对象数据来源形式不同。以行政区域为数据源头,常规定量数据可以借助统计数据,收集整理后即得原始数据表;非常规数据,如定性数据,则需要进行田野调查获得。居民生活满意度、公众满意度可以通过问卷调查的形式获得,而思想认识度、接受度、资金使用合规率等指标则需要到当地相关部门进行访谈获得。以功能区为数据源头,在目前的统计背景下,几乎所有的数据都只能通过问卷或访谈的形式获得。

第四步,进行层次分析。首先,梳理数据,进行标度赋值。按照两两比较的方法对比同一个指标不同地区的数值,进行赋值。再将数据录入层次分析工具中,逐级检验一致性,完成数据录入和检验工作后,进入数据分析,得出各地区或功能区权重。最后按照预先设置的分数情况,得出各地区或功能区的加权分数并排名。

8.5 在激励与约束制度框架下进行绩效考核评价

西部限制开发区域绩效考核评价应突出科学发展导向，强化约束性指标考核，加大生态环境保护和资源利用等指标的权重，以约束地方各级政府各种非理性的政绩冲动，并将绩效考核评价结果作为各级地方政府领导干部选拔任用和奖励惩戒等的重要依据。

8.5.1 强化考核成果的运用

根据主体功能定位和发展方向，把西部限制开发区域的绩效考核评价体系与中央组织部印发的《关于改进地方党政领导班子和领导干部政绩考核工作的通知》的考核办法有机结合起来，把绩效考核主要目标的完成情况纳入对地方党政领导班子和领导干部的年度考核、目标责任考核、任职考察、换届考察以及其他考核考察，作为领导干部选拔任用和升迁奖惩的重要依据。[①]

8.5.2 突出以人为本的养育管理模式考核

在西部限制开发区域实行以人为本的养育管理模式。"养育"，包括对人的养育和对环境的养育。对人的养育，是指通过更新人的观念、提升人的能力实现人口的有序流动和转移；对环境的养育，是指保护、养护自然环境，一方面使其自然生态功能得到充分发挥，另一方面通过养育使自然环境形成特定的产业开发功能，如生态旅游、生态康养等。具体构想如下：

8.5.2.1 转变限制开发区域政府管理职能

转变政府职能，从片面追求经济开发、追求税源增长等转变到以人为本的养护管理模式上来。国家应对限制开发区域所承担的养育功能进行财政转移支付，并不断加大力度，减轻地方政府因履行养育职责所承受的沉重的财政压力。

8.5.2.2 建立以养育人为核心的新的人口分布模式

通过实施生态移民，有序转移或转出区内超载人口，使区内的人口分布渐趋合理。一方面，选择区内资源环境承载力较强的区域规划移民点或移民新村，就地安置生态移民；另一方面，通过对移民进行职业培训和劳务输出，实现移民跨区域外迁，不断减轻限制开发区域内的人口承载压力。

---

① 中共中央组织部. 关于改进地方党政领导班子和领导干部政绩考核工作的通知 [N]. 人民日报，2013-12-10（02）.

8.5.2.3　在养育中进行对限定产业的发展

被划分为限制开发区域的地区，都是不适宜进行大规模高强度的工业化城镇化开发的地区，但允许依托地区农业资源、能源资源、旅游资源等特色资源发展特色产业，但产业的发展必须适宜、适度，实行限定开发。要走在养育中对限定产业开发的新路子。养育开发，就是根据生态环境的承载能力和对其进行养育的程度，严格产业的开发范围、开发时序和开发强度。西部限制开发区域产业开发不能完全走市场化的道路，而应根据市场的需求与政府主导的养育程度实行有限制的开发。①

8.5.3　建立和完善动态监管与生态审计制度

8.5.3.1　建立动态监管机制

及时监控限制开发区域的生态环境保护和发展状况。通过对监管区域的重要考核指标，每季（年）度进行定期、有针对性的分析，及时对限制开发区域的生态环境保护和发展状况进行动态监管、及时纠正部分领导不当开发行为。对于生态环境保护的核心地区，可以通过建立区域生态、流域环境动态遥感监测体系，进行动态的质量评价与动态分析，实行动态监管，确保核心生态区得到有效的保护和发展。建立起农产品主产区农产品安全质量监管、主产区耕地保护监管、农产品销售价格监管以及主产区居民生活质量评估与监管等动态监管机制，保障农产品供应和国家粮食安全。

8.5.3.2　建立生态审计制度

认真贯彻落实党的十八届三中全会精神，推动建立健全科学规范的自然资源统计调查制度，编制土地资源、水资源、林木资源等自然资源资产负债表，摸清自然资源资产的"家底"及其变动情况，为实施资源消耗、环境损害、生态效益的绩效考核评价考核和责任追究提供信息基础，为推进绿色低碳发展提供信息支撑和决策支持。对领导干部实行自然资源资产离任审计，并强化离任责任审计。当一个区域的领导即将离任时，上级有关部门对其辖区的土地资源、林木资源与水资源等重要指标进行考察和检查，考察生态环境在该领导任职期间是否遭受污染和破坏，是否按照相关目标得到应有的维护和发展；考察领导在任职期间出台的各项经济决策和本人政绩是否以牺牲生态环境为代价。通过生态审计来反映一个地方是否全面发展，来衡量领导干部的综合政绩。对造成资源严重浪费、生态严重破坏的，实行生态环境损害赔偿和责任追究制度。② 继续开展自然资源资产负债表试点，积累经验后在全国复制和加以推广。

---

① 张孝德. 对四类主体功能区管理模式的思考 [N]. 中国经济时报，2007-12-25（005）.

② 高敬，杨维汉. 我国将探索编制自然资源资产负债表 [EB/OL]. http://news.xinhuanet.com/fortune/ 2015-09/17/c_1116598343.htm.

9 实证分析：桂黔滇喀斯特石漠化防治生态功能区配套政策研究

石漠化是指在热带、亚热带湿润和半湿润气候条件以及岩溶发育的自然条件下，由于人为不合理的经济社会活动的干扰，地表植被遭受破坏，土壤被侵蚀，基岩大面积裸露，地力严重下降，地表呈现类似荒漠景观的土地退化现象。① 在我国，石漠化主要分布于西南地区的桂黔滇等省区，其危害十分严重，既是造成这一区域生态环境问题的主要原因，也是区域贫困和落后的根本原因，其所产生的生态环境问题不仅严重制约着桂黔滇石漠化地区的经济社会发展，而且危及珠江流域、长江流域的生态安全，使桂黔滇喀斯特石漠化防治生态功能区的生态保护和建设面临巨大的挑战。为了促进该生态功能区生态环境治理，国家和三省区出台了一系列政策措施，使生态质量指数呈增加趋势，区域植被生态环境总体改善，综合治理效果十分显著。然而，石漠化综合整治是一项十分复杂的系统工程，涉及生态治理方方面面的内容，非短时期内可以收到成效。因此，亟须完善相关配套政策，力求从政策支持的角度增强石漠化生态治理能力和促进区域生态主体功能的充分发挥。

9.1 桂黔滇石漠化防治生态功能区概况

石漠化广泛分布在我国西南的桂黔滇等省区，其自然生态环境十分独特，生态系统退化严重，严重制约着区域经济社会的发展，导致区域贫困加深，生态建设和保护面临巨大压力。

9.1.1 区域基本情况

桂黔滇石漠化片区是世界上喀斯特地貌发育最典型的地区之一。该区涉及

---

① 百度百科. 石漠化 [EB/OL]. http://baike.baidu.com/link? url.

云南、广西、贵州三省（区）的91个县（市、区）（见表9.1），是民族地区、革命老区和边境地区的重合区域，是国家新一轮扶贫开发攻坚14个片区中所辖县数最多、扶贫对象最多以及少数民族人口最多的片区。①

表9.1　　　　　　　　　　桂黔滇石漠化片区区域范围

	省（区）	市（州）	县（市、区）
桂黔滇石漠化区（91个）	广西（35个）	柳州市	融安县、融水苗族自治县、三江侗族自治县
		桂林市	龙胜各族自治县、资源县
		南宁市	隆安县、马山县、上林县
		百色市	田阳县、德保县、靖西市、那坡县、凌云县、乐业县、田林县、西林县、隆林各族自治县、右江区、田东县、平果县
		河池市	凤山县、东兰县、罗城仫佬族自治县、环江毛南族自治县、巴马瑶族自治县、都安瑶族自治县、大化瑶族自治县、金城江区、南丹县、天峨县
		来宾市	忻城县
		崇左市	宁明县、龙州县、大新县、天等县
	贵州（44个）	六盘水市	六枝特区、水城县、钟山区
		安顺市	西秀区、平坝区、普定县、镇宁布依族苗族自治县、关岭布依族苗族自治县、紫云苗族布依族自治县
		黔西南布依族苗族自治州	兴仁县、普安县、晴隆县、贞丰县、望谟县、册亨县、安龙县、兴义市
		黔东南苗族侗族自治州	黄平县、施秉县、三穗县、镇远县、岑巩县、天柱县、锦屏县、剑河县、台江县、黎平县、榕江县、从江县、雷山县、麻江县、丹寨县、凯里市
		黔南布依族苗族自治州	荔波县、贵定县、独山县、平塘县、罗甸县、长顺县、龙里县、惠水县、三都水族自治县、瓮安县、都匀市
	云南（12个）	曲靖市	师宗县、罗平县
		红河哈尼族彝族自治州	屏边苗族自治县、泸西县
		文山壮族苗族自治州	砚山县、西畴县、麻栗坡县、马关县、丘北县、广南县、富宁县、文山市

资料来源：国务院扶贫开发领导小组办公室、国家发展和改革委员会. 滇桂黔石漠化片区区域发展与扶贫攻坚规划（2011—2020年）[Z]. 2012.

---

① 国务院扶贫开发领导小组办公室，国家发展和改革委员会. 滇桂黔石漠化片区区域发展与扶贫攻坚规划（2011—2020年）[EB/OL]. http://www.ndrc.gov.cn/zcfb/zcfbqt/201304/t20130425_538578.html.

9.1.1.1　区域范围

桂黔滇喀斯特石漠化防治生态功能区是桂黔滇石漠化片区的重要组成部分，也是国家层面限制开发的重点生态功能区，包括广西、贵州、云南三省区的 10 个州（市），26 个县（市、区），包括贵州 4 个市（州）9 个县（市），云南 1 个州（市）5 个县（市），广西 5 个市、12 个县（区），区域国土面积约 7.71 万平方千米（见表 9.2），各类石漠化以及潜在石漠化面积 1.59 万平方千米，占国土面积的 20.61%，占桂黔滇石漠化片区的 28.6%。按照全国行政区划，该生态功能区 26 个县均属于西部民族地区。

表 9.2　　　　桂黔滇喀斯特石漠化防治生态功能区基本情况

区域范围	贵州省（9 个）：赫章县、威宁彝族回族苗族自治县、平塘县、罗甸县、望谟县、册亨县、关岭市布依族苗族自治县、镇宁布依族苗族自治县、紫云苗族布依族自治县
	广西壮族自治区（12 个）：上林县、马山县、都安瑶族自治县、大化瑶族自治县、忻城县、凌云县、乐业县、凤山县、东兰县、巴马瑶族自治县、天峨县、天等县
	云南省（5 个）：西畴县、马关县、文山市、广南县、富宁县
面积（万平方千米）	7.71
人口（万人）	1 108

资料来源：全国及各地区主体功能区规划（上）［M］. 北京：人民出版社，2015；桂滇黔喀斯特石漠化防止生态功能区生态保护与建设规划（2014—2020 年）［Z］. 整理而得。

9.1.1.2　人口状况

截至 2012 年年末，桂黔滇喀斯特石漠化防治生态功能区户籍人口 1 108 万人。其中，农业人口为 1 103 万人，少数民族人口 619 万人，劳动力人口 427 万人，分别占总人口的 90.1%、55.9% 和 53.4%。区域城镇化率为 25.4%，人口密度 154 人/平方千米。以广西 12 县为例，2016 年城镇化率为 23.33%，低于全国同期 34.02 个百分点，城镇化水平十分低。

桂黔滇喀斯特石漠化防治生态功能区所包含的 26 个县全部为民族县，区内居住着苗族、侗族、布依族、水族、土家族、仡佬族、白族、回族、彝族、瑶族、壮族等少数民族。地域文化独具特色，民俗风情浓郁深厚，民间工艺和非物质文化遗产十分丰富（见表 9.3、如图 9.1 所示）。

表 9. 3　　　　　　　　　2016 年广西壮族自治区 12 个县人口情况

区域		常住人口（万人）	城镇常住人口（万人）	城镇化率（%）
广西壮族自治区	马山县	40.72	10.47	25.72
	上林县	35.85	10.16	28.33
	凌云县	19.33	4.88	25.23
	乐业县	15.49	3.30	21.33
	天峨县	16.1	3.39	21.03
	凤山县	16.82	3.52	20.90
	东兰县	22.15	3.88	17.53
	巴马瑶族自治县	23.18	3.86	16.65
	都安瑶族自治县	53.62	19.75	36.83
	大化瑶族自治县	37.32	7.52	20.15
	忻城县	32.56	8.04	24.69
	天等县	33.20	7.17	21.59

资料来源：广西壮族自治区统计年鉴（2017）［M］. 北京：中国统计出版社，2016.

　　注：由于云南统计年鉴和贵州统计年鉴均无上述相关项的统计，故只根据《广西壮族自治区统计年鉴（2017）》对桂滇黔石漠化防治生态功能区所涉及的广西的 12 个县进行了整理。

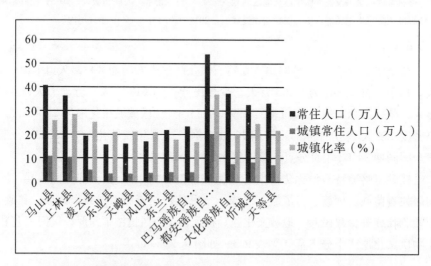

图 9.1　桂滇黔石漠化防治生态功能区广西 12 县人口及城镇化率

9.1.2 自然及资源条件

9.1.2.1 自然条件

桂黔滇喀斯特石漠化防治生态功能区地质地貌独特，区域大部分地处云贵高原东南部及其广西盆地过渡地带，地势东高西低，碳酸盐岩地连片分布，形成高原型典型喀斯特地貌，是世界上喀斯特地貌发育最为典型的地区之一。该区属于以岩溶环境为主的生态系统，生态脆弱性高，土壤流失严重。该区地处亚热带，属亚热带湿润季风气候，旱季、雨季分明。区域年降水充沛，径流量大，落差大。受地理区位、气候和植被等的影响，区域内广泛分布着红壤、黄壤、黄棕壤等地带性土壤类型，非地带性土壤石灰土也广布于石灰岩出露地区。目前，该区域生态系统不断退化，石漠化面积扩大，生存环境在不断恶化，生态恢复的难度极大。

9.1.2.2 自然资源

桂黔滇喀斯特石漠化防治生态功能区森林资源丰富，森林面积 1 191.3 万公顷，其中乔木面积 879.9 万公顷，竹林面积 1 717.1 万公顷，国家规定特别灌木林面积 294.2 万公顷。国家林业局公布 2015 年森林资源清查结果显示，云南、广西、贵州三省区森林覆盖率分别为 55.7%、60.17%、43.77%，林业资源较为丰富。

——生物资源。该区域独特的地理环境和温暖湿润的亚热带季风气候为珍稀动物种的繁衍提供了栖息场所，有近千种野生植物种类，国家一、二、三级保护动物 60 多种，生物多样性保存完好，区内有 5 个国家级自然保护区、4 个国家森林公园。

——水能资源。区内河流纵横，有珠江、长江、红河三大江河流域，地表河网和地下河网均比较发达，水资源总量达 5 420 亿立方米，水能资源可开发量达 1.27 亿千瓦。

——矿产资源。区内矿产资源种类多，已探明的锰、铝土等矿产资源储量大、品质高、易开发。该区是全国重要的能源资源开发、化工原料加工以及黄金高产基地。

9.1.2.3 文化资源

作为少数民族集中居住区，桂黔滇喀斯特石漠化防治生态功能区地域文化独特。区内自然景观、人文景观、风景名胜和世界遗产资源丰富密集，多元的民族文化资源相互交融。多样的自然景观和独特的人文资源，形成了具有鲜明特色的旅游资源，适宜开展动植物观赏、休闲养生、民族风情观光旅游以及独特的喀斯特地貌科学考察等。

9.1.3 经济社会发展

桂黔滇喀斯特石漠化防治生态功能区经济总量小，产业结构不合理，国家资金投入有限，自我发展动力不足，资源环境压力大，扶贫开发任务艰巨。

9.1.3.1 经济总量

经济总量小，发展速度慢。截至2012年年末，区域生产总值37 158 781万元，地方财政收入4 532 402万元，林业总产值3 872 560万元。林业总产值占地区生产总值的10.4%。发展不足是经济发展最主要的特征。人民生活水平不高，居民消费水平低。2016年广西、云南、贵州人均GDP分别为38 027.0元、30 949.0元、33 246.0元，而同年全国人均GDP达到53 980.0元，差距十分大。区域内的一些县级单元更低，有些县人均GDP甚至未跨过20 000元关口。

9.1.3.2 产业结构

产业基础薄弱，产业结构不合理。由于独特的自然、历史、发展基础等原因，区域工业尚未成为主导产业。第一产业比重过高，二、三产业比重小。2012年，第一产业2 182 996万元，第二产业1 258 612万元，第三产业430 951万元，三次产业结构比为56∶33∶11。从2015年该生态功能区内广西12个县所在的南宁、百色、河池、崇左、来宾5市的GDP、人均GDP以及一、二、三次产业可以看出，发展质量不高，亟须加快转变发展方式。①

表9.4　2016年桂黔滇石漠化防治生态功能区广西12县所在5市基本情况

省	市	地区生产总值(亿元)	人均地区生产总值	第一产业	第二产业	第三产业
广西	南宁市	3 703.33	52 723.00	395.93	1 426.50	1 880.90
	百色市	1 114.31	30 881.00	182.25	594.73	337.33
	河池市	657.18	18 842.00	150.99	199.82	306.36
	崇左市	766.20	37 161.00	167.66	310.69	287.85
	来宾市	589.11	26 885.00	148.60	220.20	220.31

资料来源：广西统计年鉴2017 [M]. 北京：中国统计出版社，2016.

9.1.3.3 交通状况

沪昆、广昆、夏蓉、汕昆等国家高速公路贯穿本区域，与已建成的百色、

---

① 国家林业局. 桂滇黔喀斯特石漠化防止生态功能区生态保护与建设规划（2014—2020年）[Z]. 2014.

兴义、文山等机场，初步构筑起内外交通运输骨架网络。但从整体上看，石漠化片区内交通基础设施还十分落后，连接三省区的路网还没有完全形成，现有路网公路里程总量偏少，公路技术等级较低，已规划建设的高速公路、铁路等还远不能满足经济社会发展的需求，交通仍是制约当地经济社会发展的瓶颈之一。因此，应构建符合"一带一路"发展要求的大交通网络，科学规划片区内的铁路、高等级公路，加快推进内陆到西南沿边重点口岸的高速公路、高速铁路的规划，建立面向东盟及国内西南、中南地区最便捷的陆路通道。

9.1.3.4　土地利用

随着人口剧增，人均耕地不断减少。贵州和广西每年因石漠化而减少的耕地约占耕地总面积的 0.5%，"人地矛盾"十分尖锐。随着区内人类活动的日益频繁，对土地开发利用的广度和深度都在不断扩展。由于生态地质上的先天局限，也由于资源开发、土地利用等生产方式不当，加之落后的生活方式，更由于人口的剧增，导致区内水土流失加重，石漠化面积不断扩大，土地地力不断下降，使人口、资源、环境面临巨大压力。

9.1.3.5　扶贫开发

自然灾害频发，落后的生产方式，过度的资源利用，生态环境破坏、生产力水平低下，是导致桂滇黔石漠化区贫困的主要原因。滇桂黔喀斯特石漠化防治生态功能区是国家新一轮扶贫开发攻坚战主战场中少数民族人口最多的片区，区内 26 个县全部列入桂滇黔石漠化区集中连片特殊困难地区范围，贫困面之大、贫困人口之多、贫困程度之深、返贫频率之高在全国罕见。近年来，在中央和桂滇黔三省区的大力支持下，以石漠化综合治理为重点，促进区域发展与扶贫攻坚联动，取得了一定的成效，然而扶贫任务仍十分艰巨。

9.2　桂黔滇石漠化防治生态功能区生态保护和建设评价

党中央、国务院高度重视桂黔滇石漠化片区生态保护与建设。党和国家主要领导人多次就石漠化综合整治做出重要指示和批示。2012 年 7 月，习近平总书记批示："石漠化是生态建设方面的严重问题，石漠化地区扶贫任务也很重。积极采取科学有效的措施，不断加大防治力度。"同年 6 月，李克强总理也做出批示："巩固石漠化综合治理成果，结合重点生态工程建设，扩大防治覆盖面。"2016 年 1 月，习近平总书记在推动长江经济带发展座谈会上明确指出，"要实施好岩溶地区石漠化治理工程"。2011 年，国家全面启动石漠化综合治理工程；2012 年召开的党的十八大明确提出，"要实施重大生态修复工程，增强生态产品生产能力，推进荒漠化、石漠化、水土流失综合治理"；2012 年，《滇桂黔石漠化片区区域发展与扶贫攻坚规划》正式实施；2014 年，国家发改委等 12 部委出台了《全国生态保护与建设规划（2013—2020 年）》，将岩溶地区石漠化综合治理作为国家重点地区综合治理重点工程项目。同年，国家林业局颁布了《桂滇黔喀斯特石漠化防治生态功能区生态保护和建设规划（2014—2020）》；2016 年，国家发改委等 4 部委出台了《岩溶地区石漠化综合治理工程"十三五"建设规划》。这些重要指示、批示和规划，为推进桂黔滇石漠化治理提供了行动指南。

在党中央、国务院的大力支持下，对石漠化重点生态保护与建设工程的投入不断增加。截至 2015 年年底，已累计安排中央预算内专项投资 119 亿元，整合相关资金 1 300 多亿元，治理全国石漠化面积 7 万平方千米。① 在国家政策的强力支持下，桂黔滇喀斯特石漠化防治生态功能区林草植被得到一定程度的恢复，水土流失减少，风沙危害减轻，重点工程区生态环境明显改善，有效地促进了生态安全屏障建设。但是，由于该区生态脆弱性极高，人为活动对生态系统造成的压力又不断加大，石漠化防治生态功能区生态保护与建设是一项长期的、艰巨的任务。

9.2.1 生态保护与建设取得了积极成果

西部大开发战略实施以来尤其是近年来，国家通过实施石漠化综合治理、水土流失治理、退耕还林等重点生态工程，加大了对桂黔滇喀斯特石漠化防治生态功能区生态保护与建设的力度，加快推进了石漠化重点区域和重要流域的生态综合治理，生态环境明显改善，生态保护与建设成效显著。

一是区域林草植被盖度明显增加，生态状况逐步改善。根据国家林业局公布的 2015 年森林资源清查结果，桂、黔两省区森林面积和森林蓄积量均实现了双增长，云南 90% 的典型生态系统和 85% 的重要物种得到了有效保护，植被群落结构呈现良性改善。国务院公布的全国第二次石漠化监测结果显示，岩溶地区生态状况改善的面积和保持稳定的面积占监测区岩溶土地面积的95.8%，水土流失面积和土壤侵蚀强度均呈下降趋势，石漠化防治取得阶段性成果。2016 年广西石漠化生态脆弱区植被生态质量为 17 年以来最好，石漠化

---

① 国家发改委, 国家林业局, 等. 岩溶地区石漠化综合治理工程"十三五"建设规划（发改农经〔2016〕624 号）［EB/OL］. http://www.ndrc.gov.cn/gzdt/ 201604/t20160422_798771.html.

综合治理区植被生态质量指数呈增加趋势，区域植被生态环境总体改善，综合治理效果显著。

二是石漠化面积减少，程度减轻。国务院公布的全国第二次石漠化监测结果显示，桂滇黔三省区的石漠化土地面积均出现了净减少，广西石漠化减少面积最多，为45.3万公顷，减少了19.0%。贵州、云南石漠化面积分别减少29.2万公顷和4.3万公顷。其中，重度及以上石漠化以广西减少面积最多，达39.0万公顷；中度石漠化以云南减少面积最多，达24.4万公顷。

三是固土保水功能增强，水土流失减少。随着生产方式的转变，区内陡坡耕作逐步下降，水土保持不断趋好。坡改梯、沟道整治、拦沙、排灌沟渠等水土保持措施，有效缓解了水土流失，极大地减少了淤积泥沙对水利水电的潜在威胁，增强了长江、珠江、红河流域的生态安全。

四是扶贫攻坚力度加大，区域脱贫致富的步伐加快。鉴于该区土少石多、生存环境严酷、人口密度大、人均耕地少、贫困人口多、返贫率高等的实际，国家和三省区将"治石"和"治贫"有机结合起来，注重扶持和培育区域特色产业发展，并通过生态脱贫、旅游扶贫、科技教育扶贫等方式，转变居民的生产生活方式，减少人为活动对区域生态环境的干扰和破坏，加快了区域脱贫致富的步伐。如，广西大力推进"扶持生产发展、生态补偿脱贫、边贸政策扶助"政策，并实施"特色产业富民、农村电商扶贫、科技文化扶贫"三大行动，2016年全面完成了120万贫困人口脱贫、1 000个贫困村和8个贫困县的摘帽目标任务。

9.2.2 生态保护与建设仍面临诸多困难

尽管通过实施石漠化综合整治，桂黔滇喀斯特石漠化区域的生态保护与建设取得了阶段性成果，但区域生态环境状况整体恶化趋势还未得到根本遏制，石漠化危害仍然十分严重。石漠化带来的生态治理是一个长期的、艰巨的、复杂的过程，非一朝一夕就能从根本上解决问题。

一是石漠化防治难度大。桂黔滇属于以岩溶环境为主的特殊生态系统，生态脆弱性极强，自然因素加上人类长期不合理的耕作经营方式，导致一些区域植被覆盖率下降，山地生态系统退化，石漠化面积扩大，生态系统结构完整性遭到破坏。全国第二次石漠化监测结果显示，全国的石漠化土地65%集中在桂黔滇，广西、贵州、云南的占比分别为16.1%、25.2%、23.7%。亟须治理的石漠化土地面积大，治理难度大，治理成本高，治理后生态系统由于缺乏稳定性而极易反弹，防治任务十分艰巨。

二是石漠化治理认识不到位。一些县市忽视生态保护与建设，没有充分认识到石漠化防治的重要性和紧迫性，滥采、滥牧、滥垦等破坏植被的现象尚未杜绝，加之石漠化防治措施还不完善，边防治、边破坏现象时有发生，造成局部地区石漠化土地的扩展。

三是石漠化防治投入不足。桂黔滇喀斯特石漠化防治生态功能区内26个县均是国家的重点扶贫县，石漠化防治投入主要依靠中央财政转移支付，地方财政十分困难，配套资金难以到位。尽管国家投入在不断地增加，但防治成本的逐步攀升使投入离实际需求相去甚远，这在很大程度上影响了石漠化防治的进展和质量。

四是"环发"矛盾十分突出。生态环境脆弱，加上不合理的经济活动，是导致贫困的主要原因。土地石漠化减少了土地等可供人类利用的资源，制约了经济发展，贫困由此产生；反过来，贫困又导致不合理的开发行为，对自然生态造成严重破坏，经济发展与生态保护、农民生存与生态保护矛盾十分突出。

五是扶贫开发任务十分繁重。作为"老少边穷"的重叠区域，该生态功能区的石漠化问题与贫困问题交织在一起，生态基础脆弱，生存环境恶劣，基础设施薄弱，公共服务滞后，是全国贫困人口多、贫困程度深、扶贫攻坚难度大的地区和第二轮扶贫攻坚的主战场。如，区内的贵州9个县仍有305.8万贫困人口，占全省贫困人口的49%，贫困发生率达21.3%，比全国高出14个百分点；村级集体经济薄弱，"空壳村"占70%左右，大量青壮年外出务工，常住人口中的"老弱幼"占比高，扶贫难度大。

六是石漠化防治政策措施滞后。区域的基础设施建设项目、产业项目等未能很好地融入国家的总体规划和有关部委的专项规划，导致项目难落实、产业难推进、资金难保障；石漠化防治投入、税收减免、金融扶持、生态补偿、征地补偿等方面的优惠政策兑现得不够，政策效应未得到充分发挥；缺乏跨区域的协调机制，省域之间、市域之间、县域之间的一些重大基础设施项目和生态工程存在着用地难、融资难、落地难和协调难，阻碍了石漠化治理的进程；社会各方参与石漠化治理的积极性还没有得到有效调动和保护。

9.3 桂黔滇石漠化防治生态功能区主体功能定位和发展方向

9.3.1 区域生态价值

桂黔滇喀斯特石漠化防治生态功能区生态区位十分重要，有着重要的水源涵养价值、重要的生态屏障价值、重要的生物多样性保护价值以及自然生态景观价值。

一是水源涵养价值。区内拥有丰富的森林、湿地和草地资源，发挥着涵养水源，调节地表径流、净化水质和调蓄洪水，防御、降低自然地质灾害发生频率与强度的重要作用，为长江流域和珠江流域生产生活提供了用水保障，是维护珠江流域和长江流域水体安全的重要防御屏障。

二是生态屏障价值。该区主体山脉苗岭是中国著名的纬向构造带之一，是南亚热带和中亚热带的分界线，也是珠江流域和长江流域的分界线，对阻挡寒流南进起到了重要作用。区域内森林、草地和湿地等的生态系统生态服务价值极高，发挥着涵养水源、保持水土、净化空气、固碳释氧、保护野生物等生态功能，是保护长江和珠江中下流域省（区）的重要生态屏障。

三是生物多样性保护价值。该区山地森林生态系统独特，既是中亚热带与南亚热带植物区系的过渡区，也是华东与西南植物区系的过渡区，是安息香科植物的原生地和分布中心，分布有世界同纬度地区保存完好、面积大、最具代表性的亚热带原生型常绿阔叶林，并保存着针叶阔叶混交林、针叶林和山顶矮林等森林植被类型，对保护水源和土壤、调节气候、维护生态平衡、拯救珍稀濒危物种、开展科学考察等意义重大。

四是自然生态景观价值。该区有着丰富的自然生态资源、旅游资源、人文资源等，其承载的自然资源是生态系统的重要组成部分，具有观赏、游憩、休闲、康养等效用和价值。截至 2013 年，区内共建立了国家级自然保护区 5 处、国家级森林公园 3 处、省级以下森林公园 9 处。①

---

① 国家林业局. 桂滇黔喀斯特石漠化防止生态功能区生态保护与建设规划（2014—2020 年）[Z]. 2014.

9.3.2 主体功能定位和发展方向

9.3.2.1 主体功能定位

桂黔滇喀斯特石漠化防治生态功能区生态系统脆弱、特殊，生态恢复治理难度大。根据《全国主体功能区划》，该区是国家层面限制开发的生态地区，属于水土保持型重点生态功能区，其主体功能定位是：以区域植被保护与恢复为主体的石漠化生态综合治理和生物多样性保护，提供生态产品、保护环境的重要区域，保障国家生态安全的重要屏障以及人与自然和谐相处的示范区。

9.3.2.2 发展方向

以生态保护和修复为首要任务，实行保护性开发，因地制宜发展资源环境可承载的适宜产业和旅游业等，引导部分人口逐步有序转移。[①] 根据不同区域的生态系统特征，增强生态服务功能，形成重要的生态功能区。能源和矿产资源丰富的地区，按照"点状开发、面上保护"原则，适度开发能源和矿产资源，发展当地资源环境可承载的特色优势产业。限制陡坡开垦、超载放牧，推进小流域综合治理。实行封山育林育草、植树造林，巩固退耕还林还草成果。实行生态移民，改变耕作方式，解决农民长远生计。保护自然生态系统和与重要物种栖息地，保持并恢复野生动植物物种和种群的平衡（见表9.5）。

表9.5　桂黔滇喀斯特石漠化防治生态功能区综合评价及发展方向

名称	区域分布	类型	综合评价	发展方向
桂滇黔喀斯特石漠化防治生态功能区	贵州威宁—赫章高原分水岭石漠化防治与水源涵养区，包括赫章县和威宁县	石漠化防治与水源涵养	拥有完整的喀斯特高原面积，乌江、北盘江、牛栏江横江水系的发源地，高原湿地生态系统特殊，贵州省重要的水源涵养地。目前，石漠化与水土流失较严重，湿地生态系统退化	封山育林育草，推进石漠化防治，加强水土流失治理，保护和恢复植被、湿地
	贵州关岭—镇宁高原峡谷石漠化防治区，包括镇宁县、关岭县和紫云县	石漠化防治与水土保持	喀斯特发育强烈，生态系统脆弱，喀斯特旅游资源丰富。目前，生态环境遭到破坏，生态系统退化，水土流失严重，石漠化有扩大趋势	加强石漠化防治和水土流失治理，实行生态移民，改变耕作方式
	贵州册亨—望谟县、北盘江下游河谷石漠化防治与水土保持区，包括册亨县和望谟县	石漠化防治与水土保持	喀斯特地貌与非喀斯特地貌相间分布，生态系统脆弱，对南、北盘江下游生态安全具有重要影响。目前，石漠化与水土流失较严重，生态系统退化	推进防护林建设，加强水土流失治理和石漠化防治，防止草地退化

① 国家法制办. 国务院关于印发全国主体功能区规划的通知［EB/OL］. http://www.chinalaw.gov.cn/article/ fgkd/xfg/fgxwj/201110/20111000351143.shtml.

表9.5(续)

名称	区域分布	类型	综合评价	发展方向
桂滇黔喀斯特生态功能区防治石漠化	贵州 罗甸—平塘高原槽谷石漠化防治区,包括罗甸县和平塘县	石漠化防治与水土保持	喀斯特发育强烈,生态环境脆弱,土壤一旦流失,生态恢复难度极大。目前山地生态系统退化,水土流失严重,石漠化有扩大趋势	加强石漠化防治和水土流失治理,恢复植被和生态系统,实行生态移民
	云南 滇东喀斯特石漠化防治生态区(包括西畴县、马关县、文山市、广南县、富宁县)	石漠化防治与水土保持	以岩溶系统为主的特殊生态系统,生态脆弱性极高,土壤一旦流失,生态恢复重建难度极大。目前,生态系统退化问题突出,植被覆盖率低,石漠化面积加大	退耕还林,封山育林育草,种草养蓄,实行生态移民,改善耕作方式,发展生态产业和优势非农产业
	广西 桂西——上林县、马山县、忻城县、都安县、大化县、马县、东兰县、凤山县、天峨县、凌云县、乐业县;桂西南——天等县	石漠化防治与水土保持	石漠化面积较大、石漠化程度较高、大部分地区土地贫瘠,生态脆弱,生态扶贫的地域特征突出	加强以石漠化治理、恢复林草植被、水源涵养、生物多样性保护为主要内容的生态建设

资料来源:全国及各地区主体功能区规划:中、下〔M〕.北京:人民出版社,2015. 经整理而得。

9.4 桂黔滇石漠化防治生态功能区建设内容

桂黔滇喀斯特石漠化防治生态功能区石漠化土地的集中分布,是我国南方最重要的生态问题,推进石漠化防治是构建南方绿色生态屏障、应对气候变化、改善民生、建设美好家园以及推进人与自然和谐相处的需要。因此,必须在科学发展观的指导下,全面贯彻党的十八大和十九大精神,按照全国主体功能区划确定的桂黔滇喀斯特石漠化防治生态功能区的功能定位和建设要求,以重点生态工程为抓手,以提升重要生态功能区生态系统服务功能、构建生态安全屏障为目标,以森林、湿地、农田等生态系统为生态保护与建设的重点,遵循全面规划、突出重点,合理布局、分区施策,保护优先、科学治理,以人为本、改善民生的原则,推进区域生态建设、产业发展、扶贫攻坚以及基本公共服务体系建设。分期分批实现石漠化防治主要目标,实现经济发展与生态建设形成良性互动格局。建设扶贫攻坚与石漠化综合治理相结合的重点区、建设长江流域重要水源涵养区,构筑珠江流域重要生态安全屏障,保障区域可持续发展。

9.4.1 生态保护与建设

按照《全国"十三五"生态环境保护规划》以及桂黔滇石漠化片区生态保护和建设规划，按照经济发展与生态保护相协调的要求，对桂黔滇喀斯特石漠化防治生态功能区进行石漠化综合治理，有序推进生态保护与建设。

9.4.1.1 生态功能区划分

根据地形地貌、区域植被分布、石漠化分布、程度差异及生态保护现状，结合区域经济社会发展水平等因素，将桂黔滇喀斯特石漠化防治生态功能区划分为生态综合治理区和生态保护恢复区，并分区施策，加强生态保护与建设的针对性。

（1）生态综合治理区

——区域范围。包括广西 12 个县（见表 9.6），国土面积 29 860 平方千米，其中石漠化面积 7 533.1 平方千米，占国土面积的 25.2%，海拔在 1 000~2 000 米左右，为中度、重度和极重度石漠化集中分布区。

——主要生态问题。人类不合理的社会经济活动导致的山地森林、草场植被退化、破坏，水蚀严重，土层流失，基岩裸露，石漠化淋溶发育加剧了水土流失，土壤生产力下降。

表 9.6　　　桂黔滇喀斯特石漠化防治生态功能区细分

功能区名称	省区	行政范围（县）	国土面积（平方千米）	石漠化面积（平方千米）
合计	3	26	77 109.0	15 894.7
生态综合治理区	广西壮族自治区	上林县	1 876.0	405.1
		马山县	2 345.0	356.6
		都安瑶族自治县	4 092.0	1 518.8
		大化瑶族自治县	2 854.0	1 103.7
		忻城县	2 541.0	1 178.8
		凌云县	2 036.0	358.3
		乐业县	2 617.0	260.7
		凤山县	1 743.0	397.0
		东兰县	2 435.0	728.4
		巴马瑶族自治县	1 966.0	386.9
		天峨县	3 196.0	80.3
		天等县	2 159.0	758.5

表9.6(续)

功能区名称	省区	行政范围（县）	国土面积（平方千米）	石漠化面积（平方千米）
生态保护恢复区	贵州省	赫章县	3 245.0	288.8
		威宁彝族回族苗族自治县	6 296.0	772.2
		平塘县	2 816.0	746.5
		罗甸县	3 010.0	719.4
		望谟县	3 006.0	565.4
		册亨县	2 597.0	195.1
		关岭布依族苗族自治县	1 468.0	543.2
		镇宁布依族苗族自治县	1 721.0	445.1
		紫云苗族布依族自治县	2 284.0	355.5
	云南省	西畴县	1 545.0	199.0
		马关县	2 755.0	888.7
		文山市	3 064.0	760.0
		广南县	7 938.0	1 520.7
		富宁县	5 459.0	362.0

资料来源：国家林业局. 桂滇黔喀斯特石漠化防治生态功能区生态保护与建设规划（2014—2020年）［Z］. 2014.

（2）生态保护恢复区

——区域范围。包括贵州、云南两省的14个县市，总面积47 204平方千米。贵州9县国土面积26 443平方千米，其中石漠化面积4 631.2平方千米，占9.8%；云南5县国土面积20 761平方千米，其中石漠化面积3 730.4平方千米，占18.0%（见表9.6）。本区地处云贵高原东部，地势西高东低，平均海拔在2 000米左右，石多土少，土层瘠薄，易受侵蚀，水土流失严重，是世界岩溶地貌最典型的地区之一。坡度在20度以上的地区，石漠化分布以中度、轻度和潜在石漠化为主，主要分布在林地、耕地中。

——主要生态问题。地表植被盖度低，岩石裸露率高，一旦植被遭破坏，直接变成石漠化土地；人类对资源过度利用，加剧了植被衰退、水土流失、土地生产能力的退化。

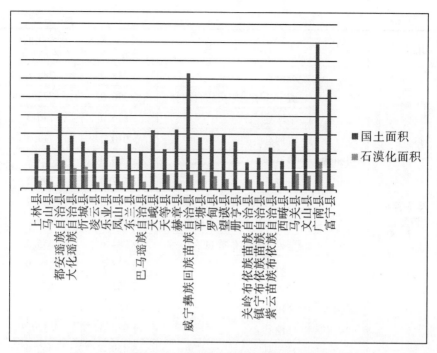

图例:
- ■ 国土面积
- ▦ 石漠化面积

图 9.2　桂黔滇石漠化片区 26 个县国土面积和石漠化面积

表 9.7　　　　　　　　　　桂黔滇石漠化防治主要指标

指标	2012	2015	2020
森林生态系统保护与建设目标			
生态用地占地比（%）	68.33	69.99	72.11
森林覆盖率	52.18	52.23	54.57
森林蓄积量（亿立方米）	0.998	1.018	1.043
林地面积（万公顷）	660.90	803.33	1 025.28
水土流失综合治理建设目标			
石漠化土地治理率（%）	11.31	14.10	18.57
水土流失综合治理率（%）	2.05	3.00	4.83
"三化"草地治理率（%）	35.40	48.16	70.77
湿地保护目标			
自然湿地保护工程（万公顷）	4.96	6.03	7.69
自然湿地保护率（%）	30.50	32.54	35.28

资料来源：国家林业局. 桂滇黔喀斯特石漠化防治生态功能区生态保护与建设规划（2014—2020）［M］. 2014.

9.4.1.2　分区的功能定位

围绕《全国主体功能区规划》《全国生态功能区规划》等对桂黔滇喀斯特石漠化生态功能区的定位，应增强水源涵养和水土保持功能，保护生物多样性，增强生态环境承载能力，构筑相对完备的生态体系，保障长江、珠江流域生态安全。

（1）功能定位和发展方向

——生态综合治理区。功能定位是：在生态保护的基础上，依托区域内的自然环境资源，积极保护与恢复植被资源，提高森林覆盖率，防止水土流失，有效减缓遏制石漠化发展进程，建成重要生态安全屏障，建设喀斯特山水观光、边关览胜、红色教育基地，打造具有国际影响的原生态民族文化观光养生旅游景区。发展方向是：进行水土流失控制与石漠化生态综合治理，继续推进天然林保护，造林种草，退耕还林等生态治理工程，提高森林覆盖率。在石质山地及石漠化扩展区，封山育林，营造水土保持林和水源涵养林；山前平缓地带，岩溶槽谷地段，修建大坝和排灌渠，整治土地，提高土地生产力。

——生态保护恢复区。功能定位是：加强珠江、长江上游重要生态安全屏障建设，加大森林植被、天然湿地、水域等生态功能脆弱区及生物多样性保护力度，加大各类自然保护区、森林公园、湿地公园建设力度。着力打造经济与生态防护功能兼具的生态保护恢复建设模式，提升土地环境综合承载能力，促进农业生产与生态协调发展，加速推进城镇化、工业化、产业化发展进程，加快脱贫致富步伐，改善人居环境，促进民族团结进步以及人与自然和谐发展。发展方向是：以保护和恢复林草植被为主要任务，通过实施退耕还林、森林抚育工程等建设工程恢复增加植被，构建生态屏障。

9.4.1.3　生态保护和建设内容

以现有植被保护恢复为主，加强天然林资源保护，因地制宜实施封育保护为主，继续推进重点生态工程，巩固、稳定和扩大退耕还林、还草范围，加强石漠化综合治理。

（1）森林生态系统保护和建设

加强天然林和公益林的管护，实施工程造林，加大对长江流域防护林、珠江流域防护林的建设力度。大力营造综合防护林体系，积极发展优势特色经济林，提高林地生产力和生态防护功能；加强森林抚育管理，加强中、幼抚育和低效林改造；对区域内25°以上坡耕地全部退耕，从根本上化解水土流失的潜在风险；完善森林保护基础设施，对森林生态系统进行有效管护，加强森林防灾减灾体系建设，增强区域应对气候变化和自然灾害的能力。

（2）加强生物多样性保护与建设

加大国家级自然保护区、国家级森林公园、国家级湿地建设力度，构建相对完备的生态保护体系。对生物多样性丰富地区开展摸底调查。开展生物多样性监测，实施珍稀濒危野生动植物保护拯救工程，建设珍稀物种保护与研究中心和珍稀野生植物原生境保护点。加强对世界罕见的喀斯特岩溶地貌分布范围及生物群落的保护，保护世界物质文化遗产。

（3）水土保持和石漠化综合治理

一是增强水土保持和水源涵养能力。坚持保护优先、防治结合、强化治理的方针，对生态区位重要、石漠化发育典型、水土流失严重、易发泥石流等地质灾害的石漠化区域，加强天然林保护、湿地保护与恢复工程，全面提升森林与湿地质量。通过封山育林育草、退耕还林、增加林地面积、减少坡耕地面积、加强小流域治理等，减少水土流失面积，增强水土保持和水源涵养能力。

二是加强石漠化综合治理。按照"积极治理、科学利用、治用结合"的要求，采取生物和工程措施相结合，以岩溶流域为单元，全面实施石漠化综合防治工程，实行农、林、水、土相结合的复合型治理模式，通过封山管护、人工造林等措施，提高林草覆盖率，遏制石漠化面积扩大趋势。落实石漠化治理目标责任，并定期开展监测和评估工作。

9.4.2 产业发展

根据区内各县的资源特点、经济发展状况和产业优势，积极支持和扶持符合主体功能定位的特色产业发展，壮大产业规模，延伸产业链条，合理空间布局，为区域脱贫致富提供产业支撑。

一是培育壮大特色农林产业。积极发展桑蚕、油茶、核桃、小桐子等特色农林产业，推动实行生态标记；结合当地速生丰产林、经济林、水土保持林、珍贵用材林等多林种、基地建设和产业发展需求，积极发展生态经济林产业。大力打造以核桃、油茶、香料、油用牡丹、竹产业等为重点的优势特色生态经济林产业带。积极发展立体林业，促进林禽、林药、林间经济、林下经济发展。

二是发展特色加工业。完善特色产业市场化加工链条，因地制宜推动粮油、蔗糖、茶叶、林竹产品等特色农产品初加工和深加工；依托矿产资源的组合优势，推进上下游产业一体化；依托三七、石斛、青蒿等道地药材资源，积极发展民族特色药品和保健食品。

三是发展生态旅游业。依托区内自然环境资源、民族民俗文化资源和丰富的红色旅游资源，推动生态旅游业加快发展。以喀斯特地貌、森林、湿地、野生动植物等资源为依托，以风景名胜区、历史文化名城、少数民族特色村寨等为载体，打造喀斯特山水观光、森林休闲度假和康养、民俗体验、户外探险和科学考察等特色旅游目的地。打造民族工艺品、民族服饰、地方特色食品等旅游产品，提高旅游产品的附加值。

四是民族文化产业。加强对特色民族村镇、古村镇、文物古迹等的保护，保护和抢救少数民族传统文化、民族特色文化遗产、非物质文化遗产等。依托民族文化特色资源，加快建设一批文化产业基地并促进文化产业集聚发展。

五是实行产业化扶贫。采取"企业+农民专合组织+农户""农民专合组织+农户"等模式，推动特色产业开发和发展，带动贫困人群脱贫致富。对在贫困村建立产业基地的企业实行扶贫贴息贷款支持。大力推进订单农业，为特色农产品找到稳定的市场销路。

9.4.3 扶贫攻坚

由于自然、经济、社会、历史等方面的原因，尚未解决温饱的人口大多生活在石漠化的深山区、石山区、高寒山区、少数民族聚居区、革命老区，其农村基础设施薄弱，文化教育落后，生态环境恶劣，扶贫任务重，脱贫难度大。因此，对于生态区位重要，岩石裸露，水资源缺乏，生态状况恶劣，耕地土壤生产力低下，不适宜于人类居住的区域，应组织实施有序的生态移民，稳步推进易地扶贫搬迁。扶贫工作除继续采取过去行之有效的手段外，还要进一步探索石漠化地区群众安置的新方式、新路子，确保移民搬迁群众有稳定的土地资源和经济来源。针对石漠化地区人多地少的突出矛盾，有计划组织劳务输出，千方百计减少人口对土地的压力，遏制石漠化扩大的趋势。

9.4.4 基本公共服务体系建设

一是加强基础设施建设。加强石漠化区交通基础设施建设，加快建设"四条路"：集中力量建设"幸福小康路"，全面实现乡镇、建制村和较大撤并建制村通硬化路，实施农村拓宽公路和危桥改造；突出重点建设"康庄大道路"，继续推进贫困地区国家高速公路和普通国道改造，打造贫困地区内部之间以及与外部衔接的交通骨干通道；创新发展"特色致富路"，支持贫困地区建设具有资源路、旅游路、产业路功能的公路；推动建设"对外开放路"，加强沿边公路、口岸公路建设，促进贫困地区向开放前沿发展。通过加快建设上述四条路，全面提升石漠化片区"内联外通"干线公路网络的服务能力和水平，为石漠化综合治理和脱贫致富提供交通运输保障。加强水利工程建设，建设一批大中小型水库和引提水工程，缓解工程型缺水。加快骨干水源、大中型灌区续建、节水改造、中小河流治理、水土保持、小型农田水利设施等工程的建设。① 合理开发利用和保护水资源，发展节水农业和节水型工业，确保区域产业布局与水资源承载能力相匹配。

二是促进基本公共服务均等化。加快石漠化地区科教文卫和社会保障等事业发展，健全基本公共服务体系，保障和改善民生。统筹发展各类教育，大力发展学前教育，稳步推进义务教育均衡发展，加快普及高中阶段教育，积极支持职业技术教育，进一步加强区域内高等院校建设；推进实施国家基本公共卫生和重大公共卫生服务项目，完善医疗服务体系，提升公共卫生服务均等化水平；大力发展科技文化，围绕地方优势特色产业、新兴产业等重点产业加强科技文化服务和科技人才培训；加大科技扶贫力度，实施一批科技扶贫项目；建立健全城乡养老保险和最低生活保障制度，推进城镇职工基本养老保险与城乡居民养老保险、扶贫开发与农村最低生活保障制度之间的衔接，加强社会保障和社会福利基础设施与能力建设。

9.5 桂黔滇喀斯特石漠化防治生态功能区政策体系构建

作为国家主体功能区规划确定的重点生态功能区，桂黔滇石漠化防治区承担着保持水土和物种多样性等生态功能实现的责任，区域必然会为保护和修复生态环境付出发展的机会成本；同时，作为全国扶贫攻坚难度最大的区域，石漠化治理与贫困问题交织在一起，面临的问题更多，矛盾更突出。因此，必须在整合现有相关政策的基础上，构建起与其主体功能定位相适应的差别化的区域政策体系，以保障其主体功能的充分发挥，实现国家区域管控的目标。

9.5.1 政策需求

9.5.1.1 主体功能定位要求实施差别化的区域政策

桂黔滇喀斯特石漠化防治生态功能区是国家主体功能区规划中确定的限制开发区域。自然因素加上长期以来人类不合理的开发使用，导致该区人地矛盾

---

① 政务报道组. 滇桂黔石漠化片区区域发展与扶贫攻坚加快推进 [N]. 中国水利报，2015-09-10（001）.

突出,生态系统遭到严重破坏。该区作为"两江"上游的生态屏障,担负着维护长江、珠江流域生态功能的重任。同时,该区经济社会发展水平低,城镇化进程缓慢,公共投入欠账多,公共服务水平低。再者,石漠化治理与贫困问题交织,扶贫攻坚任务艰巨。因此,对这样一个特定的限制开发区域,必须明确政策目标,设计政策重点,加大政策支持力度,为区域加强生态环境保护和建设、确保基层政府正常运转、扶持特色优势产业发展、实现精准扶贫以及促进基本公共服务均等化等提供政策保障。

一是差别化政策是生态重建的必然要求。由于限制开发,该区对经济社会的贡献主要体现在农业和生态功能方面,即区域放弃了工业化和城镇化的发展机会,造成当地财政收入减少,而为维护和修复生态功能所支付的成本非常高。因此,迫切需要以财政转移支付方式等对区域进行利益补偿。

二是差别化政策有助于化解"环发"矛盾。推进经济社会发展,增进居民的福利,是地区经济发展的主要目标。作为限制开发的重点生态功能区,该区的主体功能为保障生态安全。然而,区域需要不断增强自我发展能力,区域内居民需要不断提高福利水平。为了保障基层政府维持基本的运转,为了保障居民获得与其他区域基本相当的公共服务,共享全国改革开放的成果,迫切需要强有力的、差别化的配套政策支撑,以缓解并逐步化解经济发展与生态环境保护之间的矛盾。

三是生态建设和环境保护的外部性要求实施差别化的区域政策。生态环境作为一种公共产品,具有明显的外部性。限制开发的石漠化防治生态功能区所从事的是生态修复、环境保护等提供生态财富生产的活动,除本区域受益以外,也给其他区域带来较大的收益,对这一类型区域从事生态建设和环境保护的活动所付出的代价和受到的损失进行利益补偿,完善相关补偿政策,实现生态环境保护外部效应内部化,充分调动基层政府、当地居民进行生态保护的积极性,保证生态建设和环境保护持续进行下去,最终实现生态环境的明显改善和经济社会与自然的协调发展。

9.5.1.2 现有政策难以适应区域主体功能的发挥

长期以来,国家十分关注桂黔滇石漠化地区生态保护和建设,颁布了针对该区的一系列规划,在基础设施建设、产业发展、科技支撑、生态补偿、公共服务体系建设等方面出台了诸多优惠政策,有效地指导和助推了该区生态保护与建设,生态保护和建设、经济社会发展和扶贫攻坚都取得了显著成效。而且,该生态功能区的三省区在政策制定和实施方面都取得了各自独特的经验。如,广西通过建立片区协调机制、强化顶层设计、加大基础设施财政投入、推动产业脱贫、抓好异地搬迁等促进了区域主体功能的发挥；贵州在改善民生、产业带动、增加精准扶贫的实效性等方面进行政策创新；云南在生态建设与保护方面强化组织领导、突出政策重点、用足用好政策。然而，现有政策在执行过程中仍存在着诸多问题，主要表现以下方面：

（1）部分规划和政策缺乏针对性

国家主体功能规划在明确该区主体生态功能的同时，对区域大规模工业化和城镇化开发活动进行限制，但规划在突出保障主体生态功能目标实现的前提下，以限制性保护政策明确了区域生态保护责任，但建设性、主动性保护政策不够细化，尤其缺乏专门针对石漠化特困片区的优惠政策。如在扶贫规划落实方面，无论是中央财政转移支付，还是地方为数不多的财政配套均有不到位的现象。现有政策对生态退化的驱动因素重视程度不够和实施力度不足，导致生态环境治理对外部持续投入依赖较大，治理效率不高。此外，对生态问题所引发的区域落后的社会经济发展状况的重视略显不足。

（2）政策没有突出林业生态建设的主体地位

林业措施、水利措施、农业措施都是石漠化综合治理的重要措施。然而，近年来所实施的生态工程项目建设中，却对林业措施关注不够，林业在生态保护和建设中的主体地位不够突出。具体表现在对恢复森林植被等林业项目的建设投资比重不高，制约了生态恢复的治理效果。

（3）现有政策有待进一步完善

——生态补偿政策。目前，生态补偿主要以财政转移支付方式进行，扶持政策明显地存在重补偿轻开发的倾向，即基本上是通过转移支付方式由财政渠道单一进行的，对由市场自我调控配置作用导致的地理要素（人力、资本等）流动的间接生态补偿不足，这是造成该区长期"输血"过多而"造血"功能未能强化的重要原因。且以财政转移方式为主的生态补偿制度，对石漠化治理生态补偿的对象、标准、补偿形式和周期缺乏明确的界定，补偿制度不完善，补偿标准太低，跨流域生态补偿机制还没有建立起来，难以科学地指导该区的生态补偿。①

——财政政策。从现有政策来看，存在着财政转移支付结构不尽合理、支付力度不大等问题，且中央财政在支持项目区发展中存在"厚此薄彼"现象，地区转移支付差异较大，不同县（市）得到的财政转移支付资金不同，省际

---

① 徐宁. 水土保持型限制开发区转变经济发展方式问题研究——以桂黔滇喀斯特石漠化防治生态功能区贵州 9 县为例 [J]. 生产力研究，2013（7）：80-81.

不同片区以及省内各片区得到的财政支持力度不同，从而投资效益差异也比较大。由于该区的县级行政单元基本上都属于财政困难县，在转移支付资金相对不足的情况下，其生态保护和建设的力度也受制于财力，难以达到生态环境保护治理作为全方位、长期性工程的高要求。

——投资政策。中央对石漠化生态治理专项投资不足，资金规模总量小，资金来源渠道单一，生态建设各项资金缺乏有效整合，资金集中度不高，难以满足生态治理的需要。

——产业政策。特色产业发展的扶持力度有限，优惠政策偏少，扶持资金严重不足。农户资金缺乏，筹资困难，吸纳的社会资本有限，金融信贷支持也少，所以在做大规模、做强产业等方面十分困难，限制了种植、养殖户发展新模式、引进新品种、发展深加工和延伸产业链等，致使经济发展缺乏后劲。一些特困地区的县域企业产业基础薄弱，有效需求不足导致金融切入较难。

——扶贫政策。扶贫资金投入上，中央财政占绝大部分，地方政府的主动能力和主动性不足。一些县市没有财政配套，完全依靠中央财政；部分地区过于追求眼前的扶贫效果和"政绩"，对反贫困的长期性、复杂性研判不足，扶贫政策往往以应急型政策为主，政策设计缺乏前瞻性、系统性和长效性。因此，迫切需要进行政策创新。

（4）地方政府角色定位错位导致政策供给与政策需求不一致

生态保护和建设中，地方政府的作用举足轻重。地方政府如何立足生态环境现实进行科学决策、为生态环境建设提供组织保证、健全生态保护的联动协调机制以及完善生态建设和保护的监督体系等，直接决定着生态保护和建设的成效。但在实践中，地方政府往往存在角色定位错位的情况。如，生态移民过程中，部分基层政府越俎代庖代农户做市场投资决策、危房建房款挪为他用、供需不一致、角色错位等现象时有发生；扶贫工作中，部门之间合作机制不健全等，使扶贫政策实施效果大打折扣。

9.5.2 政策目标

9.5.2.1 修复和改善生态功能

该区作为"两江"流域重要的生态功能区，必须为关系到较大区域或全国的生态安全做出贡献，承担修复和改善生态功能的重任。但目前，该区生态环境十分脆弱，生态平衡功能开始减弱，石漠化扩大趋势还未得到根本遏制，生态治理还面临诸多困难和挑战。因此，必须从政策支持的角度，为该区促进生态功能修复和改善提供支撑。

9.5.2.2 促进适度有序发展

作为国家层面限制开发的重点生态功能区，该区资源开发受控，产业发展受限，为保护生态环境丧失了部分发展权利，为大区域或全国的生态安全做出了牺牲。但限制开发并不是限制发展，且为了促进经济社会发展水平的提高和改变区域贫困的现实，也要求制定和完善相关政策措施，明确在资源和环境承载力允许的前提下，充分发挥区域的比较优势，促进适度有序开发，兼顾区域生态效益、经济效益和社会效益，促进区域基本公共服务均等化，让片区的人民共享全国改革开放的成果。

9.5.3 政策重点导向

针对该区现有政策不完善的问题，需要实行差别化、含金量高的、有针对性的特殊配套政策，抓紧完善配套政策的实施细则和具体措施。政策重点体现在以下方面：

9.5.3.1 完善生态补偿机制

按照"谁开发谁保护、谁受益谁补偿"，政府补偿与市场机制相结合，国家、省（市、区）和基层政府多层次补偿相结合，生态保护区和生态受益区共同发展等原则，加快制定出台生态补偿政策法规，建立生态补偿长效机制。中央财政应继续加大财政转移支付力度，主要用于保护生态环境和提高基本公共服务水平，既对承担生态保护责任的地方政府进行补贴，又对承担生态保护责任的个人和集体进行补偿。强化地方政府的生态保护责任，依据国家重点生态功能区转移支付相关办法，以保障国家生态安全格局为目标，制定本区域转移支付的相关标准和实施细则。探索建立区内地区间、流域上下游横向补偿机制，并由受益区采取资金补助等多种形式对受损区进行补偿。

9.5.3.2 规范财政转移支付

进一步增加中央对该区的一般性财政转移支付和专项转移支付，为生态保护和地方政府履行公共服务职责和保障基层政府运转提供财力保障，为地区居民提供均等化的公共服务。充分考虑生态修复和环境保护的地方行政成本，缓解地方财政支出压力；规范省级财政转移支付，探索建立健全省以下财政转移支付机制。

9.5.3.3 加强产业发展引导

在保证不影响区域主体功能发挥的前提下，利用区域特色资源发展适宜性产业。编制产业专项规划、布局重大项目，必须开展主体功能适应性评价，必须严格按照区域生态功能定位的要求加强管控。① 严格产业准入的资源消耗和环境要求，提高产业准入门槛。限期关闭或转出有悖于区域主体功能定位的现有产业。

9.5.3.4 有序推进生态移民

石漠化地区尖锐的人地矛盾是石漠化形成的强大推手。因此，必须严格控制区域人口增长，将生态环境条件恶劣、人均耕地在 20 平方米以下、不适宜人类生存的石漠化地区群众通过移民方式转移到其他条件较好的地区，减少石漠化地区的人类活动，减轻岩溶地区的生态承载力，给石山地区林草植被恢复生机的机会，尽快恢复区域生态环境。② 加快制定石漠化防治区生态移民规划，摸清需要移民的人口规模、所需要的投资额度以及所要采取的移民方式，测算出合理的生态移民的标准，设立生态移民专项资金。加强劳动力培训和完善就业服务，建立迁出地和迁入地生态移民协作机制，加强迁出地与迁入地的配合协作。③

9.5.3.5 加大扶贫攻坚力度

支持桂黔滇喀斯特石漠化防治生态功能区全面推开"以县为单位、整合资金、整村推进、连片开发"扶贫开发试点，用好用足国家对石漠化地区扶贫开发的各项政策，争取中央更大力度的易地扶贫搬迁安置开发专项资金，主要用于迁入地的基本农田、水、电、路等基础设施建设，适当用于住房和教育、文化、卫生等社会服务设施补助，充分发挥专项资金的最大效益。除国家政策扶持外，地方政府应制定切实可行的配套政策。实行产业扶贫，规划和实施有市场需求、带动能力强的重大产业项目，建立一批有地域特色的产业基地，扶持一批辐射带动能力强的特色农业产业化龙头企业，积极申请扶贫农产品地理标识认证。通过加大产业扶贫力度，提升区域"造血"功能。

---

① 环境保护部，发展和改革委员会，财政部. 关于加强国家重点生态功能区环境保护和管理的意见（环发〔2013〕16 号）[EB/OL]. http://www.zhb.gov.cn/gkml/hbb/bwj/201302/W020130201576155639555.

② 莫剑锋，陆志星，尹国平，等. 新时期广西石漠化土地治理对策与建议 [J]. 林业调查规划，2015（2）：147.

③ 陈映. 限制开发区域配套政策探析——以西部国家层面的限制开发区域为例 [J]. 经济体制改革，2015（6）：58-59.

9.6　桂黔滇石漠化防治生态功能区分类管理政策

加快桂黔滇喀斯特石漠化防治生态功能区经济发展和生态保护与建设，需要完善其配套政策。中央政府和地方政府要制定实施有利于促进该重点生态功能区发展的财税、投资、产业、土地、生态补偿、精准扶贫等政策，并加强各项政策的衔接和配合使用，充分发挥政策合力，促进区域主体功能的实现。

9.6.1　财税政策

为适应桂黔滇喀斯特石漠化防治生态功能区发展要求，以实现基本公共服务均等化为目标，加大中央均衡性财政转移支付力度。完善中央和省两级财政转移支付制度，重点加强基本公共服务和生态环境补偿的财政转移支付。建立基层政府基本财力保障制度，提升地方政府进行生态补偿、加强公共管理以及提供基本公共服务的能力。

——财政政策。确定科学合理的财政转移支付目标，把有限的财政转移支付资金重点用于石漠化防治生态功能区的生态环境保护和建设、基础设施以及社会公共事业，确保区域居民享受到均等化的基本公共服务。一是建立针对石漠化地区的中央和省两级转移支付体系。明确中央和地方各司其职，中央财政专项转移支付重点支持区域基础设施建设、特色产业发展、基本公共服务以及"兴边富民行动"；桂黔滇三省区层面财政转移支付应加大对区域专项扶贫资金的投入力度。国家应逐年加大转移支付力度，随着地方政府因生态环境保护等形成的财政减收增支，国家财政均衡性转移支付规模也将相应增加，形成对石漠化防治重点生态功能区环境保护成本的适时补偿。二是分阶段逐步构建两类转移支付制度。近期通过一般性财政转移支付，维持基层政权运转和实现基本公共服务均等化；通过专项转移支付，支持生态建设和环境保护。从长远来看，则要逐步形成纵横交织的转移支付新体系。三是建立石漠化地区生态重建各类专项转移支付基金。适当提高石漠化地区一般性转移支付系数，增设石漠化生态保护和重建的转移支付项目，设置更为综合的生态保护与恢复专项转移支付、生态环境重建专项转移支付、生态移民专项转移支付。四是形成转移支付稳定的资金来源。建立以各级政府为主体的土地石漠化防治投入机制，在国家层面设立石漠化生态保护与建设专项基金，重点用于加强生态修复、基本农田建设、岩溶水开发利用、农村能源及生态移民等；在省级层面应通过增加财政收入规模、优化财政支出结构、精简财政供养人员以压缩政府支出等方式，积极拓宽省级转移支付资金来源渠道。五是建立一套适合石漠化防治生态功能区实际情况的财政转移支付激励和约束机制。引导地方政府将上级政府的财政转移支付资金及自身的部分财政资金更多地分配到石漠化地区，用以支持其经济社会的发展。出台一套切合石漠化防治区实际、可操作性的优惠政策，鼓励石漠化防治区引进资金、人才和技术，共同参与石漠化治理。六是强化财政转移支付资金的监管，专款专账专用，并提高使用效率。

——税收政策。对区内鼓励类产业和企业，按照国家新一轮西部大开发税收优惠条件征收企业所得税。对公共基础设施项目进行投资以及环境保护等项目且符合税收法律法规的，可依法享受企业所得税"三免三减半"政策。开征生态税，征收水资源税、煤炭资源税等，专项用于生态环境建设和生态补偿，并提高县级单元的分成比例。

9.6.2 投资政策

应逐步实行按主体功能定位与按领域相结合的投资政策。政府投资重点支持桂黔滇喀斯特石漠化防治生态功能区生态修复和环境保护、基础设施建设、特色产业发展、扶贫开发、生态移民以及民生工程等。

加大中央和桂黔滇三省区各类专项资金对石漠化防治生态功能区倾斜。国家有关专项资金投入，重点支持该区交通、水利、能源、通信等重大基础设施项目以及教育、卫生等公益性基础设施建设；继续加大对重点生态工程建设的投资力度；中央应逐年减少或免除石漠化防治生态功能区生态建设工程项目的配套资金，减轻地方政府的财政负担，提高工程质量；加大国家的支持力度，减免用于石漠化贫困地区和民族地区教育、卫生、扶贫等公益性项目的债务本息，帮助减轻还贷压力和资金配套压力；在保证国家足额投入的同时，引导和鼓励社会资本积极参与石漠化生态治理，支持符合条件的项目借用国际金融组织和外国政府优惠贷款，多渠道、多层次、多方式筹集资金；整合部门间的工程项目资金，包括现有森林生态效益补偿、退耕还林、珠江流域防护林、造林补贴、水土保持、水利建设、小流域治理等工程项目的资金，集中资金办大事，扩大生态治理覆盖面。[①]

---

① 莫剑锋，陆志星，尹国平，等. 新时期广西石漠化土地治理对策与建议 [J]. 林业调查规划，2015（2）：147.

9.6.3 产业政策

实行差别化的产业发展政策，制定桂黔滇喀斯特石漠化防治生态功能区产业指导目录及措施，进一步明确区域鼓励、限制和禁止的产业。严格产业准入的生态保护等强制性标准，实行产业准入负面清单制度。严格划定生态红线，限期关闭或搬迁生态红线区内对生态环境造成污染的企业。加大产业结构调整力度，淘汰区内落后产能，为资源型产业发展留足空间。支持区内特色产业发展，对特色产业项目的审批、投资、用地等予以政策支持，重点支持区内特色农业、医药与保健产业、文化民族产业等发展，提升区域自我发展能力，多措并举促进农民增收致富。对于区内符合条件的企业产品优先进行生态标记，提高区域绿色产业的综合竞争力。在区内可以适度开发的地区，以特色资源的分布和富集程度为基础布局特色产业。考虑到该区域不适合大规模集聚产业和人口的实际，探索在适合大规模集聚产业和人口的生态受益地区建立"产业飞地"，并完善相关政策措施。

9.6.4 土地政策

实施差别化的土地政策，优先保障区域重点生态工程建设用地、特色产业布局用地、生态移民用地、基础设施、公共服务设施等建设项目的用地需求。支持该区健全落实严格的集约节约用地制度，严禁基本农田用地和生态用地改变用途。合理安排新增建设用地计划指标，确保扶贫攻坚和重点基础设施建设项目及时落地。进一步加大中央财政对该区国土资源专项的投入力度，对贫困地区土地整治、高标准基本农田建设、低丘缓坡土地利用试点进行重点倾斜。[①] 生态移民安置点建设用地按国家征用形式实行，并按现行国家有关土地征用补助标准补偿被征用者。参照迁入地人均耕地和户均宅基地标准，统一规划，安排好生态移民迁入人口的生产和生活用地，创造条件给搬迁农户划定一定的饲料地、经济林果地、自留地和自留山等。移民迁出地原有的土地归原集体所有，除需退耕还林的部分外，由原集体调剂给未搬迁的极贫户使用，就地改善未搬迁农户的生产和生活条件。创新土地利用方式，支持探索通过补充相同耕地面积落实占补平衡。

---

① 张晏. 国土资源部全力支持滇桂黔石漠化片区脱贫攻坚 [N]. 中国国土资源报，2016-04-18 (001).

9.6.5 生态补偿政策

建立和完善桂黔滇喀斯特石漠化防治生态功能区生态补偿机制，将生态补偿重点放在加强生态环境保护和建设、扶持特色优势产业发展、确保基层政权正常运转以及服务职能履行、促进基本公共服务均等化等方面。由国家拨付石漠化生态效益补偿专项基金，用于石漠化地区的生态修复和保护；根据石漠化各地不同的资源条件和发展基础，结合生态服务价值和机会成本，确定和实行不同的补偿标准。提高贫困地区补偿标准以扶持鼓励封山育林管护、退耕还林者，落实相关政策以扶持激励人工植树造林者，以激发贫困农民参与综合治理生态环境的积极性；制定行业性区域森林生态补偿政策，按森林生态功能的大小强弱程度，分类、分级进行补偿；通过政府和市场两种手段，运用公共财政政策、专项资金政策、税收优惠政策、扶贫和发展援助政策等支持生态补偿。加快推进与完善喀斯特石漠化区域的碳汇补偿机制试点，不断增强林地、湿地、草地的固碳增汇能力；扩大湿地保护补助范围，提高补助标准和资金的使用效率；建立受益区与保护区、流域上游与下游之间的横向生态补偿机制，并创新补偿实施方式；建立绿色税收制度，对开发者征收环境资源补偿税，对排污者征收排污费，对消费者征收产品税。开征生态税，征收水资源税、煤炭资源税等，专项用于生态环境建设和生态补偿；探索多渠道生态补偿资金来源，除政府投入外，向社会广泛融资，吸引更多的民间资本进入，促进资金来源多元化；研究建立水电开发利益共享及长效补偿机制，建立和完善环境恢复治理责任机制，逐步建立动态的而又相对稳定的保障机制以及全社会支持生态建设的生态补偿与奖惩机制，确保石漠化防治生态功能区主体功能的充分发挥。

9.6.6 精准扶贫政策

针对区域贫困人口多、脱贫任务重的实际，将石漠化生态治理与扶贫攻坚有机结合起来，制定并出台产业扶贫、生态移民扶贫、教育科技扶贫等政策，统筹推进生态建设、产业扶持、易地扶贫搬迁、教育保障、医疗救助、社会保障兜底等脱贫攻坚重点工作，用足用好中央单位定点扶贫、对口帮扶、社会力量帮扶等各类资源，凝聚起脱贫攻坚的强大合力。[①] 建立扶贫投入稳定增长机制，积极引导社会资本参与扶贫开发；将石漠化治理与生态移民结合起来，将

---

① 张齐. 贵州加快推进滇桂黔石漠化片区区域发展与扶贫攻坚进程——遏制石漠化向"绝对贫困"宣战 [N]. 贵州日报，2016-04-17.

生态条件恶劣、不适宜人类生存的地区的群众通过移民方式转移到其他条件较好的地区，为他们提供优惠的安居政策，拓宽就业门路和收入渠道，解决其长远生计问题。① 转变移民安置思路，从过去强调经济因素的单一性移民开发，转到综合考虑经济、社会、生态多方面因素的生态移民，既保护和恢复迁出地的生态环境，又不破坏迁入地的生态环境，统筹协调移出地和移入地的利益。在原有生态移民安置方式的基础上，探索新的移民安置方式。争取中央财政加大对石漠化地区生态移民的财政转移支付，安排一批国债项目和资金专门用于扶贫移民，切实解决好生态移民的资金投入问题。整合发改委、林业、水利、农业、畜牧、科技、交通等部门扶贫资金，集中投入，捆绑使用，改善基本农田、水利设施和人居环境，使资金的生态治理边际效益最大化。② 创新人口异地安置的配套扶持政策，在土地使用上，保障人口异地安置的建设用地，根据土地权属不同，属国有的，采取无偿划拨、适当补偿、依法征用等形式，按标准补偿；在税费征免方面，考虑异地搬迁过程中发生的行政规费、办证等费用的征收减免对象及标准；生产生活保障方面，优先对移民进行技能和技术培训，增强移民的就业能力，引导移民参与开发生态旅游等，在医疗、子女入学等方面与迁入地居民享受同等待遇；根据贫困程度的不同，实施差别化扶贫政策；实行扶贫开发目标责任制，完善考核奖惩体系，将扶贫开发实施成效作为对各级政府绩效考核评价的重要依据。③

9.7 桂黔滇石漠化防治生态功能区配套政策的保障措施

9.7.1 加强组织保障

桂黔滇喀斯特石漠化防治生态功能区的生态保护与建设是一项跨部门、跨行业、跨地区的系统工程，各级政府应协调配合、通力合作。在国家层面，由国家发改委牵头组建由各部委相关部门组成的石漠化防治生态治理协调机构，统筹研究石漠化防治生态治理过程中的重大问题和相应的政策措施，明确分工，各司其职，密切配合，形成合力；桂黔滇三省区层面，建立健全常态化的

① 国家发改委，等. 岩溶地区石漠化综合治理工程"十三五"建设规划 [EB/OL]. http://www.sdpc.gov.cn/ gzdt/ 201 604/W020160422400969787668.
② 尤鑫. 贵州南部三州喀斯特典型区域生态治理模式研究 [J]. 贵州科学，2016 (1)：50.
③ 孔威. 滇桂黔石漠化广西片区扶贫开发战略研究 [D]. 南宁：广西大学，2014.

协调机制，定期召开联席会议，共同研究和解决石漠化防治生态治理中的重大问题，抓好任务落实和监督检查，保障生态治理工程顺利推进；省域内由省级政府牵头建立协调机制，各基层政府协调配合。

9.7.2　加强资金保障

充分发挥政府投资的主导作用，进一步增加中央预算内投资对石漠化防治生态功能区的支持，提高治理单位岩溶面积中央预算内专项投资补助标准。加大均衡性财政转移支付力度，提高转移支付系数和转移支付额度。对石漠化地区天然林保护、石漠化治理、水土流失综合治理、生物多样性保护等生态保护工程，在中央预算内资金安排时，要加强投资安排的针对性。在高效利用中央预算内专项投资的基础上，加快建立起投资主体多元化、投资渠道和投资方式多样化的稳定的经济政策体系，积极探索吸引社会资本参与的机制，逐步降低民间资本准入门槛，激发全社会参与石漠化治理的积极性和主动性，吸收和鼓励不同经济成分和各类投资主体以不同形式参与到生态保护与建设中来。强化石漠化治理、生态补偿、扶贫攻坚等资金整合，加强对资金的监管，提高资金使用效益。

9.7.3　加强技术支撑

深入开展生态治理基础理论和应用技术研究，揭示不同区域生态系统结构和生态服务功能作用机理及其演变规律。引导科研机构积极开展生态重建与恢复、资源综合利用、生态监测技术等科技攻关，为石漠化防治生态功能区生态保护和建设提供技术支撑。重视新技术、新成果的推广，加快科技成果转化，推广适宜不同生态系统保护和建设的先进技术，努力减少资源消耗，控制环境污染，促进生态恢复。按照"低碳、循环、绿色、生态"的内在要求，通过加快科技进步和提高资本有机构成来促使生产方式转换，使科学技术在减排降耗和资源节约中发挥出对产业结构优化升级的推进作用。支持发展科技先导型、资源节约型和环境友好型的生态产业和环保产业，鼓励生产技术含量高的地理标识生态产品。通过完善产业生态系统，创新产业生态功能，强化产业环保标准，促使产业结构优化。构建起生态环境信息网络，密切关注生态环境相关数据的变化，提高动态监测与跟踪水平，为石漠化防治生态功能区生态保护和建设提供科学的信息决策支持。鼓励企业与科研院所、高等院校开展多种形式的技术合作，积极培养和引进石漠化区经济社会建设人才和生态环境保护急需的各类人才，为区域生态保护与建设服务。

9.7.4　加强绩效评价

实行生态优先的绩效评价，完善生态保护优先的绩效评价体系。强化对区域水土保持实施成效的评价，重点考核水土流失强度、湿地面积、水体质量、河流生态流量保障水平等指标，取消地区生产总值等经济指标考核。加大对县级行政单元石漠化生态治理的考核力度，定期组织评估和考核其生态功能及其保护状况，将当年考核结果作为来年中央对县级行政单元转移支付资金分配的重要依据。

9.7.5　完善法律法规

严格执行《森林法》《草原法》《防沙治沙法》《水土保持法》《环境保护法》《土地管理法》《国家重点生态功能区转移支付办法》，以及各地方相关法规及条例，加大执法力度，强化执法监管，严厉打击和查处乱砍滥伐、毁林毁草开荒、毁坏水利设施和基本农田、非法征占农用地等破坏生态环境、损害生态功能的行为。普及法律知识，增强生态保护与建设的法律意识，提高执法部门的执法水平和强化广大干部群众的法制观念。通过各种宣传媒介和手段，强化对生态环境保护和建立生态功能保护区重要性的宣传，增强公众生态保护意识，提高公众参与生态功能保护区建设的积极性，自觉维护区域和流域生态安全，营造生态功能保护区建设的良好社会氛围。

参考文献

一、外文部分

［1］ANG, Songpei. Establishment and Development of Ecological Economics in China over the Past Three Decades ［J］. Ecological Economy, 2015（1）: 3-14.

［2］Allen B P, Loomis J B. Deriving Values for the Ecological Support Function of Wildlife: An Indirect Valuation Approach ［J］. Ecological Economics, 2006, 56: 49-57.

［3］Ashok Swain. Environmental Migration and Conflict Dynamics, Focus on Developing Regions ［J］. Third World Quarterly, 1996, 117（5）.

［4］By Sahlee C. Bugna. A Profile of the Protected Area System of Singapore ［J］. Asian Biodiversity, April-June, 2002.

［5］CM Brock, Gertie HP Arts, Lorraine Maltby, Paul J Van den Brink. Aquatic Risks of Pesticides, Ecological Protection Goals, and Common Aims in European Union Legislationn ［J］. Integrated Environmental Assessment and Management, 2006, 2（4）: 20-46.

［6］David Sheppard. Twenty-First Century Strategies for Protected Areas in East Asia ［R］. The George Wrights FORUM, 2001.

［7］Emily M, R Payen, M Rohweder, et al. Pilot Analysis of Global Ecosystem: Forest Ecosystem ［R］. World Resource Institute, 2000.

［8］ERIC M. Bignal. Using an Ecological Understanding of Farmland to Reconcile Nature Conservation Requirements, EU Agriculture Policy and World Trade Agreements ［J］. Journal of Applied Ecology, 1998, 35: 949-954.

［9］Frederic E. Clements, Plants Succession: An Analysis of the Development of Vegetation ［M］. Washington D. C. Carnegic Institution of Washington, 1916.

［10］F Renaud, J Bogardi, O Dun, K Warner. Control, Adapt or Flee How to

Face Environmental Migration？［R］. United Nations University Institute for Environment and Human Security（ UNU‐EHS）Inter Sections Publication Series. No. 5, 2007.

［11］HC Cowles. The Ecological Relations of the Vegetation on the Sand Dunes of Lake Michigan（Concluded）［J］. Botanical Gazette, 1899, 27（5）: 361‐391.

［12］RHG Jongman, M Külvik, I Kristiansen. European Ecological Networks and Greenways［J］. Landscape and Urban Planning, 2004, 68（2）: 305‐319.

［13］RK Turne et al. Ecological‐Economic Analysis of Wetlands: Scientific Integration for Management and Policy［J］. Ecological Economics, 2000, 35（1）: 7‐23.

［14］South African National Biodiversity Institute . National Protected Area Expansion Strategy for South Africa［R］. September 2008.

［15］Z Org. European Agri‐Environmental Policy for the 21st Century［J］. The Australian Journal of Agricultural and Resource Economics, 2003, 47（1）: 123‐139.

二、中文部分

［1］国家发展和改革委员会. 全国及各地区主体功能区规划（上、中、下）［M］. 北京: 人民出版社, 2015.

［2］国家发展改革委贯彻落实主体功能区战略推进主体功能区建设若干政策的意见（发改规划〔2013〕1154）［EB/OL］. http://www.gov.cn/zwgk/2013‐06/26/content_2434437.htm.

［3］中华人民共和国国民经济和社会发展第十三个五年规划纲要［EB/OL］. http://politics.people.com.cn/n1/2016/0317/c1001‐28207929.html.

［4］西部大开发"十三五"规划［EB/OL］. http://cache.baiducontent.com/.

［5］国务院关于印发全国国土规划纲要（2016—2030 年）的通知（国发〔2017〕3 号）［EB/OL］. http//www.gov.cn/zhengce/content/2017‐02/04/content_5165309.htm.

［6］国家发展和改革委员会. 西部大开发"十二五"规划［N］. 中国经济导报, 2012‐02‐21.

［7］中华人民共和国环境保护部, 国家发展和改革委员会. 关于贯彻实施国家主体功能区环境政策的若干意见（环发〔2015〕92 号）［EB/OL］.

http://www.mep.gov.cn/gkml/hbb/ bwj/201508/t20150803_307652.htm.

[8] 中共中央, 国务院. 关于深入实施西部大开发战略的若干意见（中发〔2011〕11 号）[Z]. 2011.

[9] 中国农村扶贫开发纲要（2011—2020 年）[EB/OL]. http://www. gov.cn/wszb/zhibo 490/content_2011283.htm, 2011-12-01.

[10] 国家发展和改革委员会. 国家应对气候变化规划（2014—2020 年）（发改气候〔2014〕2347 号）[EB/OL]. http://www.ndrc.gov.cn/zcfb/zcfbtz/ 201411/W02014110458471 7807138.

[11] "十三五" 生态环境保护规划（国发〔2016〕65 号）[EB/OL]. http://news. xinhuanet. com/politics/2016 - 12/05/c _ 1120057921. htm? t = 1481208099396.

[12] 国务院办公厅关于健全生态保护补偿机制的意见（国办发〔2016〕31 号）[EB/OL] http://www.forestry.gov.cn/main/4817/content-875546.html.

[13] 全国主体功能区规划编制工作领导小组办公室. 全国主体功能区规划参考资料 [Z]. 2008.

[14] 国家林业局. 三峡库区水土保持生态功能区生态保护与建设规划（2014—2020 年）[Z]. 2014.

[15] 国家林业局. 武陵山区生物多样性与水土保持生态功能区生态保护与建设规划（2013—2020 年 [Z]. 2013.

[16] 国家林业局. 秦巴生物多样性生态功能区生态保护与建设规划（2013—2020 年）[Z]. 2013.

[17] 国务院扶贫开发领导小组办公室, 国家发展和改革委员会. 滇桂黔石漠化片区区域发展与扶贫攻坚规划（2011—2020 年）[EB/OL]. http:// www.ndrc.gov.cn/zcfb/zcfbqt/ 201304/t20130425_538578.html.

[18] 国家林业局. 桂滇黔喀斯特石漠化防治生态功能区生态保护与建设规划（2014—2020 年）[Z]. 2014.

[19] 环境保护部, 发展和改革委员会, 财政部. 关于加强国家重点生态功能区环境保护和管理的意见（环发〔2013〕16 号）[EB/OL]. http://www. zhb.gov.cn/gkml/hbb/bwj/201302/ W02013020157615563955.

[20] 国家发展和改革委员会, 等. 岩溶地区石漠化综合治理工程 "十三五" 建设规划 [EB/OL]. http://www. sdpc. gov. cn/gzdt/201604/W02016042 2400969787668.

[21] 国务院发展研究中心课题组. 主体功能区形成机制和分类管理政策

［M］. 北京：中国发展出版社，2008.

［22］高国力. 我国主体功能区划分与政策研究［M］. 北京：中国计划出版社，2008.

［23］清华大学中国发展规划研究中心课题组. 中国主体功能区政策研究［M］. 北京：经济科学出版社，2009.

［24］任旺兵，蒲宇飞，李军，等. 全国主体功能区决策支持系统研究［M］. 北京：科学出版社，2014.

［25］国家行政学院进修部. 主体功能区建设读本［M］. 北京：国家行政学院出版社，2013.

［26］朱传耿，等. 地域主体功能区划——理论、方法、实证［M］. 北京：科学出版社，2007.

［27］杜黎明. 主体功能区划与建设——区域协调发展的新视野［M］. 重庆：重庆大学出版社，2007.

［28］孔凡斌，李志萌. 区域发展总体战略与主体功能区战略互动研究［M］. 北京：中国社会科学出版社，2016.

［29］成为杰. 省级主体功能区规划推进研究［M］. 天津：天津人民出版社. 2016.

［30］冯骁. 贫困地区基本公共服务均等化研究——基于主体功能区框架的分析［M］. 北京：经济科学出版社，2016.

［31］唐常春. 长江流域主体功能区建设布局与配套政策研究［M］. 南京：东南大学出版社，2016.

［32］方兰，王浩，王超亚，等. 西部地区生态环境评价与分析报告［M］. 北京：社会科学文献出版社，2014.

［33］韩永伟，高吉喜，刘成程. 重要生态功能区及其生态服务研究［M］，北京：中国环境科学出版社，2012.

［34］杨润高，李红梅. 限制开发类主体功能区主体行为与发展机制研究：以云南省怒江州为［M］. 北京：中国环境科学出版社，2012.

［35］国务院发展研究中心课题组. 生态文明建设科学评价与政府考核体系研究［M］. 北京：中国发展出版社，2014.

［36］王金南，刘桂环，张惠远，等. 流域生态补偿与污染赔偿机制研究［M］. 北京：中国环境出版社，2014.

［37］刘桂环，陆军，王夏晖. 中国生态补偿政策概览［M］. 北京：中国环境出版社，2013.

［38］陈冰波. 主体功能区生态补偿［M］. 北京：社会科学文献出版社，2009.

［39］殷平. 主体功能区协调发展理论与实践研究［M］. 北京：电子工业出版社，2013.

［40］张晓瑞. 主体功能区规划支持系统：基于强可持续发展范式［M］. 南京：东南大学出版社，2012.

［41］潘玉君. 省域主体功能区区划研究［M］. 北京：科学出版社，2011.

［42］任旺兵，等. 主体功能区约束性指标体系研究［M］. 北京：中国计划出版社，2017.

［43］陈诚. 主体功能区的空间效应评估与类型分界方法体系研究：以江苏省为例［M］. 北京：科学出版社，2014.

［44］哈斯巴根，王世文. 主体功能区脆弱性演变及其优化调控［M］. 北京：经济管理出版社，2014.

［45］周多明，孟春. 甘肃主体功能区配套公共财政政策研究［M］. 北京：中国财政经济出版社，2010.

［46］丁四保，王昱，卢艳丽，尹国庆. 主体功能区划与区域生态补偿问题研究［M］. 北京：科学出版社，2012.

［47］阿姆斯特朗，泰勒. 区域经济学与区域政策［M］. 第三版. 刘乃全，等，译. 上海；上海人民出版，2007.

［48］马丁内斯. 维斯奎泽，瓦利恩考特. 区域发展的公共政策［M］. 安虎森，等，译. 北京：经济科学出版社，2013.

［49］张可云. 区域经济政策［M］. 北京：商务印书馆，2005.

［50］颜银根. 区域政策与产业空间分布［M］. 北京：科学出版社，2016.

［51］丰志勇. 国家发展战略视角下的区域政策与经济增长研究［M］. 南京：东南大学出版社，2012.

［52］孙浩康. 中国区域政策法制化研究［M］. 北京：华夏出版社，2013.

［53］方迎风，张芬. 多维贫困视角下的区域性扶贫政策选择［M］. 武汉：武汉大学出版社，2015.

［54］张启春，胡继亮，李淑芳. 区域基本公共服务均等化：政府财政平衡机制与政策研究［M］. 北京：科学出版社，2016.

［55］梁晓青. 区域科学发展和地方政府政策评论［M］. 北京：光明日报出版社，2009.

［56］宋林飞. 区域发展理论与政策［M］. 北京：社会科学文献出版

社，2011.

[57] 沈满洪，魏楚，谢慧明. 完善生态补偿机制研究 [M]. 北京：中国环境出版社，2015.

[58] 李伟，朱金鹤，崔登峰. 以限制开发为主的边疆地区主体功能区建设研究：以新疆生产建设兵团为例 [M]. 北京：中国农业出版社，2013.

[59] 白志礼，朱莉芬. 长江上游地区自然资源环境与主体功能区划分 [M]. 北京：科学出版社，2013.

[60] 赵果庆. 中国西部地区特色优势产业发展与促进政策 [M]. 北京：经济管理出版社，2014.

[61] 杨雄年. 中国西部地区农业产业政策绩效研究 [M]. 北京：中国农业大学出版社，2014.

[62] 安树伟. 西部特色优势产业和特色经济发展 [M]. 北京：科学出版社，2014.

[63] 彭顺生，黄学锦，曾德高. 西部开发新阶段促进优势产业发展政策研究 [M]. 北京：中国社会科学出版社，2015.

[64] 赵昌文，等. 新时期中国产业政策研究 [M]. 北京：中国发展出版社，2016.

[65] 唐纳德·沃斯特. 尘暴：20 世纪 30 年代美国南部大平原 [M]. 侯文慧，译. 上海：生活·读书·新知三联书店，2003.

[66] 刘秉镰. 区域产业发展规划与政策研究 [M]. 北京：经济科学出版社，2016.

[67] 三江源区生态补偿长效机制研究课题组. 江源区生态补偿长效机制研究 [M]. 北京：科学出版社，2016.

[68] 朱金鹤，崔登峰. 以限制开发为主的边疆地区主体功能区建设研究——以新疆生产建设兵团为例 [M]. 北京：中国农业出版社，2013.

[69] 辛岭. 绿色农业生产补偿标准研究 [M]. 北京：中国农业科学技术出版社，2015.

[70] 方兵，彭志光. 生态移民：西部脱贫与生态环境保护新思路 [M]. 南宁：广西人民出版社，2002.

[71] 王金岩. 空间规划体系论 [M]. 南京：东南大学出版社，2011.

[72] 李长亮. 西部地区生态补偿机制构建研究 [M]. 北京：中国社会科学出版社，2013.

[73] 刘燕. 西部地区生态建设补偿机制及配套政策研究 [M]. 北京：科

学出版社，2010.

[74] 许可. 国家主体功能区战略协同的绩效评价与整体性治理机制研究 [M]. 北京：知识产权出版社，2015.

[75] 刘尊梅. 中国农业生态补偿机制路径选择与制度保障研究 [M]. 北京：中国农业出版社，2012.

[76] 杨晓萌. 生态补偿机制的财政视角研究 [M]. 大连：东北财经大学出版社，2013.

[77] 丁四保，等. 区域生态补偿的方式探讨 [M]. 北京：科学出版社，2010.

[78] 徐大伟，常亮. 跨区域流域生态补偿的准市场机制研究：以辽河为例 [M]. 北京：科学出版社，2014.

[79] 刘炯. 政府间财政生态补偿的激励机制与政策效果——基于东部六省 47 个地级城市的实证研究 [M]. 武汉：武汉大学出版社，2015.

[80] 环境保护部环境规划院. 流域生态补偿理论与实践研究 [M]. 北京：中国环境出版集团有限公司，2016.